|g|r|a|f|i|t|

Dieses Buch enthält, korrigiert nach den neuen Regeln deutscher
Rechtschreibung und neu gesetzt, die Kriminalromane:
Jürgen Kehrer: Und die Toten lässt man ruhen,
© 1990 by GRAFIT Verlag GmbH und
ders.: In alter Freundschaft, © 1991 by GRAFIT Verlag GmbH und
ders.: Gottesgemüse, © 1992 by GRAFIT Verlag GmbH

© 2013 by GRAFIT Verlag GmbH
Chemnitzer Str. 31, D-44139 Dortmund
Internet: http://www.grafit.de
E-Mail: info@grafit.de
Alle Rechte vorbehalten.
Umschlagfoto: Leonard Lansink © Sina Uhlenbrock
Druck und Bindearbeiten: CPI – Clausen & Bosse, Leck
ISBN 978-3-89425-414-8
2. 3. / 2015

Jürgen Kehrer

Wilsberg
Wie alles begann

Drei Kriminalromane
in einem Band

Und die Toten lässt man ruhen

Der erste Fall für Georg Wilsberg, S. 9

Hermann Pobradt glaubt nicht, dass sein Bruder Karl Selbstmord begangen hat. Er engagiert Georg Wilsberg, der sich gleichermaßen als Privatdetektiv, Briefmarken- und Münzhändler verdingt, zu beweisen, dass es sich um Mord handelte. Der Haken: Karls Tod liegt zwanzig Jahre zurück ...

In alter Freundschaft

Der zweite Fall für Georg Wilsberg, S. 171

Bei keinem der drei Aufträge, die Privatdetektiv Georg Wilsberg nahezu gleichzeitig erhält, kann er brillieren. Ob es sich um die nach Holland ausgerissene Punkie Tanja, um den Tod seiner Jugendliebe Ines oder um den bestohlenen Disco-Chef Carlo Ponti handelt: Wilsberg kriegt reichlich Zoff und Prügel.

Gottesgemüse

Der dritte Fall für Georg Wilsberg, S. 307

Professor Kunstmann, ein angesehener Astrophysiker, ist verschwunden. Hält er sich wirklich bei einem Trainingskurs der ›Kirche für Angewandte Philosophie‹ in England auf? Privatdetektiv Georg Wilsberg ermittelt im Dunstkreis der Sekte.

Der Autor

Jürgen Kehrer wurde 1956 in Essen geboren. 1974 von der Zentralen Vergabestelle für Studienplätze nach Münster geschickt, fand er das Leben in dieser Stadt bald so angenehm, dass er noch heute dort wohnt.

1990 erschien sein erster Kriminalroman *Und die Toten lässt man ruhen.* Damit nahm die beeindruckende Karriere des sympathischen, unter chronischem Geldmangel leidenden, münsterschen Privatdetektivs Georg Wilsberg ihren Anfang. Bis heute sind siebzehn weitere Wilsberg-Romane erschienen. 1995 wurde Wilsberg für das Fernsehen entdeckt und ermittelt seitdem auch regelmäßig in der Samstagabendkrimireihe im ZDF.

Neben den Wilsberg-Krimis schreibt Jürgen Kehrer historische und in der Gegenwart angesiedelte Kriminalromane, Drehbücher fürs Fernsehen und Sachbücher.

www.juergen-kehrer.de

Und die Toten
lässt man ruhen

Auf den beigefügten überarbeiteten Seiten habe ich die Spren-
gung des Polizeihauptquartiers gestrichen; habe den Angriff auf
Renos Haus gestrichen, der von vornherein nicht hineingehört
hätte; und habe die Sprengung von Yards Haus zu einer einfa-
chen Schießerei hinter den Kulissen umgeschrieben. Diese Ver-
änderungen werden, denke ich, den Andrang erheblich mil-
dern. Wenn Sie zusätzliche Überarbeitungen für ratsam halten,
lassen Sie es mich bitte wissen.

Dashiell Hammet

I

Ich saß hinter meinem Schreibtisch und bearbeitete gerade mein rechtes Bein. Es juckte fürchterlich und ich kratzte, bis die ersten Blutstropfen in die hellen Socken liefen. Fluchend zog ich das Hosenbein hoch und lief humpelnd durch das Büro, weil ich nicht wusste, wo ich die Salbe hingelegt hatte. Ausgerechnet in diesem Moment musste natürlich ein Kunde kommen. Wenn irgendwelche Kunden kommen, und es kommen wenig genug, stören sie mich meist bei einer wichtigen Sache. Wütend ließ ich das Hosenbein herunter und stapfte mit leicht schmerzverzerrtem Gesicht in den Laden. Vor mir stand ein angegrauter, spätmittelalterlicher Herr.

»Ich dachte …«, sagte er.

»Ja, bitte?«

»Draußen hängt doch ein Schild: *Detektivbüro Georg Wilsberg.*«

»Das bin ich.«

»Aber das hier …«

»… ist ein Laden für Briefmarken- und Münzsammler. Das Detektivgeschäft ist nicht einträglich genug, um davon leben zu können. Das Briefmarken- und Münzgeschäft übrigens auch nicht. Beides zusammen reicht gerade.«

»Aha.« Er schien von mir als Geschäftsmann nicht besonders überzeugt zu sein.

»Sie wollen also meine Dienste als Detektiv in Anspruch nehmen?«, half ich ihm auf die Sprünge.

Er überlegte einen Moment, ob er das tatsächlich noch wollte, und entschied sich dann für das kleinere Übel, für mich. Ich schloss die Ladentür ab, gab meinen Stammkunden durch ein Schild zu verstehen, dass sie mich heute nicht mehr erreichen würden, und bat den neugewonnenen Klienten in mein Büro.

Mein Büro war alles andere als repräsentabel. Ein langer Schlauch, der an der Stirnseite einen Blick auf den Roggenmarkt, die Verlängerung von Münsters Prachtstraße Prinzipalmarkt, und die Lambertikirche erlaubte. Im Vergleich mit dem dort versammelten Glanz wirkte die diesseitige Inneneinrichtung doppelt schäbig. Ein Schreibtisch in Gelsenkirchener Barock, überhäuft mit Zeitschriften und Geschäftspapieren, dahinter mein größtes Schmuckstück, ein moderner Bürosessel, der einzige Luxus, den ich mir in den letzten Jahren geleistet hatte. Die durchgesessenen Besucherstühle waren von einem etwas unappetitlichen Grau, und die schwarz lackierten Ikea-Regale konnten das Ganze auch nicht mehr retten.

Ich besah mir den potenziellen Auftraggeber genauer. Das scharfgeschnittene Gesicht zeugte von Willenskraft, die von der helmartig geschnittenen, grauen Frisur noch betont wurde. Als er sich mir zuwandte, fing ich einen Blick auf, der ohne Mühe einen Zehnmarkschein zum Brennen gebracht hätte. Ich konnte mir vorstellen, dass es vielen Leuten Schwierigkeiten machte, ihm in die Augen zu blicken. Nach ein paar Sekunden merkte ich, dass ich angefangen hatte, mich zu kratzen. Wütend betrachtete ich meine Finger, während er den Rest meiner früheren Existenz musterte.

»Für einen Detektiv haben Sie erstaunlich viele juristische Fachbücher«, bemerkte er.

»Ich war mal Rechtsanwalt«, warf ich leichthin ein.

»Ach so.« Wieder durchbohrte er mich mit seinem Blick, bis ich ein hohles Gefühl im Magen verspürte. »Mit Rechtsanwälten habe ich schlechte Erfahrungen gemacht.«

»In jedem Beruf gibt es schwarze Schafe.«

»Ja, natürlich.«

Er wanderte weiter und studierte jetzt die Titelseiten der Philatelisten- und Numismatikerblätter, die auf meinem Schreibtisch lagen. Das Verbandsorgan des Detektivbundes hatte ich dummerweise mit nach Hause genommen.

»Wie kommt ein Rechtsanwalt dazu, Briefmarkenhändler zu werden?«

»Irgendwann muss man sich entscheiden, ob man sich abrackern und Karriere machen oder ob man in Ruhe alt werden will.«

»So alt sind Sie doch noch gar nicht.«

»Alt genug. Außerdem habe ich ja mein Detektivbüro als Ausgleich, wo juristische Kenntnisse nicht von Nachteil sind.« Dass man mir die Anwaltslizenz lebenslänglich entzogen hatte, brauchte ich ihm ja nicht auf die Nase zu binden.

»Was haben Sie denn für Referenzen als Privatdetektiv? Irgendwelche Diplome?«

Allmählich ging mir auf, dass er die Hausherrn- und Gastrolle vertauscht hatte. Wenn ich nicht länger wie ein dummer Prüfling dastehen wollte, musste ich etwas unternehmen.

»Fernstudium mit Abschluss«, sagte ich mit leichter Schärfe im Unterton. »Im Übrigen darf sich jeder Detektiv nennen, der in der Lage ist, bei einem Handwerker ein Hausschild in Auftrag zu geben. Aber ich zeige Ihnen gern mein Diplom. Vielleicht möchten Sie auch den Mitgliedsausweis des Fachverbandes sehen?«

Er war keine Sekunde irritiert. Allerdings schien ihm meine Empörung nicht entgangen zu sein. »Entschuldigen Sie, dass ich Sie so befrage, aber ich möchte sichergehen, dass gute Arbeit geleistet wird.«

Ich ging um den Schreibtisch herum und ließ mich auf den Bürosessel fallen. »Wenn Sie sich entschieden haben, nehmen Sie doch bitte Platz und erzählen mir, worum es geht!« Ich war mit meinem Auftritt zufrieden.

Wieder nahm er eine Auszeit von mehreren Sekunden. Dann setzte er sich ohne Zögern oder den Versuch zu machen, mit der Hand den Staub wegzuwischen, auf einen der Besucherstühle.

»Mein Name ist Hermann Pobradt. Ich komme zu Ihnen, weil Sie einen Mord aufklären sollen.«

Meine Hoffnungen auf einen netten Nebenverdienst schwanden dahin. »Für Morde ist die Polizei zuständig«, warf ich pflichtgemäß ein.

»Für Morde wäre die Polizei zuständig«, korrigierte er mich. »In diesem Fall hat sie nichts unternommen, um den Mord aufzuklären. Rein gar nichts. Von vornherein wurde auf Selbstmord erkannt. Die Indizien wurden vertuscht oder nicht zur Kenntnis genommen. Nach drei Tagen stellte der Staatsanwalt das Ermittlungsverfahren ein. Aus und vorbei.«

»Warum sollte die Polizei so etwas tun?«, fragte ich.

»Weil ein Mächtiger dieser Stadt beteiligt war. Er sorgte im Stadtrat dafür, dass mein Bruder Aufträge zugeschoben bekam. Gegen eine entsprechende Provision natürlich, man könnte auch sagen: Schmiergeld. Aber mein Bruder war kein schlechter Mensch. Durch seine geldgierige Frau ist er da hineingerutscht. Sie hat ihn wieder und wieder gedrängt, die Mauscheleien mitzumachen, bis er schließlich einwilligte. Und dann konnte er sich selber nicht mehr in die Augen sehen. Er wollte aussteigen, verstehen Sie? Er wollte alles hinschmeißen, er wollte sogar an die Öffentlichkeit damit. Das konnte der andere nicht zulassen. Und meine Schwägerin, die geldgierige Hyäne, hat ihm dabei geholfen.«

»Sie wissen also, wer der Mörder ist«, stellte ich sachlich fest.

»Sie war's. Niemand anderer hatte dazu Gelegenheit. Und sie hat sich nach der Tat sehr verdächtig benommen.«

Ich konnte nicht behaupten, dass ich noch auf dem Boden stand, den ich vorübergehend gewonnen hatte. Seine Stimme war zu einem mächtigen Donnern angeschwollen, dazu funkelte er mich mit seinen Brennglasaugen an. Außerdem bildete ich mir ein, den Namen Pobradt schon einmal gehört zu haben.

»Sagen Sie, was für eine Art Unternehmen führte Ihr Bruder?«

»Ein Bauunternehmen.«

»Pobradt Hoch- und Tiefbau? Am Horstmarer Landweg?«

Er nickte. »Sie leitet die Firma noch immer. Das heißt, sie lässt leiten, während sie sich auf Teneriffa in der Sonne aalt.«

Ich hatte in letzter Zeit überhaupt nichts von einem Selbstmord in diesem Zusammenhang gelesen.

Mit einem kurzen Stoß pfiff er Luft durch die Nase. »In letzter Zeit ... Wer sagt denn, dass der Mord in letzter Zeit passiert ist. Mein Bruder ist seit zwanzig Jahren tot.«

Automatisch griff ich zu meinen Zigarillos und steckte mir einen an. Dann schaute ich dem Rauch hinterher. Etwas Klügeres fiel mir nicht ein.

»Was ist? Wollen Sie den Fall übernehmen?«

»Sie meinen, ich soll einen Mord aufklären, der vor zwanzig Jahren geschehen ist?«, schob ich die Antwort auf die lange Bank.

»Glauben Sie, ich komme aus Langeweile zu Ihnen? Da könnte ich mit meiner Zeit etwas Besseres anfangen.«

Ich überhörte die Anspielung. »Warum haben Sie denn in der Zwischenzeit nichts unternommen?«

»Weil ich an die Gerechtigkeit der deutschen Justiz geglaubt habe. Wie soll man als einfacher Staatsbürger auf den Gedanken kommen, dass die Justiz die Hure der Macht ist, wie es einmal ein deutscher Philosoph ausgedrückt hat? Jahrelang habe ich versucht, den normalen Rechtsweg zu beschreiten. Ich habe gekämpft, das können Sie mir glauben. Erfolglos. Ich bin gegen eine Mauer aus Ignoranz und moralischer Haltlosigkeit gelaufen. Jetzt sind mir die Mittel egal. Ich nehme alles, wenn nur die Wahrheit ans Licht kommt.«

Mit alles war offensichtlich ich gemeint. In seinem prophetischen Zorn steckte allerdings keine Spur von Ironie. Er meinte jedes Wort genauso, wie er es sagte.

»Ich bin einverstanden«, erklärte ich ihm. Vielleicht würde ich zehn Tage lang in alten Akten wühlen und dann den Fall für unlösbar erklären. Das brachte 1.500 Mark plus Spesen.

»Mein Tarif ist 150 Mark am Tag, plus Spesen. Zwei Tagessätze im Voraus. Sollte die Arbeit von zwei vollen Tagen nicht nötig sein, erhalten Sie den Rest zurück. Sie bekommen jeden zweiten Tag einen mündlichen und am Ende einen schriftlichen Bericht.«

Er trug den Betrag auf einem Scheck ein: »Setzen Sie einen Vertrag auf!«

Ich zog ein Auftragsformular aus der rechten oberen Schublade und füllte es aus. Mit einem goldenen Füllfederhalter warf er eine überdimensionale Unterschrift aufs Papier.

»Sie müssen mir noch einige Einzelheiten erzählen«, sagte ich, während ich ihm die Durchschrift überreichte und das Original in der rechten unteren Schublade verstaute.

»Fragen Sie! Machen Sie sich Notizen!«

»Wenn Sie gestatten, werde ich das Gespräch auf Band aufnehmen. Ich habe die Erfahrung gemacht, dass man nicht gleichzeitig zuhören und schreiben kann.«

Mit einer unwirschen Kopfbewegung gab er zu verstehen, dass ihm jeder weitere Zeitaufschub unwillkommen sei.

Sein Bruder sei mit einem Kopfschuss gefunden worden, allerdings nicht gleich tot gewesen, berichtete Pobradt. »Können Sie sich vorstellen, dass ein passionierter Jäger, wie

mein Bruder einer war, keine sichere und schnelle Tötungs-
art kennt?«

Ich konnte es mir nicht vorstellen, besaß aber auch wenig
Jagderfahrung, ja noch nicht einmal einen Waffenschein.
Klienten, die mich danach fragen, pflege ich zu sagen, dass
ich mich ohne Waffe sicherer fühle. Immerhin kann mich
niemand in Notwehr erschießen.

»Und meinen Sie, Wilma, diese Schlampe, hätte sofort
einen Krankenwagen gerufen?«

Langsam gingen mir seine rhetorischen Fragen auf den
Nerv. Ich machte ihm klar, dass ich nicht an einer Quiz-
sendung teilnehmen wollte.

»Nein«, antwortete er an meiner Stelle, »sie hat gewartet, bis
er langsam verblutet war. Der Polizei hat sie später erzählt,
sie habe einen Schock erlitten. Dann ist sie geschickterweise
zu einem Nachbarn gelaufen. Der gute Mann, ein nicht gerade mit übermäßiger Intelligenz gesegneter Mensch, hat sich
zuerst die Sauerei angesehen, bevor er etwas unternahm.«

»Das sind aber doch verständliche Reaktionen«, warf ich
ein.

»Verständlich, wenn man den teuflischen Plan dahinter
sieht«, knurrte Pobradt mich an.

»Ihre Schwägerin, die Frau des Toten, war also anwesend,
als es passierte?«, versuchte ich, ihn auf die sachliche Schiene
zurückzubringen.

»Sie sagte, sie sei im Nebenzimmer gewesen. Dafür hat sie
natürlich keine Zeugen.«

Ich betrachtete eine Zeit lang interessiert zwei kleine Wunden an meiner rechten Hand. »Gab es Abschiedsbriefe?«

»Drei.«

»Das sind ziemlich viele für einen vorgetäuschten Selbstmord.«

Er zuckte mit den Schultern. »Ob einen oder drei, was

macht das schon aus? Wer einen fälscht, kann auch drei fälschen.«

»An wen waren die Briefe gerichtet?«

»An sie, an mich und an Hillerich.«

»Wer ist Hillerich?«

»Sie kennen Kurt Hillerich nicht?«

Schon wieder eine dieser Fragen. Ich erklärte ihm, dass ich erst seit vierzehn Jahren in Münster lebte.

»Kurt Hillerich, Großbauer und früherer Bürgermeister von Hiltrup. Nach der Eingemeindung Mitglied des Rates der Stadt Münster. Planungsausschuss, wenn Ihnen das was sagt.«

Ausnahmsweise sagte mir das mal was. »Der, mit dem Ihr Bruder die Mauscheleien …?«

»Richtig«, lobte er mich für meine schnelle Auffassungsgabe.

»Was stand denn in den Briefen?«

Wortlos griff er in die linke Brusttasche seines Jacketts und zog einen zerknitterten Zettel hervor. Auf dem stand in krakeliger, nach links gebeugter Schrift: *Lieber Hermann, ich bin das dauernde Theater leid. Verzeih mir bitte! Alles Gute auch für Mutter und die Unsrigen! Dein Karl.*

»Was für ein Theater ist damit gemeint?«

»Na, der ständige Streit mit ihr natürlich. Aber sehen Sie, auch das ist wieder ein Hinweis darauf, dass die Briefe gefälscht sind. Theater würde er das nie nennen. Das ist einer ihrer Ausdrücke.«

»Hat er in den beiden anderen Briefen einen wesentlichen Hinweis gegeben?«

»Ich glaube, Sie verstehen mich nicht richtig. *Er* hat überhaupt keinen Hinweis gegeben. Denn die Briefe stammen nicht von *ihm*. Wer jahrelang mit einem Menschen zusammenlebt, sollte in der Lage sein, dessen Schrift zu kopieren.«

»Sie geben also zu, dass die Schrift in diesem Brief der Ihres Bruders zum Verwechseln ähnlich sieht?«

»Junger Mann, ich bezahle Sie nicht, damit Sie mir dieselben Fragen stellen, die mir damals auch dieser Bürokrat von Staatsanwalt gestellt hat.«

Das konnte ja heiter werden. Von wegen leichtverdientes Geld. Langsam sehnte ich mich nach meinen alten Männern, die ihre 52-Serie der ungarischen Post vervollständigen wollten. Aber schließlich schaffte ich es doch, Pobradt davon zu überzeugen, dass ich alle, auch die abwegigsten Fragen stellen musste, um einen genauen Überblick über den Fall zu bekommen. Seinerseits rückte er damit heraus, dass er den Inhalt der beiden anderen Briefe nicht kannte. Hillerich habe seinen vernichtet und Wilma den ihren nur der Polizei vorgezeigt.

»Einmal gesetzt den Fall«, begann ich erneut, »nur mal gesetzt den Fall, die Ehestreitigkeiten waren tatsächlich unerträglich. Warum hat er sich dann nicht einfach scheiden lassen?«

Pobradt warf mir einen vernichtenden Blick zu. »Wir sind katholisch. Katholisch geboren, katholisch erzogen und katholisch verheiratet. Scheidung kommt nicht infrage. Außerdem hätte sie einwilligen müssen. Aber sie dachte gar nicht daran, sich scheiden zu lassen. Sie wollte die Chefin eines großen Betriebes bleiben. Meinen Sie, sie hätte wieder Haare gewaschen und Dauerwellen gelegt, wie sie es früher musste, bevor mein Bruder, dieser Idiot, sie aus diesem miesen Friseurladen herausgeholt hat?«

»Sie mochten Ihre Schwägerin nie besonders, stimmt's?«

Pobradt sprach die Antwort in Richtung meiner juristischen Fachbücher: »Sie passte nicht zu uns. Wir kommen vom Lande. Wir haben einen einfachen, bescheidenen Lebensstil. Sie wollte das große Leben. Schicke Kleider, teure

Autos, nette Partys. All dieser verdorbene Schnickschnack, mit dem reiche Leute ihre Zeit totschlagen. Und mein Bruder lag ihr zu Füßen, anfangs jedenfalls. Las ihr jeden Wunsch von den Lippen ab, wie das in diesen Schundromanen heißt. Ein neuer Pelz, kein Problem. Urlaub auf Mallorca, warum nicht? Außerdem war sie evangelisch.«

Einen Moment lang war ich versucht, ihm mitzuteilen, dass ich praktizierender Atheist sei, doch dann verzichtete ich darauf mit Rücksicht auf meinen katastrophalen Kontostand.

Pobradt war in Gedanken versunken und schien in den letzten Minuten um Jahre gealtert zu sein. Die Erinnerungen an die Geschehnisse von damals hatten ihn offensichtlich mitgenommen. Trotz seines aufbrausenden und anmaßenden Wesens tat er mir ein bisschen leid. Und ich kam nicht umhin, ihm eine peinliche Frage zu stellen.

»Hatten Ihr Bruder oder seine Frau zur damaligen Zeit eine Affäre?«

»Wie bitte?«

»Eine Geliebte oder einen Geliebten? So was soll in den besten Ehen vorkommen, in den schlechten sowieso. In diesem Fall hätten wir einen Grund für die Ehestreitigkeiten und sogar ein Tatmotiv.«

»Quatsch. Karl und eine Geliebte – eine unmögliche Vorstellung. Ich sagte doch schon: Wir sind katholisch erzogen worden. Ihr wäre es natürlich zuzutrauen. Aber sie hätte sich eher einen Finger abgebissen, als einen Grund für eine Scheidung zu liefern.«

Langsam ging der Tag zur Neige und die Schuppen auf meinem Schreibtisch glänzten in der untergehenden Sonne. Mir wurde bewusst, dass ich für 150 Mark am Tag etwas bieten musste.

»Möchten Sie etwas trinken? Kaffee, Tee, Mineralwasser, etwas Alkoholisches?«

»Nein, danke. Ich lebe abstinent. In jeder Beziehung.«

Ich hatte mir so was gedacht.

»Gut. Dann machen wir weiter. Am Anfang haben Sie erwähnt, dass Ihre Schwägerin und dieser Hillerich bei dem Mord zusammengearbeitet haben. Welches Interesse hatte Hillerich an Ihrer Schwägerin, wenn er, äh, von ihr als Frau nichts wollte?«

Pobradt lachte kurz und freudlos auf. »Hillerich war nur an einem interessiert, an Geld. Und in dieser Beziehung konnte Wilma ihn verstehen. Da hatten sich zwei verwandte Seelen gefunden. Hillerich wollte, dass die Firma Pobradt im Geschäft blieb, und Wilma wollte das auch. Beide profitierten vom sogenannten Selbstmord meines Bruders.«

»Ich weiß zwar, dass Leute schon wegen geringfügigerer Sachen umgebracht worden sind, trotzdem scheint mir das als Tatmotiv etwas dürftig.«

»Ich habe nie behauptet, dass das der einzige Grund war. Die Ehe bestand nur noch auf dem Papier. Nach der glorreichen Anfangszeit merkte mein Bruder sehr schnell, dass er sich eine Luxusnutte ins Nest geholt hatte. Bald stritten sie sich wegen jeder Kleinigkeit. Wie oft ist Karl zu mir auf den Hof gekommen und hat sich bitterlich über seine Frau beklagt! Das war keine Ehe mehr, das war die Hölle. Als dann mein Bruder fest entschlossen war, die Verbindung mit Hillerich zu kappen und damit den mittlerweile erreichten Lebensstandard aufs Spiel zu setzen, kam für sie der Moment des Handelns.«

»Hillerich war demnach kein direkter Komplize?«

»Ich denke, dass er sie in ihrer Absicht bestärkt hat. Und sie hat sich von ihm sicherlich die Zusage geholt, dass das Geschäft weiterlief. Ein Vertrag unter Aasgeiern sozusagen.«

Manchmal schlichen sich in seine wohlgesetzte Rede recht

derbe Vokabeln ein. Irgendwo musste dieser Moralapostel schon mal mit dem prallen Leben Bekanntschaft gemacht haben.

Wie sich durch Nachfragen ergab, wusste Pobradt nichts Genaueres über die Kontakte zwischen Hillerich und Wilma. Auch von den Details der Geschäfte, die Hillerich und Karl miteinander abwickelten, hatte er keine Ahnung. Karl hatte sich, was dies anging, immer mit Andeutungen und versteckten Hinweisen begnügt.

Schließlich sprachen wir noch eine Weile über polizeiliche Ermittlungen, Schlamperei und Korruption im allgemeinen und bei der münsterschen Polizei im besonderen. Es dämmerte bereits, als wir aufstanden und uns die Hände reichten. Trotzdem sah er meinen wunden Punkt mit einem Blick.

»Was haben Sie denn mit Ihrer Hand gemacht?«

»Neurodermitis.«

»Was ist das?«

»Eine erblich bedingte Hautkrankheit, die unter bestimmten Umständen – schlechte Ernährung, Stress oder auch aus unerfindlichen Gründen – zu Juckreiz führt.«

»Bedeutet *Neuro* nicht Nerven?«

»Ja. Früher dachte man, dass die Krankheit psychische Ursachen hat. Heute hat sich die Lehrmeinung geändert.«

»Sie haben doch nicht etwa schwache Nerven?«

»Wäre ich dann Detektiv?«

Er schaute mir lange in die Augen, und ich gab mir alle Mühe, seinem Blick standzuhalten. Als das vorüber war, durfte ich ihn durch den Laden nach draußen führen. Mit seinem unscheinbaren grauen Anzug verschwand er blitzschnell in der Menge der Feierabendeinkäufer. Ein verbitterter älterer Herr, der zwanzig Jahre lang einer fixen Idee nachgelaufen war.

Die nächsten zwei Stunden saß ich rauchend und grü-
belnd am Schreibtisch. Zwischendurch fand ich meine Salbe.
Sie war unter den Sessel gerutscht.

Dann rief ich Willi an.

II

Briefmarken- und Münzläden sind nicht mehr das, was sie früher einmal waren. Heutige Jugendliche sammeln CDs und Computerprogramme, aber keine prägefrischen Fünfmarkstücke. Mit dem Fall des Ansehens, den eine ordentliche Sammlung genießt, steigt das Alter meiner Kunden. Aber es sind Stammkunden, die mir treu bleiben und sich gerne zu einem Schwätzchen im Laden treffen, wo sie fachsimpeln oder einen lange vorbereiteten Tausch besprechen. Keine noch so gut ausgebügelte Falz und kein winziger Kratzer entgeht ihren kritischen Augen. Ich würde es allerdings sowieso nicht wagen, ihnen fehlerhafte Exemplare anzudrehen. Sie wären, im Falle der Entdeckung, tödlich beleidigt und würden mich fortan mit Missachtung strafen.

Meine Stammkunden sind arbeitslose oder pensionierte Männer zwischen fünfzig und siebzig. Ich habe sie von meinem Vorgänger übernommen, der im Alter von 82 Jahren selig entschlummert ist. Seine Witwe, immerhin auch schon 76 Jahre alt, hatte für den Laden keine Verwendung mehr. Damals musste ich gerade unrühmlich aus der juristischen Laufbahn ausscheiden und suchte nach einer neuen Beschäftigung. Unselbstständiges Arbeiten liegt mir nicht, also hielt ich die Augen auf nach einem Geschäft, von dem ich ein bisschen verstand und das in nicht allzu viel Stress ausarten würde.

Die Witwe war sich über den gesunkenen Marktwert ihres Erbes im Klaren und bot es mir zu einem sehr günstigen Preis an. Ich kratzte meine sämtlichen Ersparnisse zusammen, nahm einen Kredit auf und stieg ein. Der Laden lief noch schlechter, als ich dachte. Die Folge war, dass ich einen Fernkurs für Detektive belegte. Da ich mir wegen des geringen Umsatzes keinen Angestellten leisten konnte, musste mir für die Zeit, in der ich als Detektiv arbeitete, eine Lösung einfallen. Die Lösung hieß Willi.

Im Gegensatz zu mir ist Willi keine gescheiterte Existenz, denn er hat sich nie der Mühe eines Berufsabschlusses unterzogen. Offiziell bezeichnet er sich als Student eines obskuren Faches, im 24. oder 27. Semester, und mit der vagen Aussicht, irgendwann einmal die Promotion einzureichen. Da ihn das Studium nicht ausfüllt und die elterliche Unterstützung längst ausgelaufen ist, nimmt er kleinere Jobs an, die es ihm ermöglichen, sich und seine drei Katzen zu ernähren.

Meine Kunden mögen Willi. Er strömt, überall wo er steht oder geht, eine gewisse Gemütlichkeit aus. Um Willis persönlicher Lebensgestaltung entgegenzukommen und meine Kosten so niedrig wie möglich zu halten, verkürzen wir die Öffnungszeiten, wenn Willi mich im Laden vertritt.

Es war Montagmorgen kurz nach elf, als er ankam. Er sah ziemlich übernächtigt aus und die fettigen Haare hingen ihm strähnig ins Gesicht. Lange Haare sind zwar neuerdings wieder in Mode, aber an meiner Kundschaft, die zum Teil recht konservativ denkt, ist diese Mode schon beim ersten Mal vorbeigegangen. Deshalb habe ich Willi zur Auflage gemacht, während der Dienstzeit einen Zopf zu tragen.

»Ich weiß, ich weiß«, winkte er ab, »ich bin direkt aus dem Bett hierher gestürzt. Nicht mal zu einem Frühstück hat's gereicht.«

»Kaffee ist in der Maschine«, sagte ich, »das andere musst du dir selbst besorgen. Wie geht's denn so?«

»Ach, ich bin heute Nacht völlig versackt. Aber sonst geht's mir gut. Ich mach zurzeit völlig neue Erfahrungen.«

»Eine neue Frau?«

»Nein, nicht so. Schamanismus.«

Ich hatte schon davon gehört, dass immer mehr Leute mit nackten Füßen über glühende Kohlen liefen oder ähnlichen Unsinn machten, doch Willi sah das natürlich viel wissenschaftlicher.

»Das hat eine wahnsinnig alte Tradition. Lange bevor Christus das Licht der Welt erblickte, holten Schamanen in Sibirien den Regen vom Himmel oder heilten Menschen. Von der schamanischen Heilweise könnte sich die heutige Medizin eine Scheibe abschneiden. Keine Drogen, die die Schmerzen betäuben und die Krankheiten nur verdrängen. Der Schamane sucht die Seele des Kranken und führt sie in den Körper zurück. Das ist Psychosomatik, sage ich dir. Das solltest du auch mal probieren. Vielleicht wirst du dann deine Juckerei los.«

»Kennst du einen Schamanen, der auf Krankenscheinbasis arbeitet?«

»Hab ich dir heute schon gesagt, dass du ein bescheuerter Ignorant bist, Georg?«

Wie sich herausstellte, hatte Willi an einem Workshop in einem der örtlichen alternativen Bildungswerke teilgenommen. Ein süddeutscher Schamane hatte dort einen Vortrag über Schamanismus gehalten und anschließend den Teilnehmern eine schamanische Abenteuerreise geboten. Willi erzählte von einem blitzschnellen unrhythmischen Trommelwirbel, durch den er in eine Art Trance verfallen sei. Kopfüber sei er in die Erde hinabgesaust und habe sich in einer Grotte mit plätscherndem Bach wiedergefunden. Später sei er einem Wolf begegnet und wie ein Vogel über einer Insel geschwebt. Willi hätte noch lange so weitergeredet, wenn ich ihn nicht mit einem Blick auf meine Armbanduhr gestoppt hätte.

»Wen musst du denn eigentlich beschatten?«

»Niemanden. Ich soll einen Mord aufklären.«

»Echt? Das ist ja geil.«

»Die Spurensuche wird allerdings etwas schwierig, weil das Opfer schon seit zwanzig Jahren tot ist.« Ich erzählte ihm kurz von meiner gestrigen Begegnung mit Pobradt. Willi schüttelte abwechselnd den Kopf und stieß Begeisterungslaute aus. Gegen halb zwölf kam ich endlich los.

Ich hatte nicht mehr viele Freunde im Polizeipräsidium. Genau genommen gab es nur noch einen Kriminalbeamten, der mir wohlgesonnen war, weil ich ihm einmal einen nicht ganz legalen Gefallen getan hatte.

Ich stellte meinen Wagen gegenüber dem Präsidium im Parkverbot ab und stiefelte, nachdem ich den Pförtner mit einer Ausrede überwunden hatte, durch die schwimmbadähnliche Eingangshalle.

Klaus Stürzenbecher besaß ein Büro im fünften Stock. Ich klopfte und wartete nicht auf eine Antwort. Stürzenbecher telefonierte und hob abwehrend die rechte Hand. Ich grüßte ihn mit einem Winken und setzte mich auf die freie Kante eines ansonsten mit Akten beladenen Ledersessels. Während ich mir einen Zigarillo ansteckte, rollte er mit den Augen und säuselte ins Telefon: »Herr Kriminalrat, ich weiß, dass es unangenehm ist, dass wir keinerlei Spur vorweisen können. Aber die Leiche lag dreiundzwanzig Tage in dem Apartment. Wer erinnert sich schon, ob er vor dreiundzwanzig Tagen etwas gehört oder gesehen hat?« Stürzenbecher versicherte noch ein paarmal, dass er sein Möglichstes tun werde, dann legte er mit einem Seufzer auf.

»Was willst du hier?«

»Ich brauche ein paar Auskünfte.«

»Es ist nicht gerade angenehm für mich, wenn ich zusammen mit dir gesehen werde. Du bist hier noch bekannt wie ein bunter Hund.« Stürzenbecher dachte an seinen Kriminalrat und straffte innerlich das Rückgrat. »Na gut. Schieß los!«

»Kennst du den Fall Pobradt?«

»Das ist doch schon fünfzehn oder zwanzig Jahre her.«

»Die Verjährungsfrist für Mord ist aufgehoben worden.«

»Mord?«

»Mein Klient geht davon aus, dass es sich um Mord handelt, und ich soll ihm für diese Hypothese die nötigen Beweise liefern.«

Stürzenbecher starrte mich entgeistert an. Dann ging ihm ein Licht auf. »Hermann Pobradt.«

»Diskretion gehört zu meinem Geschäft.«

Ein explosionsartiges Lachen, das in Gegenwart einer herzkranken älteren Dame eine ernste Bedrohung dargestellt hätte, erschütterte den Raum. »Hast du nicht gemerkt, dass der verrückt ist?«

»Jeder hat seine kleinen Macken. Der eine glaubt an Astrologie, der andere, dass ein Mord passiert ist. Manchmal haben beide recht.«

»Ich meine, er war in der Klapse, Psychiatrie.«

Es gelang mir nur schwer, meine Verblüffung zu verbergen. Andererseits, wenn er frei herumlief, war er, hoffentlich, voll geschäftsfähig und konnte den besten Detektiv der Welt engagieren. Das Vorleben meiner Klienten geht mich einen Dreck an. Schließlich hat jeder ein Recht darauf, die Wahrheit zu erfahren.

»Habt ihr mal daran gedacht, dass er recht haben könnte, ich meine, dass es tatsächlich kein Selbstmord war?«

Stürzenbecher stützte den Kopf auf die rechte Hand und rieb sich mit der linken die Tränensäcke unter den Augen. »Ich war damals nicht an den Ermittlungen beteiligt. Ich arbeitete als junger Kommissar im Betrugsdezernat. Aber die Geschichte wurde wochenlang als Dauerbrenner in der Kantine aufgewärmt. Deshalb ist sie mir noch ganz gut in Erinnerung. Falls du allerdings Details wissen willst ...«

»Du hast es erraten.«

»... muss ich passen.«

»Oder du lässt dir die Akte kommen und liest nach, was deine Kollegen ermittelt haben.«

»Wann sind wir denn endlich quitt?«, stöhnte Stürzenbecher.

In diesem Moment ging die Tür auf und Kriminalrat Merschmann steckte seine unsympathische Visage durch den Spalt. »Stürzenbecher, wenn Sie mir mal eben ...« Sein Blick fiel auf mich und er verschluckte den Rest. »Ach so, Sie haben Besuch. Dann kommen Sie doch bitte gleich in mein Büro!«

Die Tür war wieder zu. Stürzenbecher verlor etwas Blut aus seinem Alkoholikergesicht. »Hör mal, ich habe zu tun. Wenn du noch mehr wissen willst ...«

»Danke«, wehrte ich ab, »das reicht fürs Erste. Ich besuche dich morgen früh. Zu Hause.« Wir standen beide auf und versuchten, die Peinlichkeit zu überspielen.

Unter dem Scheibenwischer klebte kein Strafzettel. Man muss seinen Wagen nur dicht genug an einer Polizeiwache parken, um von derlei Unannehmlichkeiten verschont zu bleiben.

Wo ich als Nächstes hinfahren würde, wusste ich auch schon. Vor allen anderen Dingen hatte ich zu klären, ob die Unterschrift auf dem Scheck, den ich in der Tasche trug, rechtsverbindlich war.

Das Haus stand in Nordwalde, einem kleinen Kaff in der Nähe von Altenberge. Ich rollte an einem Zementwerk vorbei, das sich irgendwie in diese Gegend verirrt hatte, und stand Schnauze an Schnauze vor einem kläffenden Schäferhund. Gott sei Dank gehörte die eine Schnauze meinem Wagen, sodass ich in Ruhe abwarten konnte, was passieren würde.

Nach fünfminütigem Kläffen passierte nichts und ich drückte ein paarmal auf die Hupe. Endlich öffnete sich die Tür und heraus kam im Zeitlupentempo eine uralte Frau. Die Alte rief den Hund, der prompt fünf Schritte zurückging. Ich stieg mit einem Bein aus und stützte mich auf die Wagentür.

»Ich möchte zu Hermann Pobradt. Bin ich hier richtig?«

»Der Hermann ist in der Stadt«, krächzte eine gebrochene Stimme. »Ich weiß nicht, wann er wiederkommt.«

»Sind Sie Frau Pobradt?«

Der Hund trat wieder einen Schritt vor und knurrte bösartig.

»Ich bin die Mutter. Was wollen Sie denn?«

»Mein Name ist Georg Wilsberg«, rief ich, den Hund im Auge behaltend. »Ich bin Privatdetektiv. Ihr Sohn hat mich engagiert.«

»Ach, Sie sind das.«

Wir drei blieben auf unseren Plätzen und es entstand eine kleine, mit Knurren unterlegte Pause.

»Könnte ich Sie vielleicht einen Moment sprechen?«, machte ich den Versuch, das unselige Arrangement zu beenden.

Die Alte überlegte kurz. »Kommen Sie doch rein!«, sagte sie anschließend.

Leichter gesagt, als getan. Einerseits wollte ich meine Berufsehre nicht aufs Spiel setzen und öffentlich die Angst vor dem Hund zugeben, andererseits hatte ich keine Lust, mir ein Bein zerfetzen zu lassen.

Als ob sie meine Befürchtung gerochen hätte, wies sie mit einem kräftigen »Hasso, hierher!« die Bestie in die Schranken. Hasso ging noch einmal fünf Schritte zurück und stand jetzt in Griffweite der alten Dame. Während sie ihm mit ihren Gichtfingern das Fell kraulte, schloss ich vorsichtig die Wagentür.

»Er tut Ihnen nichts«, sagte sie, »er ist Fremden gegenüber nur ein bisschen misstrauisch.«

Tatsächlich schnupperte das Vieh nur an meiner Hose herum, als ich vor ihr stand. Sie musste mindestens achtzig Jahre alt sein und jedes Jahr hatte eine Falte in ihrem Gesicht hinterlassen. Aus ihren Augen strahlte jedoch ein klarer und harter Blick. Ich wusste, wem sie ihn vererbt hatte.

Die Küche bestand aus einem Holztisch, vier Stühlen, Küchenschrank, Herd, Kühlschrank, Spüle und einem Kreuz an der Wand. Ich bekam eine Vorstellung von dem, was Hermann Pobradt mit bescheidenem Lebensstil gemeint hatte.

»Möchten Sie einen Kaffee?«

Ich sagte nicht Nein.

»Wir leben hier ziemlich ab von der Welt. Außer meinen Kindern kommt kaum noch jemand heraus. Die alten Freunde sind leider alle tot oder können sich nicht mehr bewegen. Da ist ein unverhoffter Besuch schon eine Überraschung.«

Sie ließ Wasser in einen Kessel und zündete mit erstaunlicher Geschicklichkeit den Gasherd an.

»Nehmen Sie auch Nescafé? Den anderen müsste ich erst mahlen.«

Ich nehme Kaffee in jeder Form und meistens viel zu viel zu mir.

»Haben Sie noch mehr Kinder?«, erkundigte ich mich.

»O ja! Außer Hermann habe ich noch zwei Töchter. Die eine wohnt in Hamburg und die andere in Bottrop. Beide haben ziemlich früh geheiratet. Hermann hat ja leider keine Frau gefunden. Vielleicht, wenn sie ihn nicht eingesperrt

31

hätten … Aber so ist er immerhin bei mir und geht mir zur Hand. Ich bin ja nicht mehr so rüstig wie früher, wissen Sie.«

»Wie lang ist er denn schon draußen?«, fragte ich vorsichtig.

»Das sind jetzt, warten Sie, ja, Weihnachten vor einem Jahr ist er rausgekommen.«

Das klang hoffnungsvoll. Sie kam mit der Kaffeetasse auf mich zu und verschüttete dabei die Hälfte in die Untertasse.

»Da! Sehen Sie! Ich kann nicht mal mehr die Hand ruhig halten.«

»Macht doch nichts«, sagte ich und kippte den Kaffee von der Untertasse in die Tasse zurück, »manchmal habe ich das auch.«

Sie setzte sich zu mir an den Tisch und beobachtete, wie ich in dem Kaffee herumrührte und einen Schluck von dem Gebräu probierte.

»Gut«, stellte ich wahrheitswidrig fest und lächelte mein charmantestes Lächeln. Es war an der Zeit, zur Sache zu kommen.

»Sehen Sie, Ihr Sohn hat mir da eine wilde Geschichte erzählt, von Mord, Korruption und Vertuschung. Was er mir nicht erzählt hat, ist, dass er offensichtlich lange Zeit in einer psychiatrischen Anstalt leben musste. Jetzt frage ich mich natürlich, ob ein Teil seiner Anschuldigungen auf seiner, nun ja, auf seiner überspannten Fantasie beruht.«

Die Alte zog verbittert den Mund zusammen. »Wenn Sie das wirklich glauben, sollten Sie nicht für uns arbeiten.«

»Nein, nein«, wehrte ich ab, »ich glaube gar nichts. Ich war nur ein wenig irritiert.«

»Sie ist ein Flittchen«, spuckte die Alte aus. »Sie hat unsere Familie kaputt gemacht, sie hat Karl umgebracht und sie läuft frei herum.«

»Sie sind also auch der Meinung?«, fragte ich etwas blöde. Prompt fing ich einen hochmütigen Blick auf.

»Mein einziger Trost ist, dass Gott sie strafen wird, wenn es nicht mehr auf dieser Welt geschieht.«

Ich spürte förmlich die Verantwortung, die auf meinen Schultern lastete. Die letzte Instanz vor dem Jüngsten Gericht.

»Soweit ich weiß, hat Ihr Sohn Hermann alles versucht, Ihre Schwiegertochter vor ein Gericht zu bekommen.«

»Das hat er, weiß Gott. Er hat gekämpft wie ein Löwe. Ich war stolz auf ihn. In all dem Unglück, das damals über uns kam, hat er sich nicht kleinkriegen lassen. Er sagte: Mutter, wir haben recht und wir werden recht bekommen. Er hatte zu viel Vertrauen in die Gerechtigkeit. Sie haben ihm gedroht: Wenn du nicht aufhörst, sperren wir dich ein! Er hat nicht aufgehört und sie haben ihn eingesperrt. Ein gewisser Mensch, der sich Psychiater nannte, hat ihn begutachtet und dann gesagt: Verrückt. Eine Gefahr für die Allgemeinheit. Stellen Sie sich vor: mein Hermann eine Gefahr für die Allgemeinheit! Mich hat niemand gefragt, ob Hermann eine Gefahr ist. Wenigstens seine Arbeitskollegen hätten sie fragen können. Ich bin zusammengebrochen. Der eine Sohn tot, der andere eingesperrt. Was sollte ich alte Frau tun? Ich habe gebettelt, ich habe gefleht. Ihr Sohn ist in guten Händen, haben sie gesagt. Alles geschieht nur zu seinem Besten. Wenn sie den Mund aufmachten, konnte man ihre gespaltenen Zungen sehen.«

Ein Hauch von Gift und Galle lag in der Luft. Diese Frau hatte noch immer mehr Energie als eine ganze Kantinenrunde Schreibtischbürokraten.

Versunken betrachtete ich den braunen Rest in meiner Kaffeetasse. »Immerhin ist Ihr Sohn jetzt vorsichtiger geworden. Statt erneut Vorwürfe zu erheben, engagiert er einen Privatdetektiv.«

»Wir haben gelernt, dass die Welt schlecht ist. Nur jemand, der sich mit der Schlechtigkeit der Welt auskennt, kann dieses Weibsstück zur Strecke bringen.«

Sie schien sich der Zwiespältigkeit des Kompliments nicht bewusst zu sein. Ohne auf diesem heiklen Punkt zu insistieren, stellte ich die Gretchenfrage: »Übrigens, Ihr Sohn ist doch wieder geschäftsfähig, nicht wahr? Ich meine, er ist nicht entmündigt?«

Ihr vorwurfsvoller Blick streifte mich: »Sie haben ihn für geheilt erklärt. Nach siebzehn Jahren geheilt.«

Unbewusst griff ich an meine linke Brusttasche. »Ja«, sagte ich, nachdem ich auch noch auf meine Armbanduhr geguckt hatte, »ich glaube, es wird Zeit, dass ich mich aufmache. Schließlich bezahlen Sie mich nicht fürs Plaudern. Sagen Sie Ihrem Sohn, dass ich ihn morgen Abend anrufe. Ich werde dann sicherlich schon mehr wissen.«

Sie brachte mich bis zur Tür, und als ich mein Auto erreicht hatte, stand sie noch immer dort: klein, gebeugt und unheimlich zäh. Ich winkte mit dem Arm und sie rief: »Gott mit Ihnen!«

Kein besonders schlagkräftiges Gespann, dachte ich.

Es war halb fünf, und ich musste noch etwas tun, um meine 150 Mark für diesen Tag zu verdienen. Vielleicht sollte ich meine Arbeitstage demnächst früher beginnen.

III

Der Hansa-Grill ist nicht gerade ein Gourmet-Treff, aber wegen seiner deftigen Hausmannskost eine Pommesbude mit einem Stern. Bevor ich den weiteren Ereignissen ins Auge blickte, wollte ich noch ein verspätetes Mittagessen zu mir nehmen. Ich wählte das Tagesgericht, eine Erbsensuppe mit Metteinlage. Beim Kauen überlegte ich, ob mir eine Alternative blieb, Hillerich, zum Beispiel. Nein, den musste ich mir für später aufsparen. Es galt, den Stier bei den Hörnern zu packen. Der Detektivjob ist eben kein Briefmarkenkränzchen.

Der Vorteil von Pommesbuden liegt darin, dass man keine Zeit mit Warten, Gesprächen und Verdauen verplempert. Zehn Minuten später stand ich auf der Straße und blickte mich nach einer Telefonzelle um. Tatsächlich gab es hundert Meter weiter ein gelbes Häuschen, in dem ich die gesuchte Adresse fand.

Ich fuhr Richtung Mecklenbeck und der Aasee zeigte seine ganze, künstlich angelegte Schönheit. Gummihäutige machten mit ihren Surfbrettern erste Tauchversuche. Etwa in Höhe des Zoos bog ich links ab und kam in eine tödlichsterile Villensiedlung, wo sich Gartenzwerge und Holunderbüsche Gute Nacht sagen.

Ich klingelte an einem unvermeidlich schmiedeeisernen Tor und wartete geschlagene zwei Minuten auf das Brummen. Meine Befürchtung, dass ich zunächst mit einer quäkenden Sprechanlagenstimme kommunizieren müsste, erwies sich erfreulicherweise als falsch. Ich kam am fingerhoch geschnittenen und zwanzig mal fünfzehn Quadratmeter großen Rasen vorbei, stieg die seitlich angelegte Eingangstreppe hinauf und stand vor einer hübschen Blondine. Aus den Augenwinkeln sah ich, dass sie eine hauteng schwarze Hose und eine ebenso schwarze Bluse trug. Der Rest meines Blickes galt ihren spöttisch lächelnden Augen.

»Guten Tag. Mein Name ist Georg Wilsberg. Ich würde gerne Frau Wilma Pobradt sprechen.«

»Die ist nicht da.«

»Wann ist sie wohl zu sprechen?«

»Nächste Woche. Sie kommt am Donnerstag aus Teneriffa zurück.«

»Aha.« Da stand ich nun und wusste nicht mehr weiter. Anderen Privatdetektiven gelang es in solchen Fällen, ihren Charme spielen zu lassen und bei einem zwanglosen Gespräch die heißesten Insider-Informationen zu bekommen.

»Vielleicht kann ich Ihnen weiterhelfen. Ich bin die Tochter.«

Von der Möglichkeit, dass Karl und Wilma Pobradt ein bis mehrere Kinder haben könnten, hatte mir bislang noch niemand erzählt. Aber ich hatte ja auch nicht danach gefragt.

»Nun, die Angelegenheit ist, wie soll ich sagen, etwas delikat.« Ich blickte mich um, ob ein Nachbar in der Nähe war. Außer einer Katze bewegte sich im Umkreis von hundert Metern kein Lebewesen. »Ich bin Privatdetektiv und arbeite für – Ihren Onkel.«

Das rundliche, offene Gesicht zeigte Überraschung und Neugierde.

»Meinen Sie den mit der Macke?«

»Ich schätze, wir meinen denselben. Hermann Pobradt, der Bruder Ihres Vaters.«

»Oh! Ist er wieder draußen?«

»Ja. Hören Sie«, ich trat einen halben Schritt näher und

senkte meine Stimme, »vielleicht können wir uns drinnen etwas ungestörter unterhalten. Falls Sie an der Sache interessiert sind.«

»Entschuldigen Sie! Kommen Sie doch rein!«

Sie führte mich durch einen dunklen Flur in ein weitläufiges Wohnzimmer. Das Panoramafenster bot einen Ausblick auf die letzten fünf Weihnachtsbäume, die nach dem Fest im Garten angepflanzt worden waren. Ich ließ mich in einen dieser Sessel fallen, in denen man das Gefühl hat, man müsse sich vor dem Ertrinken retten.

Sie bot mir keinen Drink an, sondern setzte sich auf die Sofakante. Mit der Geschwindigkeit, die Kettenrauchern eigen ist, fischte sie eine Zigarette aus der in ihrer Bluse versteckten Schachtel und paffte in meine Richtung. Ich überlegte, ob ich es wagen dürfte, die Luft mit einem Zigarillo zu verpesten. Offensichtlich hatte sie meinen Gedanken erraten, denn plötzlich hielt sie mir die Schachtel vor die Nase. Ich entschied mich für Höflich- und Sauberkeit.

»Ich habe meinen Onkel nie kennengelernt. Ich weiß nur, dass er glaubt, Vater sei ermordet worden.«

Ich nickte. »So ist es.« Dass er ihre Mutter im Verdacht hatte, mochte ich nicht so direkt sagen. »Seit zwanzig Jahren ist er davon überzeugt, dass es sich nicht um einen Selbstmord handelte. Und jetzt hat er mich engagiert, um einen Beweis dafür zu finden.«

»Das ist doch verrückt.« Sie war nicht empört. Ihre spöttischen Augen drückten aus, dass nur ein armer Irrer wie ich einen solchen Auftrag annehmen konnte.

»Schon möglich. Der Geisteszustand meiner Klienten interessiert mich nicht. Hauptsache, sie zahlen und verlangen keine ungesetzlichen Dinge von mir. Wenn sich herausstellt, dass Hermann Pobradt einer fixen Idee nachgelaufen ist, werde ich ihm das mitteilen. Und die Sache ist für mich erledigt.«

»Ach, so einer sind Sie.«

Mir war nicht ganz klar, was für einer ich war.

»So ein eiskalter Typ, der über Leichen geht, wenn nur die Kasse stimmt.«

Mit gespieltem Entsetzen hob ich beide Arme. »Da haben Sie mich falsch verstanden. Ich bin nur kein Psychologe, Psychiater oder sonst wie auf diesem Gebiet kompetent. Es kann sein, dass Ihr Onkel geistesgestört ist. Es kann aber auch sein, dass er siebzehn Jahre lang eingesperrt war, weil er einigen wichtigen Leuten in die Quere gekommen ist. So was soll in den besten Rechtsstaaten vorkommen.«

»Mit Leuten meinen Sie meine Mutter?«

»Vor allem meine ich die Polizei und die Justiz. Die haben es nicht gerne, wenn man ihnen vorwirft, sie würden etwas vertuschen.«

»Haben sie denn etwas vertuscht?«

Himmel, konnte die Frau nervig sein. Dabei sah sie ansonsten ausgesprochen nett aus. Irgendwie war ich mal wieder auf der falschen Seite.

»Ich weiß es nicht. Ich weiß noch gar nichts. Deswegen bin ich ja hier.«

Ich nahm einen heftigen Zug und merkte am Geschmack, dass ich den Filter angekokelt hatte. Lächelnd beobachtete sie, wie ich einen Hustenanfall bekam.

»Ich bin kein Schwein, wenn Sie das meinen«, sagte ich und wurde etwas rot. »Ich versuche, mit allen Leuten fair umzugehen. Aber natürlich bin ich in erster Linie meinen Klienten verpflichtet.«

»Machen Sie das schon lange?«

»Was?«

»Als Detektiv arbeiten. Sie machen gar keinen so professionellen Eindruck.«

»Ich rauche normalerweise keine Zigaretten.«

»Das meine ich nicht. Detektive stelle ich mir abgebrühter vor. Aber Sie sind sofort beleidigt, wenn man Sie mal antippt.«

»Gerade war ich der eiskalte Killer, jetzt bin ich das Sensibelchen. Vielleicht sollten Sie sich mal entscheiden!«

Sie lachte ein freundliches Lachen, das mich wieder etwas beruhigte. »Wenn Sie sich aufregen, find ich Sie echt in Ordnung.«

»Danke. Sie brauchen nur die richtigen Worte wählen, und es könnte leicht zu einem Dauerzustand werden.«

»Ich weiß, ich bin ein bisschen schnippisch. Sie sind nicht der Erste, der mir das sagt.«

Das Telefon klingelte und sie ging hinaus. In Ermangelung anderer Beschäftigung betrachtete ich die Inneneinrichtung. An den Wänden hingen ein paar Aquarelle, die dem Impressionismus nachempfunden waren. Häuseransichten in Pastelltönen. Das übrige Mobiliar war teuer und solide, aber wenig originell.

Nach fünf Minuten kam sie wieder. »Mein Bruder«, erklärte sie. »Er sagt, ich soll Sie rausschmeißen.«

»Machen Sie immer, was Ihr Bruder sagt?«

»Nein.«

Langsam wurde sie mir sympathisch.

»Ich habe nichts zu verbergen. Fragen Sie, was Sie fragen wollen. Je schneller der Spuk vorbei ist, desto besser.«

»Wie alt ist Ihr Bruder?«

»Fünfunddreißig. Zehn Jahre älter als ich.«

»Haben Sie noch mehr Geschwister?«

»Nein.«

»Waren Sie damals dabei, als es passierte?«

»Ich war in meinem Zimmer und habe gespielt. Dann hörte ich den Schuss und wollte nachsehen, was da los war, aber meine Mutter fing mich im Flur ab.«

»Ist Ihnen sonst irgendetwas aufgefallen?«

»Ich war ja erst fünf Jahre alt. In dem Alter denkt man an nichts Böses.«

»Was hat Ihre Mutter gesagt?«

»Dass ich weiterspielen soll. Dann hat sie die Tür zu meinem Zimmer abgeschlossen.«

»Wissen Sie, wo sich Ihre Mutter vorher aufgehalten hat?«

»In der Küche. Sie hat das Mittagessen gekocht. Meinen Vater hat sie bestimmt nicht umgebracht.«

»Warum nicht?«

»Abgesehen davon, dass sie eine liebenswerte Frau ist, die keinen Menschen umbringt, könnte sie gar nicht mit einem Gewehr umgehen.«

»Um einen Menschen aus einem Meter Entfernung zu erschießen, bedarf es keiner großen Geschicklichkeit.«

»Aber man muss eine Patrone einlegen und den Sicherheitshebel lösen.«

»Sie kann ihren Mann einmal dabei beobachtet haben.«

»Er hielt das Gewehr und die Patronen in einem Eisenschrank verschlossen. Und den Schlüssel dazu trug er immer bei sich. Glauben Sie, er hätte ihr den Schlüssel gegeben und zugesehen, wie sie das Gewehr lud und auf ihn anlegte? Er wurde neben dem Gewehrschrank gefunden.«

»Aus dem, was Sie sagen, entnehme ich, dass Sie sich damit beschäftigt haben.«

»Ich habe oft mit meinem Bruder darüber gesprochen. Später, als ich älter war.«

»Wo war Ihr Bruder eigentlich?«

»In seinem Zimmer.«

»Was geschah nachher?«

»Meine Mutter brachte uns zu Verwandten in eine andere Stadt, ihren Verwandten. Mit mir hat sie einmal darüber gesprochen, als ich zehn Jahre alt war. Danach nie wieder.

Von den Aktionen meines Onkels habe ich erst viel später erfahren.«

Was sie sagte, klang ehrlich. Ich sah keinen Grund, ihr nicht zu glauben. Aber es war der beschränkte Blickwinkel eines fünfjährigen Mädchens. Während mir diese Gedanken durch den Kopf schossen, rutschte sie auf der Sofakante herum.

»Haben Sie Ihr Pulver verschossen? Oder gibt es noch etwas, was Sie unbedingt wissen müssen?«

»Ja, etwas gibt es noch. Nach dem, was ich gehört habe, haben sich Ihre Eltern oft gestritten. Haben Sie davon etwas mitbekommen?«

»Ich habe meinen Vater manchmal schreien hören. Mein Bruder hat mir erzählt, dass Vater auch zugeschlagen hat.«

Von dieser Seite hatte ich Karl Pobradt noch nicht kennengelernt. Sollte die Geschichte von dem guten Menschen und der Schlampe, die sich die Pobradts zurechtgelegt hatten, ein Märchen sein?

Da mir keine weiteren Fragen einfielen, stand ich auf. »Ich danke Ihnen, dass Sie mir so viel erzählt haben.«

Sie stand ebenfalls auf und kam um den Tisch herum. »Müssen Sie jetzt noch meine Mutter interviewen?«

»Falls ich nächste Woche noch an dem Fall arbeite, wäre das sicherlich sinnvoll. Aber ich kann niemanden zwingen, mit mir zu sprechen.«

»Das würde Ihnen auch nicht stehen«, sagte sie und blickte zu mir auf. Sie war ungefähr einen Kopf kleiner als ich.

»Unter anderen Umständen würde ich jetzt auf Wiedersehen sagen. Ich vermute, dass Sie keinen Wert darauf legen.«

»Vielleicht treffen wir uns mal unter anderen Umständen. Ich heiße Katharina.«

Mit einem stimulierenden Adrenalinschock in den Adern verließ ich das geordnete Heim der Familie Pobradt. Ob die Oma wohl noch so trüb in die Welt gucken würde, wenn ihr diese Enkelin über den Weg liefe? Aber dann gäbe es auch keine Arbeit für mich. Der Gedanke an Arbeit brachte mich auf den Boden der Tatsachen zurück. Das eine oder andere wollte ich heute noch erledigen, und am besten tat ich es gleich.

Dank des unverrückbaren Ladenschlussgesetzes fand ich direkt vor meinem Geschäft einen Parkplatz. Willi hatte die bescheidenen Tageseinnahmen in der Kasse gelassen und auf einem handschriftlichen Zettel die Abrechnung beigefügt. Darunter stand: *Das Wassermannzeitalter ist die Endstufe der Menschheitsentwicklung. Briefmarken und Münzen werden dann überflüssig sein.* Der gute Willi! Immer hoffnungsvoll, immer optimistisch.

Ich nahm ein paar größere Scheine heraus und überflog die Abrechnung. Buchführung war nicht Willis Stärke. Meine allerdings auch nicht. Besonders kritisch beäugte ich die Ankäufe. Am Anfang unserer Zusammenarbeit waren da einige peinliche Pannen passiert. Ein Briefmarkenhändler, der sich von Bluffern übers Ohr hauen lässt, hat seinen Ruf in der Stadt schnell verspielt. Seitdem hatte Willi die strikte Anweisung, nur die allersichersten Objekte aufzukaufen und die anderen Kunden auf mich zu vertrösten. Da er ansonsten nichts vermerkt hatte, war wohl niemand auf die Idee gekommen, eine zahnlose Flugpostmarke von 1920 oder ähnlichen Unsinn zu bestellen.

Dann ging ich in mein Büro und versuchte, so etwas wie einen Tagesbericht zu verfassen. Die meiste Zeit guckte ich aus dem Fenster auf die Lambertikirche, den steinernen Galgen für die drei Wiedertäuferführer, deren Leichen man 1536 in Käfigen am Kirchturm aufgehängt hatte. Als Touristenattraktion hingen die Käfige noch heute da, eine Geschmacklosigkeit mit dem Segen des Bischofs.

Ich hatte keine Lust mehr und klappte den Bericht zu. Vor allem anderen gelüstete es mich nach einem Ölbad.

Im Kreuzviertel, einem bei Studenten und dem intellektuellen Mittelstand besonders beliebten Wohngebiet mit großen alten Bürgerhäusern, nannte ich eine gemütliche Dreizimmerwohnung mein eigen. Sie stammte noch aus der Zeit, als ich als Rechtsanwalt recht gut verdiente. Später brachte ich es dann nicht übers Herz, meinen Lebensstandard zu senken.

Ich öffnete ein Fenster, um die abgestandene Luft zum Zirkulieren zu bringen. Nicht, dass ich aus Prinzip allein lebte. Es hatte sich einfach so ergeben.

Ich ließ Wasser in die Badewanne und gab einen gehäuften Becher Öl dazu. Dann zog ich mich schnell aus, um den Juckreiz zu überlisten. Ich schaffte es, im Wasser zu sein, bevor er mich packen konnte.

Nach einer wohligen Viertelstunde trocknete ich mich ab und cremte mich gründlich ein. Fettglänzend begab ich mich sodann in die Küche, um zu sehen, was der Kühlschrank zu bieten hatte.

Zu etlichen belegten Vollkornschnitten guckte ich mir die Nachrichten an. Der Dollarkurs war wieder gesunken und Helmut Kohl meinte, dass vom Zustand der Union keine Rede sein könne. Gähnend überlegte ich, ob ich noch in meine Stammkneipe gehen sollte. Vielleicht war sogar Hildegards Mann auf Dienstreise und ich konnte sie zu einem Abend zu zweit überreden. Schließlich entschied ich mich für eine Pfeife und ein Buch über die Assassinen.

IV

Am nächsten Morgen war ich ziemlich früh auf den Beinen. Zur Feier des Tages gönnte ich mir ein paar ofenfrische Vollkornbrötchen aus dem Bio-Laden in der nächsten Seitenstraße. Die etwas verhärmte, aber unheimlich gesund aussehende Verkäuferin strahlte mich wie immer an und ich nahm noch eine Mohnschnecke, natürlich ohne Zucker.

Bei einem Milchkaffee und Radiogeplärre im Hintergrund verputzte ich das üppige Frühstück und machte mich einigermaßen frohgelaunt auf den Weg.

Meine erste Anlaufstelle war die Wohnung von Klaus Stürzenbecher. Wie ich gehofft hatte, saß er noch am Frühstückstisch, umringt von seiner Frau und zwei Kindern. Mit einem Griff schob er sich ein halbes Brötchen in den Mund, nahm die Kaffeetasse und zerrte mich wortlos ins benachbarte Wohnzimmer. Um die Zeit auszunutzen, in der er noch kauen würde, zog ich ihn ins Vertrauen: »Pobradt ist vollständig rehabilitiert und erfreut sich bester geistiger Gesundheit.«

Eines der unerklärlichen Phänomene auf dieser Welt ist die Geschwindigkeit, mit der Polizisten essen. Wahrscheinlich liegt das daran, dass sie immer befürchten, jeden Moment unterbrochen zu werden. Mit vollständig leerem Mund sagte Stürzenbecher: »Einmal verrückt, immer verrückt.«

»Lass uns nicht über Psychiatrie diskutieren! Was hast du herausgefunden?«

Stürzenbecher leerte die Kaffeetasse in einem Zug.

»Bei jedem offensichtlichen Selbstmord gibt es ein paar winzige Kleinigkeiten, die nicht ins Bild passen.«

»Und die wären?«

»Zum Beispiel die Frage, warum sich ein jagderfahrener Mensch nicht den Lauf in den Mund schiebt, wenn er sich umbringen will, sondern sich stattdessen das halbe Gehirn wegpustet und langsam krepiert. Doch es gibt auch die Möglichkeit, dass er sich gar nicht umbringen wollte. In diesem Fall könnte sich der Schuss versehentlich gelöst haben, als das Gewehr auf dem Boden aufschlug.«

»Die Hemingway-Legende.«

»Die Mordkommission hat dies nur als zusätzliche Möglichkeit festgehalten. Wahrscheinlicher ist schon, dass er sich umbringen wollte und in der Aufregung zu früh abgedrückt hat. Die Ehestreitigkeiten hatten einen beinahe öffentlichen Charakter angenommen. Außerdem gab es da noch die Abschiedsbriefe.«

»Die gefälscht sein könnten.«

»Von drei Schriftexperten haben zwei gesagt, dass sie echt sind. Das ist eine demokratische Mehrheit.«

»Immerhin hat einer also etwas anderes gesagt.«

»Der dritte war sich nicht sicher. Aber du musst bedenken, dass jemand, der sich in den nächsten Minuten erschießen will, nicht mit derselben ruhigen Hand schreibt, mit der er Urlaubspostkarten vollkritzelt.«

»Gab es noch weitere Besonderheiten?«

»Auf dem Gewehr waren die Fingerabdrücke des Nachbarn. Aber auch das ist verständlich. Der gute Mann hat das Gewehr beiseitegelegt, weil er sich zu dem Sterbenden hinabbeugen wollte. Trotzdem haben die Kollegen den Mann durchleuchtet. Er hatte keinen, aber auch nicht den geringsten Grund, Pobradt umzubringen. Abgesehen davon, dass es nicht den kleinsten Hinweis darauf gab, dass er was mit der Pobradt hatte, war er doppelt so alt und zweimal so hässlich.«

»Wer hat eigentlich die Untersuchung geleitet?«

»Merschmann.«

»Ach der.« Merschmann war mir noch in unguter Erinnerung. Und das nicht nur wegen seines unangenehm vierschrötigen Wesens.

Stürzenbecher lächelte maliziös. »Du weißt ja, wie gründlich der arbeitet. Allerdings ...«

Ich guckte ihn erwartungsvoll an.

»Es gibt da schon eine Besonderheit. Zunächst hat Merschmann den Fall als Routine behandelt und sehr schnell abgeschlossen. Erst als Hermann Pobradt anfing, seine Vorwürfe öffentlich zu erheben, wurde die Sache noch einmal aufgerollt. Manches konnte jetzt nicht mehr nachgeprüft werden und so hat Merschmann Hermann Pobradt indirekt die Munition geliefert.«

»Was ist eigentlich mit Hillerich? Hillerich und Pobradt sollen krumme Dinger gedreht haben, wie ich hörte.«

»Hermann Pobradt hat das behauptet. Beweisen konnte er es nicht. Möglicherweise hat sich auch niemand ein Bein ausgerissen, der Geschichte auf den Grund zu gehen. Was soll man einem Toten noch ans Zeug flicken?«

»Und Hillerich hat den an ihn gerichteten Abschiedsbrief vernichtet.«

»Ja, eine dieser kleinen Arabesken, die die Geschichte auch für die Presse interessant machte. Aber wenn du mich fragst, standen in dem Brief ganz einfach ein paar handfeste Beleidigungen, die Hillerich einer größeren Öffentlichkeit nicht zumuten wollte. Ich persönlich halte es auch nicht für ausgeschlossen, dass da einiges gemauschelt wurde. Nicht umsonst ist Hillerich heute mehrfacher Millionär.«

»Gerade deswegen finde ich langsam Interesse an dem Fall«, sagte ich.

»Erhoff dir nicht zu viel. Merschmann mag Mist gebaut

46

haben, deshalb muss seine Schlussfolgerung nicht falsch sein. Alles spricht dafür, dass Pobradt Hand an sich gelegt hat.«

»Vielleicht spricht alles dafür, *nachdem* Merschmann ermittelt hat.«

»Sei vorsichtig! Auch deine Detektivlizenz kann dir entzogen werden.«

»Mir ist im Leben schon Schlimmeres passiert. Du weißt, dass ich eine Doppelexistenz führe.«

»Briefmarken«, grunzte er verächtlich.

Der Tag war noch recht jung, doch die seltene Sonne brannte bereits recht kräftig vom Himmel. Ich kurbelte das Wagenfenster herunter und ließ mir ein bisschen Frühlingsluft um die Ohren pfeifen. Diesmal fuhr ich nach Amelsbüren, einem kleinen Vorort mit Resten dörflicher Kultur, um die sich die Reihenhäuser der in Münster arbeitenden Verwaltungsangestellten gruppierten.

Kurt Hillerich wohnte in einem fachwerkartig herausgeputzten Haus, das einem Bauernhaus so ähnlich sah wie eine Kuchengabel einer Mistharke. Durch ein großes Fenster neben dem Eingang sah ich einen gediegenen Holztisch in einer gediegenen Einbauküche. Der Raum war leer bis auf zwei dreckige Tassen auf der Anrichte.

Ich klingelte und eine große strenge Frau mit einem Knoten im grauen Haar öffnete.

»Sie wünschen?«

»Mein Name ist Georg Wilsberg. Ich möchte Kurt Hillerich sprechen.«

»In welcher Angelegenheit?«

»Privat.«

»Sind Sie angemeldet?«

»Nein.«

»Warten Sie bitte hier!«

Ich wartete. Fünf Minuten später kam sie zurück.

»Mein Mann ist in seinem Arbeitszimmer. Bitte hier entlang!«

Kein Panoramablick, sondern ein kleines Zimmerchen von vielleicht dreißig Quadratmetern, mit nur drei Fenstern, die alle auf einen angrenzenden Acker hinausführten. Hillerich, ein Mann um die Mitte sechzig, mit nach hinten gekämmtem grauen Haar und einer leicht geröteten Nase, saß hinter seinem Schreibtisch. Vermutlich hatte er sich extra für mich dorthin gesetzt, denn ich sah keinerlei Anzeichen von Arbeit.

»Junger Mann, für einen Unbekannten ist es etwas unverfroren, seinen Besuch als privat zu bezeichnen. Ich hoffe, Sie haben einen guten Grund«, sagte er mit schnarrender Stimme.

»Ich bin Privatdetektiv. Wie würden Sie das bezeichnen, was ich mache? Geschäftlich kann man es kaum nennen.«

»Wer hat Sie beauftragt – und wozu?«

Da er keine Anstalten machte, mir einen Sitzplatz anzubieten, setzte ich mich auf den nächstbesten Sessel.

»Zum Ersten bin ich nicht befugt, Auskünfte zu erteilen, zum Zweiten handelt es sich um den Todesfall Karl Pobradt.«

Er starrte mich an, und ich verbrachte eine ungemütliche Minute.

»Der Idiot ist also wieder frei.«

»Wie bitte?«

»Sie wissen schon, wen ich meine. Na und, was haben Sie auf dem Herzen? Ich gebe Ihnen fünf Minuten, mehr Zeit kann ich nicht entbehren.«

»Es gab damals einen dritten Abschiedsbrief, der an Sie gerichtet war. Was stand in dem Brief?«

Er machte eine wegwerfende Handbewegung. »Dummes Zeug. Karl warf mir vor, ich hätte ihn menschlich enttäuscht.

Hätte mich von ihm zurückgezogen, seine Gegenwart gemieden und so weiter.«

»Daraufhin haben Sie den Brief weggeworfen?«

»Ja.«

»Ist das nicht ungewöhnlich bei einem Abschiedsbrief?«

»Für Sie mag das ungewöhnlich sein. Für mich war es Geschwätz eines kranken Hirns. Nichts von dem, was er geschrieben hat, stimmte. Er muss sich aus Enttäuschung über seine Ehe in eine depressive Stimmung hineingesteigert haben, in der er nicht mehr wusste, wer gut und wer böse war.«

»Und Sie waren gut?«

»Natürlich. Ich habe ihm geholfen, solange es ging. Halbe Nächte sind dabei draufgegangen, ihm zuzureden wie einem kranken Pferd. Aber versuchen Sie mal, jemanden, der neben dem offenen Fenster schläft, daran zu hindern, aus dem Fenster zu springen.«

»Kann nicht sein, dass in dem Brief etwas ganz anderes stand?«

»Zum Beispiel?« Seine ungemütlichen Augen bekamen etwas Gefährliches.

»Zum Beispiel, dass er nicht länger mit Ihnen krumme Geschäfte machen wollte.«

»Ich mache keine krummen Geschäfte. Ich bin ein angesehener und geachteter Bürger dieser Stadt. Was Ihnen Hermann Pobradt erzählt hat, hat pathologische Gründe. Fragen Sie seinen Arzt!«

»Immerhin hat auch seine Mutter gesagt, dass Karl aussteigen und sein Geld auf ehrliche Weise verdienen wollte.« Das hatte ich zwar nicht nachgeprüft, aber eine kleine Lüge ist unter bestimmten Umständen erlaubt.

Wieder die wegwerfende Handbewegung. »Eine Mutter hält zu ihrem Sohn, besonders, wenn es nur noch einen davon gibt. Im Übrigen sind die ganzen Vorwürfe damals von der Polizei geprüft worden.«

»Äußerst oberflächlich.«

»Ob oberflächlich oder nicht, kann ich nicht beurteilen. Mein Vertrauen in die Polizei ist jedenfalls groß genug, dass ich sie vor Herummäklern in Schutz nehme.«

Er guckte auf seine Armbanduhr. Ich hatte noch eine Minute.

»In Ihrem Fall kann ich das verstehen. Schließlich stand die Polizei auf Ihrer Seite.«

»Herr …«

»Wilsberg.«

»Herr Wilsberg, ich habe Ihnen mehr Zeit geschenkt, als ich guten Gewissens verantworten kann, und ich muss sagen: Sie erscheint mir zunehmend verschwendet.«

Er stand auf und ging zur Tür. Ich erhob mich ebenfalls.

»Eine Frage noch.«

»Aber kurz, bitte!«

»Stimmt es, dass Sie nach dem Tod von Karl Pobradt weiter mit der Firma Pobradt Geschäfte gemacht haben?«

»Es ist richtig, dass ich mit der Firma Pobradt geschäftlich zu tun hatte, vor und nach dem Tod von Karl Pobradt.«

Er öffnete die Tür. Ich ging freiwillig.

Als Nächstes schaute ich kurz im Laden vorbei, um zu sehen, wie Willi zurechtkam. Um diese Zeit, am späten Vormittag, herrschte immer der größte Andrang. Zu Hause standen die Frauen in der Küche und die Männer spazierten durch die Stadt, hielten ein Schwätzchen am Lambertibrunnen oder bei mir im Laden.

Im Moment war eine Dreiergruppe mit fünf Beinen und fünf Armen in eine lautstarke Diskussion verwickelt.

»Georg«, brüllte der siebzigjährige Egon und hob zum

Gruß seine Krücke, »komm mal her! Welche Farbe hat die Kuppel des Felsendoms?«

»Der Felsendom in Jerusalem?«

Die drei nickten und starrten mich erwartungsvoll an.

»Auf welcher Marke?«

»Ungefähr 1950, jordanische Post.«

»Grau.«

»Siehst du!«, sagte Egon. »Ich hab's doch gleich gesagt.«

»Das glaube ich nicht«, beharrte sein Kontrahent, »kürzlich im Fernsehen hatte er eine goldene Kuppel.«

»Der Felsendom ist in den Sechzigerjahren restauriert worden«, schaltete ich mich wieder ein. »Vorher hatte er ein Bleidach.«

»Ha!«, machte Egon. Der Tag war für ihn gerettet. Und für mich machte es sich gut, wenn ich ab und zu meine Kompetenz bewies.

Ich verließ die Diskutanten und schlenderte zu Willi hinüber, der gerade ein Verkaufsgespräch führte.

»Es soll für meinen Enkel sein«, sagte ein älterer Herr im beigefarbenen Popelinemantel. »Er sammelt nämlich Sonderprägungen und diese hier hat er noch nicht.« Vor ihm auf dem gläsernen Ladentisch lag das Leipniz-Fünfmarkstück von 1967, eine Münze, die wir für 130 Mark im Angebot hatten.

»Ein sehr schönes Geschenk«, stimmte Willi mit süßlicher Stimme zu.

»Aber 130 Mark«, sagte der Mann und wackelte mit den abstehenden Ohren, »für ein einziges Fünfmarkstück.«

»In wenigen Jahren steht es wahrscheinlich viel höher im Kurs«, setzte Willi nach. »So eine Münze ist ja auch eine Kapitalanlage.«

»Hhmm, hhmm«, machte der Mann, »ich glaube, ich überlege es mir noch mal.«

Willi blickte zu mir herüber und ich nickte unmerklich.

»Okay«, strahlte Willi, »ich gebe sie Ihnen für 120.«

Glücklich verließ der Mann den Laden. Ein gutes Geschäft kennt keine Verlierer.

Ich zog Willi in die Ecke und fragte mit leiser Stimme: »Wie läuft's?«

»Keine Probleme. Ich hab alles im Griff.«

»Irgendwelche Telefonanrufe für mich?«

Willi schüttelte den Kopf. »Weißt du, was ich morgen machen werde?« Triumphierend guckte er mich an. »Einen Feuerlauf. Barfuß über tausend Grad heiße Kohlen. Nur mit der Kraft des Willens.«

»Wage es ja nicht, zu Hause zu bleiben, wenn du dir die Füße verbrennst! Ich habe noch ein paar Tage zu tun.«

»Materialist«, zischte Willi. »Außerdem verbrenne ich mir nicht die Füße.«

Ich hob zwei Finger an die Stirn, brüllte dem schwerhörigen Egon ein »Tschüss« zu und machte mich wieder auf den Weg. Vor meinem Wagen stand Hilfssheriff Kowalski und verrichtete seine trostlose Arbeit. Ein klarer Fall für die Spesenrechnung.

Mein Besuchsprogramm für diesen Tag sah unter Punkt drei den ehemaligen Nachbarn der Pobradts vor. Ich hatte mir seinen Namen von Stürzenbecher geben lassen und das wichtigste Hilfsmittel des Detektivs, das Telefonbuch, benutzt. Wenn er keinen Namensvetter besaß, wohnte mein Kunde in Coerde.

Als aufmerksamer Autofahrer gucke ich gelegentlich in den Rückspiegel. So entging mir nicht, dass mir auf dem Weg in die nördliche Vorstadt ein roter Datsun folgte. Falls man sich verfolgt fühlt, handelt es sich in acht von zehn Fällen um pure Einbildung und in zweien um einen Polizeiwagen. Polizei fiel in diesem Fall aus, weil die deutsche Polizei nur deutsche Autos fährt und in dem Datsun ein einzelner Mann saß. Ich tippte also auf Einbildung und machte zur Sicherheit einen Schlenker in eine Sackgasse. Als ich schon gewendet hatte, rollte der Datsun heran. Hinter dem Steuer saß ein etwa fünfunddreißigjähriger Blondi mit vorspringendem Riesenkinn. Er guckte betont uninteressiert, wusste aber nicht, was er mit seinem Wagen anfangen sollte. Schließlich hielt er mir gegenüber auf der anderen Straßenseite, ohne den Motor abzustellen. Das machte mich stutzig.

Ich gab Gas und kehrte auf die große Verbindungsstraße zwischen Innenstadt und Coerde zurück. Nach einiger Zeit sah ich den Datsun im Rückspiegel. Während ich mit der rechten Hand einen Zigarillo aus der Jackentasche pulte, strengte ich meine Gehirnzellen an. In meiner nicht allzu langen Laufbahn als Detektiv hatte ich zwar oft genug Leute verfolgt, war aber noch nie in die Verlegenheit gekommen, in die Rolle des Verfolgten schlüpfen zu müssen. Außerdem beunruhigte mich das breite Kinn meines Verfolgers.

Ich entschied mich klopfenden Herzens für das Risiko und fuhr an Coerde vorbei in Richtung Handorf. Kurz vor Handorf gibt es auf der linken Seite einen kleinen Wald mit Ausflugslokal, das man über eine schmale Straße erreicht. Mitten in der Woche verirren sich kaum Spaziergänger in diese Gegend. Aber auch von denen war im Moment nichts zu sehen. Außer mir und dem Mann im Datsun war die Straße menschenleer.

Zwischen zwei Bäumen stellte ich den Wagen schräg und stieg aus. Der andere stoppte seinen Wagen zwei Meter vor mir. Wir starrten uns eine Weile an, dann öffnete er die Wagentür und kam heraus. Er war einen halben Kopf größer als ich und zehn Kilo schwerer. Zu Anfang meiner Detektivzeit hatte ich Karate-Training genommen, dann allerdings wieder damit aufgehört, als ich merkte, dass der Beruf ziemlich ungefährlich war. Jetzt bereute ich diesen Entschluss.

Er kam langsam auf mich zu. Als er nur noch einen Meter entfernt war, sagte ich mit ruhiger Stimme: »Können Sie mir verraten, warum Sie mich verfolgen?«

Sein Riesenkinn klappte nach unten: »Ich wollte sehen, wie so ein schnüffelndes Arschloch aussieht.«

»Jetzt sehen Sie es«, sagte ich und machte eine vage Handbewegung. »Für Leute, die mich kennenlernen wollen, stehe ich auch im Telefonbuch. Das spart Benzin.«

Mein Einwand schien ihn nicht zu beeindrucken. Er kam ganz dicht an mich heran, sodass ich seinen Schweiß riechen konnte. »Hören Sie auf damit!«

»Womit soll ich aufhören?« Ich registrierte, dass er seine Hände zu Fäusten geballt hatte.

»Herumzuschnüffeln. Lassen Sie die Toten ruhen! Es bringt nichts, Leichen auszugraben, die seit zwanzig Jahren unter der Erde liegen.«

»Ich mach das nicht aus Spaß«, gab ich zu bedenken. »Es ist mein Job, so wie Sie vielleicht Bankkonten prüfen.«

»Ein Scheißjob«, knurrte er und blies mir etwas Mundgeruch in die Nase.

»Möglicherweise.« Langsam fing ich an, mir Sorgen um meine Gesundheit zu machen. »Es ist nur so, dass jemand an dieser Leiche interessiert ist. Und es ist sein gutes Recht, einen Privatdetektiv zu engagieren. Mir persönlich ist es scheißegal, auf welche Weise Karl Pobradt vom Leben zum Tod befördert wurde.«

»Sie wollen nur Kohle machen, was?«

»Wenn Sie es so ausdrücken wollen.«

»Okay, ich zahle Ihnen das, was Ihr Auftraggeber zahlt, und noch tausend Mark drauf, wenn Sie ihm sagen, dass Sie *nichts* herausgefunden haben.«

Ich überlegte mir sein Angebot einen Moment.

»Vielen Dank, aber das geht nicht.«

»Warum nicht?«

»Ich muss an meinen Ruf denken. Jemand, der sich kaufen lässt, ist schnell aus dem Rennen.« Darüber hinaus misstraute ich seiner Zahlungswilligkeit. Ich schließe nicht gerne Geschäfte unter Druck ab.

»Ich will, dass Sie aufhören«, sagte er und zeigte mir seine vom Zigarettenqualm eingefärbten Zähne. Mit einiger Willensanstrengung schaffte ich es, dem Impuls zu widerstehen, ihn etwas zurückzuschieben.

»Was ist, wenn ich es nicht tue?«

»Sie sagen mir jetzt hier auf der Stelle, dass Sie damit aufhören, sonst ...« Er begann, seine Fäuste zu heben, und ich sah rot.

Für großangelegte Tricks war weder die Zeit noch der Platz vorhanden. Also stieß ich ihm mein rechtes Knie in die Eier. Dummerweise hatte ich die Hebelwirkung übersehen. Sein Kopf, der ohnehin nur rund zehn Zentimeter über mir schwebte, titschte mir ins Gesicht und ich taumelte rückwärts gegen den Wagen. Als ich gerade wieder einen klaren Gedanken fassen wollte, bekam ich einen fürchterlichen Schlag in den Magen, der mein unverdautes Frühstück nach oben beförderte und mich umknicken ließ. In der Abwärtsbewegung traf mich sein Knie an der Nase und, auf dem Boden liegend, spürte ich eine Schuhspitze zwischen den Rippen und an anderen empfindlichen Stellen. Er sagte etwas, was ich nicht verstand, und verschwand.

Wieder einmal verfluchte ich meine unverzeihliche Dummheit, die mich vor vier Jahren verleitet hatte, hunderttausend Mark zu unterschlagen. Statt auf einer feuchten Straße zu liegen, hätte ich jetzt im schicken Anzug durch ein Gerichtsgebäude spazieren können.

In einiger Entfernung hörte ich das Geräusch einer Fahrradklingel. Mir fiel ein, dass ich vergessen hatte, meinen Gesprächspartner nach seinem Namen zu fragen. Dann schmeckte ich eine Mischung aus Blut und Kotze und wurde ohnmächtig.

V

Als ich aufwachte, spürte ich einen unbändigen Juckreiz in der linken Kniekehle. Ich langte hinunter und schrie auf. Jemand hatte mir mit einem Gummiknüppel auf die Brust geschlagen.

Ich machte die Augen auf und sah einen Tropf neben meinem Bett stehen. Ein Schlauch verband den Tropf mit meinem linken Arm. Der Arm war etwas blutig, sah aber ansonsten ganz okay aus. Ich riskierte einen Blick nach unten. Die Brustgegend war ziemlich stark bandagiert, mehr konnte ich wegen der Bettdecke nicht sehen. Nachdem ich beide Beine angehoben hatte, wusste ich, dass ich noch laufen konnte.

Die nächste Inspektion galt meinem Kopf. Mit der Hand fühlte ich einen Verband oberhalb der Augen und ein pappnasenartiges Gebilde da, wo meine Nase sein sollte. Das konnte ja heiter werden. Ich drehte den Kopf so weit, dass ich durchs Fenster schauen konnte. Unerreichbar weit entfernt liefen Menschen über die Straße, fuhren Autos, pulsierte das Leben. Wieder juckte meine Kniekehle. Langsam, Zentimeter für Zentimeter, schob ich meine Hand nach unten und kratzte mit dem Genuss eines Süchtigen.

Anschließend dachte ich über das Leben nach, bis mich eine Krankenschwester dabei störte.

»Na, sind wir schon wach?«

»Was haben wir denn?«

»Bitte?«

»Ich meine, wie viele Stunden gibt mir der Doktor noch?«

»Ach so.« Sie lachte das typische Krankenschwesterlachen, das aufmunternd wirken soll. »Ist alles halb so schlimm. Nur eine Gehirnerschütterung und drei geprellte Rippen. Nichts gebrochen.«

»Und was ist das da?« Ich zeigte mit dem Finger auf die Pappnase.

»Och, ein bisschen angebrochen. Das verheilt wieder.«

Sie sprach mit mir wie mit einem Dreijährigen.

»Soll das heißen, dass ich mit einer Boxernase rumlaufen muss?«

»Nein, das haben wir gerichtet. In einem Monat sehen Sie ganz normal aus.«

Ich atmete auf. »Gut, dann möchte ich jetzt nach Hause gehen. Legen Sie mir meine Sachen hier neben das Bett!«

»Das geht nicht.« Ihr Gesicht bekam einen strengen Ausdruck. »Sie müssen noch mindestens drei Tage hierbleiben. Zur Beobachtung. Und mit diesen Rippen sollten Sie überhaupt nicht laufen.«

»Wegen einer geprellten Rippe geht ein Bundesligaspieler noch lange nicht vom Platz. Warum sollte ich also nicht gemütlich nach Hause fahren?«

»Weil der Arzt das nicht erlaubt.«

»Dann möchte ich den Arzt sprechen.«

Ihr Gesicht verfinsterte sich. »Wenn Sie es wünschen …«

»Ich wünsche es.«

Mit drohendem Hüftschwung verließ sie das Zimmer. Die nächsten fünf Minuten verbrachte ich mit dem Versuch, meinen Oberkörper aufzurichten. Als es klopfte, saß ich im Bett.

»Herein!«, rief ich und behielt meine Haltung bei, um die schlagartige Genesung zu demonstrieren.

Statt des Arztes trat Kriminalrat Merschmann durch die Tür.

»Schon wieder auf dem Damm, Wilsberg? Das freut mich aber.«

»Sie können schlecht lügen, Herr Kriminalrat.«

Er lachte eine halbe Sekunde lang. »Ich will mich nicht mit Höflichkeitsfloskeln aufhalten. Sie machen einen Fehler, Wilsberg.«

»Den habe ich bereits gemacht, sonst läge ich ja nicht hier.«

»Freut mich, dass Sie das auch so sehen. Sie geben also den Auftrag zurück?«

»Keineswegs. Ich werde nur beim nächsten Mal fester zuschlagen.«

Merschmann zog seine Nichtdenkerstirn in Falten. »Wilsberg, Wilsberg, Sie sind dümmer als ich dachte. Der kleine Zwischenfall sollte Ihnen als Warnung dienen.«

»Ich dachte immer, die Polizei steht auf der Seite der Opfer. Offen gestanden, habe ich sogar mit dem Gedanken gespielt, Anzeige gegen Unbekannt wegen Körperverletzung zu erstatten.«

»Lassen Sie die Scherze! Ich rate Ihnen dringend, Ihre Nase nicht in die Pobradt-Geschichte zu stecken.«

Er stand jetzt neben mir und ich musste den Kopf verdrehen, um ihn im Auge zu behalten. »Vier Tage nachdem ich den Fall angenommen habe, bin ich zusammengeschlagen worden, und ein leibhaftiger Kriminalrat bemüht sich persönlich ins Krankenhaus, um mir zu drohen. Ich wette zehn zu eins, dass vor zwanzig Jahren irgendetwas oberfaul gewesen ist. Wetten Sie dagegen?«

»Ich wette nicht. Denken Sie daran, dass Sie bei uns kein unbeschriebenes Blatt sind. Wir können Ihnen nicht nur Ärger machen, sondern Sie auch in der Öffentlichkeit bloßstellen.« Bei seinen letzten Worten hob er den rechten Zeigefinger und stieß mir damit kräftig vor die Brust. Ich schrie auf und fiel auf das Kissen zurück.

»Was machen Sie da?«, brüllte eine Stimme im Hintergrund. Aus den Augenwinkeln sah ich eine weiß bekittelte Gestalt.

»Helfen Sie mir!«, flüsterte ich. »Ich werde bedroht.«

»Kriminalpolizei«, sagte Merschmann und klappte ein Etui auf.

»Ich werde keiner Straftat verdächtigt«, stöhnte ich. »Schaffen Sie diesen Mann hier raus!«

»Ich glaube, es ist besser, Sie lassen Herrn Wilsberg jetzt in Ruhe«, sagte der Arzt mit viel freundlicherer Stimme.

»Schon gut«, knurrte Merschmann, »ich wollte sowieso gehen.«

Es war sicher nicht der richtige Augenblick, mich für gesund zu erklären, doch ich konnte nicht auf einen besseren warten. Mit piepsiger Stimme erläuterte ich dem Arzt, dass es mir keine Probleme bereiten würde, sofort und ohne Umstände das Bett zu verlassen. Er sah mich an wie einen Halbidioten, entschied dann, dass Psychiatrie nicht sein Fach sei, und holte ein Formular, auf dem ich unterschreiben musste, dass ich auf eigene Verantwortung und gegen den ausdrücklichen Rat des Arztes das Krankenhaus verlassen würde.

Anschließend war der Service gleich null. Keine Krankenschwester, die mir in die Hose half, kein Rollstuhl, der mich bis zum Ausgang fuhr. Mühsam rappelte ich mich hoch und tastete mich, die eine Hand am Bettgestell, bis zum Schrank vor. Hemd und Hose waren völlig verdreckt und blutbeschmiert. Gegen den Brechreiz ankämpfend, streifte ich mir die Sachen über.

Als ich mich angezogen hatte, ging es mir gleich besser. Erhobenen Hauptes und im Tempo einer schnelllaufenden Raupe bewegte ich mich zum Ausgang. Fast wäre alles gut gegangen. Nur ganz zum Schluss kreischte eine ältere Dame auf und fiel um ein Haar in Ohnmacht, als sie mich sah. Ich wandte mich ab und tat so, als hätte ich nichts bemerkt.

Ein hilfreicher Geist hatte meinen Wagen auf dem Krankenhausparkplatz abgestellt und so zockelte ich, verkehrsbehindernd alle Geschwindigkeitsvorschriften beachtend, ins Kreuzviertel. Vor der Wohnungstür wurde mir noch einmal schwarz vor Augen, aber dann hatte ich das Gröbste hinter mir.

Im Badezimmer warf ich meine Sachen auf den Boden und guckte in den Spiegel. Ein unbekanntes Wesen guckte zurück. Ich winkte ihm freundlich zu und ging schnurstracks ins Schlafzimmer, wo ich mich auf das Bett fallen ließ. Zehn Minuten atmete ich gleichmäßig durch, dann griff ich zum Telefon. Ein Telefonanruf noch und das Pensum für diesen Tag war erledigt.

»Hermann Pobradt.«

»Georg Wilsberg«, flüsterte ich.

»Hallo?«

»Georg Wilsberg«, sagte ich etwas lauter.

»Ach, Sie sind das. Können Sie etwas lauter sprechen? Ich verstehe Sie so schlecht.«

Ich versprach, es zu versuchen. »Sie haben recht, beim Tod Ihres Bruders ist nicht alles mit rechten Dingen zugegangen.«

»Das weiß ich auch. Aber wie kommen Sie darauf?«

»Heute Vormittag bin ich zusammengeschlagen worden und heute Nachmittag hat ein Kriminalrat gedroht, mich fertigzumachen, falls ich den Fall nicht abgebe.«

»Wer hat Sie denn zusammengeschlagen?«

»Ich habe vergessen, nach seinem Namen zu fragen.«

»Zu dumm.« Mitgefühl war nicht seine Stärke.

»Keine Sorge, das werde ich auch noch rauskriegen.«

»Sie bleiben also dabei?«

»Klar. Ich bin jetzt richtig scharf drauf.« Ich sagte das so, als würde ich mich weigern, ohne meinen Teddybär ins Bett zu gehen.

»Ich wusste doch, dass ich mich auf Sie verlassen kann. Erzählen Sie mal, was Sie bislang herausgefunden haben!«

Tatsächlich hatte ich ja herzlich wenig herausgefunden. So schmückte ich meinen Bericht mit scheinbar wichtigen Details und geheimnisvollen Andeutungen. Anschließend gab ich noch einen Überblick über mein nächstes Arbeitsprogramm. Bei Detektiven ist die Lohnfortzahlung im Krankheitsfall ja leider nicht üblich.

Ich wusste nicht, ob er mit meinem Bericht zufrieden war, aber mir wurde so flau im Magen, dass ich nicht danach fragte. Schnell versprach ich, in zwei Tagen wieder anzurufen, und hängte auf. Dann gab ich mich ganz dem wohligen Gefühl hin, in meinem Bett zu liegen.

Ich befand mich bereits im Dämmerzustand zwischen Wachen und Schlafen, als das Telefon klingelte. Nachdem es das drei Minuten lang getan hatte, nahm ich den Hörer ab.

»Ja«, hauchte ich.

»Hallo!«, rief eine fröhliche Stimme.

»Was ist denn?«, fragte ich verzweifelt.

»Hier ist Katharina Pobradt. Spreche ich mit Georg Wilsberg?«

Eine winzige elektrische Ladung durchzuckte mein Gehirn. Sie genügte, um meiner Stimme einen frischeren Klang zu geben. »Das tun Sie. Entschuldigen Sie, ich lag schon im Bett.«

»So früh?«

»Ich habe einen schweren Tag hinter mir, um es einmal vorsichtig auszudrücken.«

»Das klingt ja sehr geheimnisvoll.«

»Ist es auch. Aber manchmal behalte ich meine Geheimnisse für mich.«

»Schade. Ich würde mich gerne mit Ihnen treffen.«

»Im Prinzip hätte ich nichts dagegen.« Auch das war vorsichtig ausgedrückt. »Allerdings wäre mir ein Termin morgen lieber.«

»Es ist sehr dringend.«

»Nun werden Sie geheimnisvoll.«

»Ja, und ich möchte es nicht am Telefon besprechen.«

Mir fiel ein, dass ich seit dem Frühstück nichts mehr gegessen hatte. Und selbst das hatte ich nicht bei mir behalten.

»Okay, haben Sie Lust, mit mir essen zu gehen?«

»Warum nicht? Wo sollen wir uns treffen?«

»Mir wäre es am liebsten, Sie würden mich zu Hause abholen. Ich bin im Moment etwas geh- und fahrbehindert.«

Eine Viertelstunde später stand ich leicht gebeugt auf der Straße. Sie kam in einem kleinen italienischen Ding, das für Männer über eins sechzig nicht geeignet ist. Nachdem ich meine Knochen notdürftig unter dem Armaturenbrett verstaut hatte, guckte ich sie an.

»Mein Gott«, sagte sie.

Mir fiel ein, dass ich bei unserer letzten Begegnung besser ausgesehen hatte. »Eigentlich halb so schlimm. Es tut nur weh, wenn ich atme.«

»*Chinatown.*«

»Bitte?«

»Jack Nicholson sagt das in dem Film *Chinatown*, nachdem ihm Roman Polanski die Nase aufgeschlitzt hat.«

»Scheiße. Dabei wollte ich originell sein.«

»Macht nichts. Sie sehen auch so schlimm genug aus.«

»Danke.« Die Lachfältchen um ihre Augen konnten den besorgten Gesichtsausdruck nicht verdrängen. Fast hätte man meinen können, dass ihr mein Zustand nicht egal war.

»Wo fahren wir hin?«

»Hier in der Nähe gibt es ein südamerikanisches Lokal. Wenn Sie nichts gegen Steaks haben, kann man da ganz gut essen.«

Sie hatte nichts gegen Steaks und ich gab ihr die Fahrtrichtung an. Die nächsten Minuten verbrachten wir schweigend, nur durch kurze Kommandos meinerseits unterbrochen.

Das *Café Argentina* gehörte regelmäßig zu meinem abendlichen Programm. Die Musik war nicht zu laut, das Essen nicht zu schlecht und außerdem traf ich meistens Bekannte, mit denen ich bei einem bis mehreren Bieren nicht über Briefmarken sprach.

Dass sie mir den Arm unterschob und beim Gehen half, wehrte ich zunächst ab, ließ es dann aber aus Höflichkeitsgründen zu. Wie ein leicht angegreistes Ehepaar mit sechzig Prozent Schwerbehinderung schlichen wir auf einen der runden Marmortische zu. Im gedämpften Licht der Bastlampen musterte ich sie erneut. Seit gestern hatte sie sich eine Haarspange ins Haar geschoben, was ihr etwas Kesses gab. Ansonsten sah sie noch genauso aus. Im Gegensatz zu mir.

»Sie sehen ja furchtbar aus«, sagte sie erneut. Sie musste wohl das Gleiche gedacht haben wie ich.

»Ich habe mich schon mal besser gefühlt«, gab ich zu. »Aber das ist eben Berufsrisiko.«

»Na, Paco«, sagte Julio, einer der Besitzer des Cafés, »was ist denn mit dir passiert? Bist du beim Putzen die Treppe heruntergefallen?«

»Schlimmer«, sagte ich. »Ich bin beim Spülen ausgerutscht und habe mit dem Kopf ein Glas zertrümmert.«

Julio schüttelte den Kopf. »Amigo, du musst beim Spülen besser aufpassen.«

Wir orderten zwei Steaks und zwei große Biere. Dann harrten wir der Dinge, die da kommen würden. Nachdem wir uns lange genug umgeschaut und die Leute gemustert hatten, sagte sie: »Sollen wir nicht mit dem förmlichen Sie aufhören? Ich fühl mich richtig unwohl dabei.«

»Gerne«, sagte ich. »Ich heiße Georg.«

»Und ich Katharina.« Ich hatte es nicht vergessen.

Die Biere kamen und wir nahmen einen großen Schluck.

»Nun, Sie, ich meine: Du wolltest etwas Wichtiges mit mir besprechen.«

»Ja.« Sie wickelte eine Haarsträhne um ihren Zeigefinger und zögerte. »Du bist heute zusammengeschlagen worden.«

»Woher weißt du das?«, fragte ich etwas blöde. Bei meinem Zustand konnte ja jeder darauf kommen.

»Weil es mein Bruder Uwe war.«

Ich griff zum Bier und nahm noch einen Schluck. »Dein Bruder, aha.«

»Ja. Er hat es mir erzählt. Ich habe mich fürchterlich mit ihm gestritten, aber schließlich hat er eingesehen, dass es ein Fehler war.«

»Wie tröstlich.«

»Du musst ihn auch verstehen. Er macht sich Sorgen um unsere Mutter. Er meint, die Geschichte hätte sie schon damals ziemlich mitgenommen. Und wenn sie jetzt erneut daran erinnert wird, könnte das eine schwere Belastung für sie sein.«

»Hat dein Bruder eigentlich gute Kontakte zur Polizei?«

Sie guckte mich erstaunt an. »Warum?«

»Weil mich im Krankenhaus ein Kriminalrat besucht hat und mir sinngemäß das Gleiche zu verstehen gab wie dein Bruder.«

»Nein, bestimmt nicht. Er kennt niemanden bei der Polizei.«

Ich überlegte, wer Merschmann auf Trab gebracht hatte. Es blieb nur ein Kandidat übrig.

»Was denkst du?«, fragte sie. Ihre Stimme klang ein bisschen besorgt.

»Och, nichts weiter.«

»Genau genommen hast du ja angefangen.«

»Ich habe nur versucht, meine Haut zu retten. Ohne die Spur einer Chance zu besitzen.« Das war zwar übertrieben, aber vom Ergebnis her gerechtfertigt.

»Musst du jetzt Anzeige erstatten?«

Mein bereits angeknackstes Hochgefühl war plötzlich völlig verschwunden. »Das hatte ich sowieso nicht vor. Dazu hätten Sie mir kein Du anzubieten brauchen.«

»Stell dich nicht so an!«, sagte sie mit heller Stimme. »Das hat nichts miteinander zu tun. Du warst mir von Anfang an sympathisch, ehrlich.«

Ich guckte sie vorwurfsvoll an.

»Bitte, mach jetzt kein Drama daraus! Glaubst du, ich habe es nötig, fremde Männer zu bezirzen, nur um meinen Bruder zu retten? Wenn er Mist baut, ist das sein Bier.«

Die Steaks kamen und ich hieb lustlos in das Stück Fleisch. Was hatte ich denn erwartet? Dass sie mich anrief, weil sie mit mir ins Bett gehen wollte?

In diesem Moment sah ich, wie Thomas auf unseren Tisch zusteuerte. Thomas war hauptberuflich Psychologe und schrieb nebenbei Filmkritiken für unser örtliches Stadtmagazin. Wenn ich in Gesellschaft einer schönen Frau war, kannte er keine Zurückhaltung. Bei weniger schönen übrigens auch nicht.

»Wie siehst du denn aus?«, begrüßte er mich.

»Betriebsunfall. Ich bin einem Sohn mit zu viel Mutterliebe begegnet.«

Mit seiner schmalen Nase und den grau meliert-gelockten Haaren sah Thomas wie ein französischer Intellektueller aus, den es in die Provinz verschlagen hatte. Seit der Trennung von seiner Frau gab er sich dem gesellschaftlichen Leben in vollen Zügen hin. Auf diese Weise hatte er fast alle in Münster lebenden ausländischen Frauen kennengelernt. Und einen Großteil der deutschen dazu. Wie er das mit seiner Arbeit und den beiden Kindern, die er versorgen musste, vereinbarte, blieb mir ein Rätsel.

»Willst du mich nicht vorstellen?«, fragte er, auf eine Stuhllehne gestützt. Ich hatte ihm absichtlich keinen Platz angeboten.

»Das ist Katharina. Thomas. Entschuldige bitte, dass ich dich nicht einlade, aber wir haben etwas Geschäftliches zu besprechen.«

»Oh, dann will ich nicht länger stören«, sagte er scheinheilig und trollte sich zur Theke.

»Ich dachte, wir hätten das Geschäftliche bereits erledigt«, lachte Katharina.

»Egal. Ich scheue Konkurrenz. Besonders, wenn sie besser aussieht als ich.«

»Ohne Maske siehst du doch gar nicht so schlecht aus.«

Ihr entging nicht, dass ihre Worte eine gewisse Wirkung auf mich hatten. »Die Schmollzeit ist also zu Ende?«

Ich lächelte zurück. »Lass uns von was anderem reden. Was machst du, wenn du nicht gerade mit Detektiven essen gehst?«

»Ich studiere Publizistik.«

»Hast du Chancen, einen Job zu kriegen?«

»Mehr oder weniger. Journalismus ist ja leider zu einem Modeberuf geworden. Alle arbeitslosen Lehrer, Diplom-Pädagogen und Soziologen wollen Journalisten werden, abgesehen von den Publizistik-Studenten. Mein Vorteil ist, dass ich seit einem Jahr als freie Mitarbeiterin für die Tageszeitung arbeite. Wenn ich das noch eine Zeit lang mache und dem Chefredakteur meine Augen gefallen, bestehen gute Aussichten, ein Volontariat zu bekommen.«

Wir plauderten noch eine Weile über Journalismus und ich erzählte die halbe Wahrheit über meine Vergangenheit als Rechtsanwalt und meine Gegenwart als Briefmarkenhändler. Dann gab ich ein paar witzige Detektiv-Storys zum besten und schließlich war es Mitternacht.

Wir zahlten. Beim Aufstehen zuckte ein stechender Schmerz durch meine Brust.

»Was ist?«, fragte sie besorgt.

»Ich musste gerade an deinen Bruder denken«, stöhnte ich. »Schon gut, ich will tapfer und männlich sein.«

Thomas guckte uns nach, als wir eng umklammert aus dem Lokal wankten.

Sie setzte mich vor der Haustür ab und sah mir gerade so tief in die Augen, dass meiner Fantasie genügend Spielraum blieb.

»Übrigens, meine Mutter kommt schon in zwei Tagen zurück.«

»Doch nicht etwa wegen mir?«

»Nein, sie weiß zum Glück noch nichts von dir. Sie hat etwas Geschäftliches zu erledigen.«

Ich rollte mich aus dem Auto.

»Dann bis demnächst!«, rief sie fröhlich.

Ich hob mühsam die rechte Hand.

In der Nacht träumte ich davon, wie ich in einer Zwangsjacke von Merschmann abgeführt wurde, bis mir eine blonde Krankenschwester die Fesseln durchschnitt.

VI

Am nächsten Morgen fühlte ich mich so fit wie eine ausge-
presste Orange. Vorsatz hin, Vorsatz her, ich blieb erst mal bis
zehn Uhr im Bett. Draußen regnete es sowieso und im Radio
gab es Probleme. Eine Moderatorin erforschte, wie Orgasmusprobleme von Männern auf Frauen wirken. Auf nüch-
ternen Magen nicht gerade der richtige Start in einen fröhli-
chen Tag, aber ich fand es einfach zu anstrengend, den Arm
aus dem Bett zu strecken und den Radiowecker abzustellen.

Als ich vom Nachdenken über meine Orgasmusprobleme
noch kränker zu werden drohte, schleppte ich mich in die
Küche. Nach einem großen Topf Milchkaffee und vier
Scheiben Brot ging es mir besser. Ich stopfte eine Pfeife und
las die Zeitung. Preußen Münster hatte schon wieder verloren und Boris Becker bei seinem letzten Match drei Schläger
zertrümmert. Der einzige Lichtblick war Borussia Mönchen-
gladbach, die es den Bayern aus München endlich gezeigt
hatte. Ich guckte noch kurz ins Feuilleton, in dem der neue
Godard abgefeiert wurde, und fand endlich keinen Grund
mehr, den Arbeitsbeginn weiter aufzuschieben.

Ich machte da weiter, wo ich gestern aufgehört hatte,
nämlich bei dem Versuch, den ehemaligen Nachbarn der
Pobradts aufzustöbern, jenen hilfreichen Menschen, der die
tödliche Waffe beiseitegelegt hatte. Ich fand ihn in einer
grauen Reihenhaussiedlung hinter der trostlosen Einkaufs-
zeile von Coerde, jenem münsterschen Stadtteil, der während des Baubooms der Sechzigerjahre sein Dutzendgesicht
erhalten hatte.

Ottokar Runze, so hieß der Mann, war äußerst schreckhaft und nichtssagend, und ich fragte mich, ob das mein überraschender Besuch bewirkte. Immerhin nahm ich mir vor, bei Gelegenheit zu überprüfen, wie Runze zu seinem Reihenhaus gekommen war, ein erstaunlicher Wohlstand für einen pensionierten Busfahrer.

Das magere Ergebnis meines Gesprächs mit Runze verleitete mich dazu, eine Sisyphusarbeit anzufangen. Ich klapperte die Feuerwehr, das Rote Kreuz und ein paar Hilfswerke ab, um jene beiden Krankenwagenfahrer ausfindig zu machen, die den beinahe toten Karl Pobradt abtransportiert hatten. Schließlich erhielt ich einen vagen Hinweis auf einen Mann namens Busche, der die beiden gekannt habe und gerade auf dem Weg zum Franziskus-Hospital sei.

Das Franziskus-Hospital war gleich um die Ecke. Beim Einparken hörte ich die näher kommende Sirene. Und ungefähr gleichzeitig erreichten der Krankenwagen und ich das Eingangsportal. Kurzfristig entstand eine verworrene Situation, weil die herauseilenden Krankenpfleger dachten, der avisierte Notfall stünde vor ihnen. Dann sahen sie, wie sich die Krankenwagenfahrer am Heckteil ihres Wagens zu schaffen machten und einen blutleeren Jüngling herauszogen.

Busche musste der ausgemergelte Ältere sein, der gerade so viel Fett am Körper hatte, dass die Knochen nicht sichtbar wurden. Gemeinsam trotteten wir neben der Trage her, bis sich die Türen der Notaufnahme schlossen.

»Gehören Sie dazu?«, fragte er, als ich neben ihm stehen blieb.

Ich schüttelte den Kopf.

»So ein junges Bürschchen, und dann schon Selbstmordabsichten. Das nimmt einen doch immer wieder mit, auch wenn man das schon hundertmal gesehen hat.«

Ich nickte. Dann kam ich etwas übergangslos auf mein Anliegen zu sprechen.

»Meier, Ipken? Ach ja, der Peter. Der ist in Dortmund, glaube ich. Zumindest war er vor fünf Jahren noch da. Aber wo der Herbert abgeblieben ist, weiß ich nicht, ehrlich.«

Der Peter reichte mir fürs Erste und ich steuerte die Telefonzelle vor dem Krankenhaus an. Zum Glück gab es nur einen Peter Ipken in Dortmund und ich bekam seine Frau an die Strippe. Sie erwartete ihren Mann gegen sechs. Ich lud mich für halb sieben ein, ließ mir eine kurze Wegbeschreibung geben und rief im Laden an. Willi hatte einen ruhigen Tag, was für den Umsatz nicht das Beste hoffen ließ. Er erzählte mir, dass eine Frau angerufen habe, die einen Detektiv suche.

»Gib mir die Telefonnummer!«

»Du wirst geldgeil, Georg. Zwei Fälle auf einmal!«

»Quatsch. Es ist einfach unhöflich, nicht zurückzurufen. Und wenn der Kollege versagt, kommt sie vielleicht auf mich zurück.«

»Du weißt, dass ich zwischendurch noch studieren muss.«

Ich lachte ihn aus und fragte nach dem Feuerlauf.

»Der ist erst um Mitternacht. So was macht man nicht am helllichten Tag.«

Mittlerweile war es in der Telefonzelle ziemlich stickig geworden und ich öffnete kurz die Tür, um eine Prise Stadtluft hereinzulassen. Anschließend tippte ich weiter auf die Zahlentasten.

Frau Steiner war eine besorgte Mutter, der die siebzehnjährige Tochter abhandengekommen war. Da der liebevolle Vater wegen seiner beruflichen Position keine Vermisstenanzeige aufgeben wollte, hatte sie die Initiative ergriffen. Ich beruhigte sie mit meinen laienhaften Kenntnissen über die libertäre Einstellung der heutigen Jugend und empfahl ihr einen Kollegen. Mit dem hatte ich ein Abkommen auf Gegenseitigkeit.

Prompt geriet ich auf der Umgehungsstraße in den Feierabendstau und saß eine halbe Stunde fest. Als die Hammer Straße im Zwei-Meter-Pro-Minute-Takt überwunden war, ging es flotter. Über die A 1 düste ich Richtung Dortmund.

Kurz hinter Unna roch ich das Ruhrgebiet. Auch wenn inzwischen alle Zechen eingemottet und zu Industriedenkmälern erklärt worden sind, gibt es noch diesen spezifischen Duft, den man in Münster nicht schnuppern kann.

Die Ipkens wohnten in einem Stadtteil mit Hochofen im Hintergrund. Von den braunkohlebraunen bis anthrazitgrauen Häusern wusste man nicht genau, ob sie von den Malern so geplant waren oder ob sich die Farbe im Laufe der jahrelangen Ablagerungen ergeben hatte. Alle hundert Meter umlagerte ein Grüppchen Flaschentrinker einen Kiosk und alle zweihundert Meter gab es eine Pommesbude, abwechselnd deutsch und türkisch. Der Einfachheit halber nahm ich Schaschlik mit Pommes rot.

Die Haustür war nur angelehnt. Ich klingelte trotzdem und ging schon mal nach oben. Vom vielen Putzen hatte die Treppe kaum noch Farbe. Unterwegs überfielen mich die Gerüche von mindestens fünf Hauptmahlzeiten, zwei bis drei davon mit Knoblauch.

In der Tür stand eine gut erhaltene Mittvierzigerin, die sich von ihrem Taschengeld ein bisschen Blond fürs Haar geleistet hatte. Sie zuckte mit keiner Wimper, als sie mich sah. In diesem Viertel gab es solche Typen wie mich vielleicht öfter, als es den Krankenkassen lieb war.

»Guten Tag, Frau Ipken. Erschrecken Sie nicht, ich hatte letzte Woche einen Autounfall«, sagte ich. »Wir haben vorhin miteinander telefoniert.«

Sie trat wortlos zur Seite und zeigte mit dem Kinn auf eine rechts abzweigende Tür: »Mein Mann ist in der Küche. Wir sind gerade beim Essen.«

»Ach, das tut mir aber leid. Soll ich vielleicht in zehn Minuten noch einmal wiederkommen?«

»Wer ist denn da?«, tönte ein Bass aus der Küche.

»Der Detektiv, von dem ich dir erzählt habe«, gab sie zurück.

»Soll reinkommen!«, kommandierte der Bass.

Peter Ipken brachte mit Bierbauch rund hundert Kilo auf die Waage, sah jedoch kräftig genug aus, um einen Araberhengst mit einem Schlag niederzustrecken. Über den muskulösen Oberkörper spannte sich ein schulterloses Unterhemd.

»Wollen Sie mitessen?«, fragte er, nachdem er mir die rechte Hand gequetscht hatte.

Ich dachte an das Schaschlik, das in meinem Magen rumorte, und lehnte dankend ab.

»Aber ein Bier trinken Sie doch wohl mit?«

Da konnte ich nicht Nein sagen.

Margrit musste ein Bier holen und zusehen, wie sich die beiden Männer zuprosteten.

Genau genommen aß nur noch er. Und sehr wahrscheinlich war es der dritte Teller, den er an diesem Abend verdrückte. Ich lächelte in die Runde und versuchte, nicht auf seine mahlenden Unterkiefer zu starren.

»Margrit sagt, Sie wollen was von mir wissen.« Er schob ein Stück Schweinefleisch auf die rechte Mundseite.

»Es geht um eine ganz alte Geschichte. Ich untersuche einen Todesfall, der vor zwanzig Jahren passiert ist. Damals waren Sie in dem Krankenwagen, der das Opfer abholte.«

»Ist ja 'n Ding. Soll man gar nicht glauben, dass da heute noch einer Interesse dran hat.«

»Mein Klient ist etwas nachtragend«, erklärte ich. »Er glaubt, dass es sich um einen Mord gehandelt hat.«

»Ach was.« Ipken schob den Teller weg und zog den Pudding näher. »Mord!«

»Ich bin mir noch nicht sicher, ob es einer war. Aber einige Ungereimtheiten gibt es in der Geschichte schon. Ich bin hergekommen, um von Ihnen zu hören, was Sie damals gesehen haben.«

»Wer war es denn?«

»Karl Pobradt. Bauunternehmer, wohnte damals in einer Villa in der Goldstraße.«

»Namen sagen mir nichts. Auf welche Weise hat es ihn erwischt?«

Ich gab eine möglichst medizinische Beschreibung der näheren Todesumstände und sah, wie sein Gehirn arbeitete.

»Ich glaub, ich weiß, wen Sie meinen«, sagte er kauend. »War 'ne ziemliche Sauerei. Alles voller Blut und Gehirn, sogar die Decke.«

»Er war noch nicht tot, als Sie ankamen, richtig?«

»Nee, tot war er nicht, aber so gut wie.«

»Hat er noch etwas gesagt, bevor er starb?«

»Kein Wort. Konnte er auch nicht, weil er bewusstlos war. Der Mensch hat nur sieben Liter Blut, wissen Sie. Wenn Sie davon drei bis vier Liter abzwacken, ist Schicht. Außerdem hat er ja die Kugel direkt in den Kopf gekriegt. Da denken Sie nichts mehr.«

»Der hätte nur als menschliche Pflanze überlebt«, fuhr Ipken fort. »Herzlungenmaschine, mindestens aber intravenöse Ernährung. Ist schon besser so, glauben Sie mir. Mancher Doktor hat mir gesagt: Warum sind Sie nicht noch eine Runde ums Krankenhaus gefahren? Dann hätten wir jetzt keine lebende Leiche, die uns die Betten stiehlt.«

Ich nickte verständnisvoll und betrachtete die leere Puddingschüssel. »Und sonst? Ist Ihnen etwas aufgefallen? Etwas, das nicht zu einem Selbstmord passte?«

»Nee. Außer, dass die Flinte auf dem Bett lag. Da wird er sie ja wohl kaum abgelegt haben, bevor er umfiel.«

»Das hat der Nachbar auf sich genommen.«

»Dann war das wohl eine der beiden Figuren, die im Flur hockten.«

Ich hob die Augenbrauen. Ipken ließ gerade den halben Inhalt seiner Bierflasche durch die Kehle gleiten.

»Sie meinen, es waren zwei Männer anwesend? Bislang habe ich nur von einem gehört.«

»Es waren zwei, da bin ich ganz sicher. Haben noch gemault, dass wir so lange brauchen würden.«

»War die Polizei schon da, als Sie kamen?«

»Nee, die lassen sich immer Zeit in solchen Fällen. Müssen erst ihre Pommes aufessen. Sind ganz froh, wenn wir das Gröbste schon weggeräumt haben, bevor sie kommen.«

»Sie haben die Polizei also nicht mehr gesehen?«

»Wir hatten es eilig. War kein angenehmer Anblick, wenn Sie verstehen, was ich meine. Und er lebte ja noch, theoretisch zumindest.«

Auf dem Nachhauseweg überfiel mich ein Schub. Es juckte am ganzen Körper, und sich bei hundertdreißig Stundenkilometern am rechten Bein zu kratzen, ist eine heikle Angelegenheit. Es musste wohl an dem verfluchten Schaschlik liegen.

VII

Im Katasteramt gab ich mich als Rechtsanwalt aus. Für Normalsterbliche und Privatdetektive ist der Zugang zu den Grundbüchern etwas schwierig. Rechtsanwälte dagegen haben ein berechtigtes Interesse.

Ich schäkerte ein bisschen mit einer Sachbearbeiterin, die so viel Erotik ausstrahlte wie Mutter Teresa zu ihren besten Zeiten. Dann hatte ich den Rücken frei und die Unterlagen einer Straße in Coerde für mich allein. Ottokar Runze hatte ein halbes Jahr nach Pobradts Tod mit dem Bau seines Hauses begonnen. Kein Beweis, aber ein handfestes Druckmittel für den Fall, dass ich die Runzes noch ein zweites Mal besuchen sollte.

Von der Klemensstraße waren es nur fünf Minuten Fußweg unter den Arkaden bis zu meinem Laden. Der hartnäckig anhaltende Frühling hatte bei den Menschen erste Gemütsveränderungen bewirkt. Sie gingen lockerer, sahen weniger verbissen aus und guckten sich sogar gelegentlich in die Augen. Vor allem die jungen Frauen schienen wie aus dem Winterschlaf erwacht. Aber das konnte auch Einbildung sein.

Willi stand hinter der Theke und sah besorgt aus. »Mein Gott, Georg, was ist denn mit dir passiert?«

»Es ist eigentlich ein Wunder, dass ich noch lebe. Wenn man bedenkt, wie viele Mörder und Schlägertrupps hinter mir her sind.«

Willi lächelte etwas verkrampft. »Du solltest dich zur Ruhe setzen. Ich stopfe dir dann die Opiumpfeife, und du denkst über das Leben nach.«

»Keine schlechte Idee, Watson. Nur noch dieser eine Fall und wir gehen gemeinsam auf eine Südseeinsel. Frauen, Opium und das Meer – ich schreibe meine Memoiren, die nach meinem Tod vom Fernsehen verfilmt werden.«

Willi trat vorsichtig einen Schritt nach rechts und stützte sich dabei auf der Glasplatte ab. Ich sah ihn scharf an und er zuckte entschuldigend mit den Schultern.

»Der Feuerlauf«, sagte ich.

»Es sah völlig kinderleicht aus. Zehn Leute sind vor mir rübergegangen, ohne mit der Wimper zu zucken. Dann kam ich. Die ersten Meter bin ich geschwebt. Ich habe nichts von der Hitze gemerkt, ehrlich. Hätte ich nur nicht nach unten geguckt! Plötzlich war es aus. Ich bin noch zur Seite gesprungen, aber ...«

»Brandblasen?«

Willi nickte. Wir guckten uns an und fingen an zu lachen. Zwei Selbstverstümmelungskünstler in der Manege des Lebens.

»Komm, wir gehen ins Café Peimann«, sagte ich. »Das Leben ist einfach zu hart, um zu arbeiten.«

»Und der Laden?«

»Wegen Krankheit geschlossen.«

Auf der Treppe begegnete uns Egon. Er fragte, ob wir seine Krücken haben wollten. Wir ließen ihn wortlos stehen.

»Dann haben wir gesungen: *Ein Feuer haben wir entfacht, um heute anzugeh'n, durch uns'res Geistes Übermacht selbst Glut zu widersteh'n.* Es war sehr feierlich, sag ich dir. Wir standen Hand in Hand um den brennenden Holzhaufen herum und sagten uns immer wieder: Du schaffst es, du schaffst es!«

»Geistige Übermacht, soso«, murmelte ich und zog an meinem Zigarillo.

»Es ist eine geistige Frage«, beharrte Willi. »Du musst es

nur wollen. Wenn du wirklich über das Feuer gehen willst, schaffst du es.«

»Und warum hast du es nicht gewollt?«, fragte ich ihn.

Die Kellnerin brachte zwei neue Tassen Kakao und Willi lächelte sie dankbar an.

»Ich glaube, ich habe es zu einfach genommen. Ich dachte, ich würde auch so rüberkommen. Es fehlte das entscheidende Quäntchen Konzentration. Bogner erzählte, dass sich vor allem diejenigen die Füße verbrennen, die den Feuerlauf zum zweiten Mal mitmachen. Die denken nämlich, sie hätten es gelernt.«

»Wer ist Bogner?«

»Der Typ, der den Feuerlauf geleitet hat. Sieht aus wie ein Versicherungsvertreter, mit Anzug und Schlips. Seine Frau musste auf das Feuer aufpassen, während er uns mental trainiert hat.«

»Ein Schamane in Schlips und Kragen?«

»Bogner ist kein Schamane, der ist Geschäftsmann. Pro Nase kostete der Feuerlauf zweihundert Mark. Kein schlechter Stundenlohn, wenn man das mit einem Briefmarkenverkäufer vergleicht. Und ohne Risiko. Wir mussten vorher unterschreiben, dass wir keine Schadenersatzansprüche gegen ihn geltend machen.«

Wir schlürften unseren Kakao. Es gab so viele erfolgreiche Menschen. Keiner von denen käme auf den Gedanken, sich für 150 Mark pro Tag plus Spesen die Nase einschlagen zu lassen.

Nachmittags fuhr ich nach Nordwalde raus und quatschte ein bisschen mit Hermann Pobradt. Hauptsächlich suchte ich einen Hinweis auf den zweiten Mann im Hausflur, einen alten, längst vergessenen Hausfreund oder so etwas Ähnliches.

Da Hermann Pobradt nichts dazu einfiel, bat ich ihn um Fotos von seinem Bruder und seiner Schwägerin.

Er brachte ein speckiges Fotoalbum und ich sah Karl Pobradt in jedem Lebensalter. Er schien ein ziemlich braver Junge gewesen zu sein, jedenfalls war in seinem Gesicht keine Spur von Aufsässigkeit zu entdecken. Auch später noch, als Unternehmer und im Dreiteiler, sah er frisch und unbedarft aus. Aus seinen wässrig-blauen Augen strahlte jene Beschränktheit, die ländlichen Menschen oft bis ins hohe Alter zu eigen ist.

Die erste Frau, die in dem Album auftauchte, stand im Hochzeitskleid neben Karl vor der Kirche. Neben auffälliger Schönheit vermittelte Wilma den Eindruck, dass sie über erheblich mehr Lebenserfahrung als ihr Mann verfügte.

Weitere Erkenntnisse bekam ich nicht. Ich fühlte mich wie ein Archäologe, der tief in der Erde buddelt, um eine Scherbe aus vorchristlicher Zeit zu finden, auf die die Götter in weiser Voraussicht den Namen des Mörders geschrieben haben.

Um den Plan für meine Ausgrabungen zu vervollständigen, verabredete ich mich mit Karlheinz Höker im *Roten Kamel.*

Zu dieser frühen Abendstunde war es im *Roten Kamel* ausgesprochen ruhig. Als die Kneipe noch nicht alternativ angehaucht war und auf einen weniger ausgefallenen Namen hörte, hatte sie als Treffpunkt der münsterschen Sozialdemokraten gedient. Damals, in der Weimarer Republik und in den Fünfziger- und Sechzigerjahren, befanden sich die SPD-Zentrale und das DGB-Haus in unmittelbarer Nähe. Aus Traditionsbewusstsein, dem kein Zeitgeist etwas anhaben konnte, tranken noch immer einige Sozis hier ihr Bier. Darunter Karlheinz Höker, der inzwischen fett und satt gewordene ehemalige Juso-Chef. Seit acht Jahren saß er im Stadtrat, wo er sich den Vorsitz des Planungsausschusses erkämpft hatte und sich seither für jeden frei gewordenen Stadtdirektorposten in Städten mit SPD-Mehrheit bewarb. Bislang erfolglos. Ich kannte Höker aus unseren gemeinsamen Juso-Tagen.

Schnaufend ließ er sich auf den Stuhl fallen und wischte sich das schweißglänzende Gesicht. »Furchtbar warm heute«, stöhnte er. »Wartest du schon lange?«

Er bestellte ein großes Bier und Köfte. Ungefähr die Hälfte aller münsterschen Kneipen hat türkische Küche.

»Ich habe nicht viel Zeit«, eröffnete mir Höker, »um acht Uhr ist Ortsvorstand. Da darf ich als Vorsitzender nicht fehlen.«

»Macht dir das noch Spaß, von einem Termin zum nächsten zu hetzen?«

»Nur durch Kleinarbeit kann man den Bürger gewinnen.«

»Das neue Gestell auf dem Kinderspielplatz, die kranke Silberlinde an der Straßenecke«, ergänzte ich.

»Mach dich ruhig darüber lustig! Du bist und bleibst ein Zyniker. Aber ich habe die Hoffnung nicht aufgegeben, dass sich etwas verändern lässt.«

»Und wenn der Parteivorsitzende sich vor der nächsten Kommunalwahl scheiden lässt, dann geht ihr den Bach runter, egal, wie viel Silberlinden ihr beackert habt.«

»Findest du das, was du machst, vielleicht wichtiger? Entlaufene Hunde oder Kinder suchen?«

Ich merkte, dass die Unterhaltung in die falsche Richtung lief. Schließlich wollte ich von Höker ein paar Informationen. »Wichtiger bestimmt nicht. Aber ich mache nur das, wozu ich Lust habe.«

»Das sieht man«, sagte Höker und deutete mit dem Bierglas auf meinen Nasenschutz.

Eine Kellnerin brachte zwei Teller. Mein Sis Kebab sah recht ansprechend aus.

»Friede, Höker!«, sagte ich und schob mir ein Stück Lammfleisch in den Mund. »Einigen wir uns darauf, dass wir beide versuchen, uns irgendwie nützlich zu machen.«

Er grunzte und sabberte ein bisschen und hörte dann auf zu schmollen.

»Hillerich«, sagte ich. »Kurt Hillerich.«

Höker zog pfeifend die Luft ein. »Eine Ratte.«

»Inwiefern?«

»Hillerich ist mehrfacher Millionär. Weißt du, wie er das geschafft hat?«

»Nein«, log ich.

»Nehmen wir mal an«, sagte Höker und faltete seine Serviette auseinander, »das hier ist ein Acker. Der Acker liegt innerhalb des Stadtgebietes, in der Nähe einer großen Straße. Es besteht durchaus eine Chance, dass aus dem Acker Baugebiet wird. Vielleicht in ein oder zwei Jahren, vielleicht aber auch erst in fünf Jahren. Du gehst also hin und bietest dem Bauern das Doppelte oder Dreifache von dem, was er für den Acker als Acker bekommen würde. Ist der Acker zu Baugebiet erklärt, kannst du leicht das Zwanzigfache verlangen.«

»Wenn ich Bauer wäre, würde ich warten, bis mein Acker zu Baugebiet erklärt wird, und dann selber das Zwanzigfache verlangen.«

»In diesem Fall würdest du auf deinem Acker sitzenbleiben. Du müsstest zusehen, wie die Äcker rund um deinen zu Baugebieten erklärt werden. Nur dein Land bleibt landwirtschaftliche Nutzfläche.« Höker kaute mit der linken Mundseite und benutzte die rechte zum Sprechen. »Das ist eine vereinfachte Darstellung. Natürlich kauft Hillerich nicht selbst. Dafür hat er seine Leute. Er weiß halt nur, wo die nächsten Baugebiete entstehen.«

»Ich dachte, so etwas diskutiert ihr im Stadtrat.«

»Wir sind Amateure, die Politik nach Feierabend machen. Wir können nur das diskutieren, was uns die Verwaltung vorsetzt. Und auf einen Strich, den wir durch Hillerichs Rechnung machen, kommen vier Lottogewinne. Einen gewissen Schwund kalkuliert er ein.«

»Wie kann er so sicher sein?«

»Er hat bei der Stadtverwaltung seine Leute. Unter anderem ist sein Schwager dort ein hohes Tier. In der Politik nennt man das Filz. Manche sagen auch Mafia, aber ich halte das für zu hoch gegriffen.«

»Ist noch kein Bauer auf den Gedanken gekommen, mit der Geschichte an die Öffentlichkeit zu gehen?«

»Bauern sind in den seltensten Fällen dumm. Würde dein standhafter Bauer an die Öffentlichkeit gehen, wäre die Chance, dass aus seinem Acker Bauland wird, gleich null. Da verkauft er lieber, wenn auch mit einem bescheidenen Gewinn, an Hillerich. Aber angenommen, der Bauer ist stur und hat einen Hass auf Hillerich entwickelt. Er geht also zu einer münsterschen Tageszeitung. Ich garantiere dir: Kein Satz von seiner Geschichte wird gedruckt.«

»Weil Hillerich die besten Beziehungen zur Zeitung hat.«

»Eben. Gehen wir weiter davon aus, dass unser Bauer jetzt erst richtig wütend wird und ein Flugblatt drucken lässt. Dann wird er von Hillerich wegen übler Nachrede angezeigt. Denn Hillerich hat nur unter vier Augen mit ihm verhandelt. Ergo kann der Bauer vor Gericht keinen Zeugen beibringen.«

Höker nahm die Serviette und wischte sich mit ihr den Mund ab.

VIII

Am nächsten Morgen war ich noch vor der Sonne auf den Beinen. Es trieb mich hinaus zum Horstmarer Landweg, vorbei an Wohntürmen, in denen Studenten, in Neun-Quadratmeter-Zimmern gestapelt, von kommenden Privilegien träumten.

Hinter den Wohnheimen verengte sich die Straße. Rechts standen beinahe zweiglose Fichten dicht nebeneinander, während links ein kleines Industriegebiet auf den Arbeitsbeginn wartete. Eigentlich hatte ich vorgehabt, meinen Wagen unauffällig in der Nähe der Pobradt Hoch- und Tiefbau zu parken. Doch dazu hätte ich ihn mit einem Tarnnetz und reichlich Fichtenzweigen bedecken müssen. Also fuhr ich weiter, bis ich nach einem halben Kilometer auf einen kleinen Parkplatz stieß, der für Sonntagsausflügler gedacht war, die einmal einen kranken Wald aus nächster Nähe betrachten wollten.

Mit einem Fernglas bewaffnet nahm ich am Waldrand Aufstellung. Die Sicht war gar nicht so schlecht und ich zählte die Lastwagen, die auf dem Areal standen. Es waren elf. Weiter hatte ich vorläufig nichts zu tun. Ich steckte einen Zigarillo an und betrachtete meine leicht zittrige Hand. Es war verflucht kalt an diesem Morgen. Und viel zu früh.

Nach einer halben Stunde kamen die ersten Arbeiter. Ich hielt nach einem Mann Ausschau, der für meine Zwecke geeignet schien. Er musste mindestens fünfzig Jahre alt sein und einen Lastwagen fahren.

Die Angekommenen verschwanden zunächst in einer Baracke. Umgekleidet tauchten sie kurze Zeit später wieder auf und schlenderten zu den Lastwagen hinüber. Keiner entsprach meinen Altersvorstellungen.

Dann kamen ein paar ältere Männer, die jedoch zu einem anderen Gebäude, offensichtlich der Verwaltung, gingen. Inzwischen waren nur noch drei Laster übrig. Ich fürchtete bereits, dass ich etliche Tiefschlafstunden vergeblich geopfert hatte, als ich meinen Mann sah. Er hatte grau melierte Schläfen an einem ansonsten kahlen Schädel. Unter dem rötlichbraunen Rollkragenpullover versteckte er einen Medizinball, der ihn beim Gehen behinderte. Mühsam kletterte er in sein Fahrzeug und rollte sich hinter das Steuer. Das war das Letzte, was ich sah, bevor ich zu meinem Auto sprintete.

Einen Lastwagen zu verfolgen, ist eine vergleichsweise simple Tätigkeit. Wenn man in Kauf nimmt, an Ampeln gelegentlich als Rotsünder aufzutreten, kann er einem praktisch nicht entwischen. Mit dieser Wahrscheinlichkeitsrechnung im Kopf folgte ich meinem Mann quer durch die halbe Stadt. Wie sich herausstellte, beteiligte er sich an der Verkehrsberuhigung im Ostviertel. Die Bürger bekamen hier, statt der früheren geraden Straßen, geschlängelte Pfade mit Blumenkübeln und Pflastersteinstreifen, die ein schnelleres Altern der Stoßdämpfer bewirken sollten.

Mein Mann blieb in seinem Laster sitzen und ließ sich von einem Bagger die Ladefläche mit altem Asphalt vollpacken. Ich nagte an meiner Unterlippe und ab und zu an einem der beiden Käsebrötchen, die ich aus der nahen Bäckerei geholt hatte.

Dann brachte er den Schutt weg und lud Pflastersteine, die er ins Ostviertel karrte. Das machte er noch zwei Mal, bevor es Mittag wurde.

Meine Befürchtung, dass er auch in der Fahrerkabine essen

würde, erwies sich gottlob als falsch. Auf einer Ausfallstraße hielt er vor einer Imbissstube, die sich extra für Lastwagenfahrer einen großen Parkplatz zugelegt hatte.

Ich nahm einen Hamburger mit Pommes und setzte mich an seinen Tisch. »Ich habe gesehen, dass Sie aus einem Pobradt-Laster gestiegen sind«, sagte ich. »Ich bin ein entfernter Verwandter der Pobradts, genauer gesagt vom alten Chef. Seit dem Unglück damals ist die Familie ja zerstritten.«

Er ließ für einen Moment sein Schweineschnitzel in Ruhe und guckte mich an.

»Waren Sie schon dabei, als es passierte?«, fragte ich.

»Hmm«, sagte er.

Ich ließ mir meine Freude nicht anmerken. »Eine seltsame Geschichte. Ich weiß noch genau, dass meine Onkel und Tanten fest davon überzeugt waren, dass er sich nicht umgebracht hat. Sie vermuteten, dass ein anderer Mann im Spiel war, konnten aber nichts beweisen.«

Er griff zu seiner Bierflasche.

»Ich fand das ziemlich spannend«, fuhr ich fort. »So ähnlich wie ein Krimi im Fernsehen. Ich war ja erst sechzehn. Aber jetzt, wo ich Sie aus dem Laster steigen sah, fiel mir die Geschichte wieder ein. Und ich dachte: Frag ihn doch mal! Vielleicht weiß er irgendetwas.«

»Was soll ich wissen?«, brummte der Dicke.

»Wenn sie, ich meine Wilma Pobradt, einen Freund hatte, ist der bestimmt mal in der Firma aufgetaucht. Man merkt doch gleich, wenn zwei was miteinander haben, an der Art, wie sie sich angucken, sich die Hand geben oder in den Mantel helfen.«

»Oder sich öffentlich abknutschen«, ergänzte er.

»Es gab ihn also?«, triumphierte ich.

»Das hab ich nicht gesagt.« Er schob den leer gekratzten Teller weg. Mein Hamburger lag noch beinahe unberührt in einer Mayonnaisepfütze. Sein Gesicht bekam einen verächt-lichen Zug, als er sich vorbeugte. »Sie sind ein Schnüffler. Meinen Sie, ich habe nicht gemerkt, dass Sie mir den ganzen Morgen gefolgt sind?«

Ich schluckte.

»Dieses dumme Geschwätz vom entfernten Verwandten können Sie einem Blödmann erzählen, aber nicht mir. Sie wollen mich aushorchen, und zwar zum Nulltarif. Das läuft bei mir nicht.«

Ich verstand die Botschaft, holte den vorsorglich in der Jackentasche verstauten Fünfzigmarkschein heraus und schob ihn unter seinen Bierdeckel.

»Wer redet denn von Nulltarif. Für gute Informationen zahle ich.«

»Das ist etwas anderes«, sagte er und steckte den Fünf-zigmarkschein ein. »Es gab *ihn*. Er war nach dem Unglück eine Zeit lang die rechte Hand der Chefin. Bis sie sich ver-krachten und sie ihn rausschmiss.«

»Name?«

»Das kostet extra.«

Nun musste ich doch zum Portemonnaie greifen. Ich hat-te ihn einfach unterschätzt. Nachdem der zweite Fünfziger in seiner speckigen Lederjacke verschwunden war, sagte er: »Werner Meyer, mit e – y.«

»Wo finde ich ihn?«

»Ich weiß nicht.«

»Ich bin doch nicht der *stern*«, protestierte ich.

»Ich weiß es wirklich nicht«, knurrte er und stieß beim Aufstehen mit dem Bauch unter die Tischkante. »Schönen Tag noch!«

Da saß ich vor meinem kalt gewordenen Hamburger und war um eine Information reicher. Die hundert Mark konnte ich ja auf die Spesenrechnung setzen. Während ich die gummiartigen Pommes kaute, beschlich mich der Verdacht, dass der Dicke das Treffen in der Imbissstube extra für mich arrangiert hatte. An anderen Tagen verließ er seinen Laster garantiert nicht.

Nach dem Essen fühlte ich mich miserabel. Zum Teil gab ich dem Küchenchef die Schuld, zum Teil meinem unausgeschlafenen Zustand. Ich beschloss, eine längere Mittagspause einzulegen, und fuhr nach Hause. Im Briefkasten fand ich ein Glückslos, eine Einladung zu einer Kaffeefahrt und einen Drohbrief. Seine Botschaft war kurz und maschinengeschrieben. Sie lautete: *Letzte Warnung*.

Mit dem Drohbrief ging ich ins Schlafzimmer und schlief nach kurzer Zeit ein. Als ich aufwachte, fühlte ich mich schon besser. Ich nahm den Brief, der neben mir im Bett lag, und starrte auf die beiden Wörter. Die ganze Sache gefiel mir überhaupt nicht. Egal, ob der Brief von Katharinas Bruder, von Hillerich oder von Merschmann stammte, auf ihre Art waren alle drei unangenehm. Und zusammen konnten sie einem kleinen Privatdetektiv das Leben ziemlich schwer machen.

Ich wälzte mich aus dem Bett und legte eine Platte von Leonhard Cohen auf. Der alte Melancholiker brummte sich den Weltschmerz von der Seele und ich fühlte mit ihm. Durch die staubigen Küchenfenster rieselten die letzten Sonnenstrahlen. Es war Zeit, an die Arbeit zu gehen.

Ich zog meinen schwarzen Trainingsanzug an und nahm aus dem Keller das nötige Werkzeug mit. Als ich den kleinen Parkplatz erreichte, war es bereits stockdunkel. Das Firmengelände wurde von einer Art Flutlichtanlage beleuchtet, die mir die Arbeit wesentlich erleichterte. Ordentlich und vermutlich nach Vorschrift begann der Nachtwächter zu jeder vollen Stunde seinen Rundgang. Ich beobachtete ihn so lange, bis ich sicher war, in welcher Reihenfolge er die Stationen ablief. Wenn ich es geschickt anstellte, hatte ich eine knappe Stunde Zeit.

An der abgelegensten Stelle kletterte ich den Drahtzaun hinauf, der das Firmengelände umgab. Oben hatte man noch NATO-Draht gezogen, dem ich erst mit einer Drahtschere zu Leibe rücken musste, bevor ich mich auf der anderen Seite herunterlassen konnte. Dann versteckte ich mich unter einem der Laster. Sollte der Nachtwächter bei seinem Plan bleiben, musste er gleich den Rundgang antreten.

Tatsächlich kam er wenige Minuten später aus der Baracke neben der Einfahrt. Sein Weg führte zunächst zu dem Geräteschuppen, an dessen Türknöpfen er wie wild rüttelte. Nun umkreiste er, allerdings in gebührendem Abstand, die Lastwagen, um anschließend auf das Verwaltungsgebäude zuzusteuern. Ich gab ihm zehn Minuten, in denen er das Gebäude umlaufen und alle Gänge im Innern besichtigen sollte. Dann machte ich mich auf den Weg.

An der rückwärtigen Front des Verwaltungsgebäudes wählte ich ein ebenerdiges Fenster, setzte einen Gummisauger neben den Griff und schnitt mit dem Glasschneider ein passendes Loch. In weniger als einer Minute war ich im Haus.

Bis dahin hatte es wie ein Kinderspiel ausgesehen. Doch die Probleme fingen jetzt erst an. Die Türen waren nummeriert, aber ohne Funktionsangabe, und eine nach der anderen aufzubrechen, schien mir etwas zu aufwendig. Unschlüssig wanderte ich durch das Gebäude.

Im obersten Stockwerk fand ich schließlich die zweitbeste Lösung: eine Tür mit der Aufschrift *Direktion*. Feinere Einbrecher hätten es sicher eleganter gemacht, ich dagegen fischte ein Stemmeisen aus meinem Rucksack und machte es auf die brutale Tour. Die Tür gab nach und ich stand im

Büro der Chefsekretärin, soweit ich das im Licht der Taschenlampe erkennen konnte. Sofort nahm ich die Zwischentür in Angriff, die mich von Wilma Pobradts Schreibtisch trennte. Das Holz krachte und splitterte. Ich war mächtig in Form.

Ihr Schreibtisch sah ziemlich barock aus und es tat mir ein bisschen leid um das schöne Furnier. Aber alles andere, als ihn aufzubrechen, wäre halbe Arbeit gewesen. In der obersten Schublade lag eine Telefonliste mit den Angaben, die ich suchte. Ein Herr Brinkmann leitete das Personalbüro gleich nebenan.

Bevor ich ging, nahm ich alle Bilder von den Wänden und hieb mit dem Stemmeisen einige Male auf das Zahlenschloss des Tresors, der sich hinter einer besonders schönen Industrielandschaft versteckte. Das sollte der Polizei genügend Stoff zum Nachdenken geben. Dann rückte ich Herrn Brinkmann auf die Bude.

Das Erste, was ich sah, war ein Computer. Beim zweiten Rundblick atmete ich erleichtert auf. In der Ecke standen vier graumetallene Aktenschränke. Offensichtlich misstraute Herr Brinkmann dem Computerzeitalter genauso wie ich. Und um mein Glück perfekt zu machen, hatte er die Personalakten alphabetisch geordnet. Unter Meyer, Werner fand sich die Eintragung: *Stellvertretender Betriebsleiter 1.3.1968–30.9.1969.* Und auch eine Adresse: *Kellermannstraße.* Gleich bei mir um die Ecke.

In dem Hochgefühl, saubere Arbeit geleistet zu haben, stürmte ich die Treppe hinunter. Bis ich Schritte hörte – und eine Stimme: »Wer ist da?«

Der Nachtwächter hatte seine Route geändert, vermutlich auch nach Plan. Ich hielt die Luft an und linste um die Ecke. Ungefähr zehn Meter von mir entfernt blinkte eine Taschenlampe. Der Nachtwächter stand genau da, wo er nicht sein sollte: zwischen mir und den Fenstern. Und zu allem Überfluss kam er geradewegs auf mich zu.

Vorhin hatte ich bei ihm keine Pistole entdeckt, also ließ ich es darauf ankommen. Als er noch einen Meter entfernt war, schnellte ich um die Ecke, packte ihn an der Jacke und stieß ihn gegen die Wand. Er machte einen Ton, der irgendwo zwischen Schmerz und Überraschung lag. Außerdem plumpsten zwei Gegenstände auf den Boden. Der eine war die Taschenlampe, der andere hatte die Umrisse einer Pistole.

»Hör zu«, zischte ich ihn an, wobei mir sein Knoblauchatem ins Gesicht schlug, »du hast zwei Möglichkeiten. Entweder ich schlage dich auf der Stelle bewusstlos oder du wartest hier fünf Minuten, bevor du Alarm schlägst. Was willst du?«

»Warten«, keuchte er mit türkischem Akzent.

»Okay, wenn du dich nicht daran hältst, komme ich in einer der nächsten Nächte zurück und du bist reif. Verstanden?«

»Jaja«, piepste er.

Ich drehte ihn um, sodass er mit dem Gesicht zur Wand stand. »Beine breit und Hände an die Wand!«, kommandierte ich. Er folgte gehorsam. Dann nahm ich die Pistole und ging langsam rückwärts zu den Fenstern.

»Rühr dich ja nicht, Freundchen!«, brüllte ich noch, bevor ich durchs Fenster verschwand und Fersengeld gab. Allzu viel Vertrauen in seine Ehrlichkeit hatte ich nicht.

Als ich im Auto saß, war ich völlig geschafft. Vorsichtshalber fuhr ich stadtauswärts und machte einen riesigen Umweg. Unterwegs warf ich die Pistole und meine Gesichtsmaske aus dem Fenster. Den Rucksack mit den Einbruchswerkzeugen vergrub ich an einer markanten Stelle im Wald. Für alle Fälle wollte ich das Zeug vorläufig nicht im Haus haben.

Kurz vor Mitternacht war ich zu Hause. Als ich die Tür öffnete, klingelte das Telefon.

»Hier ist Katharina«, sagte sie.

»Hallo, Katharina«, antwortete ich.

»Ich möchte dich zu einer Fete einladen, morgen Abend bei mir.« Sie nannte die Adresse.

»Ist dein Bruder auch da?«

»Nein.«

»Gut, dann komme ich.«

»Schön«, sagte sie.

Damit war das Gespräch auch schon beendet. Ich legte den Hörer auf und bemerkte, dass ich vergessen hatte, die Handschuhe auszuziehen. Ganz gegen meine Gewohnheiten nahm ich einen kräftigen Schluck Whisky und eine Schlaftablette. Sonst hätte ich in dieser Nacht vermutlich kein Auge zugetan.

IX

Ich stieß einen spitzen Schrei aus, den die alte Dame völlig ignorierte. Sie hatte mir ihren Einkaufswagen in die Hacken geschoben und wandte sich jetzt an die Verkäuferin mit dem Wunsch nach hundert Gramm Salami. Niemand nahm davon Notiz, dass ich schon seit fünf Minuten an der Theke stand.

»Ich bin dran«, stieß ich aus und alle guckten mich an, als hätte ich etwas Unanständiges gesagt. Die Verkäuferin knurrte verächtlich: »Ja, bitte?«

Vermutlich ist die Schlange vor dem einzigen *McDonald's* in Moskau noch viel länger, aber was nützen einem solche Erkenntnisse, wenn man samstagmorgens darauf wartet, sein Geld ausgeben zu dürfen.

Natürlich hatte ich wieder viel zu lange geschlafen, und nach dem ausgedehnten Frühstück verleitete mich das schöne Wetter, mit dem Fahrrad in die Innenstadt zu fahren. Den Markt auf dem Domplatz ließ ich rechts liegen. Nach alten Freundinnen, die von ihren Kindern hin- und hergezerrt wurden und sich bei mir über ihre unglücklichen Ehen beschwerten, war mir heute nicht zumute.

Also blieb nur das Kaufhaus, wo sich die Kurzvorschlusseinkäufer die Einkaufswagen aus den Händen rissen. Lange stand ich vor der Tiefkühltruhe und überlegte, ob ich mich am Abend mit einer Paella oder einem Hühnchen süßsauer überraschen sollte. Schließlich entschied ich mich für Nasi Goreng.

Vor dem Kaufhaus spielten ein paar Südamerikaner, die sich trotz der Wärme in wollige Ponchos gehüllt hatten,

Folklore. Nach dem Alter der Musiker zu urteilen, konnte es sich um die Kinder der damaligen Flüchtlinge handeln, die uns nach dem Putsch gegen Allende das Wort Venceremos beigebracht hatten.

Bis zu meinem Fahrrad, das ich neben der Lambertikirche abgestellt hatte, passierte ich einen Jongleur, den Stand der Tierversuchsgegner und, direkt vor der Kirche, das Fanfarenkorps der Bundeswehr. Marketingberater nennen so etwas wohl Erlebniseinkauf. Am nächsten Samstag würde ich jedenfalls zum Aldi an der Ecke gehen.

Samstag ist bei mir Haushaltstag. Das heißt, ich wasche, putze, sauge und nehme das dreckige Geschirr der letzten Woche in Angriff. Um vier war ich damit fertig. Bis zur Sportschau um sechs blieb mir noch Zeit für eine kleine Amtshandlung.

Die Kellermannstraße ist nur ein paar Häuserblocks von meiner Wohnung entfernt. Dass Werner Meyer dort nicht mehr wohnte, hatte ich schon am letzten Abend festgestellt. Alles andere wäre auch übertriebenes Glück gewesen.

Der Samstagnachmittag ist gerade die richtige Zeit für Überraschungsbesuche. Die Leute freuen sich auf die Grillparty oder Thomas Gottschalk und sind entspannt und hilfsbereit. Oder sie sind gestresst von den Vorbereitungen für die Party oder vom Familienstreit, der am Wochenende heftig aufblüht.

Der Mann im Trainingsanzug schien sich für die zweite Möglichkeit entschieden zu haben. »Sie wünschen?«, bellte er mich an.

»Ich hoffe, ich habe Sie nicht gestört«, heuchelte ich. »Ich suche einen alten Freund von mir: Werner Meyer. Er hat hier früher gewohnt.«

»Kenn ich nicht«, spuckte mich der Trainingsanzug an.

»Helmut!«, rief eine Frau aus dem Hintergrund.

»Entschuldigen Sie, meine Frau«, und die Tür war zu.

Nebenan erging es mir nicht viel besser. Immerhin konnte ich aus der genervten Frau herauskriegen, dass die Frau Buddeberg im zweiten Stock schon seit mindestens zwanzig Jahren dort wohnte.

»Kommen Sie doch herein«, bat mich Frau Buddeberg, nachdem ich meinen Spruch aufgesagt hatte. »Ich habe gerade Kaffee aufgesetzt. Dann können wir uns in Ruhe unterhalten.«

Wir kamen durch einen muffigen Flur in ein muffiges Wohnzimmer. Der Wellensittich auf der Anrichte guckte mich schräg an. Er überlegte wohl, ob er mir eins von seinen schmutzigen Wörtern an den Kopf knallen sollte.

Sie hatte noch keinen Kaffee aufgesetzt, aber sie tat es extra für mich. Außerdem zauberte sie ein Stück Sahnetorte auf den Tisch, das innen drin noch nicht aufgetaut war. Ich lutschte an dem Kuchen, nippte an dem Kaffee und hörte ihr zu.

»Ich erinnere mich noch gut an den Herrn Meyer. Er hat mir immer die Einkaufstasche getragen, wenn er mich vor dem Haus gesehen hat. Mein Mann ist ja 47 gestorben, in russischer Gefangenschaft. Danach habe ich nicht mehr geheiratet. Männer waren rar damals. Leider habe ich nicht viel von meinem Eugen gehabt. Kriegshochzeit, verstehen Sie. Drei Tage Fronturlaub, dann war er wieder weg.«

Ihre wässrigen, rot umränderten Augen fixierten mich. Ich nickte und konzentrierte mich auf den Kuchen. »Und der Herr Meyer?«, fragte ich kauend.

»Ach ja, Sie sind ja wegen dem Herrn Meyer da. Und ich erzähle von meinem verstorbenen Mann. Das interessiert Sie sicher alles überhaupt nicht.«

»So ist das nicht«, log ich, »aber meine Frau wartet zu Hause auf mich. Wir sind mit ein paar Freunden verabredet.«

»Ich verstehe«, sagte sie mit leidender Miene.

»Eugen«, warf der Wellensittich ein.

»Er heißt auch Eugen«, erklärte die Alte. »Wie mein verstorbener Mann. Ist er nicht süß?«

»Wer?«

»Eugen. Ich habe ihn jetzt schon sieben Jahre. Meine Nichte hat ihn mir Weihnachten neunzehnhundert ...« Und so ging das immer weiter. Ab und zu guckte ich verstohlen auf die Armbanduhr. Es gibt Härteres im Leben eines Privatdetektivs, als vereisten Kuchen zu essen und Geschichten von Wellensittichen und Verstorbenen zu hören, aber zu den Sonnenseiten des Berufes gehören solche Stunden auch nicht. Schließlich kam sie wieder auf Werner Meyer zu sprechen.

»Als er sah, wie viel Mühe es mir machte, die schwere Mülltonne nach vorne zu schieben, hat er gleich angeboten, das für mich zu erledigen. Selbstverständlich habe ich mich erkenntlich gezeigt. Jedes Jahr bekam er zu Weihnachten eine schöne Flasche Schnaps. Trotzdem: Ich hatte keinen Grund zu klagen. Dagegen die Frau Stenzel, die oben neben ihm gewohnt hat, leider ist sie jetzt auch schon sechs Jahre tot, die hat mir manchmal Sachen über ihn erzählt.«

»Was für Sachen?«

»Frauengeschichten.«

Die Fortsetzung kostete mich noch eine Tasse Kaffee. Sie selbst trank übrigens keinen. Wegen ihres Herzens, wie sie sagte. Als wir uns stillschweigend auf die Geschäftsgrundlage geeinigt hatten, erzählte sie weiter.

»Der hatte immer verschiedene, meinte jedenfalls Frau Stenzel. Und einmal sind sie sogar gemeinsam in die Badewanne gegangen. Das Badezimmer von Frau Stenzel ist direkt neben seinem, wissen Sie.«

Ich wusste nicht, ob ich moralische Empörung oder Humor zeigen sollte, und beließ es bei einem unverbindlichen Lächeln.

»Zu meiner Zeit gab es so etwas nicht, aber Eugen und ich haben auch in der Wohnung meiner Eltern gewohnt. An eine eigene Wohnung war gar nicht zu denken.«

»Hat er irgendwelche Namen genannt?«, fragte ich hastig, um nicht wieder die Rede auf Eugen kommen zu lassen.

»Wer?«

»Eugen. Quatsch, ich meine Herr Meyer. Kennen Sie den Namen einer der Frauen?«

»Nein. Frau Stenzel hat nur gesagt: Jetzt ist die Blonde da. Oder die Braune.«

»Wann ist er denn ausgezogen, der Herr Meyer?«

»Das war …«, sie überlegte, »… kurz bevor die Zentralheizung eingebaut wurde. So um 1970 herum.«

»Und wohin ist er gezogen?«

»Er wollte nach Berlin. Ja, er sagte, man habe ihm dort eine Stelle angeboten.«

»Haben Sie danach noch etwas von ihm gehört?«

»Nein, nie wieder. Warum sollte er auch eine alte Frau wie mich besuchen?«

Ich ließ die Frage unbeantwortet. Stattdessen bedankte ich mich für den Kuchen und versicherte ihr, dass meine Frau schon auf heißen Kohlen sitzen würde.

Vor dem Haus atmete ich tief durch. Ein Blick auf die Uhr sagte mir, dass die Sportschau seit fünf Minuten lief.

Es war eine geräumige Altbauwohnung mit Stuck unter der Decke, knarrendem Parkettboden und einer großen Küche, wo sich die meisten Gäste aufhielten. Ich hatte befürchtet, dass ich den Alterspräsidenten abgeben würde, doch zu meiner Beruhigung sah ich zwei oder drei Späthippies in meiner Preisklasse.

Die Tür hatte mir eine junge Frau im Minirock geöffnet, und ich war unbehelligt bis in die Küche vorgedrungen. Da stand ich nun, die Flasche Wein in der einen, den Strauß Blumen in der anderen Hand, und harrte der Dinge, die noch kommen sollten.

Der Küchentisch war dicht umringt von Menschen, die Nudelsalat, gefüllte Weinblätter und Käse von Papptellern pickten. Sie unterhielten sich angeregt über ihre Beziehungsprobleme und beachteten mich nicht weiter. Mehr Erfolg hatte ich bei denen, die lässig an der Wand und am Schrank lehnten. Einige beäugten mich mehr oder weniger verstohlen über ihre Gläser hinweg.

Gerade hatte ich mich für eine Schwarzhaarige mit Pagenfrisur entschieden, als hinter mir ein »Georg, schön, dass du da bist!« ertönte. Katharina küsste mich auf den Mund und ich drückte ihr meine Mitbringsel in die Hände. Ihre Lippenstiftfarbe leuchtete wie die Reklame am Bahnhof.

»Komm mit, ich zeig dir die Wohnung!«, sagte sie.

Händchenhaltend durchwanderten wir die Fünfzimmerwohnung, die sie mit ihrer Freundin Iris teilte. Wir besichtigten ein Arbeitszimmer mit den obligatorischen Regalen an den Wänden. Auf dem Schreibtisch stand ein PC, der mittlerweile in keinem Studentenhaushalt mehr fehlen darf. Mein Steuerberater rät mir schon seit Langem zur Anschaffung eines Computers. Dass ich die Buchführung immer noch mit Kugelschreiber und Papier mache, ist für ihn reine Steinzeit.

Durch eine Verbindungstür gelangten wir in das Schlafzimmer, das hauptsächlich von einer zwei mal zwei Meter großen Spielwiese eingenommen wurde. Auf dem Bett lag ein Pärchen, das sich heftig abknutschte. Die Frau hatte ihre Hand unter dem T-Shirt der anderen Frau und ließ sich durch unsere Anwesenheit nicht von der Massage abhalten.

»Dunja und Susanne«, stellte Katharina vor. Die beiden guckten kurz auf. »Georg«, sagte Katharina und wies mit der Hand auf mich. Die beiden kicherten und fingen wieder an, sich zu küssen.

Wir kamen in das Wohnzimmer, das Katharina und Iris gemeinsam benutzten. Im Moment war es fast leer, bis auf eine wattstarke Anlage mit allen Schikanen. Hinter dem Mischpult stand ein pickliger, kurzgeschorener Bursche, der zu Klängen wippte, die nur er über Kopfhörer hören konnte. Die Musik, die durch die Lautsprecher kam, bewegte die Glieder von einem halben Dutzend anderer Menschen.

»Das ist Iris«, sagte Katharina und zeigte auf ein Wesen, das klein und rund war und wie ein Jojo auf- und nieder-hüpfte.

»Willst du was trinken?«, fragte sie nach kurzer Pause.

Ich nickte. Auf dem Weg zur Küche klingelte es an der Wohnungstür.

»Du findest alles in der Küche«, rief sie mir zu, bevor ich sie aus den Augen verlor.

Tatsächlich fand ich ein kühles Bier im Kühlschrank und mangels anderer Betätigungsfelder gesellte ich mich zu den Problemessern am Küchentisch.

»Er hat unsere Beziehung nie richtig verarbeitet«, sagte eine Frau, während ich einen Pappteller bis obenhin voll-packte. »Er muss lernen, mit seinen Ängsten umzugehen. Es geht mir dabei nicht um mich, nein, ich kann damit fertig werden. Aber die nächste Frau, auf die er trifft, wird genau dasselbe durchzustehen haben. Solange er sich dem Problem nicht stellt, solange er verdrängt …«

Ich schaute mich nach der Schwarzhaarigen um. Sie stand immer noch an der Wand und sah ziemlich gelangweilt aus.

»Es ist immer das Gleiche«, sagte ich, als ich mich neben sie stellte, »alle hocken in der Küche und reden über ihre alten Beziehungen. Dabei haben sie keinen sehnlicheren Wunsch, als eine neue anzufangen.«

Sie hob eine Augenbraue und blinzelte mir zu. »Und wen suchst du?«

»Groß, schlank, schwarzhaarig, möglichst ohne Komplexe.«

»Kein schlechter Geschmack. Leider stehe ich auf kleine Dicke mit Glatze. Und Männer mit gebrochenen Nasen kann ich überhaupt nicht ausstehen.«

»Wenn du willst, höre ich sofort mit dem Boxen auf. Es ist der Liebeskummer, der mich in den Ring treibt.«

»Du bist wirklich Boxer?«

»Na klar. Meinst du, ich bin aufs Gesicht gefallen? Es war ein harter Fight, sag ich dir. In der ersten Runde hat er mir die Nase zertrümmert, aber in der dritten habe ich ihn fertiggemacht. Zumindest nach Punkten.«

Langsam wurde sie warm. Sie drehte ihren Körper in meine Richtung und ließ ihren Blick auf meinen Oberarmen ruhen. »Du siehst gar nicht so stark aus. Eher wie ein Rechtsanwalt oder so.«

»Dicke Muskeln sind was für Bodybuilder. Außerdem bin ich ja kein Profi. Ich boxe, um mich fit zu halten.«

»Ach. Und was machst du beruflich?«

»Ich bin Privatdetektiv.«

Ihre Augen verengten sich für einen Moment und dann bekam ihr Gesicht einen höhnischen Ausdruck. »Dass ihr Typen immer so schamlos lügen müsst, wenn ihr Frauen in euer Bett zerren wollt.«

Zu meiner Rettung strich Katharina gerade vorbei. »So weit seid ihr schon? Wer will denn wen ins Bett zerren?«

»Sie kultiviert nur ihre feministischen Vorurteile«, warf ich ein. »Außerdem glaubt sie nicht, dass ich Privatdetektiv bin.«

»Doch. Er ist der Philip Marlowe von Münster«, sagte Katharina zu der Schwarzhaarigen. »Aber«, wandte sie sich mir zu, »warum willst du nicht mit Anna ins Bett gehen? Ist sie nicht attraktiv genug?«

»Es gibt im Moment nur ein, zwei Dinge, die ich lieber täte«, versicherte ich den beiden.

»Und wie ist es mit dir?«, fragte Katharina und legte ihren Arm auf Annas Schulter.

»Vielleicht, wenn er letzte Woche gekommen wäre. Jetzt bin ich leider unsterblich verliebt.«

»Ich komme immer zu spät«, murmelte ich. »Das ist mein Schicksal.«

Katharina kicherte und zerrte mich in den Tanzsaal. Der Discjockey hatte die Nostalgie-Stunde eingeläutet. Und was damals gut war, als ich mit klopfendem Herzen die Mädchen im Jugendzentrum zum Tanz aufforderte, konnte nicht zwanzig Jahre später plötzlich schlecht geworden sein.

»Bist du allein?«, fragte Katharina, als wir eine Pause einlegten und nach Luft schnappten.

»Ja.«

»Warum?«

»Ich weiß nicht. Die Frauen, die ich will, lassen mich abblitzen. Und die, die hinter mir her sind, verursachen bei mir nur ein leichtes Gruseln.«

»Das klingt nach Ausrede.«

»Kann schon sein. Wenn ich unbedingt ein Familienleben wollte, wäre ich vermutlich verheiratet, hätte zwei Kinder, würde sonntags mit ihnen um den Aasee spazieren und anschließend ein Eis essen gehen.«

»Findest du das so schlimm?«

»Nein, überhaupt nicht. Es ist nur so ...« Ich fing an zu stottern und zuckte schließlich mit den Schultern. »Meine frühere Freundin nannte das Bindungsangst. Trivialer ausgedrückt: Ich warte immer noch auf die Traumfrau.«

»Da kannst du lange warten.«

Ich nickte. Mehr fiel mir dazu nicht ein.

»Hast du etwas herausgekriegt?«, fragte sie nach einer Weile. Am Ton ihrer Stimme hörte ich, dass es nicht mehr um meine Psyche ging.

»Nichts Besonderes«, sagte ich leichthin. »Ich verfolge eine vage Spur, die sich wahrscheinlich als Flop erweisen wird.«

»Das klingt wie das Vernebelungsdeutsch des Regierungssprechers.«

»Tut mir leid, aber konkreter kann ich nicht werden.«

»Gegenüber der Tochter der Hauptverdächtigen.«

Ich schaute sie an. Sie kniff für eine Zehntelsekunde den Mund zusammen und drehte dann den Kopf von mir weg.

Damit war der angenehme Teil des Abends gelaufen. Ich trank noch zwei Bier, nahm einen Zug von dem Joint, den Anna an mir vorbeitrug, bevor sie einem Jüngling schöne Augen machte, und fuhr dann nach Hause.

Es war eine sternenklare Nacht und der Prinzipalmarkt mit seinen historisierenden Fassaden sah aus wie eine Puppenstube. Um den Kitsch perfekt zu machen, stieß der Turmbläser von St. Lamberti gerade in sein Horn, als ich vorbeiradelte. Wäre da nicht der Betrunkene gewesen, der sich in den Rinnstein übergab, ich hätte mich für das einzig deplatzierte Element gehalten.

Vor meinem Haus lungerte eine Gestalt herum. Mir war weder nach einer Schlägerei noch nach einer nächtlichen Fahrradtour zumute. Also hoffte ich einfach darauf, dass sich die Angelegenheit friedlich regeln ließe. Als ich das Fahrrad abschloss, überkam mich ein leichtes Zittern, das ich auf die nächtliche Kühle zurückführte.

Die Gestalt rückte näher und sie sah so aus wie jemand, der mich kürzlich zusammengeschlagen hatte.

»Ich glaube, ich muss mich entschuldigen«, sagte Uwe Pobradt.

»Ja«, sagte ich und drückte das Kreuz durch, »das glaube ich auch.«

»Ich habe die Nerven verloren. So etwas ist mir noch nie passiert.«

Ich wartete.

»Könnte ich Sie kurz sprechen.«

»Warum nicht?« Ich schlug einen Spaziergang vor und wir bogen in die Hoyastraße ein. Aus den Kneipen rund um die Kreuzkirche torkelten die letzten Betrunkenen und grölten unanständige Lieder.

»Wie gesagt, es tut mir leid«, fing er wieder an. »Ich möchte die Sache möglichst einvernehmlich aus der Welt schaffen und biete Ihnen ein Schmerzensgeld an.«

»Zehn Tagessätze«, antwortete ich. »Ich schicke Ihnen eine Rechnung. Aber verwechseln Sie Schmerzensgeld nicht mit Schweigegeld.«

»Nein, nein«, wehrte er ab. »So war das nicht gemeint. Obwohl, mein Angebot gilt nach wie vor, ich wäre sogar bereit, es zu erhöhen. Sagen wir: 5.000 Mark.«

»Seien Sie froh, dass ich Sie nicht anzeige«, fuhr ich ihn an. »Wenn Sie Ihrer Mutter helfen wollen, beantworten Sie mir eine Frage: Wer war, außer den Familienangehörigen, während oder kurz nach dem Schuss, der Ihren Vater tötete, in der Wohnung?«

»Niemand«, stammelte er überrascht. »Wir waren allein.«

»Überlegen Sie mal«, hakte ich nach. »Da war der Nachbar, Runze. Aber es gab noch einen zweiten Mann.«

»Ein zweiter Mann, wieso?« Er beäugte mich misstrauisch. »Da war kein zweiter Mann. Mein Vater hat Selbstmord begangen, verdammt noch mal, wann kapieren Sie das endlich?«

Wir hatten die Kreuzkirche umrundet, die Kirchturmuhr schlug drei Mal. Die Straße war menschenleer. Ich beschloss, das Verhör nicht auf die Spitze zu treiben.

»Okay, mehr wollte ich nicht wissen. Sie hören von mir«, fasste ich mich kurz und ließ ihn stehen. Auf meinem Rücken brannte ein unangenehmer Blick. Und zum ersten Mal überlegte ich, ob ich mir nicht wenigstens eine Gaspistole zulegen sollte.

X

Am Sonntagnachmittag, als ich frühstückte, schwitzte Gabriela Sabatini auf dem Center Court. Sie verlor gegen eine – wie immer – griesgrämig aussehende Steffi Graf in knapp zwei Stunden. Genauso lange brauchte ich für das Frühstück und die anschließende Pfeife. Danach legte ich mich in die Badewanne und las einen Krimi von Loren D. Estleman. Bruce Springsteen schrie sich dazu die Seele aus dem Leib.

Estleman und Springsteen reichten bis zur Dämmerung. Sobald die Sonntagsausflügler die Stadt geräumt hatten, wanderte ich ein bisschen durch die Innenstadt, ging am Bischofssitz und dem Landesmuseum vorbei, trank einen Cappuccino in einem Café mit politischen Zeitschriften in Wandfächern und dachte über das Leben nach. Natürlich wusste ich, dass dies genau das falsche Rezept gegen Depressionen ist. Aber nach politischen Zeitschriften stand mir nicht der Sinn. Also überlegte ich, was ich in den letzten Jahren alles falsch gemacht hatte. Es wurde eine lange Liste. Ich schrieb sie auf einen Zettel, der sich in der Innentasche meiner Jacke fand, und fackelte ihn anschließend im Aschenbecher ab. Danach fühlte ich mich besser. Die drei Mädchen am Nebentisch warfen verstohlene Blicke auf mich und den Aschenbecher. Ich setzte eine geheimnisvolle Miene auf und zerkrümelte die Papierreste mit den Fingern. Als ich bei der Kellnerin bezahlte, redeten sie schon wieder über die besonders schwere Klausur, die sie nächste Woche schreiben mussten.

Der Tatort im Fernsehen war ein langweiliger Kurzfilm, den ein unbegabter Regisseur auf neunzig Minuten gedehnt hatte. Ich ging früh zu Bett und konnte lange Zeit nicht einschlafen. Es gibt Tage, die man am besten überschlägt. Vor allem Sonntage.

Am nächsten Morgen lief ich im Postamt auf und guckte mir an, wie viele Meyers mit Vornamen Werner im Berliner Telefonbuch standen. Es waren vierunddreißig. Ich brauchte nur eine Viertelstunde, um mir die Adressen und Telefonnummern aufzuschreiben.

Als Willi ins Büro gehumpelt kam, war ich schon bei Nummer zehn angelangt.

»Schön, dass du wieder da bist«, begrüßte er mich, »dann kann ich ja zum KÜ fahren und meinen Bauch in die Sonne legen.«

»Keine Chance«, erwiderte ich. »Ich muss den ganzen Vormittag telefonieren und vermutlich auch den Nachmittag.«

Willi schnitt eine Grimasse: »Heißt das, dass der Fall noch nicht erledigt ist?«

»Genau das heißt es. Du darfst noch ein paar Tage dranhängen.«

»Du weißt, dass ich eigentlich …«

»… studieren muss, jaja. Aber im Sommer gibt's auch noch schöne Tage. Und dann ist der KÜ auch nicht so überlaufen wie jetzt. In den ersten warmen Tagen ist nicht mal genug Platz, damit alle ihre Decken ausrollen können.«

»Wenn ich neben einer schönen Frau liege, die sich ganzheitlich bräunt, macht mir das nichts aus«, widersprach Willi.

»Pass auf«, sagte ich und streichelte ihm die Schulter, »wenn du bis zum Wochenende durchhältst, zahle ich dir 200 Mark Prämie. Länger dauert die Geschichte bestimmt nicht.«

»Und nächste Woche regnet es«, maulte er, stiefelte aber brav in den Laden und sprach eine Weile halblaut mit den Münzen, die ihm geduldig zuhörten.

Ich steckte einen Zigarillo an und wandte mich wieder der Telefonliste zu.

Beim ersten Durchgang bekam ich neunzehn Mal jemanden an den Apparat, siebzehn Ehefrauen von Werner Meyer und zwei pensionierte Werner Meyers, die jedoch ausschlossen, jemals in Münster gewesen zu sein. Von den Frauen wussten fünfzehn mit Sicherheit, dass ihre Männer nicht in Münster gearbeitet hatten, zwei kannten den Lebenslauf ihres Gatten nicht so genau. Die restlichen fünfzehn Anschlüsse dezimierte ich im Laufe des Tages auf acht. Und beim Sechstletzten hatte ich um vier Uhr nachmittags Erfolg, vorausgesetzt, man sieht allein das Ergebnis und nicht die verschwendeten Telefonkosten.

Ja, ihr Werner habe in Münster gearbeitet, sagte Frau Meyer. Bei einer Baufirma. Und 68, 69, das könnte wohl hinkommen. Das sei aber schön, dass ein alter Freund von damals ihn wiedersehen wolle. Auf der Arbeit sei er leider sehr schwer zu erreichen, aber wenn ich es so gegen sechs noch mal versuchen würde …

Zur Feier des Tages holte ich für Willi und mich zwei Eisbecher von der besten Eisdiele am Platze, wo die Leute mit den Füßen raushängen, sobald sich die Luft über 12 Grad Celsius erwärmt.

Werner Meyer war nicht gerade begeistert, einen alten Freund am Telefon zu haben, von dem er noch nie etwas gehört hatte.

»Ich kenne Sie nicht«, bellte er mich an. »Was wollen Sie?«

»Seien Sie doch nicht so unfreundlich«, redete ich ihm zu. »Ich will nur ein paar Auskünfte. Wann kann ich Sie morgen treffen?«

»Hören Sie«, knurrte er nach einer Schrecksekunde, »es gibt nichts, was wir miteinander zu besprechen haben. Also lassen Sie mich gefälligst in Ruhe!«

»Es geht um Ihre Zeit in Münster«, redete ich unbeirrt freundlich weiter. »Sie waren damals mit Wilma Pobradt befreundet. Erinnern Sie sich?«

Er atmete schwer. Nach dem, was ich seiner Frau erzählt hatte, musste er mit diesem Thema gerechnet haben.

»Ja und?«, fragte er, als wir beide eine Zeit lang geschwiegen hatten.

»Der Mann von Wilma Pobradt kam auf unglückliche Weise ums Leben. Die Polizei erkannte auf Selbstmord, aber seine Familie war davon überzeugt, dass er ermordet wurde.«

»Und was habe ich damit zu tun?«

»Mein Klient hat mich beauftragt, der Sache nachzugehen. Er ist ebenfalls davon überzeugt, dass es sich um Mord handelt.«

Meyer fiel in seine alte Rolle zurück: »Jetzt reicht es mir aber. Können Sie die Toten nicht ruhen lassen? Die Polizei hat damals alles Notwendige getan. Für mich ist die Sache erledigt.«

»Hat die Polizei tatsächlich alles Notwendige getan?«

Er blieb am Apparat. Ein Zeichen, dass er wissen wollte, was ich wusste.

»Wie meinen Sie das?«

»Meines Wissens sind Sie nie als Zeuge vernommen worden.«

»Warum sollte ich? Ich habe Frau Pobradt erst näher kennengelernt, als alles vorüber war.«

»Sie kannten sie aber schon vor dem Tod ihres Mannes.«

»Flüchtig. Wir sind uns ein-, zweimal auf Festen begegnet.«

Ich hatte ihn vermeiden wollen, den berühmten Schuss ins Blaue. »Als der Krankenwagen eintraf, um den dreivierteltoten Karl Pobradt abzuholen, standen zwei Männer vor dem Sterbezimmer. Ich habe einen Zeugen, der behauptet, Sie waren einer der beiden Männer.«

Die Leitung knackte, als ob sich drei Verfassungsschützer zugeschaltet hätten. Ich starrte an die Decke und zählte die Sekunden. Endlich war er soweit. Und ich wusste gleich, dass ich getroffen hatte.

»Das kann nicht sein. Wer behauptet so etwas?«

»Ich möchte meinen Informanten nicht gefährden. Aber seien Sie versichert, dass das ein Detail ist, das die Polizei noch heute interessiert.«

»Waren Sie bei der Polizei?«

»Noch nicht. Und wenn Sie bereit sind, mich morgen zu treffen, könnte ich es mir noch einmal überlegen.«

Diesmal brauchte er nur die halbe Bedenkzeit. Wir verabredeten uns um fünf Uhr in einem Lokal in der Kantstraße.

Willi dachte wahrscheinlich, dass ich mein schlechtes Gewissen beruhigen wollte, als ich zum Ladenschluss mit einer Flasche Sekt aufkreuzte. Mir war das wurscht.

XI

Der antifaschistische Schutzwall war auch nicht mehr das, was er früher einmal war. Ich hatte eine Anhalterin mitgenommen, die unentwegt von Mauerfeten schwärmte. Sie ging auf Krücken, weil sie sich bei einem Sprung von der Mauer einen Kreuzbandriss zugezogen hatte. Ich spendierte ihr in einer DDR-Raststätte ein komplettes Menü für sieben Mark fünfzig und setzte sie auf dem Ku'damm ab.

Das Lokal, in dem ich Werner Meyer treffen sollte, war bevölkert mit Geschäftsleuten, die sich trotz Bräunungsstudio, Lifting und bestem Willen nicht mehr zur Yuppie-Generation zählen konnten. Vorsorglich hatte ich selbst eine Krawatte und einen Anzug angelegt, sodass ich nicht weiter auffiel.

Ich erkannte Werner Meyer an seinem unruhigen Blick. Wir begrüßten uns und ich bestellte einen Campari-Orange. Vor zwanzig Jahren musste Meyer ein gut aussehender junger Mann gewesen sein. Jetzt quoll ihm der Bauch über den Gürtel und die Haut unter seinem Kinn machte erste Anstalten, sackartig herunterzuhängen. Vor allem aber hatte er eine ungesunde gräuliche Gesichtsfarbe.

»Wie geht es Ihnen?«, fragte ich deshalb.

»Ich habe schlecht geschlafen«, antwortete er. »Bis gestern habe ich geglaubt, dass die ganze Geschichte begraben und vergessen ist.«

Von dem Kerl, der mich am Telefon angebrüllt hatte, war nur noch ein mitleiderheischendes Wesen übrig geblieben. Ich sah mich gezwungen, ihn ein wenig aufzubauen: »Wenn die Wahrheit erst mal raus ist, geht's Ihnen besser, glauben Sie mir!«

Er machte einen Ton, der sich entfernt wie ein Lachen anhörte. »Wahrheit! Das ist doch alles graue Vorzeit. Die Wahrheit ist, dass ich seit fast zwanzig Jahren in Berlin lebe, einen gut bezahlten Job habe, eine Frau und zwei Kinder, die mittlerweile schon erwachsen sind. Lassen Sie die Vergangenheit da, wo sie ist!«

Ich befreite mein Campari-Glas von einer aufgesteckten Zitronenscheibe. »Es geht nicht um mich. Ich werde dafür bezahlt, dass ich herauskriege, was damals passiert ist. Was mein Klient dann mit den Informationen macht, ist seine Sache.«

Seine Hände umkrallten das halb volle Bierglas.

»Fangen wir chronologisch an«, schlug ich vor. »Sie waren mit Frau Pobradt befreundet – vor dem Tod ihres Mannes.«

»Sie war eine Wucht«, sagte er unvermittelt. Ein leichter Glanz tauchte in seinen stumpfen Augen auf. »Sie hat mir den Kopf verdreht. Ich wollte erst gar nicht, weil ihr Mann uns beobachtete. Aber sie sagte: Quatsch, stör dich nicht dran! Wenn Sie sie sehen würden, ich meine, so wie sie damals ausgesehen hat, Sie würden mir glauben, dass da kein Mann standhaft bleiben konnte. Und es war ja nicht nur das Aussehen. Sie hatte so was … Sie wusste jedenfalls genau, was sie wollte. Und sie wusste auch, wie sie es kriegte.«

»Sie hat Sie also gekriegt?«, fragte ich überflüssigerweise.

»Ja, mit Haut und Haaren. Ich war ihr verfallen, vom ersten Augenblick an. Ich wusste nicht, ob sie mit mir spielte, aber das war mir egal. Sie brauchte nur zu pfeifen und ich kam.«

»Wie lange ging das so?«

»Ungefähr ein halbes Jahr. Wir trafen uns, wenn ihr Mann unterwegs war. Oft tagsüber. Die Frau war auch im Bett ein Vulkan, entschuldigen Sie die Ausdrucksweise.«

Als Poet überzeugte er mich nicht, aber das verschwieg ich. »Ihr Mann wusste davon?«

»Er ahnte es. Manchmal hat er ihr Vorhaltungen gemacht. Sie ließ sich jedoch nicht beirren. Irgendwann merkte ich, dass mir ein Schnüffler folgte. Es war nicht sehr schwer, ihn abzuschütteln, er war gehbehindert. Danach sind wir noch vorsichtiger geworden. Wir trafen uns nur noch in Hotels oder an abgelegenen Orten.«

»Warum sollte Pobradt einen Privatdetektiv engagieren?«

»Er wollte sich scheiden lassen, das war doch klar. Und sie sollte die Schuld zugesprochen bekommen – wegen der Unterhaltszahlung. Damals gab es das noch: schuldig geschieden. Heute ...« Meyer wackelte mit dem Kopf.

Ich sagte: »Nach dem, was ich gehört habe, hat Karl Pobradt seine Frau geliebt.«

Zum ersten Mal zeigte sich ein höhnisches Grinsen auf Meyers Gesicht. »Geliebt? Dass ich nicht lache. Vielleicht am Anfang. Später nicht mehr. Geschlagen hat er sie. Sie hat mir die blauen Flecken gezeigt. Nicht ins Gesicht natürlich, er musste ja mit ihr zu irgendwelchen Empfängen gehen. Einmal hat er ihr einen Fausthieb in den Magen versetzt, den Abdruck konnte man noch nach zwei Tagen sehen.«

So einer war Karl Pobradt also. Immerhin hatte ich jetzt die Rechtfertigung für den Mord. Was ich noch brauchte, war das Geständnis.

Vorsichtig schaute ich mich um, ob an den Nebentischen jemand zuhörte. Es schien so, als ob alle noch an der Bilanz des letzten Monats zu knabbern hätten.

»Deshalb musste er sterben«, zischte ich.

»Nein.«

Ich beugte mich vor: »Wieso nein? Sie haben mir gerade klipp und klar erklärt, dass er ein Scheißkerl war. Sein Tod war das Beste, was Ihnen und Wilma Pobradt passieren konnte. Wilma erbte das gesamte Vermögen und Sie hatten Wilma für sich allein.«

»Nein«, sagte er mit gequälter Stimme. »So war es nicht. Glauben Sie mir!«

»Wie war es denn?«

»Ich weiß es nicht. Das heißt, ich bin sicher, dass es Selbstmord war.«

Das konnte ich ihm nicht durchgehen lassen. »Wollen Sie mich verarschen? Ein Mann, der einen Privatdetektiv engagiert, weil er sich scheiden lassen will, bringt sich aus Verzweiflung darüber, dass der Detektiv gehbehindert ist, um? Wenn er seine Frau hasste, wie Sie mich glauben machen wollen, hätte er *sie* umgebracht und nicht sich selbst.«

Das Wasser auf Meyers Oberlippe wurde zu einer Pfütze. »Es ist aber so. Ich habe damit nichts zu tun.«

»Sie sind vielleicht nicht auf die Idee gekommen, ihn umzubringen«, sagte ich kalt. »Vermutlich hat Ihnen Wilma den Plan dreimal unter die Nase gerieben, bevor Sie anbissen.«

»Nein, Herrgott, sie ist genauso unschuldig wie ich.«

»Ach, war es der große Unbekannte, der durchs Fenster einsteigt, das Gewehr aus dem verschlossenen Schrank holt, Pobradt erschießt und dann wieder verschwindet?«

Meyer sackte zu halber Lebensgröße zusammen.

»Und was haben Sie in der Wohnung gemacht, wenn Sie schon nicht am Mord beteiligt waren?«

»Sie hat mich angerufen«, sagte er kleinlaut.

»Wann?«

»Nachher, ich meine, als er schon ... als er schon fast tot war. Sie sagte: Komm schnell, es ist etwas passiert! Karl stirbt.«

»Sie sagte: Karl stirbt? Nicht: Karl hat sich angeschossen oder so etwas Ähnliches?«

»Nein. Beschwören kann ich das allerdings nicht. Als ich ankam, war der Nachbar schon da.«

»Runze?«

»Ja, Runze hieß er, glaube ich. Runze tat das einzig Richtige: Er rief einen Krankenwagen.«

»Warum hat sie das nicht getan? Warum hat sie Sie angerufen? Aus schlechtem Gewissen?«

»Sie war in Panik. In einer solchen Situation handelt man nicht so, wie man es mit kühlem Kopf tun würde.«

»War sie nicht vielleicht bestürzt darüber, dass Karl Pobradt noch nicht ganz tot war? Wollte sie nicht möglicherweise abwarten, bis er verblutet war?«

»Nein, ganz bestimmt nicht. So ein Typ war, ist sie nicht. Sie kennen sie nicht, sonst würden Sie so etwas nicht sagen.«

»Na schön. Kehren wir zu Ihnen zurück, Herr Meyer. Als der Krankenwagen eintraf, befanden Sie sich in der Wohnung. Ist das richtig?«

»Ja.«

»Als jedoch ein paar Minuten später die Polizei aufkreuzte, waren Sie nicht mehr da. Ist das auch richtig?«

»Ja.«

»Was ist in der Zwischenzeit passiert? Sie hätten eine Zeugenaussage machen müssen. Der Polizei Informationen vorzuenthalten, ist strafbar.«

»Sie bat mich zu gehen«, sagte er mit leiser Stimme. »Sie sagte, das könne ein schlechtes Licht auf uns werfen. Mit Runze würde sie schon klarkommen.«

Es brachte mich in dem Fall nicht weiter, aber ich glaubte ihm. »Eine letzte Frage: Warum haben Sie Wilma Pobradt nicht geheiratet? Warum sind Sie nach Berlin gegangen?«

Er schaute aus dem Fenster. Auf dem Bürgersteig wurde gerade ein verkrüppelter Baum von einem kleinen Hund angepisst. »Wir waren noch eine Zeit lang zusammen. Aber es war nicht mehr so wie vorher.«

In meinen Studenten- und WG-Zeiten hatte ich einige Jahre mit Gabi die Küche und das Badezimmer geteilt. Wir verstanden uns so gut, wie man sich nur verstehen kann, wenn man sich nicht liebt. Nach dem Studium verlor ich sie aus den Augen. Und Jahre später schrieb sie einen Brief aus Berlin, in dem sie mir mitteilte, dass sie jetzt ein Kind habe und einen Typen, mit dem sie manchmal glücklich und meistens unglücklich sei. Seitdem besuche ich sie, wenn ich zufällig nach Berlin komme.

Gabi wohnte in einer renovierten Altbauwohnung im Wedding. In den fünf Zimmern konnte man sich verlaufen, wenn man wollte. Man konnte aber auch vor dem Kachelofen im Wohnzimmer sitzen bleiben und die gemütliche Wärme genießen. Was ich meistens tat, wenn ich sie besuchte.

Diesmal war es zufällig nicht Winter, als ich Gabi anrief, um das komplizierte Berliner Haustürsystem zu überwinden. Zwei Minuten später öffnete Gabi die Tür. Sie hatte dunkle Ringe unter den Augen und eine Fahne, die nach Weinbrand roch. Wir umarmten uns und sie zog mich ins Wohnzimmer.

»Willst du einen Cognac?«

Ich sagte nicht Nein.

»Du siehst alt aus«, stellte sie fest, als wir unsere Gläser geleert hatten.

»Ich habe in letzter Zeit viel mit alten Leuten zu tun. Vielleicht färbt das ab.«

»Ein Fall?«

Ich nickte. »Wie geht's dem Kind?«

»Gut. Ich habe ihn heute Abend zu einer Freundin gebracht, damit wir uns in Ruhe unterhalten können.«

»Und Tom?«

»Er ist weg.« Sie setzte ein geschäftsmäßiges Lächeln auf. »Vor zwei Wochen ausgezogen. Es ging nicht mehr so weiter.«

Ich betrachtete die braune Flüssigkeit in meinem Glas, die sie nachgefüllt hatte. Tom war schon dreimal ausgezogen und dreimal wieder eingezogen.

»Diesmal ist es endgültig«, sagte sie, als hätte sie meine Gedanken erraten. »Jeden zweiten Tag kam er stockbesoffen nach Hause, morgens um sieben oder zehn. Manchmal hat er auf den Teppich gekotzt oder neben das Klo gepinkelt und ich durfte den Dreck wegmachen. Ich habe die Schnauze voll bis hier.« Sie machte eine Handbewegung. »Dass er mich nicht geschlagen hat, ist alles.«

Ich blickte auf. »Sollen wir nicht essen gehen?«

Wir gingen in das griechische Restaurant an der Ecke, wo wir immer hingingen. Es wurde von einer Gruppe Designstudenten gemanagt, die ihre selbst entworfenen Kleidermodelle mit Lammkeule und Moussaka präsentierten. In diesem Frühling waren schwarze und graue Gewänder zu weiß geschminkten Gesichtern angesagt. Ich hatte zwar meine Krawatte in die Tasche gesteckt, fühlte mich aber immer noch falsch angezogen.

Während das Hammelfleisch auf meinem Teller rapide abnahm, zupfte Gabi gelegentlich an ihren Calamaris. Die Asche der letzten Monate, die sich in ihr angesammelt hatte, glühte noch einmal auf. Meine Aufgabe bestand darin zuzuhören und ab und zu »Hmm« zu sagen.

Nach etwa einer Stunde war der gröbste Schutt beseitigt. Gabis Gesichtszüge entspannten sich, und sie kramte ein schiefes Lächeln heraus.

»Ich langweile dich.«

»Nein, überhaupt nicht. Die Geschichten kenne ich, das stimmt. Es sind die gleichen wie letztes Jahr und die hatten verdammte Ähnlichkeit mit denen vor zwei Jahren. Dafür gibst du mir das Gefühl, ein großer, verständnisvoller Bruder zu sein.«

»Dabei hast du doch schon eine Schwester.«

»Eben. Aber ist es beruhigend zu wissen, dass ich nicht der Einzige bin, dem das Leben die Sonnenseite vorenthält.«

»Kein Glück bei den Frauen?«

»Das ist noch zu viel gesagt. Sie halten mich vermutlich für ein geschlechtsloses Wesen.«

»Nun übertreibst du aber.«

»Na ja, es ist auch der Fall, an dem ich arbeite. Er nervt mich.«

»Ich dachte, du spielst gerne Detektiv.«

»Mal abgesehen davon, dass ich diesmal bedroht und zusammengeschlagen wurde, geht es hier um Mord, genauer gesagt um einen möglichen Mord, der vor zwanzig Jahren verübt wurde. Das ist etwas anderes als die entlaufenen Kinder und Ehefrauen und die kleinen Versicherungsbetrüger, denen ich sonst nachjage. Was ist, wenn ich den Täter finde? Soll ich ihn der Polizei übergeben? Es liegt mir einfach nicht, Schicksal zu spielen.«

»Lass ihn doch laufen, wenn er dir sympathisch ist.«

Wir tranken noch zwei Mokka und machten uns dann auf den Heimweg. Es war eine laue Nacht, und die Kids randalierten leiser als sonst. Ich rollte mich auf der Couch zusammen und dachte an Mörder, Richter und ihre Henker.

XII

Es fing an zu regnen, als ich die Stadtgrenze von Münster erreichte. Das ist nicht immer so, sondern nur in neun von zehn Fällen, in denen ich mich weiter als dreißig Kilometer vom münsterschen Stadtkern entferne.

Meine Wohnung roch nach abgestandener Luft. Ich riss die Gartentür auf, um ein bisschen Regenduft ins Zimmer zu lassen. Dann setzte ich mich in den Korbsessel, der auf der überdachten Terrasse stand, trank eine Flasche Bier und sah den Blumen zu, wie sie den Regentropfen auszuweichen versuchten.

Zehn unfruchtbare Gedanken später klingelte das Telefon. Es war Katharina: »Du musst vorbeikommen. Dieser Kriminalrat war da und hat mit Mutter geredet.«

»Merschmann?«

»Ja, so hieß er, glaube ich. Mutter möchte dich noch heute sehen.«

»Ich bin gerade aus Berlin zurückgekommen und ziemlich müde. Können wir das Gespräch nicht auf morgen verschieben?«

»Ich würde dir raten, heute zu kommen. Kann sein, dass sie dich morgen nur noch mit ihrem Rechtsanwalt sprechen lässt.«

Ich seufzte und sagte zu. Anschließend zwängte ich mich in den grauen Gerichtsterminanzug und legte eine blauseidene Krawatte an. Wenn, dann wollte ich in aller Form untergehen.

Der Aasee ließ sich von einem Regenschauer peitschen, als ich an ihm vorbeifuhr. Katharina öffnete die Tür. Sie gab sich sehr zurückhaltend. Vielleicht hatte sie zugehört, als Merschmann über mich redete.

Im Wohnzimmer war der Blick auf die Weihnachtsbaumgalerie vor dem Fenster von der einsetzenden Dunkelheit getrübt. Aus einem der Sessel erhob sich eine Frau, die weder zierlich noch groß war. Sandfarbenes Haar fiel auf ihre Schultern.

»Mach doch bitte das Licht an, Katharina«, sagte sie mit einer Stimme, die in Solingen hergestellt worden war. Gut möglich, dass man damit Männerherzen zersägen konnte.

Ein Kristallleuchter glühte auf, und wir standen uns auf der Bühne gegenüber. Bei Licht besehen reichte sie mir bis zur Schulter. Allerdings hatte ich nicht das Gefühl, dass sie zu mir aufblickte.

»Georg Wilsberg«, sagte ich und streckte die Hand aus.

»Wilma Pobradt.« Ihre Hand blieb an der Rocknaht.

Langsam ließ ich die Hand wieder sinken. Die Zehntelsekunden rauschten vorbei. In hundert Metern Entfernung hupte ein Auto.

»Setzen Sie sich!«, sagte sie, als ich schon nicht mehr wusste, wie ich stehen sollte. Ihre dunklen Augen krallten sich in die meinen und ich hatte alle Mühe, den Teppich nicht nach Flecken abzusuchen.

Früher war sie zweifellos schön gewesen. Keine Schaufensterpuppenschönheit, sondern eine Schönheit, die von der Energie lebte. Endlich zauberte sie ein Lächeln hervor, das bis knapp unter die Augen reichte: »Sie wollen mich also als Mörderin überführen?«

»Sind Sie eine?«

Sie ließ sich Zeit mit der Antwort. Nach einer halben Ewigkeit, in der ich drei Mal geatmet hatte, sagte sie: »Nein.«

»Warum haben Sie mich dann kommen lassen?«

Ein rot lackierter Fingernagel fegte eine Locke aus der

Stirn. »Ich wollte Sie kennenlernen. Katharina sagt, dass Sie kein schlechter Mensch sind. Ich dachte: Schau ihn dir an! Falls er es wert ist, erzählst du ihm deine Geschichte.«

»Und? Bin ich es wert?« Zu gern hätte ich an dieser Stelle der Unterhaltung einen Zigarillo angezündet. Die nackte Höflichkeit hielt mich davon ab.

»Ich weiß nicht. Vielleicht.«

»Merschmann hat Ihnen sicher nichts Gutes über mich berichtet.«

Sie warf einen schnellen Blick auf Katharina, die neben der Tür stehen geblieben war. »Katharina redet zu viel.«

Ich wedelte mit der Hand. »Ich bestreite nicht, dass Merschmann zum Teil die Wahrheit gesagt hat. Ich habe Fehler gemacht, größere als andere. Aber ich habe dafür meine Strafe kassiert.«

»Sie saßen im Gefängnis.«

»In Untersuchungshaft. Die Polizei konstruierte den Vorwurf der Fluchtgefahr, weil sie mich nicht leiden konnte.«

»Warum konnte die Polizei Sie nicht leiden?«

»Weil ich einen Hauptkommissar hinter Gitter gebracht habe, indem ich bewies, dass er einen Demonstranten fahrlässig getötet hatte.«

Ich gab ihr ein paar Sekunden, um die Geschichte zu verdauen. Dann hakte ich nach. »Ich habe eine lange Fahrt hinter mir und ich bin müde. Wenn Sie mir etwas zu erzählen haben, tun Sie es. Aber vergessen Sie die offizielle Version. Die habe ich schon von der Polizei und Ottokar Runze gehört.«

Meine Ansprache beeindruckte sie nicht. Ihr kritischer Blick tastete mein Gesicht ab. Fast herablassend kamen die Worte: »Und jetzt haben Sie Blut geleckt?«

»Wenn jemand Blut geleckt hat, dann diejenigen, die mich von der Untersuchung abhalten wollen. Meins nämlich.«

»Ach, Sie meinen Uwe. Sie dürfen ihm das nicht übelnehmen.«

»Würden Sie es nicht übelnehmen, wenn Ihnen jemand die Nase gerade rückt und Drohbriefe schickt?«

Bei dem Wort Drohbriefe guckte sie zu Katharina hinüber, die den Kopf schüttelte.

»Ich muss mich für Uwe entschuldigen«, sagte Wilma Pobradt, als ihre Hakennase wieder auf mich zeigte, »aber er hat es nicht für sich getan. Er meint, ich könnte mich nicht selber schützen.«

Mit einer Handbewegung fegte ich den Satz weg. »Geschenkt. Kommen wir zur Sache.«

»Zur Sache, ja. Was wissen Sie von Karl Pobradt?«

»Ich kenne zwei Beschreibungen, die nicht zusammenpassen. In der einen ist er ein gutmütiger alter Knabe, der von einer Frau verführt und zu unmoralischen Taten gedrängt wird. In der anderen ist er ein brutaler Ehemann, der seine Frau schlägt.«

Ihre Hände fuhren suchend über den Rock, bis sie sich ineinander verhakten. »Als ich ihn kennenlernte, lebte ich zusammen mit meinen Eltern in einer Zwei-Zimmer-Wohnung in Schöppingen. Er war für mich die Chance herauszukommen, herauszukommen aus der Zwei-Zimmer-Wohnung, aus dem Kaff, wo die Leute hinter vorgehaltener Hand über mich redeten. Ich hatte mich nämlich zu oft mit Männern getroffen, wissen Sie, und in einer Kleinstadt verliert man seinen Ruf schneller, als der Pastor hustet. Eine Dummheit, wie man so schön sagt, war im Spiel, ich musste abtreiben. Und obwohl ich dafür nach Holland gefahren bin, hatte irgendjemand, auf welchem Wege auch immer, davon Wind bekommen. Die alten Damen, die in den Friseurladen kamen, wo ich arbeitete, wollten sich von mir nicht mehr die Haare machen lassen, die Männer fingen an, mich auf offener Straße anzuquatschen. Es war nicht die Hölle, aber es war die erste Stufe des Fegefeuers.

Von Anfang an hielt ich Karl nicht für einen strahlenden Helden. Er war launisch. Er konnte heute großzügig und morgen gemein sein. Über das fromme Getue seiner Mutter und seines Bruders machte er sich lustig. Doch wenn sie dabei waren, spielte er den Erzkatholiken. So ein Schwächling war er.«

»Trotzdem heirateten Sie ihn«, warf ich ein.

»Ja, ich heiratete ihn. Ich habe es mir oft genug vorgeworfen. Aber ich gebe auch zu, dass die Ehe angenehme Seiten hatte. Ich lebte für die damaligen Verhältnisse im Wohlstand, ich lernte, mich auf dem gesellschaftlichen Parkett zu bewegen, ich traf eine Menge interessanter Menschen. Mehr als zehn Jahre war ich Karl Pobradt eine treue Ehefrau. Und das, obwohl ich wusste, dass er eine Geliebte hatte.«

Offensichtlich sah ich überrascht aus.

»Ja, das ist neu für Sie, nicht wahr? Davon hat Ihnen der saubere Bruder nichts erzählt.« Sie schüttelte leicht den Kopf. »Es störte mich nicht. In dieser Zeit ließ er mich in Ruhe.«

»Wie hieß die Geliebte?«

Sie lachte mich aus. »Bin ich der Detektiv oder sind Sie es? Finden Sie es heraus!«

»Es könnte Sie entlasten.«

»Warum sollte ich mich entlasten? Es ist Ihre Aufgabe, mich zu belasten. Also, tun Sie etwas für Ihr Geld!«

Ich ging darauf nicht ein. »Als Sie sich selber einen Geliebten zulegten, war Karl damit nicht einverstanden.«

Mit diesem Gegenangriff hatte sie nicht gerechnet. Ihre Stimme klang betont gleichmütig: »Welcher Geliebte?«

»Werner Meyer.«

»Ach so.« Ein kleines, gezwungenes Lachen. »Das war lange nach dem Tod meines Mannes.«

»Es war vor dem Tod Ihres Mannes. Sie haben ihn angerufen, als Ihr Mann starb, haben Sie das vergessen?«

»Woher wissen Sie das?« Die Gleichmütigkeit war verschwunden. Sie konnte das Zittern in ihrer Stimme nicht mehr unterdrücken.

Und endlich durfte ich auch mal lächeln. »Ich bin der Detektiv. Und manchmal tue ich was für mein Geld.«

Sie akzeptierte, dass sie einen Punkt verloren hatte. »Nicht, dass Karl seine Liebe zu mir wiederentdeckte, falls er jemals eine gehegt hatte. Es war einfach gekränkte Eitelkeit. Er mochte nicht glauben, dass es einen Mann neben ihm gab. Deshalb drohte er mir mit Scheidung.«

»Die Sie vermeiden wollten.«

»Richtig. Ich wollte nicht zurück in eine Zwei-Zimmer-Wohnung, wo der Küchenmief ins Schlafzimmer zieht, und die Kinder unter dem Wohnzimmertisch spielen.«

»Um das zu verhindern, waren Sie zu allem bereit.«

Sie schnaubte. »Junger Mann, mit dieser billigen Tour kommen Sie bei mir nicht durch. Ich habe meinen Mann nicht umgebracht, wenn Sie es genau wissen wollen. Er hat das selber erledigt. Und ich gebe Ihnen sogar einen Tipp: Seine Geliebte hatte ihn kurz vorher verlassen.«

»Die Geliebte, die bislang nur in Ihrer Erzählung existiert.«

»Ihr Problem.«

»In den Abschiedsbriefen stand nichts von einer Geliebten.«

»Die Briefe waren für die Nachwelt bestimmt. Eine Geliebte hätte seinem Image als Saubermann geschadet.«

Ich hatte noch eine Frage: »Was wissen Sie von den Geschäften, die Ihr Mann mit Kurt Hillerich machte?«

»Nichts, so gut wie nichts. Als er lebte, interessierte mich nicht, wie er sein Geld verdiente. Und er hielt es nicht für die Aufgabe einer Frau, sich in die geschäftlichen Dinge ihres Mannes einzumischen.«

»Nach dem Tod Ihres Mannes übernahmen Sie die Firma. Und die Geschäftskontakte zu Kurt Hillerich.«

»Die Geschäfte, die mir Hillerich vorschlug, entsprachen sehr bald nicht mehr den Vorstellungen, die ich von der Leitung der Firma hatte. Ist es das, was Sie hören möchten?«

»Daran, dass sich Ihr Mann von Kurt Hillerich trennen wollte, können Sie sich nicht erinnern?«

»Nein. Aber er hätte es mir vermutlich auch nicht erzählt.«

Mein Mund war ausgetrocknet und mein Kopf so leer wie die Autobahn nachts um drei. Sie lächelte mich mitleidig an.

»Keine leichte Aufgabe, die Sie haben.«

Ich zuckte mit den Augenbrauen.

»Zumal bei einem Auftraggeber, der verrückt ist.«

Das saß.

»Wenn ich Ihnen einen Rat geben darf«, fuhr sie fort, »geben Sie es auf! Es hat keinen Sinn.«

Katharina beachtete mich nicht, als ich ging. Der Regen hatte sich verstärkt, und die Scheibenwischer verschluckten sich an den Wassermassen. Beinahe hätte ich einen Radfahrer umgenietet, der ein schwarzes Regencape trug und den Strom für die Beleuchtung seines Fahrrads sparte. Es war der richtige Abend, um über meine Berufung zum Privatdetektiv nachzudenken. Genau genommen stand ich nämlich da, wo ich schon vor zehn Tagen gestanden hatte. Zwischendurch hatte ich ein paar Steine hochgehoben und jede Menge Käfer wegrennen sehen. Jeder mittelmäßige Detektiv hätte aus den Spuren der Käfer seine Schlüsse gezogen. Nur ich konnte mir keinen Reim darauf machen. Wahrscheinlich hatte ich bei der entsprechenden Unterrichtsstunde während des Detektiv-Fernkurses gefehlt.

Ich war drauf und dran, ins Büro zu fahren, einen Bericht und eine Rechnung zu tippen und beides per Eilpost an Hermann Pobradt zu schicken. Da sagte ich mir, dass ich, einer ganz alten Regel folgend, die Sache noch einmal überschlafen sollte. Und sei es auch nur, weil ich eigentlich viel zu müde war, um einen flotten Bericht zu schreiben.

XIII

Am nächsten Morgen stellte sich heraus, dass das Leben für seine Weisheiten keine Gewähr übernimmt: Ich war über Nacht keinen Deut schlauer geworden. Missmutig vertrödelte ich viel Zeit mit Frühstücken und Zeitunglesen. Als sich das Unangenehme nicht länger aufschieben ließ, hängte ich mich ans Telefon.

Er war so freundlich, wie ich ihn in Erinnerung hatte. »Dass es Sie noch gibt! Ich dachte schon, Sie wären untergetaucht.«

Wenn er gewusst hätte, wie das meinen Wünschen entsprach. »Ich war in Berlin. Dienstlich.«

»Hoffentlich haben Sie etwas herausgefunden!«

»Ja, das heißt eigentlich nein.«

»Sie sprechen in Rätseln, Herr Wilsberg. Ich glaube, ich habe ein Anrecht auf genauere Auskünfte.«

»Um es kurz zu machen: Ich möchte die Untersuchung abschließen. Ich schicke Ihnen einen detaillierten Bericht und die Rechnung.«

»Moment mal, Sie haben mir doch versprochen, nicht aufzugeben. Wie soll ich das jetzt verstehen?«

»Herr Pobradt, wir können beweisen, dass der Polizeibericht lückenhaft ist, wir können auch beweisen, dass die Polizei nicht allen Spuren nachgegangen ist. Aber wir haben nicht genug, um mit dem Finger auf jemanden zu zeigen und zu sagen: Das ist der Mörder! Wenn wir mit meinem Material zum Staatsanwalt gehen, lacht er uns aus.«

»Dann suchen Sie eben weiter.«

»Ich bin mit meinem Latein am Ende. Vielleicht haben Sie

den falschen Mann engagiert. Ein anderer hätte den Job möglicherweise besser erledigt.«

»Ach was, Sie sind genau richtig.«

So viel Gemüt hatte ich ihm gar nicht zugetraut.

»Nun ja, es gibt da eine winzige Spur, die ich noch verfolgen könnte.«

»So gefallen Sie mir schon besser.«

»Sie ist jedoch mit erheblichem Aufwand und reichlich Gefahr verbunden. Konkret gesprochen: Ich müsste ein Gesetz brechen. Das habe ich zwar letzte Woche schon getan, aber einmal pro Fall reicht eigentlich. Wir sind schließlich nicht in Amerika, wo die Detektive jenseits von Recht und Ordnung arbeiten.«

Ich machte eine Pause. Und er hatte eine Idee. »Hören Sie, ich schätze, was Sie für mich getan haben. Ich bin auch bereit, das entsprechend zu honorieren. Zweitausend Mark für den erheblichen Aufwand und noch einmal fünftausend, wenn Sie mir Beweise bringen.«

Das machten siebentausend Mark plus acht Tagessätze bis zum heutigen Morgen. Genug für einen attraktiven Urlaub.

»Okay, ich hänge noch zwei Tage dran. Wenn sich bis dahin nichts ergibt, streiche ich die Segel.«

»Dann sehen wir weiter, Herr Wilsberg.«

Er konnte so ungemein kooperativ sein.

Ich rief Willi an und fragte nach dem Geschäft und diesem und jenem. Dann eröffnete ich ihm, dass ich am Abend seine Hilfe brauchte. Er war mit allem einverstanden, als ich ihm sein Honorar nannte.

Manchmal verwöhnt das Glück sogar mich. Für den späten Nachmittag war eine Ausschusssitzung des Stadtrates angesetzt, an der Kurt Hillerich als Ausschussvorsitzender wohl oder übel teilnehmen musste.

Um ganz sicherzugehen, postierte ich mich ab vier Uhr nachmittags hinter einer Säule in der Nähe des Stadtweinhauses. Kurz vor fünf kam Hillerich. Er trug eine Aktentasche und eine gewichtige Miene.

Fünf Minuten später packte ich Willi ins Auto und fuhr mit ihm nach Amelsbüren. In groben Zügen eröffnete ich ihm meinen Plan und er war Abenteurer genug, um den erhöhten Adrenalinspiegel zu genießen.

Vor der Dorfkirche zwängten wir uns in eine Telefonzelle.

»Guten Tag, Frau Hillerich«, sagte Willi, als die Groschen fielen, »mein Name ist Schäfer, vom städtischen Presseamt. Ich muss Ihnen leider eine unangenehme Nachricht überbringen. Ihr Mann hatte während der Ausschusssitzung einen Schwächeanfall.« – »Nein, nichts Ernstes. Aber wir haben ihn vorsichtshalber mit einem Krankenwagen in die Uni-Klinik bringen lassen.« – »Ja, ich glaube, er würde sich freuen, wenn Sie vorbeikämen.« – »Nein, er ist noch auf dem Weg.« – »Auf Wiederhören, Frau Hillerich.«

»Wir sind Schweine«, grinste Willi, nachdem wir uns aus der Telefonzelle geschält hatten.

»Das ist nicht zum Lachen«, belehrte ich ihn. »Wäre das nicht mein Beruf, ich würde es schärfstens verurteilen.«

Wir kamen gerade noch rechtzeitig, um Frau Hillerich davonfahren zu sehen. Ich nahm meine Ausrüstung und machte einen großen Bogen zur Hintertür.

Das Schloss gab mit einem kurzen Schnappen seinen Geist auf. Im Gegensatz zur pobradtschen Firma kannte ich mich hier einigermaßen aus. Und ich nahm an, dass sich das, was ich suchte, in Hillerichs Arbeitszimmer befand.

Entgegen den Regeln der Spionage- und Detektivarbeit schaltete ich das Licht ein. Aber suchen Sie mal mit der Taschenlampe in der Hand in einem Berg Papier nach einem Brief!

Der Berg Papier stand links neben der Tür an der Wand. Er war in Ordnern abgeheftet und regalweise aufgeschichtet. Ich verdrehte den Kopf und las eine Menge interessanter Eintragungen. Es gab Unterlagen für das Finanzamt, Ausschuss- und Ratsprotokolle, Prüfungsberichte, offene Forderungen und Rechnungen. Das, was ich suchte, konnte in jedem der Ordner sein. Oder in keinem. Wenn ich Pech hatte, war es überhaupt nicht mehr vorhanden oder schlummerte im Safe. Aber immerhin machte ich hier einen Zweitausendmarkjob, und dafür konnte mein Auftraggeber ein bisschen Wühlarbeit verlangen.

Ich vertraute darauf, dass Hillerich sich sicher fühlte und deshalb keinen Anlass sah, den Brief zu verstecken. Deshalb ließ ich die Aktenordner, wo sie waren, und wandte mich dem Schreibtisch zu. Er hatte einen Rollschrank auf der linken Seite und eine Schublade in der Mitte. Beide waren verschlossen. Nachdem ich das Stemmeisen an der richtigen Stelle angesetzt hatte, waren sie es nicht mehr.

Die Schublade enthielt eine Menge Krimskrams, Schreibutensilien und ein Portemonnaie. Die Fächer des Rollschranks waren von oben nach unten mit Briefpapier, aktuellen Geschäftsunterlagen und privaten Briefen gefüllt. Nach Durchsicht der privaten Briefe stellte ich fest, dass Hillerichs letzte große Liebe mindestens fünfunddreißig Jahre zurücklag. Sie trug nicht den Namen seiner Frau.

Ich guckte auf die Uhr. Seit meinem Eintritt waren dreißig Minuten vergangen. Bis zum Krankenhaus und zurück würde Frau Hillerich ungefähr eine Stunde brauchen. Kein Grund, nervös zu werden. Aber auch keine Veranlassung, die Sache ruhig angehen zu lassen.

Ich kehrte zu den Aktenordnern zurück und ging systematisch vor, von oben nach unten. Umgekehrt wäre ich schon beim dritten Ordner auf die Aufschrift *Privat* gestoßen. Der Brief von Karl Pobradt an Hillerich, der dritte angeblich vernichtete Abschiedsbrief war das Erste, was Hillerich in diesem Ordner abgeheftet hatte. Ich nahm den Brief heraus und steckte ihn in die Tasche.

Inzwischen war es draußen dunkel geworden und ich verzichtete auf den Umweg durch die Hintertür. Als sich die Haustür hinter mir schloss, hörte ich ein Knirschen, das gewöhnlich entsteht, wenn sich Schuhsohlen an Kies reiben. Einen Wimpernschlag später stand Kurt Hillerich vor mir. Ein paar Sekunden, die mir genauso lang vorkamen wie das letzte Heimspiel von Preußen Münster, starrten wir uns an. Dann ging ich wortlos an ihm vorbei. Das Gartentor lag bereits hinter mir, als er etwas brüllte. Ich blieb nicht stehen.

Hundert Meter weiter stand mein Auto am Straßenrand.

»Du Idiot!«, schnauzte ich Willi an, der hinter dem Steuer saß. »Hab ich dir nicht gesagt, du sollst hupen, wenn etwas dazwischenkommt?«

»Ich habe es versucht«, gab er weinerlich zurück, »aber die Hupe ist kaputt.«

»Fahr los!«, sagte ich mit heiserer Stimme.

Auf der Rückfahrt verloren wir kein Wort. Ich überlegte, ob es einen Sinn hatte, ins Ausland zu fliehen. Aber mein derzeitiger Kontostand reichte gerade für drei Wochen Adria.

XIV

Sie kamen um fünf Uhr morgens. Sie klingelten oder klopften nicht, sie traten einfach die Tür ein. Das machen sie nicht bei jedem, der des Einbruchs verdächtigt wird. Leider war ich nicht jedermann.

Ich erwachte von dem Krach, den die Tür machte, als sie der Länge nach auf den Boden fiel. Bevor ich mir den Schlaf aus den Augen reiben konnte, hatte ich eine Maschinenpistolenmündung vor der Nase und eine unangenehme Stimme brüllte: »Hände hoch!« Das sagen sie immer, wenn ihnen nichts anderes einfällt.

Ich hob die Arme und blinzelte zu der Stimme hoch. Über dem grünen Kampfanzug trug sie eine schwarze Schussweste. Der Kopf sah aus wie ein kugelsicherer Helm.

»Warum der Aufwand, Herr Wachtmeister?«, erkundigte ich mich. »Meine Kalaschnikoff befindet sich sowieso im Keller.«

Ihm war nicht nach diskutieren zumute. Das konnte ich verstehen. Schließlich hatte ich auch noch nicht gefrühstückt. Er brachte das auf die Kurzformel: »Aufstehen!«

Während ich die Bettdecke abstreifte, füllte sich das Zimmer mit grünen Gestalten. Im Hintergrund entdeckte ich zwei graue Herren. Vermutlich die zivile Einsatzleitung.

»An die Wand!«, kommandierte mein persönlicher Betreuer.

Nackt, wie ich war, lehnte ich mich mit den Händen gegen die Wand. Dass er mich nicht abtastete, war sein erster Verstoß gegen das Lehrbuch. Ich hätte ja einen Zeitzünder im Arsch versteckt haben können.

»Das reicht«, sagte eine fettige Stimme. »Wir wollen hier keine Nacktshow veranstalten. Ziehen Sie sich an, Wilsberg!«

Ich drängte mich durch den Menschenauflauf in meinem Schlafzimmer und legte Jeans und ein Sweatshirt an. Als ich damit fertig war, hielt mir der ältere der beiden Grauröcke zwei Zettel vor die Nase. »Der Haftbefehl und der Hausdurchsuchungsbeschluss.«

»Zeigen Sie mir auch noch Ihren Ausweis!«

»Wozu? Glauben Sie, wir sind von der Heilsarmee?«

»Vielleicht bin ich gezwungen, Ihren Namen meinem Rechtsanwalt mitzuteilen.«

Er seufzte und zückte seinen Ausweis. Es handelte sich um Kommissar Pfeiffer.

»Zufrieden?«

»Vielen Dank, Herr Pfeiffer. Können Sie mir jetzt sagen, warum Sie hier eingedrungen sind? Eine Vorladung hätte auch gereicht.«

Er zuckte mit den Schultern. »Was weiß ich? Mir wurde gesagt, es bestünde Verdunkelungsgefahr. Wenn man Nachtdienst hat, fragt man nicht lange.«

»Aha. Wissen Sie denn, wonach Sie suchen sollen?«

Seine grauen Augen verengten sich etwas. »Schluss jetzt mit der Fragerei! Auf dem Präsidium haben Sie noch genügend Gelegenheit dazu. Hülsmann!«

Ein Jüngelchen mit keckem Schnurrbart drängte sich nach vorn.

»Nehmen Sie ihn mit!«

Hülsmann rupfte ein Paar Handschellen aus dem Gürtel und machte Anstalten, sie mir anzulegen.

»Moment«, sagte ich, »ich muss meine Medikamente mitnehmen. Ich habe Neuro…«

»Quatsch«, sagte Pfeiffer. »Erzählen Sie das dem Doktor!«

»Warten Sie mal! Ich bin krank. Ich …«

Hülsmann riss an meinen Händen und zwängte sie in die Handschellen. Dann zerrte er mich mithilfe von zwei Uniformierten auf die Beine.

»Verflucht noch mal, Pfeiffer. Das gibt eine Dienstaufsichtsbeschwerde. Wenn nicht sogar eine Anzeige wegen Körperverletzung.«

»Und wenn schon!«, brummte Pfeiffer. »Mein Chef mag mich.«

Sie stießen mich in den Flur und über die herausgebrochene Wohnungstür.

»Und wer ersetzt mir den Schaden?«, maulte ich. »Was ist überhaupt, wenn die Wohnung in meiner Abwesenheit geplündert wird?«

»Wir lassen die Tür reparieren. Auf Ihre Kosten.« Das war das Erste, was Hülsmann von sich gab. Es war nicht dazu angetan, mit ihm eine längere Unterhaltung anzufangen.

Ich saß nicht das erste Mal in einem vergitterten Polizeibus. Aber dieses Mal fühlte ich mich nur halb so beschissen wie letztes Mal. Damals hatte ich meine bürgerliche Existenz verloren. Diesmal drohten mir nur ein paar Stunden oder höchstens einige Tage in einer hässlichen grauen Zelle. Ich schloss die Augen und entspannte mich. Beinahe wäre ich auf dem harten Polster eingeschlafen.

Ein plötzlicher Ruck riss mich aus dem Dämmerzustand. Unmittelbar darauf quietschten die Seitentüren und zwei kräftige Hände packten mich an den Oberarmen. Im Sandwichsystem gingen wir über den Innenhof in die Eingangshalle des Polizeipräsidiums.

»Führen Sie mich bitte zu einem Telefon! Ich möchte meinen Anwalt anrufen«, sagte ich zu Hülsmann.

Hülsmann guckte geradeaus.

»Haben Sie nicht gehört? Ich will meinen Anwalt anrufen.«

»Später.« Sein fusseliger Schnurrbart bebte.

»Warum behandelt ihr mich eigentlich so, als hätte ich den Polizeipräsidenten ermordet?«, fuhr ich ihn an.

Als Antwort bekam ich einen Stoß in den Rücken, sodass ich fast über einen der innenarchitektonisch reizvollen Blumenkübel gestolpert wäre.

Sie schleppten mich nach unten in eine Zelle, die genauso trostlos aussah wie alles, was vier Wände und den Zweck hat, einen Menschen lebendig einzusargen. Ich legte mich auf die Pritsche und versuchte zu schlafen. Es ging nicht mehr. Fensterlose Räume machen mich krank.

Nach dreißig Minuten, in denen ich die trübsinnige Atmosphäre auf mich wirken ließ, stützte ich mich auf und betrachtete mein neues Zuhause. Es enthielt einen Metallschrank, ein Waschbecken, eine Kloschüssel und ein in die Wand einzementiertes Blechregal, das bis auf eine dünne Staubschicht leer war. Ganz allmählich fing meine Haut an zu kribbeln. Ich hatte sie seit dem letzten Abend nicht mehr eingeschmiert, und das mochte sie gar nicht. Bald würde sie trocken und rissig werden und teuflisch jucken. Der Gedanke, dass meine Fettcreme drei Kilometer entfernt auf einer Kommode lag, verstärkte den Prozess noch. Außerdem reagiere ich auf unfreundliche Polizisten und kahle Gefängniswände so allergisch wie auf eine Herde Wildpferde.

Ich bemühte mich, an etwas anderes zu denken. An Katharina zum Beispiel oder an Anna, die hübsche Schwarzhaarige auf Katharinas Fete. Doch meine Fantasie bewegte sich so schwerfällig wie eine Biene nach dem ersten Nachtfrost. Gefängnismauern sind nicht nur licht-, sondern auch gedankenundurchlässig.

Ich stand auf und pochte an die Tür: »Hallo! Ich will meinen Anwalt sprechen!«

Das wiederholte ich drei Mal. Erfolglos.

Als Erster kam Klaus Stürzenbecher vorbei. Er schloss die

Tür vorsichtig hinter sich und flüsterte: »Was bist du für ein Idiot?«

Ich winkte ab. »Das weiß ich selbst. Sorg lieber dafür, dass ich hier wieder rauskomme!«

»Sei vorsichtig! Merschmann ist auf hundertachtzig. Er ist noch gestern Nacht ins Präsidium gekommen, um den Einsatz anzuordnen.«

»Das habe ich mir fast gedacht.«

»Georg, er will deinen Kopf.«

»Er kann aus einem läppischen Einbruch keinen Banküberfall mit Geiselnahme machen. Tu mir einen Gefallen und ruf Rechtsanwalt Kurz an!«

Stürzenbecher schüttelte den Kopf.

»Es ist wichtig. Sie haben mir nicht erlaubt, meine Medikamente mitzunehmen. In ein paar Stunden gehe ich hier die Wände rauf.«

»Tut mir leid, Georg. Ich kann für dich nicht meinen Arsch riskieren. Ich habe Familie.« Auf seinem Gesicht lag ein Hauch von schlechtem Gewissen. Deshalb verzichtete ich darauf, ihn weiter unter Druck zu setzen. Es war sowieso zwecklos.

Danach passierte lange Zeit gar nichts, außer dass der Juckreiz stündlich zunahm. Dagegen anzukämpfen war sinnlos.

Die beiden Polizisten, die mich gegen Mittag aus der Zelle holten, nahmen von meinem Zustand keine Notiz. Sie brachten mich in den sechsten Stock, die Chefetage. Vor Merschmanns Büro warteten wir fünf Minuten. Dann ließ Merschmann mich herein, während die Uniformierten draußen warten mussten.

Ich setzte mich, ohne auf ein entsprechendes Angebot zu warten. Merschmann beachtete mich sowieso nicht. Er war damit beschäftigt, seine Pfeife in Brand zu stecken.

»Warum halten Sie mich fest?«, fragte ich, als es mir zu bunt wurde.

»Sie wurden gesehen, als Sie ein Haus verließen, in das Sie offensichtlich eingedrungen waren.«

»Und? Ist etwas gestohlen worden?«

Er machte sich nicht die Mühe, die Pfeife aus dem Mund zu nehmen. »Der Hausherr prüft das noch.«

»Er wird nichts vermissen.«

»Hausfriedensbruch ist auch strafbar.«

»Sie machen sich lächerlich, wenn Sie mich wegen eines simplen Hausfriedensbruchs in U-Haft stecken.«

Seine Augenbrauen fuhren in die Höhe. Intelligenter sah er dadurch nicht aus. »Wollen Sie das nicht meine Sorge sein lassen, Herr Wilsberg?«

Es hielt mich nicht länger auf dem schäbigen Stuhl. »Nein, es ist meine Sorge. Ich habe keine Lust, noch eine Minute in Ihrem Meerschweinchenkäfig zu verbringen. Ihre Leute haben mich daran gehindert, meine Medikamente mitzunehmen und meinen Anwalt anzurufen. Das gibt eine saftige Dienstaufsichtsbeschwerde. Machen Sie sich Gedanken über Ihren vorzeitigen Ruhestand, Herr Merschmann.«

Langsam wuchtete er seinen Oberkörper aus dem Chefsessel. Achtzig Zentimeter Schreibtisch standen zwischen uns. Er beseitigte das Hindernis, indem er die Stirnseite umkurvte, einen Arm locker herabhängend, den anderen auf die Schreibtischplatte gestützt. Die Pfeife lag dampfend in einer hölzernen Ablage. Ich begann zu ahnen, dass er mir einen tätlichen Angriff auf einen Polizeibeamten anhängen wollte.

»Sie drohen mir«, knurrte er nahe genug, dass ich seine schlechte Verdauung riechen konnte.

Ich machte einen Schritt rückwärts und behielt dabei den Gummiknüppel im Auge, den er in der locker herabhängenden Hand hielt.

»Sie haben mich angegriffen«, stellte er sachlich fest.

Ich ging weiter rückwärts. Das Büro war nicht gerade klein, aber bei Weitem nicht groß genug, um das Spiel endlos fortsetzen zu können. Als ich die Wand im Rücken spürte, machte ich einen vergeblichen Sidestep. Der Gummiknüppel traf mich in der Nähe der Halsschlagader. Der Schmerz nahm mir den Atem und die Konzentration. Die nächsten Schläge, die auf meinen Rücken prasselten, waren daher nur noch Formsache.

Aus der Tiefe eines besternten schwarzen Lochs hörte ich eine japsende Stimme: »Ich habe Sie gewarnt, Wilsberg. Und das war nur ein Vorgeschmack. Wenn Sie nicht die Finger von der Pobradt-Geschichte lassen, kann ich noch ganz anders.«

Ich hatte die Fusseln eines billigen Teppichs im Mund und konnte deshalb nicht widersprechen. Tapsende Schritte ließen den Boden beben und meinen Kopf dröhnen. Eine Tür wurde aufgerissen. »Schaffen Sie ihn weg«, hörte ich Merschmanns Stimme.

Sekunden später packten mich die hinlänglich bekannten vier Hände und zerrten mich in die Senkrechte. Wir waren schon an der Tür, als er sich noch einmal meldete: »Übrigens, das mit dem Anwalt muss ein Missverständnis sein. Natürlich dürfen Sie ihn anrufen.«

»Haben Sie gehört, was er gesagt hat?«, krächzte ich, als ich mit meinen Begleitern im Erdgeschoss ankam.

Sie wussten nicht, ob sie einen Fehler machten, wenn sie mich telefonieren ließen, oder ob es vielleicht schlimmer für sie war, wenn sie mich nicht telefonieren ließen. Ich nutzte ihre Unsicherheit und insistierte so energisch, wie es meine Gebrechlichkeit erlaubte.

Schließlich hatte ich sie so weit, dass sie mich in ein nahegelegenes Büro schleppten und auf einen Stuhl verfrachteten, der in Griffweite eines Telefons stand. Ich wählte die Nummer von Kurz' Büro.

Der Anrufbeantworter teilte mir die üblichen Sprechstundenzeiten mit und empfahl mir, nach dem Pfeifton etwas auf Band zu sprechen. Ich hatte übersehen, dass es Freitag und drei Uhr nachmittags war, lächelte meine unruhiger werdenden Bewacher an und wählte Kurz' Privatnummer.

Er war zu Hause, hörte sich eine Auswahl meiner Schicksalsschläge an, besaß aber anschließend genügend Gefühlskälte, um mir mitzuteilen, dass er gerade im Begriff sei, über das Wochenende zu verreisen. Ich sagte ihm, dass er mich nicht hängenlassen könne.

»Ich kann jetzt sowieso nichts mehr für dich tun. Bis Montagmorgen kriege ich keinen Untersuchungsrichter an die Strippe.«

Da musste ich ihm leider recht geben. »An einem kommst du aber nicht vorbei. Ohne Medikamente bin ich bis Montagmorgen gestorben.«

Er jammerte etwas von einem lange vereinbarten Segeltörn in Holland. Darauf versetzte ich, dass ich kein Wort mehr mit ihm wechseln würde, wenn er sich nicht sofort auf den Weg machte, beschrieb ihm dann, wo er den Hausschlüssel und die Medikamente finden würde, und legte auf.

»Was haben Sie denn für eine Krankheit?«, fragten die beiden Polizisten gleichzeitig.

»Aids«, sagte ich. »Sehen Sie nicht, dass auf meinem Gesicht die Haut abblättert?«

Sie guckten mich genau an und traten erschrocken einen Schritt zurück. Verstohlen schielten beide auf ihre Hände. Gab es da vielleicht eine bislang unbeachtete Risswunde?

Den Weg in meine Zelle durfte ich ohne Körperkontakt zurücklegen.

Die nächste halbe Stunde freute ich mich auf Kurz' dummes Gesicht; als sich dann aber die Zellentür öffnete, war es nur der Schließer.

»Sie können gehen«, sagte er.

»Wie bitte?«

»Sie sind entlassen.« Er zeigte deutlich, dass er mir mehr Intelligenz zugetraut hatte.

Schlendernd trödelte ich über die Nordstraße nach Hause. Die Luft roch so frisch wie kurz vor der Industrialisierung.

Kaum hatte ich meine Fettsalben ausgepackt, da klingelte das Telefon. Hillerich wollte mich sofort sehen. Ich vertröstete ihn auf später. Zuerst wollte ich Mensch werden.

XV

Zwischen Kanalstraße und Tibusparkhaus gibt es einen roten Ascheweg, der die einbetonierte Aa ein Stück begleitet
und am Kloster der Schwestern der Göttlichen Vorsehung
vorbeiführt. Hier findet man wochentags trotz der innen-
städtischen Lage nur spazierende Rentner und Mütter mit
Kinderwagen. An diesem Freitag fand sich überhaupt niemand, der die müde plätschernde Aa beobachten wollte.
Denn Hillerich und ich hatten keine Augen für Münsters
Rinnsal.

Hillerich sah schlecht aus. Ich vermutlich auch, deshalb
sparte ich mir eine entsprechende Bemerkung.

Wir begrüßten uns mit einem Kopfnicken, dem er ein
gönnerhaftes Lächeln folgen ließ. »Wissen Sie, wem Sie es zu
verdanken haben, dass Sie so schnell wieder freigekommen
sind?«

»Ich habe es auch Ihnen zu verdanken, dass ich überhaupt
ins Gefängnis gekommen bin«, sagte ich. »Außerdem hasse
ich es, um fünf Uhr morgens geweckt zu werden. Nachdem
Sie die Anzeige zurückgezogen haben, sind wir quitt, würde
ich sagen.«

Er wiegte den ergrauten Schädel. »Nicht ganz. Sie haben
etwas, was mir gehört.«

»Das ist mehr wert als eine läppische Anzeige wegen
Hausfriedensbruch.«

»Der Brief nützt Ihnen gar nichts.«

Ich zeigte ihm ein sardonisches Grinsen. »Nicht alle Zeitungen sind Ihnen so hörig wie die münsterschen Tageszei-

tungen. Was halten Sie denn von einem kleinen Artikel im *Spiegel* oder *stern?*«

Wenig, wie ich dem unwillkürlichen Zucken in seinem Gesicht entnahm.

»Sie sind ein Schwein, Wilsberg«, flüsterte er mit heiserer Stimme. »Aber jedes Schwein hat seinen Preis. Nennen Sie Ihren!«

»Die Wahrheit«, sagte ich ungerührt.

»Was?«

»Wenn Sie mir sagen, wie Karl Pobradt ums Leben gekommen ist, kriegen Sie den Brief zurück.«

»Kein Geld?«

Ich schüttelte den Kopf.

»Ich habe Sie anders eingeschätzt. Aber was soll's? Haben Sie den Brief dabei?«

Ich verneinte erneut, mit Hinweis darauf, dass ich die Hausdurchsuchung vorausgesehen hatte. Wir verabredeten, dass ich ihn später am Tag besuchen würde – mit dem Brief.

Um neun Uhr abends stand ich vor dem Haus der Hillerichs. Obwohl im Innern Licht brannte, löste mein Klingeln und Klopfen keine Reaktion aus. Routinemäßig drückte ich auf die Klinke der Haustür. Sie war unverschlossen.

Natürlich hätte ich nicht hineingehen sollen. Es roch nach einer Falle, zumindest für jemanden, der bis vor fünf Stunden im Polizeipräsidium gesessen hatte. Wenn ich ein richtiger Detektiv gewesen wäre, hätte ich immerhin meine Pistole ziehen können, als ich den Hausflur betrat. Genutzt hätte mir das auch nichts.

Vergeblich suchten meine überreizten Sinne nach einer Betätigung. Das Haus war still, absolut still. Automatisch wählte ich den mir bekannten Weg und öffnete Hillerichs Arbeitszimmer. Er saß hinter seinem Schreibtisch, den Oberkörper nach vorne gebeugt. Der Kopf lag seitlich auf der Schreibtischunterlage. Mit glasigem Blick guckte er mich an. Ich sparte mir die Begrüßung, als ich das Loch an seiner linken Schläfe bemerkte. Es war rund und schwarz und tödlich. Ein schmaler Blutfaden klebte darunter.

Die Pistole zu sehen und das Problem zu erkennen, dauerte einen Augenblick. Sie lag nämlich vor meinen Füßen. Kein Selbstmörder wirft die Pistole, mit der er sich erschossen hat, in hohem Bogen weg.

Bevor ich länger darüber nachdenken konnte, machte sich ein anderes Problem bemerkbar. Draußen hielten zwei Autos mit quietschenden Reifen. Aufschneider fahren jedoch meistens allein und nicht in Rudeln. Nur Bullen radieren im Konvoi ihre Reifen ab. Jetzt war Entschlussfreudigkeit und Schnelligkeit gefragt. Ich entschloss mich und handelte wie ein gehetztes Kaninchen. Den Flur entlang zur Hintertür, durch die ich gestern Abend eingestiegen war. Hier hielt ich mich nicht lange mit dem Schloss auf. Ein kräftiger Tritt und die Tür knallte krachend gegen die Mauer. Dann rannte ich, was meine malträtierten Knochen hergaben. Eine heisere Kommandostimme brüllte in nicht allzu weiter Entfernung Befehle. Wahrscheinlich machte ich gerade den dritten oder vierten Fehler innerhalb von vierundzwanzig Stunden. Zu viele für einen Privatdetektiv, der auf die vierzig zugeht, über fünf Jahre Berufserfahrung und eine juristische Ausbildung verfügt und einen gewissen Lebensstandard zu verteidigen hat. Allein der Gedanke an das finstere Loch im Polizeipräsidium und einen Merschmann, der mir erneut die Fresse polieren würde, hielt mich davon ab, zurückzukehren und mich meinen Verfolgern zu stellen.

Sie hatten mittlerweile das Haus umstellt und forderten mich über Megafon auf, mit erhobenen Armen herauszukommen. Am Tonfall glaubte ich, Kommissar Pfeiffer zu erkennen. Ich stolperte über einen Acker und trat etliche Nutzpflanzen platt, als sie mich zum letzten Mal warnten. Während der Erstürmung der hillerichschen Räume verschrammte ich mir die Finger an einem Brombeerstrauch.

Meinen Wagen konnte ich vergessen. Der stand aufreizend unvorsichtig vor der hillerichschen Villa. Also schlug ich mich bis zum Ortskern von Hiltrup durch. Am Taxenstand herrschte um diese Zeit Flaute. Ich erwischte einen gesprächigen Fahrer, der von den Schwierigkeiten seiner Karriereplanung berichtete. Trotz Banklehre und beinahe abgeschlossenem Betriebswirtschaftsstudium hatte sich noch kein Konzern gefunden, der ihm eine Zusage für eine leitende Position geben wollte. Ich versicherte ihm, dass ich die mangelnde Flexibilität der deutschen Wirtschaft schon immer scharf verurteilt hätte. Zum Dank gab er mir ein paar Tipps, welche Aktien in nächster Zeit kräftig anziehen würden.

Als ich an der Hammer Straße ausstieg, hatte ich die Namen schon vergessen. Sollte sich mein Konto irgendwann aus der ungesunden Soll-Zone entfernen, würde ich auf das Problem zurückkommen. Von hier, ich meine die Hammer Straße, bis zum Dahlweg waren es nur ein paar Schritte. Thomas wohnte gegenüber einem Grünfleck, der sich etwas hochtrabend Südpark nennt. Er war nicht zu Hause, aber die beiden Kinder ließen mich in die Wohnung. Der Junge meinte, dass sein Vater eine Verabredung mit der rothaarigen Lehrerin hätte, während das Mädchen auf die blonde Ärztin tippte. Darüber gerieten sie in Streit und beschimpften sich mit den unflätigsten Ausdrücken.

Ich zog es vor, mich nicht in ihre Erziehung einzumischen, und ging ins Wohnzimmer, wo ein Pirat zum soundsovielten Mal die Tochter des Gouverneurs entführte. Später kamen auch die Kinder und wir machten uns einen gemütlichen Fernsehabend. Während der *Tagesthemen* hielt mir der Junge einen Vortrag über die Geschichte der deutschen Nation. Er griff bis auf Karl den Großen zurück.

Nach elf gingen die Kinder ins Bett und ich inspizierte den Kühlschrank. Es fanden sich einige Lebensmittel einschließlich einer Dose Bier. Damit überbrückte ich einen quälerischen Liebesalbtraum von Ingmar Bergmann.

Thomas kam um Viertel nach eins. Er war nicht erstaunt, mich in seinem Wohnzimmer zu finden. Ich erzählte ihm, dass ich mich für eine Weile aus dem öffentlichen Leben zurückziehen müsse. Im Gegenzug berichtete er von einer grünäugigen Perserin, die trotz ihres schlanken Körpers hervorragend bauchtanzen könne. Mit der hatte er nämlich, seine Kinder in Unwissenheit lassend, den Abend verbracht. Und schließlich wollte er wissen, mit wem er mich neulich im *Café Argentina* gesehen habe.

»Viel zu jung für dich, die ist gerade erst fünfundzwanzig.«

»Da haben sie noch dieses Unschuldige«, meinte Thomas.

»Ich glaube, sie steht nicht auf alternde Lustmolche«, gab ich kühl zurück.

Er verschränkte die Arme und grinste unverschämt. »Ich habe genau gesehen, wie du sie angeguckt hast. Du bist scharf auf sie, stimmt's?«

Ich nahm mir viel Zeit, einen Zigarillo anzuzünden. »Immerhin bin ich fünf Jahre jünger als du.«

Er winkte ab. »Keine Sorge. Sie ist nicht mein Typ.«

Das gefiel mir auch nicht. Also redeten wir über rothaarige Lehrerinnen, blonde Ärztinnen und grünäugige Perserinnen. Zwei Flaschen Martini halfen uns, das Gespräch in Gang zu halten. Und je leerer die Flaschen, desto obszöner wurden die Themen.

Irgendwann, als die Schwärze der Nacht einen leichten Graustich bekam, legte ich mich auf die Couch zu einem kurzen und unerquicklichen Schlaf.

Ich erwachte von einem nassen Handtuchschlag. Das Handtuch blieb auf meinem Kopf liegen und so blieb mir nichts anderes übrig, als die rechte Hand zu heben und es wegzuziehen. Das hätte ich lieber nicht machen sollen, denn das grelle Licht brannte mir ein Loch zwischen die Augen.

»Aufstehen, du Langschläfer!«, brüllte das Mädchen.

Ich krächzte und fiel von der Couch. Mühsam kam ich auf die Beine und schlich in die Küche, wo Thomas mit gebeugtem Rücken und zittrigen Händen an der Kaffeekanne hantierte.

»Wo sind die Aspirin?«, flüsterte ich. Noch ein lautes Wort und mein Kopf wäre geplatzt.

Wortlos griff er in die Außentasche seines frisch gebügelten Hemdes und schob mir eine Packung Tabletten rüber. Ich nahm drei auf einmal.

Nach drei Tassen Kaffee und einem zart mit Honig bestrichenen Toast fühlte ich mich besser. Gut genug jedenfalls, um einen Gedanken an meine Lage zu verschwenden. Bei Tageslicht betrachtet, war sie elendig beschissen. Die Polizei hatte sicher schon gestern Abend meinen Wagen identifiziert und sich Gedanken über den Fundort der Pistole gemacht. Außerdem hätte ich eine blaue Mauritius darauf verwettet, dass sich die Fingerabdrücke des Mörders *nicht* auf der Pistole befanden. Zum Glück hatte ich sie nicht auch noch aufgehoben. Bei meiner Dummheit in letzter Zeit war das schon ein kleines Wunder. So blieb mir wenigstens das i-Tüpfelchen auf der Mordanklage erspart.

Zusammen mit der vierten Tasse Kaffee wendete ich mich der Frage zu, wer eigentlich die Polizei angerufen hatte. Logischerweise konnte es sich dabei nur um den Mörder handeln. Ihn zu finden und damit meine Unschuld zu beweisen, musste jetzt mein Bestreben sein. Wahrlich, ich war an diesem Morgen ein klarer Denker. Für die Mittel und

Wege, die mich zu meinem Ziel hinführten, brauchte ich allerdings etwas länger.

Als Ersten rief ich Kurz an. Er war ziemlich sauer, dass er wegen mir seinen Segeltörn verpasst hatte.

»Kurz«, sagte ich, »dein Segeltörn ist ein Fliegendreck im Vergleich zu der Scheiße, in der ich stecke. Die Polizei hält mich für einen Mörder und sucht nach mir. Vielleicht entwickelst du mal ein bisschen Fantasie, wie du mich da rausholen kannst!«

Er entwickelte keine Fantasie. »Als dein Anwalt rate ich dir, dich zu stellen. Solange du untertauchst, machst du dich verdächtig. Wenn du möchtest, können wir auch gemeinsam zur Polizei gehen.«

»Lass dieses Lehrbuchgequatsche!«, furzte ich ihn an. »Sobald Merschmann mich in seinen Klauen hat, lässt er mich nicht mehr los. Jeder Kriminalbeamte, der eine Spur verfolgt, die mich entlasten könnte, wird von ihm sofort zur Verkehrspolizei versetzt. Ich gehe nur ins Polizeipräsidium, wenn ich den Mörder vor mir herschubse.«

»Wie du meinst«, sagte Kurz ohne Überzeugung. Er war wirklich eine große Hilfe.

»Auf ein bisschen Störfeuer können wir trotzdem nicht verzichten«, erklärte ich ihm. »Ruf im Präsidium an und erzähl denen, warum ich mich abgesetzt habe! Derjenige, der sie gestern Abend alarmiert hat, muss der Mörder sein. Sag ihnen das so lange, bis sie versprechen, sich darum zu kümmern!«

»Ist das alles, was du in der Hand hast?«

»Nein, ich habe noch einen winzigen Strohhalm. Hillerich war vor zwanzig Jahren der Urheber einer großen Schweinerei. Karl Pobradt wollte da nicht mitmachen und starb kurz darauf. Den Beweis, dass Pobradt sich von Hillerich trennen wollte, habe ich seit vorgestern in der Tasche. Möglicherweise besteht ein Zusammenhang zwischen den beiden Todesfällen.«

Kurz war noch immer nicht überzeugt, aber wenn ich starke Kopfschmerzen habe, kann ich nicht mal den Papst davon überzeugen, dass der Teufel nach Schwefel stinkt.

Von nun an ging ich extrem unauffällig vor. Ich lieh mir Thomas' Rennrad und reihte mich in die Scharen münsterscher Fahrradfahrer ein, die die Promenade unsicher machen. Zusammen mit blutjungen Studenten kreuzte ich die Weseler Straße und warf einen Blick auf die alte Mensa, in der ich manches Schnitzel Godard verspeist hatte. Der damalige Küchenchef war berühmt für seine langweilige Kochkunst und seine kulturell anspruchsvolle Namensgebung.

Entlang des Aasees legte ich einen Sprint ein, sodass ich erst mal verschnaufen musste, bevor ich auf die pobradtsche Klingel drückte.

Die Hausherrin öffnete persönlich. Sie sah weder erfreut noch erstaunt noch erbost aus. Sie war so sachlich wie ein Kellner in einem Luxusrestaurant, der einen Gast mit unpassender Krawatte bedient.

»Ich hörte, Sie haben Ärger«, schnarrte sie, während sie vorausging.

»Das hat Ihnen sicher Ihr Freund Merschmann erzählt.«

»Mein Freund?«, fragte sie ohne Interesse.

»Nun, er hält Sie doch auf dem Laufenden, was mich und meine Aktivitäten angeht.«

»Kann schon sein.« Sie nickte mit dem Kopf in Richtung eines Sessels.

»Dann wissen Sie sicher auch, dass Kurt Hillerich das Zeitliche gesegnet hat«, fuhr ich fort.

»Und dass Ihr Wagen vor seiner Tür parkte. Aber seien Sie versichert, dass ich Ihnen keine Vorwürfe mache. Hillerich war eine Ratte.«

Die Dame formulierte heute erstaunlich direkt.

»Vorwürfe sind auch völlig unbegründet«, sagte ich. »Ich habe ihn nicht auf dem Gewissen.«

»Wie dem auch sei, er hat ein solches Ende verdient.« Sie deutete ein gnädiges Lächeln an. »Aber um mir das zu sagen, haben Sie sich doch nicht hier hinaus bemüht, oder?«

Ich nickte bedeutungsschwanger. »Ich habe den dritten Abschiedsbrief, den an Kurt Hillerich.«

Unter ihrem Make-up wurde sie einen Hauch blasser.

»Oder sollte ich besser sagen: den sogenannten dritten Abschiedsbrief. Er ist zwar an demselben Tag geschrieben worden wie die anderen beiden, aber von einer Selbsttötungsabsicht ist darin keine Rede. Im Gegenteil, Ihr Mann scheint seine lebendige Zukunft deutlich vor Augen gehabt zu haben. Eine Zukunft, die er ohne Kurt Hillerich plante.«

Sie sagte nichts, kaute nur ein bisschen an ihrer Unterlippe.

»Es gab einen konkreten Anlass, warum er die Zusammenarbeit mit Hillerich aufkündigte«, redete ich weiter. »Hillerich hatte ihm wieder einmal ein billiges Grundstück zugeschustert, diesmal in Mecklenbeck, und Ihr Mann hat dort eine Reihenhaussiedlung hochgezogen. Was Ihr Mann nicht, Hillerich jedoch sehr wohl wusste: Der Boden, auf dem die Siedlung stand, war mit den giftigen Abfällen einer Lackfabrik verseucht. Als Ihr Mann davon Wind bekam, war er empört. Nicht nur, weil er die Regressforderungen der Bewohner fürchtete, sondern auch, weil er nicht wollte, dass sich spielende Kinder vergiften.«

Wilma Pobradt war zu einem Häufchen Elend zusammengesackt. Ihre Würde reichte gerade noch aus, um nicht an den Fingernägeln zu knabbern. Hier war sie, meine große Stunde. Bislang hatten mich alle für ein Sofakissen gehalten, dem man den passenden Knick beibringen durfte. Damit war jetzt Schluss! Georg Wilsberg, der souveräne Privatdetektiv, sagte: »Und jetzt kommt der Clou, gnädige Frau: Karl Pobradt schreibt einen Brief an Kurt Hillerich, in dem er droht, die Geschichte öffentlich zu machen. Hillerich hätte am Pranger gestanden, seine Geschäfte und sein öffentliches Ansehen wären futsch gewesen. Doch ein paar Stunden später ist Karl Pobradt tot. Selbstmord wegen Ehekrise. Ein Mann, der morgens einen öffentlichen Skandal plant, überlegt sich mittags, dass er freiwillig aus dem Leben scheidet? Nicht besonders glaubwürdig, wie?«

Ich starrte sie triumphierend an. Wenn das keine Zange war, in der ich sie hatte, wollte ich fortan Bugs Bunny heißen und Mohrrüben kauen.

Die Sekunden tröpfelten wie Essig auf ihre Wunden. Langsam hob sie den Kopf und guckte mich an. Das heißt, eigentlich guckte sie auf die drei Tannen, die irgendwo in meinem Rücken standen.

»Hillerich war's«, sagte sie mit heiserer Stimme. »Hillerich hat meinen Mann umgebracht.« Sie fasste sich und sprach jetzt fester: »Karl hatte am Morgen mit ihm telefoniert. Hillerich kam vorbei und sie stritten sich eine halbe Stunde. Dann fiel der Schuss.«

»Und wie hat er Sie rumgekriegt, bei der Sache mitzumachen?«, erkundigte ich mich.

»Er wusste, dass die Ehe für mich die Hölle war. Er bot mir eine große Summe Geld. Ich setzte mich hin und schrieb die beiden Abschiedsbriefe. Runze hat er natürlich auch bestochen. Und Merschmann.«

XVI

Die Geschichte gefiel mir nicht, sie gefiel mir überhaupt nicht. Während mir frischer Fahrtwind um die Ohren blies, begann mein Gehirn klarer zu denken. Und je länger ich über Wilma Pobradts Geschichte nachdachte, desto weniger gefiel sie mir.

Hinter der ehemaligen Pädagogischen Hochschule stieg ich vom Rad und probierte nacheinander drei Telefonzellen, bis ich eine fand, die einen intakten Telefonhörer besaß und trotzdem mein Geld annahm. Kurz war noch immer zu Hause. Langsam begann ich, ihm gegenüber so etwas wie Dankbarkeit zu empfinden.

»Sie sagen, sie reißen dir den Arsch auf, wenn du dich nicht sofort stellst«, sagte er mit einer gewissen Häme in der Stimme.

»Jaja. Was ist mit der anderen Sache?«

»Ach so. Es herrschte eisiges Schweigen, als ich die Frage in den Raum stellte, wer denn wohl angerufen habe. Als ich dann noch deine Theorie ...«

»Hör mal, ich hab gesagt, du sollst das mit Nachdruck vorbringen.«

»Na klar, ich habe geredet wie Otto Schily bei einem RAF-Prozess.«

Ich stöhnte.

»Ob das was genutzt hat, weiß ich allerdings nicht. Sie stellten mir immer die Gegenfrage, wo du seist. Und dass ich auch als Anwalt keinen Mordverdächtigen decken dürfe und all den Quatsch, den Bullen erzählen, wenn sie sich bedeckt halten wollen.«

»Mit anderen Worten: Du hast nichts erreicht.«

»So würde ich das nicht ausdrücken. Manche Worte fallen erst dann auf fruchtbaren Boden, wenn das Gespräch schon längst beendet ist.«

Das sind die Tröstungen, die man als Mordverdächtiger von seinem Anwalt bekommt. Auf dem Weg zum elektrischen Stuhl würde er mir erzählen, dass die Chance auf ein Leben nach dem Tod siebzig zu dreißig stünde.

Als Nächsten rief ich Willi an. Intakte Telefonzellen muss man einfach ausnutzen. Allerdings sollte die Post mal darüber nachdenken, wie sie die Innenbelüftung verbessern kann. Willi holte mich aus dem moralischen Tief, in das mich Kurz geschubst hatte. Er widersprach mir nicht, er gab mir in allem recht, er versprach, so lange Briefmarken zu verkaufen, bis entweder meine Unschuld bewiesen oder die zwanzig Jahre Gefängnis abgesessen waren. Er wollte sogar meine arme alte Mutter anrufen, um sie schonend auf die drohende Tragödie vorzubereiten, was ich ihm jedoch verbot. Bevor nicht das Urteil gesprochen war, sollte sie nichts von der Sache erfahren. Kurzum, ich fühlte mich nach dem Gespräch mit Willi wie ein Karpfen auf dem Land, dem man einen Eimer Wasser gereicht hat.

Mit neuem Mut stopfte ich – die wütenden Proteste außerhalb und das Geklopfe an die Glasscheibe missachtend – drei frische Groschen in den Schlitz. Die Luft in der Zelle war nun endgültig verbraucht und Schweiß lief mir übers Gesicht und den Nacken herunter. Ich gab mich als Albert Droste-Hülshoff aus und schaffte es tatsächlich, bis zu Stürzenbecher vorzudringen.

»Wo bist du?«, fragte er zur Begrüßung.

»Lass den Scheiß!«, sagte ich. »Auch keine Fangschaltungsmätzchen, bitte. Ich habe nur eine Frage: Wer hat euch angerufen gestern Abend?«

»Warum sollte ich dir die Frage beantworten?«

»Weil du ein anständiger Mensch bist, weil ich unschuldig bin, weil wir uns schon lange kennen, weil ...«

»Schon gut. In einer halben Stunde im Zoo, im Affenhaus.«

»Warum sollte ich kommen?«

»Weil ich ein anständiger Mensch bin, weil du unschuldig bist, weil du neugierig bist, weil ...«

»Okay, du hast mich überredet. Falls das eine Falle sein sollte, erschieß ich dich als Ersten.«

»Ich bitte darum.«

Vor der Telefonzelle beschwichtigte ich den kleinen Menschenauflauf mit erhobenen Armen. »Eine dringende Familienangelegenheit«, sagte ich und legte so viel Schmerz in die Stimme, dass die Umstehenden von tätlichen Angriffen auf mich absahen.

Bis zum Zoo waren es fünf Minuten Schussfahrt auf dem Rennrad. Kein halbwegs normaler Mordverdächtiger hätte auch nur einen Gedanken daran verschwendet, eine Verabredung mit einem Hauptkommissar einzuhalten. Aber ich war nun mal unschuldig und außerdem hatte ich schon so viele Fehler gemacht, dass es auf einen mehr oder weniger nicht ankam.

Obwohl ich seit vierzehn Jahren in Münster lebte, hatte ich den Zoo erst drei Mal von innen gesehen. Gegen die meisten Viecher bin ich sowieso allergisch und den Rest bedaure ich, weil er sich die Welt durch Gitterstäbe angucken muss.

Die Elefanten trompeteten mir etwas, als ich ihnen freundlich zuwinkte, und das Federvieh kreischte, was das Zeug hielt. Den Orang-Utans Gorillas und Schimpansen konnte man durch dicke Glasscheiben zuglotzen, wie sie mit ihrem eigenen Kot spielten oder sich gegenseitig die Läuse vom Pelz rupften. Ich glotzte stattdessen auf die beiden Eingänge, durch die entweder Stürzenbecher oder die GSG-9 kommen würden.

Zu meiner Beruhigung war das Erste der Fall. Wir lächelten uns zu wie zwei Rentner auf dem Weg zum Seniorenklub.

»Guck mal, wie der sich krault«, sagte Stürzenbecher.

»Eine imposante Erscheinung«, nickte ich.

»Meine Kinder liegen mir schon seit Wochen in den Ohren, dass sie die Affen sehen wollen.«

»Ein schöner Ausflug für die ganze Familie«, bestätigte ich.

Wir hätten stundenlang so weiterreden können. Übers Wetter, zum Beispiel. Oder über die Frage, ob Helmut Kohl wirklich so dumm war, wie er redete. Es gibt nichts, was ich im Affenhaus lieber tue.

»Wer hat euch angerufen?«, fragte ich.

»Eine Nachbarin.«

»Hat sie ihren Namen genannt?«

»Nein.«

»Warum nicht?«

»Du weißt doch, wie Nachbarn sind: Sie wollen ihrer Pflicht als Staatsbürger nachkommen, aber keinen Ärger haben. Sie rufen einfach an und sagen: In dem Haus Nummer sowieso ist ein Schuss gefallen. Sehen Sie mal nach! Und dann legen sie auf.«

»Meine Nachbarn sind anders.«

»Es gibt Nachbarn, die anders sind. Aber es gibt auch Nachbarn, die genau so sind.«

»Glaubst du das?«

»Es kommt nicht darauf an, was ich glaube. Es kommt darauf an, was ich beweisen kann.«

»Hör zu«, sagte ich nicht ohne Pathos, »jemand will mich am Arsch packen. Und Merschmann ist genau der Mann, der seine Hand dafür zur Verfügung stellt.«

Stürzenbecher beobachtete einen riesigen Gorilla, dem ich glatt einen Totschlag zugetraut hätte. »Kann schon sein.«

»Heißt das, dass du auf meiner Seite stehst?«

»Ich steh auf meiner Seite, Wilsberg. Vergiss das nicht. Wenn wir zufällig für dieselbe Mannschaft spielen, um so besser. Vorläufig bist du verhaftet.«

»Was?«

»Du bist verhaftet. Ich, der Kriminalbeamte, verhafte dich, den Verdächtigen.«

»Ich bin unschuldig«, schrie ich ihn an.

»Ich weiß.«

»Nur ich kann meine Unschuld beweisen«, beschwor ich ihn.

»Es ist besser für dich, glaube mir«, sagte Stürzenbecher, als rede er auf einen jugendlichen Fahrraddieb ein. »Die Freiheit ist viel zu gefährlich für dich. Kann sein, dass man dich beim nächsten Mal über den Haufen schießt.«

Jede weitere Verhandlung schien zwecklos zu sein.

»Gehn wir!«, kommandierte er.

Die Elefanten trompeteten, das Federvieh kreischte und die Wildpferde zeigten uns ihre Hinterteile. Offensichtlich verlangten sie mehr Beachtung, als wir ihnen zu schenken bereit waren.

»Wo war eigentlich Frau Hillerich, als es passierte?«, fragte ich.

»Bei einer Freundin.«

»Ach. Und was wollte sie da?«

»Plaudern. Wir haben die übereinstimmenden Aussagen der beiden Damen. Außerdem, was ist daran so ungewöhnlich, wenn sich zwei ältere Frauen zum Kaffee treffen?«

»Bist du so blöd oder tust du nur so? Alle Beteiligten haben sich abgesprochen, um mich hinter Gitter zu bringen. Inklusive Merschmann, der den Damen Hillerich und Pobradt noch von damals verbunden ist. Jedenfalls hat er an der Vertuschung der Todesumstände des alten Pobradt kräftig mitgewirkt.«

»Hoho«, machte Stürzenbecher. »Kannst du das beweisen?«

»Beweisen, beweisen.« Er ging einen halben Schritt hinter mir, deshalb musste ich mich umdrehen, um ihm meine Empörung ins Gesicht zu schleudern. »Wenn ich Staatsanwalt wäre, könnte ich es beweisen. Aber ich bin nur ein kleiner beschissener Privatdetektiv.«

»Eben. Darum habe ich dich ja verhaftet.«

»Hoffentlich bringt dir das eine Beförderung ein«, sagte ich höhnisch.

»Als Hauptkommissar habe ich das Laufbahnende schon erreicht«, erwiderte er sachlich.

»Dann weiß ich nicht, warum du dich so ins Zeug legst.«

»Wie ich schon sagte: Es ist besser für dich.«

Mit einem Pavian hätte ich mich besser unterhalten. Wortlos stapften wir an den Kassenhäuschen vorbei. Die rechte Hand behielt er in der Manteltasche, vermutlich an der Knarre. Immerhin war ich ein gefährlicher Verbrecher.

Vor dem Tor blieb ich stehen. Er zeigte mit dem Kinn nach links zum großen Parkplatz. Wir schlenderten hinüber. Der Anblick meines Rennrades machte mich ganz wehmütig. Wann würde ich wohl das nächste Mal Fahrrad fahren?

Stürzenbecher lotste mich zu einem grauen Audi, der so unauffällig aussah, dass man dreimal in den Rückspiegel gucken muss, bevor man ihn wahrnimmt.

»Streck die Hände aus!«, sagte Stürzenbecher.

»Willst du mir etwa Handschellen anlegen?«

»Zu deiner und meiner Sicherheit. Du scheinst ein bisschen durcheinander zu sein, Georg.«

Ich trat einen Schritt näher. Er nahm die rechte Hand aus der Manteltasche und griff sich an den hinteren Teil des

Gürtels, dorthin, wo die Handschellen baumelten. In diesem Moment nahm ich seinen Kopf in beide Hände und donnerte ihn auf das Wagendach. Es war ein klassischer Knock-out. Sein Körper wurde schlaff und glitt zu Boden. Ich ließ ihn sanft aufplumpsen und lehnte den Oberkörper gegen den Kotflügel. Stürzenbechers Puls war den Umständen entsprechend ganz ordentlich. Also entfernte ich mich im Sprinttempo vom Tatort.

Kurz vor dem Rennrad musste ich feststellen, dass ich seine Nehmerqualitäten unterschätzt hatte.

»Bleib stehen oder ich schieße!«, brüllte eine Stimme, die eine entfernte Ähnlichkeit mit der des Hauptkommissars aufwies. Zurückblickend sah ich, dass er sich auf dem Wagendach abstützte und mit der Pistole ungefähr in meine Richtung zielte. Ich war ziemlich sicher, dass er nicht abdrücken würde.

Während ich am Fahrradschloss nestelte, pfiff eine Kugel über meinen Kopf – weit über meinen Kopf. Ein Warnschuss. Drei kleine Jungen, jeder ein Eis in der Hand, kamen auf mich zu.

»Sind Sie ein Gangster?«, fragte der Kleinste der drei.

»Nein«, antwortete ich.

»Sind Sie ein Fahrraddieb?«, fragte der Mittlere.

»Auch nicht.« Endlich sprang das Schloss auf.

»Geht zu eurer Mami zurück!« Ich beugte mich zu den dreien hinunter. »Der Mann da hinten ist ein Gangster.«

»Bleib stehen, du Idiot!«, brüllte Stürzenbecher.

»Kommt sofort zurück!«, kreischte eine Frauenstimme.

Drei leuchtende Augenpaare verfolgten, wie ich mich aufs Rad schwang und losstrampelte. Das wirkliche Leben ist halt doch interessanter als Fernsehen. Irgendwo weit hinten sprang ein Audi-Motor an.

Die Stadt Münster ist stolz auf ihre vielen Fahrradwege.

Und zum ersten Mal war ich ihr dafür dankbar. Auf Wegen, die kein Auto befahren kann, preschte ich in die Innenstadt zurück. Unterwegs nahm ich mir vor, in den Allgemeinen Deutschen Fahrradklub einzutreten, sobald ich den ganzen Schlamassel hinter mir hatte.

Bei Thomas angekommen, verfrachtete ich das Rad in den Keller. Thomas war zur Arbeit gefahren und die Kinder guckten bei einem Freund der Mutter alte Videos. Ich warf die Kaffeemaschine an und rauchte einen Zigarillo. Meine Hände zitterten ganz leicht.

Nach drei Tassen Kaffee bekam ich Bauchschmerzen, die gut zu meinen Kopfschmerzen passten. So entsprach meine innere Lage der äußeren. Und plötzlich hatte ich wieder mal eine gute Idee. Ich rief beim Rechtsmedizinischen Institut an, gab mich als Kommissar Hoppenstedt aus und bekam eine wirklich interessante Information.

XVII

Das öffentliche Nahverkehrssystem ist in Münster vermutlich nicht komplizierter als in anderen Städten. Doch für jemanden, der gewohnt ist, sich im Auto oder auf dem Fahrrad fortzubewegen, bereitet es schon einige Schwierigkeiten, die höhere Logik der Linienpläne und Preiszonen zu durchschauen und den Fahrkartenautomaten entsprechend zu füttern. Da ich unbedingt vermeiden wollte, als Schwarzfahrer enttarnt zu werden, gab ich dem Busfahrer mit schüchternem Lächeln das Fahrziel an und erntete eine Ladung wortloser Verachtung.

An der Dorfkirche von Amelsbüren stieg ich aus. Es war Nacht geworden und ein kühler Wind pfiff um die Backsteinbauten. In den drei Dorfkneipen hockten die Säufer am Tresen und brachten ihren Alkoholspiegel auf den Stand vom gestrigen Abend. Die Straßen waren leer und sauber, die Vorgärten naturgewordene Ordnungsneurosen. Wer hier wohnte, hatte sich selbst und seine Welt im Griff, notfalls mit einer Handvoll Schlaftabletten und Angstlöser.

Ich schellte. Das Flurlicht ging an und eine Frauenstimme sagte durch die geschlossene Tür: »Wer ist da?«

»Georg Wilsberg.«

»Was wollen Sie?«

»Mit Ihnen sprechen.«

Weder öffnete sich die Tür noch wurde das Gespräch fortgesetzt. Dafür entfernten sich Schritte. Ich wartete. Der nächste Bus fuhr sowieso erst in einer halben Stunde.

Nach einer Minute kamen die Schritte zurück, ein Schlüssel drehte sich im Schloss und die schwere Eichentür gab den Blick frei auf eine hell erleuchtete Diele.

»Kommen Sie herein!«, sagte Frau Hillerich. Auf ihren Wangen leuchteten zwei kleine roten Flecken. Ansonsten war sie so lebendig wie die Frau von der telefonischen Zeitansage. Hintereinander gingen wir in ein Wohnzimmer, in dem dunkle Brauntöne dominierten. Auf dem Tisch standen zwei Gläser.

Sie wiederholte ihre Frage von vorhin.

Ich räusperte mich, um den Frosch im Hals loszuwerden. »Sie haben den Selbstmord Ihres Mannes vertuscht. Sie wussten, dass er mit mir verabredet war. Also haben Sie den Revolver abgewischt und auf den Boden geworfen. Dann haben Sie die Polizei angerufen, in der Hoffnung, dass man mich hier erwischen würde. Was ja auch fast gelungen wäre.«

Ihre grauen Augen krallten sich in die meinen. »Ich wüsste nicht, warum mein Mann sich hätte umbringen sollen.«

»Weil er schwer krank war. Er hatte Krebs und höchstens noch ein halbes Jahr zu leben. Außerdem ahnte oder befürchtete er, dass ich die Geschichte mit den verseuchten Grundstücken an die Presse weitergeben würde. Und seine letzten Lebensmonate wollte er nicht in Schimpf und Schande verbringen.«

Ihr Gesichtsausdruck sagte mir, dass ich richtig lag.

»Selbstmord gilt in Ihren Kreisen immer noch als unehrenhaft«, fuhr ich fort. »Außerdem hassen Sie mich, weil Sie mich für seinen Tod mitverantwortlich machen. Deshalb arrangierten Sie alles so, dass der Verdacht auf mich fallen musste.«

Ein faltiges Lächeln umspielte ihren Mund. »Und nun, junger Mann, was fangen Sie an mit Ihrem Wissen?«

»Wir gehen zur Polizei und erzählen es ihr.«

»Wir?«

»Ja«, sagte ich. »Sie nehmen Ihre Aussage zurück und sagen die Wahrheit.«

»Sonst?«

»Sonst tue ich es.«

Das maliziöse Lächeln verstärkte sich. »Wird man Ihnen glauben?«

»Die Polizei ist nicht in ihrer Gänze ein blöder Sauhaufen. Und sie besteht auch nicht nur aus Merschmännern.«

Das war das Stichwort. Mit lautem Klacken sprang hinter mir eine Tür auf. Als ich den Kopf drehte, stand er im Türrahmen. In seiner rechten Hand glänzte eine handliche Dienstwaffe.

»'n Abend, Herr Merschmann«, sagte ich. »Ich habe mir schon gedacht, dass Frau Hillerich nicht aus zwei Gläsern trinkt.«

»Cleveres Bürschchen«, grunzte Merschmann und trat ein paar Schritte näher. »Doch leider nicht clever genug.«

Ich seufzte. »Offen gestanden, hatte ich gehofft, dass der Besuch etwas harmloser wäre. Eine Cousine vielleicht oder eine junge Nichte.«

Merschmann ließ sich neben der Hillerich auf das Sofa fallen. Die Pistole hielt er so, dass es einen glatten Bauchdurchschuss geben würde.

»Quatsch nicht rum, Wilsberg!«, stoppte er meinen Gedankengang. »Ich habe dich gewarnt, nicht einmal, nein, zwei-, ja dreimal. Jetzt ist es aus.«

Das Blut, das sich vor einer Minute noch in meinem Kopf befunden hatte, war in Richtung Füße abgeflossen. Ich drohte, ohnmächtig zu werden.

»Tun Sie Ihre Pflicht!«, sagte ich so gelassen wie möglich. »Nehmen Sie mich fest!«

Fast unmerklich schüttelte er seinen Quadratschädel. »Tut mir leid, Wilsberg. Dazu ist es zu spät.«

Mir wurde schwarz vor Augen. Mit letztem Willen zwang ich mich, das Gespräch fortzusetzen. Solange er redete, würde er nicht schießen.

»Machen Sie sich nicht unglücklich, Merschmann! Sie sind Beamter. Wollen Sie Ihre Pension aufs Spiel setzen? Soll Ihre Familie von der Sozialhilfe leben?«

Er bleckte die Zähne. »Was soll ich machen? Sie werden sich der Festnahme widersetzen. Sie werden mich angreifen. Und ich werde Sie in Notwehr erschießen.«

»Es gibt eine Zeugin, vergessen Sie das nicht.«

Merschmann guckte zur Hillerich hinüber. »Es tut mir leid, Trude, dass das hier passieren muss. Aber es ist in unser aller Interesse.«

Die Witwe sah aus, als könnte sie noch eine zweite Leiche ertragen.

In diesem Moment nahm ich meinen letzten Mut zusammen und trat mit vollem Risiko unter den Glastisch. Entweder würde ich mir den Fuß brechen und anschließend erschossen werden oder es gelang mir, Merschmann für ein paar Sekunden abzulenken.

Der Tisch war leichter, als ich dachte. Er knallte dem Kriminalrat vor den Kopf. Merschmann stieß einen Schrei aus und ließ die Pistole fallen. Fast gleichzeitig war ich an der Tür und hetzte zum Hauseingang.

Als ich endlich den komplizierten Verschlussmechanismus der Haustür überwunden hatte, klatschte eine Kugel neben meinem Kopf in den Türrahmen. Offenbar hatte Merschmann seine Beherrschung reichlich schnell wiedergefunden.

Die drei Treppenstufen nahm ich mit einem Sprung – und spürte einen stechenden Schmerz im Knöchel. Vom Schwung mitgerissen und vom Schmerz halb betäubt stolperte ich über den niedrigen Jägerzaun und verlor endgültig das

Gleichgewicht. Das Letzte, was ich sah, waren die Pflastersteine, die mir ins Gesicht knallten. In voller Lebensgröße lag ich auf dem Bürgersteig und wusste: Das ist das Ende.

Eine Stimme brüllte: »Waffe fallen lassen! Und Hände hoch!«

Wo waren meine Hände? Und welche Waffe sollte ich fallen lassen? Jetzt hörte ich ein klirrendes Geräusch. Und ein wütendes Schnauben. »Was erlauben Sie sich? Ich werde Sie suspendieren.« Das war Merschmann.

Darauf die erste Stimme: »Im Gegenteil. Sie sind suspendiert. Lischewski, nehmen Sie die Waffe! Und Sie gehen nach Hause, Merschmann!«

Die Stimme kam mir irgendwie bekannt vor. Genau, sie gehörte meinem Freund Stürzenbecher.

Jemand klopfte mir auf die Schulter. »Du kannst aufstehen, Wilsberg. Es ist vorbei.«

Ich machte die Augen auf und wuchtete mich in die Höhe. Ich blutete wie ein Schwein. Aber ich lebte.

Der dritte Zigarillo in Folge schmeckte, als würde ich auf einem Stück Teerpappe kauen. Zittrig griff ich zur Kaffeetasse – war es die dritte oder schon die fünfte? – und führte sie mit beiden Händen zum Mund. Es ist nicht leicht, von den Toten aufzuerstehen. Psychologen sprechen da vermutlich von einem postmortalen Schock.

Stürzenbecher kam hereinspaziert und besah mich mit kritischem Blick: »Na, geht's besser?«

»Och, ich hab mich schon schlechter gefühlt. Zum Beispiel damals, als man mich gefesselt auf die Eisenbahnschienen legte und ...«

Stürzenbecher lachte sein explosionsartiges Lachen. »Wenn du deinen Humor wiedergefunden hast, kann es ja nicht so schlimm sein.«

Ich schaute ihn böse an. »Wer hat hier Humor? Ich oder der Teufel, der mich vorhin seinen schwefeligen Atem riechen ließ?«

Stürzenbecher wurde etwas ernster. »Ist das meine Schuld? Ich habe dich einzig und allein aus dem Grund verhaftet, damit du nicht Merschmann oder irgendeinem unbedarften Polizisten vor die Pistole läufst. Im Gefängnis hättest du in Ruhe abwarten können, bis die Sache mit Merschmann und der Hillerich geklärt war.«

»Hat sie alles zugegeben?«

Er nickte. »Ich brauchte sie kaum in die Mangel zu nehmen. Merschmanns Absturz hat sie ziemlich aus dem Gleichgewicht gebracht.«

»Und warum«, brauste ich auf, »hast du mir nicht die leiseste Andeutung gemacht, dass ihr gegen Merschmann ermittelt und der Hillerich die Mordgeschichte nicht abkauft? Vielleicht *hätte* ich mich dann sogar festnehmen lassen.«

Stürzenbecher wand sich wie ein Aal. »Du machst dir keine Vorstellungen, in was für eine Teufelsküche ich komme, wenn ich polizeiinterne Ermittlungen an Außenstehende weitergebe. Da ist die Bürokratie unerbittlich.«

»Ach«, schnappte ich nach, »und mein Leben? Ist das etwa kein zu schützendes Rechtsgut?«

»Nun halt mal die Luft an! Kann ich denn ahnen, dass du so blöd bist, mir eins auf den Schädel zu geben und anschließend auch noch in die Höhle des Löwen zu marschieren?«

Es stand unentschieden. »Okay«, zündete ich die Friedenspfeife an, genauer gesagt meinen vierten Zigarillo, »wir haben beide Mist gebaut. Schwamm drüber, wie Wolfram Esser zu sagen pflegt, wenn unsere Jungs schlecht spielen. Verrat mir lieber mal, wie ihr Merschmann auf die Schliche gekommen seid.«

»Nun, der Auslöser warst du. Als ich den Pobradt-Bericht

gelesen habe, kam mir selber einiges komisch vor. Ich habe dann den Präsidenten gebeten, die Sache untersuchen zu dürfen. Und nach einiger Bedenkzeit hat er zugestimmt. Mit größter Vorsicht habe ich daraufhin die damals beteiligten Polizeibeamten befragt und zwei von ihnen bestätigten den Verdacht. Der Rest war einfach. Wir konnten ermitteln, dass Merschmann und ein gewisser Ottokar Runze – du erinnerst dich vielleicht: der Nachbar der Pobradts – kurz nach dem Tod von Karl Pobradt eine große Summe Geld bekamen.«

Ich erinnerte mich sehr gut an Runze, den kleinen, ängstlichen Mann, den ich mir selber noch mal vorknöpfen wollte.

»Runze fühlte sich sofort ertappt«, fuhr Stürzenbecher fort. »Wir brauchten nicht lange bohren, da brach er zusammen. Er hat geheult wie ein Schlosshund. Ich glaube, es war sogar eine Erleichterung für ihn, sich alles von der Seele reden zu können. Kurzum: Als Runze in der Nachbarwohnung einen Schuss hörte, ging er hinüber und klopfte an die Tür. Frau Pobradt öffnete und sagte: Mein Mann hat sich angeschossen. Bitte holen Sie einen Krankenwagen! Runze tat das auch und ging noch einmal zurück, um zu fragen, ob er helfen könne. Diesmal traf er einen Mann in der Wohnung, den er des Öfteren beobachtet hatte, wenn sich Karl Pobradt auf Geschäftsreisen befand. Es handelte sich um den Geliebten von Wilma Pobradt.«

»Werner Meyer«, sagte ich.

Stürzenbecher guckte mich mit großen Augen an. »Woher weißt du das?«

»Ich habe mit ihm gesprochen.«

Einen Moment lang verlor Stürzenbecher die Kontrolle über seine untere Mundhälfte. Dann hatte er sich wieder gefangen. »Bei Schussverletzungen informiert die Feuerwehrzentrale automatisch die Polizei. Inzwischen war schon ein Krankenwagen unterwegs. Und Wilma Pobradt kamen

Bedenken, dass die Anwesenheit ihres Geliebten verdächtig sein könnte. Also bat sie Runze, der Polizei gegenüber den Mund zu halten. Runze verehrte Wilma Pobradt und tat ihr den Gefallen. Später hat Hillerich das Schweigen mit einem gehörigen Zuschuss zu Runzes Eigenheim abgesichert. Ob Werner Meyer Karl Pobradt ermordet hat, wissen wir nicht. Die Berliner Polizei verhört ihn gerade. Vermutlich wird dabei nichts herauskommen, denn Wilma Pobradt schiebt jetzt alles auf Hillerich. Eine bequeme Lösung, der ist schließlich tot. Angeblich soll sich Hillerich mit Pobradt wegen eines Grundstücks gestritten haben.«

Ich griff in die Jackentasche und legte eine Kopie von Pobradts Brief auf den Tisch. »Pobradt wollte nicht länger mit Hillerich zusammenarbeiten. Hillerich hatte ihm ein Grundstück untergeschoben, das eine Chemiefabrik früher als Deponie für giftige Produktionsrückstände benutzt hatte.«

Stürzenbecher pfiff durch seine Zahnlücke, als er den Brief las. »Mannomann, das ist ja starker Tobak. Und auf dem Grundstück ...«

»... steht heute eine Reihenhaussiedlung. Man kann nur hoffen, dass die Bewohner in den letzten Jahren keinen selbst angebauten Kohl gegessen haben.«

»Aber ...«

»Ich habe den Brief an zwei bekannte deutsche Zeitschriften weitergegeben. Die Sache wird bald kommunalpolitische Wellen schlagen.«

Stürzenbecher kombinierte messerscharf: »Du hast Hillerich den Brief geklaut. Deshalb hat er die Anzeige gegen dich zurückgezogen.«

Ich nickte wie ein gütiger Lehrer. »Er bot mir an, den Brief zurückzukaufen, und ich ging zum Schein darauf ein. Aber irgendwie ahnte er wohl, dass ich ihn in die Pfanne hauen würde.«

Mit zehn Schweigesekunden gedachten wir des Toten. Dann nahm Stürzenbecher den Brief wieder in die Hand. »Das Datum ist doch …«

»… der Todestag von Karl Pobradt«, bestätigte ich. »Karl muss ihn unmittelbar vor seinem Tod geschrieben haben. Und Merschmann hat ihn gefunden. Der einzig echte Abschiedsbrief übrigens. Die beiden anderen hat Wilma Pobradt geschrieben.«

»Das würde ja bedeuten …«

»… dass Wilma Pobradt die Wahrheit gesagt hat«, versuchte ich die Gedanken des Kriminalhauptkommissars in die richtige Richtung zu lenken. »Hillerich hat Pobradt umgebracht. Merschmann roch den Braten und deckte seinen Jugendfreund Hillerich. Nicht ganz uneigennützig, wie du herausgefunden hast. Der Brief gehörte zum Geschäft zwischen den beiden. Und weil Hillerich die Selbstmordthese nicht gefährden wollte, bezahlte er auch Runze. Denn wäre der Verdacht auf Werner Meyer gefallen, hätte das Hillerich in eine schwierige Lage gebracht. Schließlich mochte die Witwe nach ihrem Mann nicht auch noch ihren Geliebten verlieren.«

Das war meine kleine, schlüssige Geschichte. Mit einigen Haken, wie ich wusste. Stürzenbecher kaute eine Weile an ihr herum, dann schluckte er sie. Entweder übersah er die winzigen Ungereimtheiten oder er war mit der Lösung, die ich ihm angeboten hatte, zufrieden. Vielleicht auch beides.

»Immerhin haben wir Merschmann abgeschossen. Und das ist auch was wert«, sagte er, als er mich zur Tür brachte.

Wie konnte ich ihm da widersprechen?

XVIII

Als ich das Haus in Nordwalde verließ, atmete ich erleichtert auf. Vor dem Treffen mit Hermann Pobradt und seiner Mutter hatte ich einigen Bammel gehabt. Würde mir der misstrauische Hermann die Geschichte abkaufen? Immerhin war er kein Bürokrat wie Stürzenbecher, der eine Lösung akzeptierte, solange sie nur aktentauglich war. Hermann hatte sich die Aufklärung der Todesumstände seines Bruders zur Lebensaufgabe gemacht. Sein Verständnis von Wahrheit war ungleich kritischer.

Doch meine Befürchtungen erwiesen sich als grundlos. Was ich ihm präsentierte, entsprach ja auch in groben Zügen seinen Vorurteilen. Zwar hatte er sich die Rolle von Wilma Pobradt etwas größer gewünscht, aber Kurt Hillerich stand ebenfalls auf seiner Rechnung. Also nahm er die Bestätigung, dass sein Bruder ermordet worden war, als späten Triumph. Mutter und Sohn waren glücklich, so glücklich wie zwei Racheengel am offenen Grab ihres Opfers.

Sobald ich konnte, und das war hart am Rand der Unhöflichkeit, machte ich mich aus dem Staub. Meine Party war das nicht, die da abging, ich hatte etwas Besseres vor.

Als es um acht Uhr abends klingelte, spürte ich jenes Kribbeln im Bauch, das manchmal angenehm und meistens unangenehm ist. Diesmal war es eins der angenehmen Sorte.

Katharina hatte ihr Haar zu einem Hauch von Dutt aufgesteckt, eine Betörung in Blond über einem zarten Make-up, umgeben von einer unaufdringlichen Duftwolke.

Ich küsste sie auf die Wange.

»Das riecht ja gut. Was ist das?«, fragte sie.

»Polynesisches Huhn«, sagte ich. »Hähnchenkeulen mit Pfirsichen in Ingwersirup und Weinbrand.«

»Klingt gut. Ich habe auch einen Bärenhunger. Als du sagtest, du wolltest etwas kochen, habe ich das Mittagessen ausfallen lassen.«

Ich führte sie ins Wohnzimmer und ließ sie einen Blick auf meinen verwilderten Garten werfen. Im Abendlicht sieht er ziemlich romantisch aus. Dann zündete ich die Kerzen an, warf eine CD von Tanita Tikaram ein und servierte Martini als Aperitif.

Nach dem Small Talk folgte auf einem Silbertablett das Hauptgericht. Um das polynesische Huhn hatte ich eine Garnitur aus Tomatenröschen, Röschen aus Orangenschalen, Pfirsichhälften und Lychees drapiert. Es sah genauso aus wie in meinem Kochbuch und ich war mächtig stolz auf mich.

Der Geschmack der Hähnchenkeulen entsprach in etwa ihrer Kostümierung und wir legten mehrfach nach, während die erste Flasche kalifornischen Rotweins ihrem seligen Ende entgegenging. Anschließend brachte ich gerade so viel Mousse au Chocolat in zwei Schälchen, dass jegliches Hungergefühl bis zum nächsten Morgen eliminiert wurde, die Sattheit aber nicht in ein Völlegefühl umzuschlagen drohte.

Zum Espresso stopfte ich mir eine Pfeife.

»Schade, dass wir auf verschiedenen Seiten gekämpft haben«, sagte sie.

Ich stieß die ersten Wolken aus. »Das kann man auch positiv formulieren.«

»Und wie?«

»Schön, dass wir nicht mehr auf verschiedenen Seiten kämpfen.«

Sie lachte. »Tatsächlich, so klingt es besser.«

»Ist meine Spezialität, die positive Weltsicht«, sagte ich um die Pfeife herum. »Die negative Wirklichkeit holt einen früh genug ein.«

Wir sahen uns an, einen Moment länger, als es eine normale Gesprächssituation erfordert. Dann entkorkte ich die zweite Flasche Rotwein.

»Noch ein Glas?«, fragte ich.

Wir saßen da, tranken den Wein und genossen die positive Weltsicht. Und irgendwann war die Distanz zwischen uns geschrumpft, auf nichts weiter als das bisschen Kleidung, das wir am Leib trugen. Und auch das wurden wir los, als wir ins Schlafzimmer überwechselten.

Irgendwann später guckte sie mir tief in die Augen. »Ich bin ja so froh, dass diese ganze Geschichte vorüber ist.«

»Du meinst, dass sie *so* vorüber ist.«

Ihre Nasenwurzel drückte Erstaunen aus.

»Es hätte auch jemand anderen treffen können, nicht wahr?«, setzte ich sanft fort.

Sie rückte ein paar Millimeter von mir weg: »Wen denn?«

Es war irgendwie nicht der Ort und nicht die Gelegenheit für die Wahrheit. Ich hätte mich ohrfeigen können, dass ich damit anfangen musste.

»Natürlich weißt du, wer deinen Vater erschossen hat. Ganz bestimmt nicht Hillerich.«

Aus den Millimetern wurden Zentimeter.

»Was? Was soll das? Willst du mir Angst machen?«

Ich versuchte ein Lachen, das allerdings an einen heiseren Wellensittich erinnerte. »Hör auf, mir etwas vorzuspielen! Dein Bruder hat euren Vater gehasst. Er liebte seine Mutter, wie es Jungen in dem Alter tun, und wollte sie von dem Quälgeist befreien. Außerdem war er der Einzige, der das Gewehr nehmen und laden konnte, ohne dass dein Vater Verdacht schöpfte.«

Sie drehte sich endgültig um. Und sprach zu dem Kissen, das unter ihrem Mund lag: »Warum hast du das nicht der Polizei erzählt?«

Ich betrachtete ihren schlanken weißen Hals. Noch vor fünf Minuten hätte ich ihn ohne Bedenken geküsst.

»Warum sollte ich? Die jetzt gefundene Lösung ist doch für alle Seiten akzeptabel, oder?«

Mit heftigem Schwung kehrte sie zu mir zurück. Wenn auch mit einem ganz anderen Glanz in den Augen. »Du willst uns erpressen? Ist es das?«

»Werd bitte nicht moralisch! Du hast mich besucht und mit mir geschlafen, um mich einzuwickeln. Wie würdest du das nennen?«

Einen Moment lang dachte ich, sie würde mir die Augen auskratzen. Dann hatten wir unsere geschäftliche Grundlage wiedergefunden.

»Ich habe es geahnt«, sagte sie mit schleppender Stimme. »Ich habe es die ganze Zeit geahnt. Du weißt, dass man meinem Bruder nichts anhaben kann. Er war damals nicht mal sechzehn. Trotzdem möchten wir vermeiden, dass etwas an die Öffentlichkeit dringt. Meine Mutter bietet dir 20.000 Mark, einmalig.«

Ich schloss die Augen und dachte eine Weile nach. Ein neues Auto konnte ich schon brauchen.

In alter Freundschaft

Vielleicht ist Unglück das Kontinuum, durch das ein Menschenleben sich bewegt, und Freude nur eine Reihe von Leuchtpunkten, von Inseln im Strom.

Salman Rushdie

I

Ich trank Kaffee, rauchte Zigarillos und beobachtete eine Gruppe von Kids, die am Strand lag, eine Weinflasche kreisen ließ, herumgrölte und sich zwischendurch abknutschte.

Es war einer jener Aufträge, bei denen man nicht brillieren kann. Es galt, die verlorene Tochter zurückzuholen, soweit dies ohne Gewaltanwendung möglich war. Mami und Papi verstanden nicht, warum die missratene Tochter lieber am holländischen Strand lag, als im miefigen Vorstadtreihenhaus der migränigen Mutter bei der Hausarbeit zur Hand zu gehen. Ich verstand die Tochter, denn ich hatte Mami und Papi kennengelernt. Aber Papi zahlte mir die Spesen für diesen Ausflug nach Zandvoort, also würde ich mein Glück bei der missratenen Tochter versuchen. Allerdings erst nach Sonnenuntergang.

Ich bestellte eine warme *Schokomelk* und *Appelgeback* und las weiter in dem Krimi, den ich vorsorglich eingesteckt hatte. Eigentlich liebe ich Fälle, bei denen man dazu kommt, ein gutes Buch zu lesen.

Zwei Stunden später klappte ich das Buch zu. Die inzwischen völlig alkoholisierten Deutschen am Nachbartisch frozzelten zum wiederholten Mal über mein schwarzes Hemd, das ich anbehalten hatte, um meine empfindliche Haut nicht den grellen Sonnenstrahlen auszusetzen.

Die Kids lagen unverändert am Strand. Jetzt stand Tanja auf und stakste in meine Richtung. Offensichtlich wollte sie das Klo des Strandcafés benutzen.

Eine günstige Gelegenheit, musste ich mir selber zugestehen, obwohl die Sonne noch eine Handbreit vom Horizont entfernt war.

Ich wartete, bis sie ihr Geschäft erledigt hatte, und stellte mich in den Weg. »Hallo, Tanja!«

Sie kniff die Augen zusammen und überlegte angestrengt.

»Wer sind Sie?«, artikulierte sie etwas mühsam.

»Ich heiße Georg Wilsberg und bin Privatdetektiv. Deine Eltern haben mich beauftragt, dich zu suchen.«

»Scheißoldies«, sagte sie.

Ich nickte verständnisvoll.

»Scheißbulle«, sagte sie.

Diesmal nickte ich nicht. »Mir persönlich ist es egal, ob du mitkommst oder nicht. Ich mache dich aber darauf aufmerksam, dass deine Eltern dir und deinen Freunden die Polizei auf den Hals hetzen werden, wenn du mich nicht freiwillig begleitest.«

»Arschloch«, sagte sie.

»Ist das dein letztes Wort? Denk daran, dass deine Freunde keinen Stress haben werden, wenn du jetzt sofort mitkommst.«

Sie machte den Mund auf und schloss ihn wieder. Dann versuchte sie, einen klaren Gedanken zu fassen. Nach zwei Minuten leichten Hin- und Herschwankens und Denkfalten auf der Stirn war sie soweit. »Okay. Ich komme mit.«

Ich bezahlte rasch und packte sie in mein Auto, bevor sie es sich anders überlegen konnte. Sie rülpste laut und eine giftige Rotweinwolke nahm mir fast den Atem. Kurz hinter Heemstede war sie schon eingeschlafen.

Zwei Kilometer vor Amsterdam wachte sie wieder auf.

»He, Bulle, wo sind wir hier?«

»In Amsterdam.«

»Eh, das ist geil. Lass uns reinfahren, ja?«

»Eigentlich wollte ich direkt nach Münster …«

»Nur ganz kurz, bitte, bitte!« Sie setzte ein Lächeln auf, bei dem jeder Mann über zwanzig sofort väterliche Gefühle bekommen hätte, und plinkerte mich mit teddybärbraunen Augen an. »Ich will auch ganz brav sein, ehrlich.«

Wegen ihrer Dracheneltern willigte ich ein.

Sie strahlte: »Mann, Bulle, du bist ja gar nicht so blöd, wie du aussiehst.«

Ich parkte am Rokin und wir schlenderten zum Dam hinauf, wo die Haschtouristen ihre Krümel teilten.

»Hast du heute schon was gegessen?«, erkundigte ich mich.

»Zwei Mars.«

»Was hältst du von einem chinesischen Essen?«

»Wär echt geil.«

Am Rande des Rotlichtbezirks gibt es ein paar chinesisch-indonesische Restaurants. Ich wählte eins mit Blick auf eine Gracht und bestellte eine indonesische Reistafel für zwei Personen, dazu eine Kanne Jasmintee für mich und ein großes Bier für Tanja. Nach ihrem Hunger zu schließen, ernährte sie sich schon seit Längerem von Rotwein und Mars.

»Wieso bist du Bulle geworden? Konntest du nichts Anständiges lernen?«, fragte sie, während sie an einem Satéstäbchen knabberte.

»Erstens bin ich nicht Bulle, sondern Privatdetektiv«, gab ich zurück.

»Bulle, Privatdetektiv, wo ist da der Unterschied?«

»Ein Bulle arbeitet für den Staat, ich arbeite für mich selbst. Zweitens habe ich tatsächlich was Anständiges gelernt, ich war nämlich mal Rechtsanwalt.«

»Ist das nicht ein Abstieg?«

Ich überlegte, ob ich ihr die ganze Wahrheit meiner beruflichen Rückschläge erzählen sollte, entschied dann aber, dass sie dafür noch zu jung war. »Heute sagt mir niemand, was ich zu tun und zu lassen habe, das reicht mir.«

»Und mein Vater? Hat er dir nicht gesagt, dass du mich suchen sollst?«

»Was ist daran schlecht, die Tochter von jemandem zu suchen? Ich hätte dich ja nicht gezwungen, mitzukommen.«

Sie schien nachzudenken. »Was haben sie dir über mich erzählt? Dass ich eine verlogene, versoffene, kleine Nutte bin?«

»Nicht mit diesen Worten, aber sinngemäß.«

Sie lachte verächtlich. »Meine Oldies. Immer brav und anständig. Was meinst du, wann er zum letzten Mal auf sie draufgeklettert ist? Warte mal, das muss vor siebzehneinhalb Jahren gewesen sein, denn in drei Monaten werde ich siebzehn. Seitdem sehen sie sich nur noch am Küchentisch. Ein Scheißleben ist das. Kein Wunder, dass meine Mutter dauernd Migräne hat.«

Eine Weile ließ sie sich über das unappetitliche Eheleben ihrer Eltern aus. Hätte ich mir damit nicht meine Prämie vermasselt, wäre ich beinahe geneigt gewesen, sie wieder am Strand auszusetzen.

Nachdem sie das letzte Reiskorn aufgepickt hatte, gingen wir. Ausgemergelte Heroingestalten huschten an uns vorbei und selbstbewusste Huren führten ihre Hunde spazieren.

Ich sagte: »Wenn du die Klappe hältst und deinen Eltern nichts davon erzählst, lade ich dich zu einem Joint ein.«

Sie schüttelte die fettigen schwarzen Locken. »Mann, Bulle, du bist ja voll drauf.«

Der Kellner zeigte uns seine Kollektion und ich kaufte ein Zehn-Gulden-Piece Libanese. Das Drehen überließ ich Tanja, denn ich war ein bisschen aus der Übung. Zum ersten Mal fiel mir auf, dass sie ein schönes, leicht orientalisches Gesicht hatte.

»Können wir nicht hierbleiben?«, fragte sie nach dem dritten Zug. »Du und ich, in einem kleinen gemütlichen Hotelzimmer?« Sie setzte ein Lächeln auf, das sie wohl für besonders verführerisch hielt.

Ich schüttelte den Kopf.

»Du bist eben doch nur ein Bulle, bah!« Der Joint flog auf den Tisch und zwei Sekunden später war sie die Wendeltreppe hinuntergesaust.

»He, Tanja, lass doch den Scheiß!«, rief ich und sauste hinterher. Niemand trat mir in den Weg, obwohl mich vermutlich alle für einen Kinderschänder hielten.

Ich verfolgte sie ein paar Straßen weit, unter den Blicken der leicht bekleideten asiatischen und holländischen Mädchen, die in rot erleuchteten Fenstern saßen. Dann gab ich auf.

II

In derselben Nacht fuhr ich nach Münster zurück. Tanja konnte meinetwegen bleiben, wo sie wollte. Und ihre Eltern sollten sich den Gedanken aus dem Kopf schlagen, dass aus ihr eine brave Tochter zu machen sei. Genau das würde ich dem Ekelpaket von Vater erzählen: ›Warum, glauben Sie, ist Tanja weggelaufen? Weil es in der Kühlkammer des Schlachthauses gemütlicher ist als in Ihrem trauten Heim.‹ Vielleicht würde ich auch gar nichts sagen. Schließlich war das Ganze nicht mein Problem. Jeder hat ein Recht darauf, unglücklich zu sein.

Der letzte Gedanke kam mir irgendwie bekannt vor. Gab es nicht ein Buch mit diesem Titel? Wenn nicht, war es an der Zeit, dass einer dieser Pseudo-Lebenshelfer mit rudimentären Psychologie-Kenntnissen sich dransetzte, einen Bestseller für demoralisierte Studenten, frustrierte akademische Hausfrauen und midlifekrisengeschüttelte Studienräte zu schreiben: *Recht auf Unglücklichsein*, Untertitel: *Wie gebe ich mir den Rest?* Wäre ich nicht ein angesehener Privatdetektiv und ein halbwegs erfolgreicher Ladenbesitzer, ich könnte glatt zum Bestsellerautor werden.

Bei Enschede wurde das Loch im Auspuff größer und der ohrenbetäubende Lärm verdarb mir ein bisschen die Freude an meinen hochfliegenden Gedanken.

Nach einem ausgedehnten Frühstück besuchte ich am Nachmittag meinen Laden. Willi bevorzugt zwar die Bezeichnung Kaufhaus, aber ich sage das nur, wenn ich mit

Kunden und Lieferanten rede. Und das geschieht in letzter Zeit immer seltener, denn Willi hat praktisch die alleinige Leitung übernommen. Genauer gesagt, er ist der von mir eingesetzte Geschäftsführer.

Das Briefmarken- und Münzgeschäft, das ich seinerzeit zusammen mit meinem Detektivbüro am Roggenmarkt laufen hatte, war in eine Phase der Stagnation gefallen. Und da Stagnation im Geschäftsleben bekanntlich Rückschritt bedeutet, hatten Willi und ich uns zusammengesetzt und überlegt, was zu tun sei. Letztlich war Willi auf die glorreiche Idee mit dem Zweite-Hand-Kaufhaus gekommen. Komplettes Angebot von Damen- und Herrenbekleidung, Elektronik und Haushaltsgeräte, nur eben nicht Neu-, sondern Gebrauchtwaren. Selbstverständlich blieben die Briefmarken und Münzen ein zentraler Bestandteil des Warensortiments. So konnten unsere Stammkunden mit hinübergezogen werden und gleichzeitig das eine oder andere Schnäppchen aus unseren anderen Abteilungen mit nach Hause nehmen. Dachten Willi und ich zumindest. Tatsächlich war ein Teil der älteren Männer, die früher meinen Laden bevölkert hatten, von der sachlichen Kaufhausatmosphäre wenig angetan. Der einbeinige Erwin und der halbtaube Otto kamen nur ein paarmal, dann blieben sie auf immer weg. Später sah ich sie am Ludgeribrunnen stehen und finstere Blicke in Richtung des alten Ladens werfen.

Natürlich mussten wir umziehen. Die Lage am Roggenmarkt, in der Verlängerung von Münsters Prachtstraße Prinzipalmarkt, war zwar optimal, aber der Quadratmeterpreis viel zu hoch, um eine entsprechende Verkaufsfläche zusätzlich anzumieten. Also waren wir ins billigere Bahnhofsviertel umgezogen, wo wir ein zweistöckiges Nachkriegsgebäude günstig übernehmen konnten. Im Winter fällt gelegentlich die Heizung aus, und die Wände sind so schlampig gebaut, dass sie schon beim kleinsten Erdbeben zusammenklappen würden. Allerdings hat es meines Wissens in Münster noch nie ein Erdbeben gegeben.

Auf Anraten meines Steuerberaters hatte ich eine GmbH gegründet und dabei, auf den ersten Blick ganz uneigennützig, Willi einen zehnprozentigen Anteil geschenkt. Ein kluger Schachzug, wie ich mir heute zugestehen muss, denn Willi brach daraufhin sein Sinologiestudium im 33. Semester ab und stürzte sich voll in die Arbeit.

Ich parkte im eingeschränkten Halteverbot und näherte mich über die Achtermannstraße. Nachts knallen einem schon von Weitem die lilafarbenen Neonröhren ins Auge. Auch jetzt, bei Tageslicht, kam der riesige Schriftzug *Zweite-Hand-Kaufhaus* gut zur Geltung.

Im Erdgeschoss läuft man direkt in die Münzen- und Briefmarkenabteilung. Darauf hatte ich bei der Planung bestanden. Kleidung gibt's in der ersten Etage und der zweite Stock wird von der Verwaltung und meinem Detektivbüro eingenommen.

Willi saß vor dem Computer und hämmerte mit zwei Fingern auf der Tastatur herum.

»Dass du dich auch mal wieder sehen lässt«, sagte er, ohne aufzublicken.

»Ich war in Holland«, erinnerte ich ihn.

»Und? Hast du den Punkie erwischt?«

»*Die* Punkie. Ich hab sie erwischt und sie ist mir entwischt.«

Er ließ das Gerät in Ruhe. »Du meinst, du hast sie am Strand getroffen und sie hat gesagt: ›Leck mich!‹«

»So ähnlich«, gestand ich. »Vorher waren wir noch in Amsterdam chinesisch essen.«

»Erklär das mal dem Vater!«, sagte Willi und fuhr den Ledersessel, Modell Boss, einen halben Meter zurück. »Der hat heute schon zwei Mal angerufen. Ich bin's langsam leid, deine Klienten abzuwimmeln. Beim nächsten Mal gebe ich ihm deine Privatnummer.«

»Untersteh dich!«, sagte ich. »Es kann ihm im Moment nichts Besseres passieren, als im eigenen Saft zu schmoren. Vielleicht fragt er sich dann, was er mit seiner Tochter falsch gemacht hat.«

»Wer so eine fiese Stimme hat«, schnaubte Willi, »der ist über jeden Selbstzweifel erhaben.«

»Möglich«, gab ich zu. »Dann lass mir wenigstens ein bisschen Zeit, damit ich vor der schicksalhaften Begegnung Mut schöpfen kann. Wenn er noch mal anruft, sag ihm, ich wär in Holland und würde eine heiße Spur verfolgen. Spätestens morgen Abend bekäme er von mir einen ausführlichen Bericht.«

Willi zuckte mit den Schultern. »Ich bin ja nur dein kleiner Geschäftsführer. Es steht mir nicht zu, die weisen Ratschlüsse meines Herrn und Meisters zu kritisieren.«

»Da wir schon beim Geschäftlichen sind«, lenkte ich ab, »wie läuft's denn?«

Willi fuhr wieder an den Computer heran und tippte ein paar Befehle ein. Auf dem Bildschirm erschien eine Statistik.

»Im Vergleich zum Vormonat ist der Umsatz um 2,7 Prozent gestiegen. Das kann natürlich am schlechten Wetter in der letzten Woche liegen. Bei schlechtem Wetter bummeln die Leute ausgiebiger. Andererseits ist der Umsatz der Kleiderabteilung überproportional gestiegen. Seitdem wir Werner in die Wüste geschickt haben, geht's mit der Kleiderabteilung rapide aufwärts. Cilly ist einfach Spitze. Die weiß, was die Leute tragen wollen. Werner war völlig hinter dem Mond. Der hat noch Fünfzigerjahre eingekauft, als die Kids längst in den Sechzigern waren. Wenn man nicht weiß, wo der Trend läuft, ist man verraten und verkauft. Warum haben wir ihn nicht viel früher rausgeschmissen?«

»Ich fand ihn nett«, protestierte ich halbherzig.

»Nett, nett«, grummelte Willi. »Nettigkeit alleine reicht nicht. Unsere Abteilungsleiter müssen was drauf haben. Ich sage dir, wenn wir bei der Auswahl unseres Personals nicht härtere Kriterien anlegen, kommen wir nie auf einen grünen Zweig.«

»Wie hat Werner das verkraftet?«, erkundigte ich mich.

»Den Job in der Auslieferung wollte er nicht. Also haben wir uns auf eine Abfindung geeinigt.« Willi drückte auf eine Taste: »Was die Umsatzanteile angeht: Hier siehst du das Ganze als Tortendiagramm.«

Tatsächlich sah ich so etwas Ähnliches wie eine Torte, mit roten, blauen, gelben und grünen Stücken.

Willi zeigte auf das rote Stück: »Das da ist die Kleiderabteilung. Und das ...«, sein Finger wanderte zum grünen Stück, »... sind die Münzen und Briefmarken. Umsatzmäßig seit Monaten rückläufig. Die zentrale Lage im Erdgeschoss scheint mir nicht länger gerechtfertigt.«

»Auf keinen Fall wird daran etwas geändert«, sagte ich mit erhobener Stimme. »*Meine* Münzen und *meine* Briefmarken bleiben, wo sie sind.«

»Aber ...«

»Sie bleiben«, entschied ich. »Vielleicht muss die Schaufensterdekoration geändert werden. Und in unserer Werbekampagne scheinen sie mir auch nicht ausreichend berücksichtigt.«

Willi zog die Augenbrauen hoch. Als er noch in seiner esoterischen Phase war, Schamanismus und Astrologie betrieb, hatte ich mich besser mit ihm verstanden. Aber vermutlich wäre er damals als Leiter eines Kaufhauses völlig ungeeignet gewesen. »Wie du meinst«, sagte er mit leichter Bitterkeit.

»Ich gehe in mein Büro«, verkündete ich. »Die Post der letzten Tage durchsehen.«

»Übrigens, Carlo Ponti hat nach dir verlangt«, rief er mir nach.

Ich drehte mich um. »Wer?«

»Carlo Ponti. Die Szene-Größe. Die lebende Musiker-Legende. Der Discotheken-Mogul.«

Natürlich kannte ich Carlo Ponti. Wer kannte ihn in Münster nicht? »Und was wollte er?«

»Mit dir reden. Möglichst vorgestern, wenn ich ihn richtig verstanden habe.«

»Ein Auftrag?«

»Was weiß ich? Ich bin mit meinem Kram schon genug beschäftigt. Wenn du mich fragst, solltest du endlich eine eigene Sekretärin einstellen. Es ist ein Unding, dass deine Detektivgeschichten immer zu mir durchgestellt werden.«

»Ich frag dich aber nicht«, sagte ich. »Falls mich jemand sucht: Ich bin bei Carlo Ponti.«

»Ich werd's Tanjas Vater sagen«, höhnte Willi.

Irgendwie hatte sein Charakter gelitten, seitdem er Manager geworden war.

Carlo Pontis Reich liegt an der Steinfurter Straße, einer vierspurigen Ausfallstraße, die die westfälische Provinzmetropole mit so unbedeutenden Käffern wie Burgsteinfurt, Ahaus und Gronau verbindet. Hier hatte Ponti der Stadtverwaltung ein altes Hallenbad abgekauft und daraus eine Art Vergnügungscenter gemacht, mit einer Kneipe, einem Restaurant und – als Clou des Ganzen – einem wechselweise als Konzerthalle oder Discothek zu verwendenden Saal anstelle des alten Schwimmbassins. Ein geschickter Innenarchitekt hat einen Touch von Badeanstalt erhalten (der Boden der Tanzfläche ist hellblau gekachelt), und deshalb heißt der Komplex, für alle Vergnügungssüchtigen aus Münster und Umgebung ein Begriff: *Bad.*

Carlo Ponti ist natürlich ein Künstlername. In den Siebzigern spielte Carlo als Schlagzeuger in den Bands von mehreren mittleren Rock-Größen. Später machte er auch vor seichten Schlageraffen nicht halt und so verdiente er sich eine goldene Nase. Seine künstlerische Leistung blieb vor allem unter Musikkritikern umstritten. Einige meinten, er habe halt das Glück gehabt, zufällig an der richtigen Stelle gewesen zu sein, als sich Rio Reiser und Herbert Grönemeyer nach einem Schlagzeuger umguckten. Sicher aber war Carlo Ponti clever genug, um nicht bis zur vorgezogenen Rente durch immer kleinere Konzertsäle zu tingeln. Rechtzeitig hatte er sich in Münster eine zweite Existenz aufgebaut, wahrscheinlich aus Heimatverbundenheit, denn er stammte aus einem winzigen Dörfchen im Emsland, jenem unsäglich tristen und langweiligen Landstrich, der nördlich von Münster beginnt und irgendwann abrupt ins Meer kippt.

Nur gelegentlich stieg Carlo Ponti noch auf die Bühne. Und dann und wann begleitete er einen Rock-Opa auf der allerletzten Abschiedstour. Er machte das weniger aus finanziellen Gründen, mehr, um seinen Ruf als Musikerlegende wach zu halten. Der war die halbe Marketingstrategie fürs *Bad*.

Ich wusste das übrigens, weil ich Carlo Ponti, noch in meiner Zeit als Rechtsanwalt, in einem Unterhaltspflichtprozess vertreten hatte. Wir gewannen – aufgrund der Blutuntersuchung. Und Carlo Ponti erzählte mir pausenlos von seinem ereignisreichen Leben. Ein anderes Thema kannte er nicht.

Ich parkte vor dem *Bad* und umkurvte zu Fuß den Gebäudekomplex, da die Büros auf der Rückseite lagen. Im Vorzimmer traf ich eine Dame im Tigerlook, die aussah, als würde sie Schreibmaschinen nur aus Fernsehserien kennen, und Hajo Gries. Hajo war Carlos rechte Hand und generell für alles verantwortlich, was der große Zampano verbockt hatte.

»Gut, dass du kommst«, sagte Hajo. »Carlo wartet schon auf dich.«

Durch die Seitentür betraten wir eine Mischung aus Garderobe und Chefzimmer. Auf dem Boden lagen diverse Musikinstrumente, wie von einem nervösen Musiker in der Aufwärmphase für sein Konzert verstreut, und an einer Seite prangte ein echter Schminktisch mit Spiegel und zwanzig Glühbirnen drum herum. Den Kontrast dazu bildete ein überdimensionaler Schreibtisch im Jugendstil. Hinter dem Schreibtisch stand ein beinahe ebenso imposanter Sessel und auf diesem flegelte sich Carlo Ponti. Er trug Jeans und die obligatorischen Turnschuhe, die zusammen mit den Füßen auf dem Schreibtisch lagen. Die langen und schon etwas dünnen Haare wurden durch ein Stirnband aufgemotzt, der Dreitagebart ging nahtlos in die wallende Brustbehaarung über, die aus dem bis knapp über dem Bauch geöffneten Holzfällerhemd quoll.

Carlo Ponti telefonierte.

Ich setzte mich in einen der Sessel vor dem Schreibtisch und wartete. Carlo schenkte mir ein knappes, aber gnädiges Lächeln. Er quatschte eine Viertelstunde und drückte dabei die Gage für den Auftritt einer Newcomer-Band um 2.000 Mark.

»Völlig verrückt«, sagte er anschließend zu mir. »Diese Agenten glauben, wenn ihre Bubis eine Goldene Platte gemacht haben, können sie jeden Schweinepreis verlangen. Aber nicht mit mir.«

Carlo Ponti ging stramm auf die fünfzig zu, sah aber kaum älter aus als Mick Jagger.

»Hajo, lass uns allein!«

Hajo verschwand wortlos und Carlo nahm die Füße vom Schreibtisch.

»Lange nicht gesehen. Wie geht's denn so, Schorsch?«

»Gut«, sagte ich.

»Immer noch im Detektivgeschäft? Mit der Kamera klick, klick machen, wenn der Chef seine Sekretärin vernascht?« Er lachte, als hätte er einen Witz gemacht.

»Ehegeschichten gibt's kaum noch. Die meisten Fälle drehen sich um Versicherungsbetrug und Wirtschaftskriminalität.«

»Wirtschaftskriminalität, so so.« Er ließ das Wort auf der Zunge zergehen. »Hast du nicht selber so 'n Dingsda, so 'n Secondhand…«

»Kaufhaus«, ergänzte ich. »Klar, damit verdiene ich mein Geld. Die Detektivarbeit betreibe ich als Hobby. Umsatzstatistiken machen mich auf Dauer depressiv.«

»Mann, wie ich dich verstehe«, lachte er. »Glaubst du, mir macht das Spaß, den Laden hier in Schuss zu halten? Aber kaum bin ich mal vierzehn Tage auf Tour, geht alles drunter und drüber. Hajo ist ein netter Kerl, ihm fehlt bloß der Überblick. Wenn ich nicht alles selber mache …«

Er stand auf, wanderte durch den Raum und hob eine Gitarre auf. Selbstvergessen spielte er den Refrain eines Klassikers.

»Ab und zu muss ich raus aus dem Money-Making-Trouble. Back on stage. Wenn der erste Spot angeht, fliegst du ab. Zwei Stunden Show sind besser als vier Wochen Kur, sag ich dir. Mein Gott, wenn das nicht wäre, ich hätte mich längst erschossen. Ehrlich.«

Langsam kehrte er zu mir zurück. »Schorsch, ich brauche dich.«

»Wofür?«

»Ich brauche dich als Detektiv. Ich brauche deine Schnüfflerqualitäten. Du sollst für mich spionieren.«

»Und was soll ich schnüffeln?«

»Ich werde bestohlen. Ausgenommen wie eine Weihnachtsgans.«

»Von wem?«

Ich bekam einen Schlag vor die Schulter.

»Schorsch, wenn ich das wüsste, bräuchte ich dich doch nicht, oder?«

»Was wird geklaut?«

»Alles. Alles, was nicht niet- und nagelfest ist. Hauptsächlich Anlagenteile. Aber auch Musikinstrumente. Sachen aus den Musikergarderoben. Klar, das meiste gehört nicht mir. Die Bands bringen ihre eigene Anlage mit oder leihen eine vor Ort. Aber die Jungs sind sauer auf mich, verstehst du. Sie sagen: Carlo, wie kann das passieren? In deinem Laden? Einige Anlagen-Verleiher wollen gar nichts mehr hierhin stellen, Schorsch, das macht mich fertig. Ich kann nicht mehr.«

Zur Demonstration ließ er sich in den Sessel fallen.

»Du hast doch deine Aufpasser«, hakte ich nach. »Die stehen an allen Ein- und Ausgängen. Wie soll da jemand mit einem Anlagenteil vorbeikommen?«

Theatralisch verdrehte er die Augen. »Ich weiß es nicht. Es ist mir ein Rätsel.« Er senkte die Stimme zu einem Flüsterton, der trotzdem bis in die letzte Reihe gedrungen wäre. »Die einzige Möglichkeit, die *ich* sehe, ist ein verdammter Scheißdieb unter meinen eigenen Leuten. Oder zwei. Der eine steht an der Tür, der andere trägt's raus. Wusch.« Er fuhr mit der Handkante über den Schreibtisch. »So einfach ist das.«

»Hast du Nachforschungen angestellt?«

»Woher denn? Wenn einer was wüsste und sagen wollte, wäre er doch zu mir gekommen, oder? Soll ich rumschleichen oder mir hinter einem Vorhang Plattfüße in den Bauch stehen?«

»Wenn ich dich richtig verstehe, erwartest du von mir so was Ähnliches.«

»Bei dir ist das was anderes«, sagte er mit Überzeugung. »Außerdem: Dich kennt keiner. Du fällst nicht auf.«

»Was ist mit Hajo?«, fragte ich.

»Was soll mit ihm sein?«

»Steht er unter Verdacht?«

Carlo amüsierte sich. »Ach was, Hajo doch nicht. Hajo ist ein Engel. Ein blinder Engel zwar, aber …«

»Und er hat auch keine Ahnung, wer der Dieb sein könnte?«

Carlo schüttelte den Kopf. »Wahrscheinlich würde Hajo nicht mal merken, wenn ihm einer die Hose klaut.«

»Weiß er, weswegen ich hier bin?«

»Nein, ich habe ihm nur gesagt, dass du vorbeikommst.«

»Gut, sag ihm auch in Zukunft nichts. Außer, dass er die Klappe halten soll, wenn ihn jemand nach mir fragt.«

Carlo machte große Augen. »Was hast du vor?«

»Du stellst mich ein. An der Bar. Oder, besser noch, als Bierglaseinsammler, da habe ich mehr Bewegungsfreiheit.«

»Undercoveragent, sozusagen«, staunte Carlo.

»Im Prinzip«, gab ich ihm recht.

Carlo strahlte. »Schorsch, ich wusste, dass du was drauf hast. Wann willst du loslegen? Übermorgen wäre eine günstige Gelegenheit. Da kommt Udo Lindenberg und ich selber geh an die Drums. Dann wird die Bude rappelvoll. Udo ist immer noch ein Renner.«

»Ich fang schon morgen an.«

»Warum? Morgen ist stinknormale Disco. Da wird bestimmt nichts geklaut.«

»Damit meine Kollegen mich kennenlernen. Übermorgen sind sie dann weniger misstrauisch.«

Carlo tippte sich an den Kopf. »Du bist der Detektiv. Mann, von dir kann ich was lernen.«

Plötzlich verdüsterte ein Gedanke sein Gesicht: »Aber, halt mal: Normalerweise stellt Hajo die Leute ein. Ist das nicht ein bisschen auffällig, wenn ich jetzt persönlich …?«

»Sag ihm einfach, ich sei ein alter Freund von dir und du würdest mir damit einen Gefallen tun.«

»Klar. So wird's gehen. Ja, Schorsch, sind wir uns einig, wie?«

»Nicht ganz«, widersprach ich. »Wir müssen noch meine Gage aushandeln.«

Es wurde ein harter Poker, aber schließlich einigten wir uns auf 300 Mark pro Abend, plus 5.000 Mark Prämie, falls ich den Dieb erwischen sollte.

III

Ich hatte ein Ölbad genommen, mich ausgiebig mit Fettcreme eingeschmiert und verfolgte gerade live eine Geiselnahme in den *Tagesthemen,* als das Telefon klingelte.

»Georg Wilsberg«, sagte ich unwirsch.

»Hallo Georg«, keuchte eine atemlose Stimme. »Hier ist Armin.«

»Armin, wer?«, fragte ich noch unwirscher.

»Armin Hinz. Dein alter Kumpel. Weißt du nicht mehr, wie wir zusammen das Rektorat der Uni gestürmt haben? Basisgruppe FROST.«

Mir dämmerte etwas. »Armin, mein Gott, das ist ja schon mindestens ...«, ich rechnete, »... dreizehn oder vierzehn Jahre her. Sag bloß, du warst die ganze Zeit in Münster?«

»Nein, ich war lange Zeit in Hamburg und Köln. Aber seit einem halben Jahr wohne ich wieder in Münster.«

»Und Ines? Bist du immer noch mit ihr ... zusammen?«

Ein Knacken in der Leitung. »Ja, weißt du ...« Dann eine Pause. Und entschlossener: »Das ist der Grund, weswegen ich anrufe.«

Ich vergaß endgültig die Geiselnahme.

Nach ein paar Sekunden sprach er zögerlich weiter: »Wir waren eigentlich die ganze Zeit ein Paar. Es gab Kräche, das ist normal. Wir hatten hier und da mal was anderes laufen, sind vorübergehend auseinandergezogen. Aber uns beiden war immer bewusst: Wir gehören zusammen.«

Ich sagte noch immer nichts.

»Nur, heute Abend, also, da ist etwas passiert. Und weil

ich in Münster keinen mehr kenne, zu dem ich Vertrauen habe, und weil du damals mit Ines ... Mensch, Georg, ich kann dir das nicht am Telefon sagen.«

»Okay«, sagte ich. »Komm vorbei! Ich wohne in der Raesfeldstraße.«

»Tut mir leid, aber ich glaube, ich habe nicht mehr genug Geld für ein Taxi. Ich bin ziemlich planlos durch die Stadt gelaufen und hier im *Nuit blanche* gelandet. Und jetzt ...«

Ich warf einen Blick auf den Fernseher. Da war man bereits beim Wetter von morgen.

»Es ist sehr, sehr wichtig, Georg. Sonst würde ich dich doch nicht anrufen.«

Das *Nuit blanche* war eine Disco am Servatiiplatz. Sie war nicht besonders groß und nicht besonders hell. In dem schummrigen Licht versprachen die Mädchen über fünf Meter Entfernung Dinge, die sie im Vorübergehen nicht mehr halten konnten. Ich lehnte mich an die Theke und bestellte ein Bier. Von Armin keine Spur.

Nach dem dritten Schluck sah ich ihn hereinkommen. Er hatte eine entfernte Ähnlichkeit mit dem Armin, den ich kannte. Das ehemals lockige Haar war zu einer Bürste, der Vollbart zu einem Schnurrbart für aufstrebende Sparkassenangestellte zusammengeschnitten. Statt der dreckigen Jeans und dem zerfetzten Sweatshirt trug er einen schwarzen Leinenanzug und ein Paisley-Hemd. Er sah bleich und abgekämpft aus.

»Ich war grad mal draußen, ein bisschen frische Luft schnappen«, schrie er nach der knappen Begrüßung.

»Lass uns in die Ecke gehen, da ist es etwas ruhiger«, brüllte ich zurück.

Wir hockten uns an die Wand und ich bemerkte, dass seine Hände zitterten.

»Georg, du musst mir helfen«, sagte er in etwas ruhigerem Tonfall, die Lautsprecher erreichten uns hier nur indirekt.

»Das hat heute schon jemand zu mir gesagt«, gab ich zurück. »Ich hoffe, du hast keinen Auftrag für mich, ich bin nämlich bereits engagiert.«

»Nein, nein, es geht um einen Gefallen. Sprich mit Ines!«

»Warum?«

Er betrachtete intensiv seine kurz geschnittenen Fingernägel. »Wir haben uns heute gestritten. Und wie das so ist, ein Wort gibt das andere und … Jedenfalls: Sie ist abgehauen.«

»Klingt nicht sehr ungewöhnlich.«

»Heute war es anders. Ich habe die Nerven verloren. Und dann habe ich – zugeschlagen.« Die Fingernägel wurden ihm langweilig, und er nahm sich einen Bierdeckel vor. »Ich weiß, ich habe einen großen Fehler gemacht. Es tut mir ja auch leid. Aber nun ist es passiert und ich möchte, dass sie erfährt, wie sehr ich es bereue.«

»Warum sagst du es ihr nicht selbst?«

»Ich weiß nicht genau, wo sie ist. Außerdem wäre es vielleicht besser, wenn du …«

Mir schmeckte das Bier nicht mehr. »Hör mal, Armin, als Eheberater bin ich denkbar ungeeignet. Ich vertrete nämlich die Meinung, dass ein Paar seine Beziehung selber regeln sollte. Entweder trennt ihr euch oder ihr vertragt euch wieder. Ist mir beides recht. Mit anderen Worten: Es geht mich nichts an.«

Armin nahm allen Mut zusammen und guckte mir in die Augen: »Du warst doch selber mal mit Ines befreundet.«

»Eben. Dann hat sie sich leider in dich verliebt. Und ich habe euch beide vergessen – bis vor einer Stunde.«

Er blieb hartnäckig: »Ich verstehe dich. In tausend anderen Fällen würde ich dir recht geben. Aber dieser ist die große Ausnahme. Ich bin noch nie so ausgerastet. Und ich habe das Gefühl, die Sache muss noch heute Abend geklärt werden, oder ...«, seine Stimme brach, »... es ist für immer vorbei.«

»Und was soll ich deiner Meinung nach tun?«, hakte ich nach. »Durch die Straßen laufen, die Hotels absuchen?«

»Ich habe eine Ahnung, wo sie ist. Bei ihrer Freundin Claudia.«

Das überzeugte mich noch weniger. »Armin, wenn du weißt, wo sie ist, geh hin und red mit ihr! Ich mochte Ines wirklich und ich würde sie liebend gern wiedersehen. Aber nicht unter diesen Umständen.«

Er griff nach meinem Arm. »Es hätte keinen Zweck, wenn ich hingehen würde. Ich weiß es, ich fühle es. Du musst mir helfen, nur dieses eine Mal. Alles, worum ich dich bitte, ist: Fahr zu dem Haus von Claudia und sprich mit Ines. Sag ihr, wie leid es mir tut. Falls sie nicht da sein sollte, ist die Sache für dich erledigt.«

Der Bungalow stand in einer ruhigen Nebenstraße auf der Sentruper Höhe. Im Haus brannte Licht, und die Ausfahrt wurde von einem rostigen Golf versperrt.

Auf mein dreimaliges Klingeln regte sich nichts. Und irgendein blödes Gefühl in meinem Hinterkopf brachte mich dazu, den Gartenzaun zu übersteigen und die Rückseite des Bungalows in Augenschein zu nehmen. Dazu musste ich eine verwilderte Wiese durchqueren, die den Nachbarn vermutlich Grund zum ständigen Ärger gab. Dann stand ich auf einer Terrasse vor einer Tür, die einen Spaltbreit offen war. Ein C-Film hätte das nicht klischeehafter arrangieren können.

Ich hielt den Atem an und lauschte. Nicht mal die Idee eines Geräusches drang nach außen. Hinter der Terrassentür lag ein hell erleuchtetes Wohnzimmer. Es war geschmackvoll eingerichtet und mehrere halb volle Gläser zeigten an, dass das Gebiet noch bis vor Kurzem von menschlichen Wesen bevölkert worden war.

Ich wiederholte die Prozedur mit dem Luftanhalten zweimal, bevor ich an dem Griff zog und die Tür sanft in ihrem Scharnier bewegte. Der nächste Schritt erfüllte den Straftatbestand des Hausfriedensbruchs. Ich ging wie auf Eiern, bereit, beim leisesten Geräusch aus dem Haus zu flüchten. Wenn nur nicht dieses fürchterliche Gefühl gewesen wäre, das mein Gehirn aushöhlte wie ein Termitenstamm einen harmlosen Pfahlbau.

Im ganzen Haus brannte Licht. Im Flur genauso wie in der Küche, die ein halbes Stockwerk über dem Wohnzimmer lag. Links von der Küche befand sich ein Arbeitszimmer und rechts ein Schlafzimmer mit einem riesigen Bett und auf Schlafzimmerstärke eingestellten Halogenleuchten. Vor dem Bett lag eine Frau.

Bevor ich den Blutfleck an ihrem Hinterkopf sah, wusste ich, dass sie tot war. Vielleicht wegen der merkwürdig verrenkten Haltung, in der sie auf dem Boden lag, vielleicht wegen der unglaublichen Stille, die nur in Zimmern mit Toten herrscht. Jedenfalls wusste ich, dass sie tot war. Ich beugte mich trotzdem hinab und fühlte nach ihrem Puls. Die Hand war noch warm und kein bisschen steif.

Die Tote trug einen gestreiften Pyjama und mittellanges schwarzes Haar. Ich drehte den Kopf soweit, dass ich das Gesicht sehen konnte. Zwei starre Augen glotzten mich an. Der Tod begann das vormals sanfte Gesicht zu modellieren. Noch vor einer oder zwei Stunden war sie schön gewesen, jetzt war sie tot.

Ich merkte, wie mein Kreislauf durchsackte, und kniete mich hin. Alles, was ich längst vergessen glaubte, wurde wieder wach. Sie war mal die Frau meines Lebens gewesen, eine viel zu kurze Zeit lang.

Eine Ewigkeit oder zehn Sekunden später stand ich mühsam auf. Ich musste etwas tun. Irgendetwas Sinnloses wie die Polizei anrufen.

IV

Klaus Stürzenbecher sah übermüdet und verärgert aus. Sein schlecht sitzender Anzug und die wie eine Wetterfahne herabhängende Krawatte wirkten wie der stumme Protest eines Beamten gegen zu niedrige Bezahlung und zu lange Arbeitszeiten. Stürzenbecher war Hauptkommissar bei der münsterschen Kriminalpolizei und so etwas wie ein alter Bekannter von mir. Seitdem ich ihm einmal aus der Patsche geholfen hatte, konnte ich auf seine Loyalität zählen. Was er schon mehr als einmal bereut hatte.

»Wo ist sie?«, fragte er, ohne sich mit der Begrüßung aufzuhalten.

Ich nickte in Richtung Schlafzimmer und ließ ihm den Vortritt. Er beugte sich kurz über die Tote, während ich das Bett anstarrte. Hinter uns strömten die Jungs von der Spurensicherung in den Raum.

»An die Arbeit, Männer!«, sagte Stürzenbecher. »Wo können wir uns unterhalten?« Das Letzte galt mir.

»Unten gibt es ein Wohnzimmer«, antwortete ich.

Wir ließen uns in zwei Sessel fallen und Stürzenbecher blätterte ein zerfleddertes Notizbuch auf. »Name?«

»Ines Block. Zumindest hieß sie mal Block, vielleicht hat sie inzwischen geheiratet.«

»Warst du dabei, als es passierte?«

»Nein.«

Er guckte auf. »Komm schon, Wilsberg! Ich war gerade im Bett, als das Telefon klingelte. Auf Frage- und Antwortspielchen hab ich keine Lust. Erzähl alles, was du weißt!«

Ich erzählte ihm fast alles, was ich wusste, und mir fiel auf, wie wenig das war. Besonders missfiel Stürzenbecher, dass ich nicht mal Armins Adresse kannte.

»Das ist eine Mordgeschichte, Wilsberg. Wenn du einen Verdächtigen schützt, machst du dich selber strafbar. Und ich werde einen Teufel tun, dir dabei zu helfen.«

»Ist mir klar. Aber bis vor einer halben Stunde hatte ich keine Ahnung, dass es sich um ein Verbrechen handelt.«

»Wie wollte dieser Armin Hinz mit dir in Verbindung treten?«

»Er wollte mich anrufen.« Ich guckte auf die Uhr. »Vor fünf Minuten.«

»Gut.« Stürzenbecher klappte sein Notizbuch zu. »Dann solltest du schleunigst nach Hause fahren. Sag ihm, er muss sich umgehend bei der Polizei melden. Andernfalls steht er als Hauptverdächtiger ganz oben auf der Fahndungsliste.«

In diesem Moment hörten wir einen Schrei aus dem oberen Stockwerk. Er klang wie der Schrei einer Frau, die eine entsetzliche Entdeckung gemacht hat. Noch bevor wir nachsehen konnten, was passiert war, stürzte ein junger Polizeibeamter die Treppe herunter.

»Chef, die Frau, die hier wohnt, ist gekommen. Was sollen wir mit ihr machen?«

Stürzenbecher überlegte nicht lange. »Bringt sie hier runter!« Dann sah er, dass ich unschlüssig herumstand. »Und du bleibst noch. Hinz kann warten.«

Auf zwei Polizisten gestützt, wankte eine Frau ins Wohnzimmer, die kaum älter als dreißig war. Sie hatte ein grünliches Gesicht und weit aufgerissene Augen. Abgesehen davon hätte man sie schön nennen können. Die Polizisten hievten sie in den dritten Sessel.

»Sollen wir einen Arzt rufen?«, fragte Stürzenbecher besorgt.

»Es geht schon wieder«, würgte die Frau. »Ich bin nur etwas ... Sie verstehen.«

Stürzenbecher nickte. »Ein Glas Wasser?«

Die Frau überlegte und kam zu keinem Ergebnis. Stürzenbecher zeigte mit dem Finger auf einen der Polizisten und verscheuchte den zweiten mit einer Handbewegung.

Als wir allein waren, sagte Stürzenbecher: »Sind Sie in der Lage, ein paar Fragen zu beantworten?«

Die Frau nickte tapfer.

Ich hatte mich ebenfalls wieder gesetzt und Stürzenbecher behielt uns beide im Auge: »Sie kennen sich übrigens?«

Zum ersten Mal richtete die Frau einen Blick ihrer grünen, wolkenverhangenen Augen auf mich. Der Blick bekam einen ungläubigen Schimmer.

»Ist er nicht von der Polizei?«, wandte sie sich an Stürzenbecher.

Stürzenbecher sagte nichts.

»Sie meinen, er ist der ...?« Sie kroch noch weiter in ihren Sessel.

»Ich meine gar nichts«, ließ sich Stürzenbecher vernehmen. »Ich habe nur gefragt, ob Sie ihn kennen.«

»Nein.« Die Frau entspannte sich etwas. »Ich kenne ihn nicht.«

Stürzenbecher hatte schon wieder sein Notizbuch in der Hand. »Sagen Sie mir bitte Ihren Namen!«

»Claudia Kummer. Ich wohne hier.«

Der Polizist mit dem Wasserglas kam herein und stellte es vorsichtig auf den Glastisch. Stürzenbecher wartete, bis der Polizist verschwunden war und sie einen großen Schluck genommen hatte.

»In welcher Beziehung standen Sie zu Ines Block?«

Claudia Kummer zuckte zusammen und verschüttete etwas Wasser auf ihrem schwarzen Rock.

»Entschuldigen Sie, ich bin etwas durcheinander.«

»Macht doch nichts.« Stürzenbecher konnte ungemein gütig aussehen, wenn er wollte.

»Sie ist, ich meine, sie war meine Freundin.« Und plötzlich fing sie übergangslos an zu weinen, hemmungslos und so ausdauernd, dass sich Lidschatten und Wimperntusche in schwarze Bäche verwandelten.

Ich reichte ihr ein Taschentuch.

»Danke. Es ist nur … Ich meine, sie war heute Abend noch quicklebendig. Ich kann gar nicht verstehen, dass sie jetzt tot sein soll.«

»Wann haben Sie sie zuletzt gesehen?«, fragte Stürzenbecher.

»So gegen acht. Ich bin dann weggegangen.«

»Wer war noch da?«

»Niemand. Sie sagte, sie wolle fernsehen.«

»Erwartete sie Besuch?«

»Nein. Es wusste ja niemand, dass sie hier war.«

»Bis auf den Mörder«, warf Stürzenbecher ein. »Es sei denn, es handelt sich um einen Einbrecher, der Ines Block zufällig getötet hat. Andererseits sieht das hier nicht so aus, als wäre ein professioneller Einbrecher am Werk gewesen.«

Bei dem Wort *Einbrecher* schielte Claudia Kummer zu dem schwarz lackierten Schrank, der an der Längsseite des Raumes stand.

Stürzenbecher hatte ihren Blick verfolgt. »Sind da Ihre Wertsachen drin?«

Sie nickte.

»Würden Sie mal nachsehen, ob etwas fehlt?«

Es fehlte nichts, was Stürzenbecher und mich nicht weiter verwunderte, und der Hauptkommissar brachte das Gespräch erneut auf Ines.

»Sie kam heute Nachmittag«, erzählte die Kummer, die inzwischen einen gefassteren Eindruck machte, »mit einer großen Reisetasche. Sie sagte, dass es aus sei zwischen ihr und Armin. Mehr wollte sie nicht sagen und ich dachte, dass ich sie besser in Ruhe lassen sollte. Aber man merkte ihr an, dass sie sehr wütend war. Wir haben Kaffee getrunken und über alles Mögliche geredet, nur nicht über Armin. Um acht bin ich dann zu meiner Verabredung gegangen.«

Es entstand eine kleine Pause, in der Stürzenbecher über die nächste Frage nachdachte. Dabei fiel ihm ein, dass ich noch etwas anderes zu erledigen hatte.

»Ach, Herr Wilsberg, ich glaube, ich brauche Sie nicht mehr. Melden Sie sich doch bitte bei mir, sobald Sie etwas Neues hören. Und wenn nicht«, er blinzelte mir zu, »kommen Sie morgen um zehn ins Präsidium. Alles Weitere werden wir dann besprechen.«

Ich war ziemlich sicher, dass er Claudia Kummer davon abraten würde, mich wegen des Einbruchs anzuzeigen.

Als ich zu Hause ankam, stand auf der anderen Straßenseite ein Auto mit zwei männlichen Insassen, die betont desinteressiert wegguckten. Stürzenbecher hatte sich beeilt, meine Überwachung zu organisieren.

Es war drei Uhr nachts, aber ich war kein bisschen müde. Gedankenversunken öffnete ich die Gartentür und trat auf die windschiefe Terrasse, auf der ein halb vermoderter Schaukelstuhl sein Unwesen trieb.

»Endlich! Wo warst du denn die ganze Zeit?«, sagte eine Stimme neben mir. Zehn Jahre später und ich wäre an einem Herzschlag gestorben.

»Armin, was machst du hier?«

»Was mache ich wohl? Ich warte auf dich.«

»Du hast mich fürchterlich erschreckt.«

»Entschuldigung. Ich dachte, du hättest mich gesehen.« Er erhob sich aus dem Schaukelstuhl. »Wie geht es ihr? Hast du mit ihr gesprochen?«

Erst jetzt erfasste ich die Situation. »Komm rein!«

Ich schloss die Tür und zog die Vorhänge zu. »Setz dich! Möchtest du etwas trinken?«

»Mach's nicht so spannend, Georg! Ich bin schon nervös genug.«

Ich schaute ihn an. Wie ein Mörder sah er nicht aus. Aber wie sehen Mörder aus?

»Sie ist tot.«

»Was?«

»Ja. Ermordet.«

Seine Mundwinkel zuckten und die Hände ballten sich zu Fäusten. »Von wem?«

»Ich weiß es nicht. Der Mörder hat keine Visitenkarte hinterlassen.«

»Tot.« Seine Fäuste bearbeiteten mein Ledersofa. »Tot, tot, tot.«

An meiner Hausbar füllte ich zwei Gläser randvoll mit Ramazzotti und reichte ihm eins. Er leerte es in einem Zug.

»Warst du es?«

Eine Zehntelsekunde später stand er vor mir und der Ramazzotti klebte an meinem Oberhemd.

»Ich? Bist du wahnsinnig? Ich habe sie geliebt. Sag das noch einmal und ich schlag dir …« Er drehte ab. »Tut mir leid. Ich hab das nicht so gemeint.«

»Der Verdacht muss auf dich fallen. Und die Polizei sucht dich.«

»Die Polizei? Hast du die Polizei angerufen?«

»Natürlich. Was sollte ich sonst tun?«

Er nickte. »Sicher. Das war das Vernünftigste. Hast du ihnen alles gesagt?«

»Fast alles. Viel weiß ich ja nicht.«

»Klar. Die Polizei sucht mich.« Er presste die Fäuste vor die Augen.

»Wenn du unschuldig bist, solltest du dich sofort bei der Polizei melden«, setzte ich sanft nach. »Andernfalls machst du dich noch verdächtiger.«

»Warte mal, warte mal! Die suchen doch nur einen, dem sie das anhängen können. Wenn ich mich stelle, bin ich dran.«

»Armin, du hast keine Chance, dich zu verstecken. Die finden dich.«

Er schien zu grübeln. »Nein, ich gehe nicht zur Polizei. Und du musst mir helfen. Du musst den richtigen Mörder finden.«

Das hatte ich nicht verdient. Ich goss mir einen zweiten Ramazzotti ein.

Ich dachte an Ines. Ines, die Schöne. Ines, die Freche. Ines, die mit ihrem Blick die Männer um den Finger wickeln konnte. Und Ines, die Grausame, die sich einen Spaß daraus machte, die Männer, die um ihre Gunst buhlten, zu kränken. Sie hatte mich damals sehr verletzt. Ich war in ein tiefes Loch gefallen, angefüllt mit Alkohol und Depressionen. Es hatte lange gedauert, bis ich aus dem Loch wieder herausgekrabbelt war.

»Wirst du mir helfen, Georg?«

Ich sah hoch: »Was?«

»Ich möchte, dass du mir hilfst.«

»Und wie hast du dir das vorgestellt?«

Er hatte sich vorgestellt, dass der Mörder unter Ines' Liebhabern zu finden sei. Von denen gab es anscheinend eine ganze Menge.

»Setz dich!«, sagte ich. »Ich koche uns Kaffee. Dann gehen wir die Sache systematisch an.«

Ich ging in die Küche und warf die Kaffeemaschine an. Dann stopfte ich mir eine Pfeife und ließ Armin reden. Er erzählte von kleinen und großen Affären, von Eifersuchtsdramen, Trennungen und Versöhnungen. Und von Affen, Idioten und Schönlingen namens Manfred, Christoph oder Karsten, mit denen es Ines getrieben habe. Bis fünf Uhr morgens gingen wir jeden Einzelnen durch und diskutierten seine Befähigung zum Mörder. Am Ende hatte ich eine Liste mit zwei Namen, die in die engere Auswahl kamen.

»Und wie geht es dir?«, fragte Armin, als wir in den Sesseln hingen.

»Wie meinst du das?«

»Hast du eine Freundin oder Frau?«

»Nein. Meine letzte Freundin hat vor einem halben Jahr eine Therapie angefangen. Vor drei Monaten hat ihr Therapeut ihr geraten, sich von mir zu trennen.«

»Und das hat sie gemacht?«

»Seitdem fühlt sie sich wesentlich besser. Sie meint, ich hätte kein Verständnis dafür gehabt, dass sie ihre Persönlichkeit entwickeln müsse.« Ich guckte nach draußen, wo sich der Himmel langsam grau färbte. Kurz nach der Trennung hatte ich mich heftig verliebt. Unglücklich. Aber das behielt ich für mich.

Mit den ersten Sonnenstrahlen verschwand Armin durch den Garten. Und ich kochte eine zweite Kanne Kaffee. An Schlaf war sowieso nicht mehr zu denken.

V

Um sechs Uhr dreißig ging ich zum besten Bäcker im Kreuzviertel und holte mir eine Ladung ofenfrischer Brötchen. Kein vernünftiger Bäcker hält sich heutzutage an das Nachtbackverbot.

Ich kaute gerade an der fünften Hälfte und las in der Lokalzeitung einen empörten Kommentar über den erneuten Trainerwechsel bei Preußen Münster, als das Telefon klingelte.

»Was glauben Sie eigentlich, wofür ich Sie bezahle«, brüllte eine cholerische Stimme.

»Ich glaube, ich habe Ihren Namen nicht verstanden«, gab ich zurück.

»Molbk.« Ein Wunder, dass er sich bei dem Namen nicht dauernd die Zunge verrenkte.

»Ach, Herr Molbk, Sie rufen sicher an, um zu erfahren, wie weit ich bei der Suche nach Ihrer Tochter gekommen bin.«

»Hören Sie auf zu säuseln, Sie Klugscheißer! Tanja hat mich gestern Abend angerufen. Sie hat mir erzählt, was Sie mit ihr angestellt haben.«

»Nun, ich hatte eine ernste Aussprache mit ihr. Ich wollte Sie heute sowieso kontaktieren, um Ihnen ...«

»Nennen Sie eine Haschisch-Zigarette eine ernste Aussprache?«, unterbrach er mich. »Ich hatte Sie damit beauftragt, Tanja zurückzubringen. Davon, dass Sie sie mit Drogen versorgen, war nicht die Rede.«

Tanja war wirklich ein Luder. »Ihre Tochter erzählt Unsinn, Herr Molbk.« Der Name war schlimmer als ein Schluckauf. »Ich habe Tanja zu einem Essen eingeladen. Das kann man doch wohl kaum als Droge bezeichnen.«

»Meine Tochter sprach von einem sogenannten Café, in dem Haschisch an die Gäste verteilt wird.«

»So etwas soll es in Amsterdam geben.«

»Sie geben also zu, dass Sie mit ihr in einer solchen – Spelunke waren?«

»Ich gebe überhaupt nichts zu.«

»Und ich überlege ernsthaft, ob ich Sie verklagen soll, Herr Wilsberg.«

»Tun Sie das! Aber seien Sie sicher, dass ich *Sie* verklagen werde, falls Sie meine Rechnung nicht pünktlich bezahlen. Ich werde noch heute den Abschlussbericht und die Rechnung an Sie abschicken. Auf Wiederhören!«

Ich knallte den Hörer auf die Gabel. Was zu viel war, war zu viel. Einen meiner drei Fälle musste ich mir dringend vom Hals schaffen.

Die sechste Brötchenhälfte schmeckte mir nicht mehr und Preußen Münsters Trainerprobleme konnten mir gestohlen bleiben. Also wechselte ich in mein Arbeitszimmer über und tippte als erste Amtshandlung an diesem Morgen den Abschlussbericht im Fall Tanja Molbk und eine saftige Rechnung. Der Bericht war in schlichter Prosa gehalten, ohne sprachliche Höhenflüge und verschnörkelnde Nebenhandlungen. Herr Molbk würde ihn auch so verstehen.

Gegen neun war ich damit fertig und auf dem Weg zum Polizeipräsidium warf ich ihn in den Briefkasten.

Stürzenbecher sah nicht so aus, als hätte er in der Nacht mehr als dreißig Minuten Schlaf bekommen. Die rotunterlaufenen Augen hingen glasig über zwei verquollenen Tränensäcken.

»Bist du vorangekommen?«, fragte ich, als ich mich ihm gegenüber niederließ.

»Ja«, antwortete er, mit einer drohenden Dehnung auf dem letzten Buchstaben. »Wir haben Briefe gefunden, sie steckten in einem Buch, das sich in Ines Blocks Reisetasche befand. Die Briefe stammten von dir.«

Ich schluckte. »Ich habe dir doch gesagt, dass ich Ines Block kannte.«

»Liebesbriefe.«

»Ich habe sie geliebt, ja. Aber das ist dreizehn Jahre her. Die Briefe müssen genauso alt sein.«

»Warum trug sie die Briefe dann bei sich? Wo sie doch nur das Notwendigste zusammengepackt hatte.«

»In kritischen Situationen erinnert man sich gern an gute Zeiten. Vielleicht hatte sie vor, mich zu treffen.«

»Vielleicht, ja.« Stürzenbecher kratzte sich ausgiebig an der Backe. »Da ist noch etwas anderes.«

Seine Stimme klang sehr dienstlich, und das gefiel mir ganz und gar nicht.

»Wir haben einen anonymen Brief erhalten.«

»Mach's nicht so spannend«, sagte ich und kramte in der Tasche nach meinen Zigarillos.

»Der Brief enthält nur einen einzigen Satz: *Fragen Sie Georg Wilsberg!*«

Ich steckte den Zigarillo an und paffte eine große Wolke in die Luft. Das gab mir Zeit zum Überlegen.

»Kann ich den Brief sehen?«, fragte ich.

Stürzenbecher schüttelte den Kopf.

»Handschriftlich?«, hakte ich nach.

Stürzenbecher guckte aus dem Fenster. »Ab diesem Moment gehörst du zum Kreis der Verdächtigen. Du hattest nicht nur möglicherweise ein Motiv, sondern warst auch am Tatort.«

»Welches Motiv?«

»Eifersucht.«

Ich schnaubte. »Ich habe Ines Block seit dreizehn Jahren nicht mehr gesehen, zumindest nicht lebend. Abgesehen davon, müsste es mich doch freuen – mal angenommen, ich wäre ihr Geliebter –, wenn sie ihren Dauerfreund verlässt. Und drittens: Warum sollte ich die Bullen anrufen, wenn ich sie ermordet habe?«

Stürzenbecher lächelte grimmig. »Du glaubst gar nicht, wie viele Mörder die Polizei anrufen. Sie meinen, dass sie damit den Verdacht von sich ablenken können. Und was das Tatmotiv angeht: Es könnte noch ein dritter Mann im Spiel sein. Sie verlässt ihren Freund, du siehst deine große Chance und dann wirft sie sich einem dritten an den Hals. Ein lang gehegter Traum geht brutal zu Ende. Als sie dir das sagt, wirst du wütend und schlägst zu.«

Wie er das sagte, konnte ich schon den Staatsanwalt plädieren hören.

»Der dritte Mann – gibt es einen Hinweis auf ihn?«

»Bislang nicht.«

Wir saßen da und hingen unseren Gedanken nach. Schließlich sagte Stürzenbecher: »Ich bin davon überzeugt, dass du unschuldig bist. Aber der Brief ist nun mal in den Akten und ich muss dich bitten, mich zu fragen, wenn du die Stadt verlassen willst.«

»Das ist dein Job«, sagte ich leichthin, als wäre mir nie der Gedanke gekommen, vorläufig festgenommen zu werden.

»Übrigens, Armin Hinz hat wohl nicht angerufen?«, erkundigte sich Stürzenbecher beiläufig.

»Nein«, sagte ich und war mir überhaupt nicht sicher, dass ich damit das Richtige tat.

»In seiner Wohnung und an seinem Arbeitsplatz war er auch nicht«, erzählte Stürzenbecher. »Seit gestern Nachmittag ist er verschwunden. Du weißt nicht zufällig, wo er sich aufhält?«

Ich blieb bei meinem Nein, diesmal berechtigterweise.

Stürzenbecher sah so aus, als glaubte er mir kein Wort. »Reite dich nicht in die Scheiße, Wilsberg! Je schneller wir ihn finden, desto besser – für ihn, für uns und für dich.«

»Ist mir klar.« Ich erhob mich. »Gibt's sonst noch was?«

Nachdem meine Aussage protokolliert und von mir unterschrieben worden war, schlenderte ich nach Hause. Eigentlich hatte sich nicht viel verändert. Bis auf die Tatsache, dass eine alte Freundin gestorben war und jemand mir einen Mord anhängen wollte.

Über diesen Gedanken wurde ich so müde, dass ich mich für ein paar Stunden hinlegen musste. Als ich aufwachte, war es sechs Uhr abends, und bis zu meinem Arbeitsantritt im *Bad* blieben mir gerade noch zwei Stunden. Ich dachte an die Kandidatenliste, die Armin und ich aufgestellt hatten, und verwarf den Gedanken wieder. Stattdessen stand mir der Sinn nach einer Plauderstunde mit Claudia Kummer.

Sie war zu Hause und genauso geschafft wie wir alle. Mein Lächeln ließ sie kalt.

»Was wollen Sie?«

»Mit Ihnen reden. Mein Name ist Georg Wilsberg. Ich bin Privatdetektiv und ein alter Freund von Ines.«

»Ja und?« Die Tür ging keinen Zentimeter weiter auf, als das Kettenschloss zuließ.

»Ich verstehe Ihr Misstrauen. Aber ich habe ein persönliches Interesse, den Mord an Ines aufzuklären. Und ich glaube, dass Sie mir dabei helfen können.«

Sie dachte nach. Mit dem Ergebnis, dass sie die Kette aushakte.

Das Wohnzimmer war zu einem provisorischen Schlafzimmer umfunktioniert worden.

»Sie müssen entschuldigen, wie es hier aussieht. Ich hätte unmöglich in demselben Raum schlafen können, in dem Ines ermordet wurde. Wahrscheinlich werde ich hier ganz ausziehen.«

Wir saßen da und guckten uns an. In ihrem Gesicht klebten Wimperntusche und Lidschatten wieder an den richtigen Stellen, und die bleiche Farbe passte gut zu seinem ernsten Ausdruck.

»Schon komisch«, sagte sie mit dem Anflug eines Lächelns, »dass ich mit dem möglichen Mörder von Ines an einem Tisch sitze. Vielleicht bin ich viel zu vertrauensselig.«

»Sind Sie nicht«, widersprach ich. »Ich hätte mit Ines vieles gemacht, aber sie bestimmt nicht umgebracht.« Und da ich einmal dabei war, mich zu erklären: »Ich mochte Ines sehr gern. Es war für mich ein gewaltiger Schock, als ich sie entdeckte.«

»Das hat man Ihnen überhaupt nicht angemerkt.«

»Ich zeige meine Gefühle ungern in der Öffentlichkeit. Das Verstecken gehört zu meinem Job.«

Ich hatte sie nicht restlos überzeugt, aber sie taute ein bisschen auf. »Als ich Sie da sitzen sah, dachte ich zuerst, Sie seien von der Polizei. Und dann glaubte ich, Sie wären der Mörder.«

Sollte ich ihr verraten, dass ich nachträglich in den Kreis der Verdächtigen aufgestiegen war? »Ines' Freund, Armin Hinz, wird von der Polizei gesucht.«

»Ich weiß. Ich hoffe, dass sie das Schwein bald finden.«

Meine Meinung dazu verriet ich ihr nicht. »Es gibt noch eine andere Möglichkeit«, setzte ich vorsichtig an. »Ich kenne Armin Hinz. Aus den alten Tagen«, fügte ich hinzu, als ich ihr erschrockenes Gesicht sah. »Und ich weiß, dass er selten eine Affäre ausließ. Auch Ines war nicht gerade eine Hohepriesterin der Monogamie, davon kann ich selber ein Lied singen. Bei einer krisenhaften Beziehung der beiden, wie wir sie für die letzte Zeit annehmen können, wäre es also durchaus möglich, dass sie, sagen wir, einen Nebenfreund hatte.«

»Davon weiß ich nichts«, erklärte die Kummer kategorisch. Etwas zu kategorisch, wie ich fand.

»Nun ja, es war nur ein Gedanke. Ich hatte gehofft, dass Sie mir einen Tipp geben können.«

»Tut mir leid, dass ich Ihnen da nicht helfen kann.« Sie guckte auf die Uhr.

Höflich, wie ich manchmal sein kann, verstand ich den Wink und leitete meinen Aufbruch ein. Zum Abschied versicherten wir uns wenig überzeugend, dass wir uns demnächst gerne länger unterhalten würden.

Es war noch etwas früh für meine Schicht im *Bad,* aber andererseits konnte es nicht schaden, meine Kollegen kennenzulernen. Also fuhr ich über den Ring zur Steinfurter Straße und parkte auf dem riesigen Parkplatz, der später, wenn das Geld in Carlo Pontis Kassen klingelte, brechend voll sein würde.

Hajo Gries war auf dem Posten, das heißt, er stand an einer der drei Theken, genehmigte sich einen dreifachen Whisky und tuschelte mit einer Frau, deren Top so eng geschnitten war, dass sie genauso gut nackt hätte herumlaufen können.

»Hallo, Georg!«, brüllte Hajo und wedelte mit der Hand. »Das ist Sonja. Sie arbeitet hier an der Theke. Mit dir zusammen.«

Die Frau zog abschätzend die Mundwinkel hoch. »Hi! Aussiedler, oder was?«

»Nee. Münsteraner, seit achtzehn Jahren.«

»Ach so. Ich dachte, wenn einer in deinem Alter hier noch malocht, dann kann er nur aus Rumänien kommen.«

»Ich bin in einer kleinen beruflichen Krise«, murmelte ich verschämt. »War eine Weile aus dem Verkehr gezogen.«

Sonja wandte sich an Hajo: »Hab ich dir nicht gesagt, dass ich nicht mehr mit Knackis zusammenarbeiten will?«

Hajo war das Ganze sichtlich peinlich. »Hör mal, Sonja, Georg ist in Ordnung, ehrlich. Ich kenn ihn von früher. Außerdem ist er ein Kumpel vom Chef.«

Sonja warf mir einen letzten Blick zu und verzog sich dann hinter die Theke. Soweit zu meinen Kollegen. Zumindest der Begrüßungsdelegation.

Ich zog Hajo von seinem Whisky weg. Dabei merkte ich, dass er nicht mehr ganz sicher auf seinen Beinen stand.

»Das mit dem ›Kumpel vom Chef‹ lässt du besser. Braucht ja nicht jeder zu wissen, dass ich einen Draht zu Carlo habe.«

»Ist mir so rausgerutscht.« Seine Zunge wurde von Sekunde zu Sekunde schwerer. »Ich wollte nur, dass Sonja …«

»Schon gut. Aber in Zukunft kein Wort mehr.«

»Keep cool, baby.« Er stützte sich auf mich. Sein Geruch ließ vermuten, dass er in den letzten Tagen keine Dusche gesehen hatte.

»Ich hab einen Kleinen sitzen. Diese Scheiße erträgst du nur, wenn du dir ab und zu einen zischst.« Am letzten Wort scheiterte er kläglich.

Ich riet ihm, nach Hause zu gehen und sich auszuschlafen.

»Nach Hause?«, brüllte er auf. »Meinst du, ich will meine Frau mit diesem … mit diesem …«, ihm fiel kein passendes Wort ein, »… erwischen?« Tränen liefen ihm über das Gesicht. »Ich hab drei Kinder, drei.« Zur Verdeutlichung hielt er mir drei Finger vor die Nase. »Ach, Scheiße.«

»Dann leg dich hier irgendwo in die Ecke! Wenn Carlo dich so sieht, gibt's Ärger.«

»Der Blödmann.« Er sabberte mir mein frisches Hemd voll. »Der kann mich mal.«

Aus dem Nichts war Sonja aufgetaucht und nahm mir Hajo ab. »Lass mich das mal machen. Ich hab da Erfahrung.«

Sie schulterte ihn durchaus gekonnt und schleppte ihn Richtung Garderoben. Zum ersten Mal kam sie mir irgendwie menschlich vor.

Fünf Minuten später stand sie hinter und ich vor der Theke.

»Willst du was trinken? Zehn Getränke am Abend sind frei.«

»Ein Wasser«, bestellte ich.

»Wasser?« Sie guckte mich wieder mit dem Blick an, den die Rosenverkäufer in den Kneipen jeden Abend ertragen müssen. »Bist du so 'n Ök?«

»Ich habe Neurodermitis und vertrage keinen Alkohol.«

»Neuro was?«

»Eine Hautkrankheit, die erträglich ist, wenn man eine Diät einhält.«

Ihre Augen wurden größer. Vermutlich dachte sie an den Facharzt für Haut- und Geschlechtskrankheiten. Mit spitzen Fingern stellte sie mir eine Flasche Wasser und ein Glas hin. Hätte ich doch bloß den Mund gehalten. Meine Offenheit brachte mich um den letzten Rest an Kollegialität.

Der Abend wurde ruhig. In der Disco waberte ein Plastiksound, bei dem der Übergang von einer Platte zur anderen nur an den Handbewegungen des Discjockeys zu erkennen war, und der völlig überdrehte Bass ließ einem das Zwerchfell zittern. Ich sammelte leere Gläser ein und stellte sie Sonja hin, die jeden Körperkontakt mit mir vermied. An ihrer Seite arbeitete Toni, der nur die Hälfte von dem erzählte, was Sonja so redete, und das war auch nicht viel mehr als die Zeitansage bei der Post.

An der anderen Theke zapfte Natascha, die eigentlich Wolfgang hieß und gelegentlich im Rahmen einer Travestieshow auftrat. Natascha stand offensichtlich auf Männer, doch die durften höchstens so alt sein wie mein Sohn, den ich vor achtzehn Jahren hätte zeugen können.

Überhaupt war ich im Schnitt fünfzehn Jahre älter als das Publikum und damit stand ich für die allermeisten kurz vor der Siechenstation.

Ab und zu durfte ich den Muskelmännern an der Kasse, die ihre anabolikagefütterten Schwellungen unter Jogging-Anzügen versteckten, ein Bier bringen. Leider nahmen sie Männer mit einem Oberarmumfang unter fünfzig Zentimetern nicht ernst. So scheiterten meine Annäherungsversuche an diesem Abend wie der Versuch eines Kaninchens, mit einer Schlange über Mohrrüben zu diskutieren.

Am Ende, so gegen drei, als die Teenies längst gegangen waren und die letzten Säufer sich ellipsenförmig durch den Raum bewegten, ließ ich mir von Sonja ein Bier zapfen. Ich betrachtete das einerseits als Versuch, meine Frustration zu bekämpfen, und andererseits als eine Art Wiedergutmachung.

»Was hast du noch mal?«, fragte Sonja mit schiefem Lächeln.

Ich winkte ab.

VI

Das Haus in der Bahnhofstraße, neben dem Parkhausneubau, war abbruchreif. Zumindest hatte der Hauseigentümer seit vielen Jahren keine Reparaturen mehr machen lassen, sodass er jetzt, mithilfe von ein paar Tausendern Schmiergeld, auf eine Abbruchgenehmigung des zuständigen Beamten hoffen durfte.

Ich drückte auf die Klingel, über der ein Schild mit vier krakeligen und halb verschwommenen Namen klebte. Pro forma, denn die Haustür stand weit offen und ließ den Blick frei auf einen mit Werbezetteln, Zeitungen und anderen Abfallen übersäten Flur. Vermutlich hatte er in der letzten Nacht einem Penner als Schlafplatz gedient, denn zwei leere Kornflaschen standen auch herum. Die Briefkästen auf der rechten Seite waren alle aufgebrochen.

Ohne auf das Summen zu warten, stieg ich die abgeschabte Holztreppe hinauf.

In der zweiten Etage öffnete sich eine Tür und eine Frau mit langen schwarzen Haaren und einer unförmigen Blümchenhose guckte mich finster an.

»Hallo. Ich suche Klaus Breider.«

Sie drehte sich um und schrie: »Klaus! Besuch für dich.«

Damit war unser Gespräch beendet und ich wartete einige Sekunden in dem mit einer braunen Basttapete zugeklebten Flur. Schließlich kam Klaus aus dem Zimmer hinten rechts. Er trug Jeans, einen ins Gräuliche übergehenden gelben Pullover, lange, fettige Haare und eine Nickelbrille. Er lächelte mich an.

»Ich heiße Georg Wilsberg und bin ein Freund von Ines«, begann ich.

Sein Lächeln erstarb. »Ines? Ja, sicher, ich erinnere mich. Worum geht's denn?«

»Sie ist tot«, sagte ich. »Genauer gesagt, ermordet worden. Und ich würde mich gerne mit dir darüber unterhalten.«

Unwillkürlich wich er einige Zentimeter zurück. »Ermordet, sagst du. Wer könnte so etwas tun?«

»Darüber möchte ich mich ja gerade mit dir unterhalten. Können wir vielleicht in dein Zimmer gehen?«

Er blickte sich hektisch um. »Jaja, sicher.«

Der Lärm der Bahnhofstraße drang fast ungefiltert durch die porösen Fensterrahmen. Das Bett war aufgeschlagen und auf einem kleinen Tischchen lag ein Buch, in dem es dem Titel nach um Ying und Yang und die orientalischen Stellungen des Geschlechtsverkehrs ging. Breider bot mir einen schmuddeligen Polstersessel aus den Fünfzigerjahren an, er selbst setzte sich auf das Bett.

»Ich habe gehört, dass du in letzter Zeit was mit Ines hattest«, kam ich direkt zur Sache, um seine Verunsicherung auszunutzen.

»Nein, ja …«, stotterte er. »Es war eigentlich nur ein One-Night-Stand. Wir haben beide an so einem Bioenergetik-Wochenende im Bildungswerk für Kreativität teilgenommen. Da lässt man halt die Gefühle raus und kommt sich irgendwie näher. Am zweiten Abend sind wir dann zusammen in die Kiste gegangen.«

»Wann war das?«

»Etwa vor …«, er überlegte, »… zwei, drei Monaten.«

»Nur eine Nacht? Danach ist nichts mehr passiert?«

Er beäugte mich misstrauisch. »Na ja, wir haben uns noch ein paarmal getroffen. Aber dann ist ihr Typ aufgetaucht. Hat hier vor der Tür auf mich gewartet und mir Prügel angedroht, falls ich sie noch mal treffen würde. Das war mir zu heavy. Ich meine, sie war ein nettes Mädchen, aber deswegen ...«

»Du hast also Schluss gemacht?«

»Okay, sie war sowieso nicht meine große Liebe. Ich hab ihr gesagt, es ginge nicht mehr. Ich hätte gemerkt, dass ich sie nicht liebe und so.«

»Später hast du sie nicht mehr getroffen?«

»Nein. Ehrlich.« Er schaute mich aus seinen leicht basedowschen Augen mitleiderheischend an.

»Hat sie mal von einem anderen Mann geredet? Ich meine, außer ihrem festen Typ.«

»Nee. Ich glaube nicht, dass da noch ein anderer am Start war. Aber mit Sicherheit kann ich das nicht sagen.«

Ich bedankte mich und er brachte mich zur Tür. Sein Gang hatte etwas Affiges, weil er die Knie durchhängen ließ. Mit dem Versuch eines Lächelns fragte er: »Bist du, äh, sind Sie vielleicht von der Polizei?«

»Nein, ich bin ein Freund von Ines«, sagte ich.

Vor der Tür steckte ich mir einen Zigarillo an und unterdrückte den Wunsch, mich zu schütteln. Wie konnte sich Ines nur auf einen solchen Typen einlassen? Auf den anderen, der noch auf Armins Liste stand, war ich jedenfalls kein bisschen gespannt.

Der zweite wohnte etwas vornehmer als Klaus Breider. In einem Einfamilienhaus in Gievenbeck, mit abgezählten Grashalmen vor der Tür und niedlichen Glasvögeln in den Fenstern.

Auf mein Klingeln öffnete eine auf Rot gefärbte Endzwanzigerin in hautengen Jeans und einer vor dem Bauch zusammengebundenen Bluse. Der nach außen gewölbte Bauchnabel schien in der letzten Zeit viel Sonne bekommen zu haben.

Ich riss mich vom Bauchnabel los und sagte meinen Spruch auf.

»Der Gerd ist nicht da«, sagte sie. »Kann ich ihm was bestellen?«

Angesichts der geordneten Familienverhältnisse schien mir Diskretion angesagt. »Vielleicht können Sie mir eine Telefonnummer geben, unter der ich ihn erreiche.«

»Aber sicher, kommen Sie doch herein!«

Als sie vor mir herging, durfte ich ihren enormen Hüftschwung bewundern.

»Möchten Sie einen kleinen Aperitif, während ich die Nummer heraussuche?«

Ich sagte nicht Nein und sie schüttete aus einer halb vollen Karaffe rötlichbraune Flüssigkeit in zwei Gläser. Bevor ich trinken durfte, musste ich auf einem Sofa Platz nehmen.

»Mein Spezialdrink«, sagte sie mit einem Lächeln, das eine Reihe von schneeweißen Kronen blitzen ließ. Das Blitzen kam aus nicht ganz zwanzig Zentimetern Entfernung. Ihr Atem roch nach demselben Zeug, das sie mir vor die Nase hielt.

Ich nahm einen vorsichtigen Schluck. Er schmeckte süß und bitter zugleich. Und hochprozentig.

»Und?«, fragte sie.

»Hervorragend. Was ist das?«

Sie kicherte. »Ich sagte doch: mein Spezialdrink. Von mir selbst erfunden.« Sie warf einen Blick auf die Terrasse, wo sich ein einsames Badetuch auf einem Liegestuhl rekelte. »Herrliches Wetter, nicht wahr. Ich könnte wochenlang in der Sonne liegen. Nur unsere Nachbarn sind so grässlich. Mit denen kann man sich überhaupt nicht unterhalten.«

Sie hatte ihr Glas in einem Zug geleert.

»Trinken Sie doch! Es gibt noch mehr.«

Ich lächelte sie an. »Sie wollten mir die Telefonnummer Ihres Mannes geben. Erinnern Sie sich?«

Sofort zog sie einen Schmollmund. »Sie Spielverderber. Warum so eilig?«

»Ja, ich bin sozusagen auf dem Sprung. Zwischen zwei Terminen.«

Tadelnd hob sie den Zeigefinger. »Ihr Männer und eure Termine. Als gäbe es nichts anderes auf der Welt.«

Sie wühlte eine Zeit lang in einer Schublade und kam mit einem goldfarbenen Notizbuch zurück. Als sie sich neben mich setzte, presste sie ihren Oberschenkel gegen den meinen.

»Wo haben wir denn die kleine Nummer? Aha, hier!« Sie ließ ihre Hand fallen und traf mein Bein.

Drei Minuten später verließ ich das Haus, mit einer Telefonnummer in der Tasche und dem üblen Nachgeschmack eines Spezialdrinks im Mund.

Kurz vor Ladenschluss kam ich im Kaufhaus an. Willi saß hinter seinem Computer.

»Hast du diesem Molbk meine Privatnummer gegeben?«

Er guckte hoch. »Hör mal, der Kerl hat mich hier tyrannisiert.«

»Ich möchte nicht, dass mich gewisse Klienten zu Hause anrufen. Ist das klar?«

»Scheiße.« Er warf mir einen Bündel Abrechnungen vor die Füße. »Und ich habe dir gesagt, dass ich nicht dein Sekretär bin. Deine Detektivgeschäfte stören mich nur bei der Arbeit.«

»In meinem Kaufhaus«, warf ich ein.

»In *unserem* Kaufhaus«, zischte er zurück.

Ein paar Sekunden lang starrten wir uns an. Dann sagte ich: »Okay. Wir müssen uns mal länger darüber unterhalten. Im Moment habe ich zu viel Arbeit am Hals.«

»Das müssen wir«, sagte Willi.

Ich nickte und ging in mein Büro. Die Luft war stickig,

und zwei fette Fliegen klatschten vergeblich gegen das geschlossene Fenster. Ich ließ die Fliegen raus und ein bisschen frische Luft rein. Dann setzte ich mich an den Schreibtisch und griff zum Telefon. Gerd Bohnenfeld war noch in seiner Werbeagentur. Er klang glatt und geschäftsmäßig. Bis ich den Namen Ines Block erwähnte. Da wurde er auf einmal hektisch.

»Moment mal, ich bin glücklich verheiratet. Ich kann mit meiner Frau über alles reden. Falls Sie mich erpressen wollen, sage ich Ihnen: keine Chance.«

»Wer redet denn von Erpressung? Ich will mich mit Ihnen unterhalten, das ist alles.«

»Warum sollte ich mit Ihnen sprechen? Ines Block interessiert mich nicht mehr.«

»Sollte sie aber. Sie ist nämlich tot.«

»Was?«

»Ermordet worden.«

»Ach, Ines ist die Tote, über die heute ein Artikel in der Zeitung stand?«

»Genau. Noch weiß die Polizei nicht, dass Sie ein Verhältnis mit ihr hatten. Deshalb schlage ich vor, dass Sie mir einen Ort und einen Zeitpunkt nennen, an dem ich Sie treffen kann.«

Wir einigten uns auf das *Café Cuschan* und den nächsten Mittag.

Das *Bad* war gerammelt voll. Kein Wunder, denn Udo Lindenberg stand auf der Bühne und vollführte seinen Sprechgesang, den er in den letzten fünfzehn Jahren nur unwesentlich variiert hatte. Damals hatte er zwar keinen Hut getragen, unter dem er jetzt die größer werdende Glatze versteckte, aber den Ton des jugendlichen Maulhelden imitierte er immer noch perfekt.

Carlo Ponti saß hinter der Schießbude und hielt sich wacker. Einige andere ergraute Gestalten auf der Bühne werkelten behäbig an ihren Instrumenten herum. Vor ihnen stand ein Publikum aus nostalgischen Studienräten nebst Gattinnen und Kids zwischen sechzehn und zwanzig, die bei Udos Schilderungen der ständig missglückenden Beziehungskisten feuchte Augen bekamen.

Ich quetschte mich durch die Menge und sammelte leere Gläser ein. Dabei versuchte ich, immer ein Auge auf die Garderobeneingänge zu werfen. Sonja war im Stress, weil sie pausenlos zapfen musste. Und wenn sie mal nicht zapfte, schnauzte sie mich an, weil ich angeblich zu langsam sei. Nur die Muskelmänner am Eingang strahlten heitere Gelassenheit aus, weil sie etlichen Zahlungsunwilligen die Arme umdrehen durften.

Wegen des Großereignisses hatte Hajo Gries die Riege der Aufpasser verdoppelt. Neben der verstärkten Besetzung des Hauptein- und -ausganges gab es noch den Künstlereingang zu bewachen. Und da Udo Lindenberg und seine Mannen reichlich weibliche Bewunderer und Roadies mitgebracht hatten, herrschte auch hier reger Verkehr, wovon ich mich durch gelegentliche Stippvisiten im Off-Stage-Bereich überzeugte.

»Wo warst du schon wieder?«, maulte Sonja. »Ich habe keine Gläser mehr.«

»Man wird doch wohl mal auf die Toilette gehen dürfen?«, gab ich zurück. »Jeder Fließbandarbeiter hat das Recht auf eine Pinkelpause.«

Sie warf mir einen giftigen Blick zu. »Einen so langsamen Typen wie dich habe ich schon lange nicht mehr gesehen. Willst du dir nicht einen ruhigeren Job suchen, als Parkplatzwächter oder so?«

Ich versprach ihr, darüber nachzudenken, und nahm ein

erneutes Bad in der Menge, aus dem ich mit Gläsern an jedem Finger auftauchte. Dummerweise trat mir in diesem Moment ein Tänzer mit konvulsivischem Unterleib vor die Kniescheibe. Ich schrie auf und ließ zwei Gläser fallen.

»Idiot«, murmelte Sonja, als ich bei ihr ankam.

»Er hat *mich* getreten, nicht ich ihn«, sagte ich.

Sie guckte mich höhnisch an. Ich knallte die Gläser auf die Theke und verzog mich nach draußen. In der lauen Nachtluft steckte ich mir einen Zigarillo an und atmete ein paarmal aus und ein. Das verlangsamte meinen Puls und ich fand Muße, den Parkplatz zu betrachten. Außer einem Pärchen, das sich in einem der Autos abknutschte, und zwei Typen, die in einem Kombi saßen, bot er keine Sensationen.

Im Inneren des *Bad* brandete der letzte Beifall auf. Udo Lindenberg hatte seine dritte Zugabe gegeben. Drei Minuten später sah ich ihn in Begleitung von Carlo Ponti und mit dem gesamten Tross im Schlepptau zum Restaurant hinübergehen. Ich stand im Schatten eines Lieferwagens und dachte eigentlich nicht daran, dass ich der Lösung meines Falles näherkommen würde.

Um so erstaunter war ich, als kurz darauf der erste Muskelmann mit einer Gitarre im Arm aus dem Künstlereingang trat. Der Kombi setzte zurück, einer der beiden Typen sprang heraus und öffnete die hintere Tür. Jetzt erschien der zweite Muskelmann, dicht gefolgt vom dritten und vierten. Keiner kam mit leeren Händen, obwohl ich aus der Entfernung nicht jeden Gegenstand erkennen konnte.

Nach fünf Minuten war alles vorbei. Der Kombi fuhr los, die Muskelmänner verschwanden im Inneren des *Bad*. Ich trat den Zigarillo aus und folgte ihnen in gehörigem Abstand. In Gedanken verplante ich bereits meine Erfolgsprämie, denn zweifellos war ich in der Lage, die Beteiligten zu identifizieren.

»Jetzt reicht's mir aber«, schrie Sonja. »Seit fünf Minuten kann ich kein Bier mehr verkaufen. Ich werde Hajo sagen, dass ich mich weigere, mit dir zusammenzuarbeiten.«

Vertrauensvoll legte ich ihr eine Hand auf die nackte Schulter. »Ich habe mir das mit dem Parkplatz durch den Kopf gehen lassen. Gar keine so schlechte Idee.«

Sie schüttelte meine Hand ab. »Leg deine Glibberpfoten woanders hin! Und verpiss dich! Gläser einsammeln!«

Ich schenkte ihr ein letztes Lächeln und machte mich an die Arbeit. Der Saal war inzwischen leerer geworden. Die Studienräte nebst Gattinnen hatten nach Udos Abgang keinen Grund zum Bleiben gesehen. Nur noch die Kids wiegten sich im nölenden Disco-Sound, der dem von gestern zum Verwechseln ähnlich klang.

Der Gedanke daran, dass dies meine letzte Schicht war und ich Sonja und die anderen unfreundlichen Gestalten morgen nicht mehr zu sehen brauchte, trieb mich zu Höchstleistungen im Gläsereinsammeln an. Natürlich gab es noch etwas Tohuwabohu, als die Roadies der Band feststellten, dass einige Instrumente fehlten. Aber da Carlo Ponti und Udo Lindenberg in eine Nachtbar abgeschwirrt waren, unterließ ich es, mich einzumischen.

Kurz nach drei war Feierabend, und ich hatte gerade mein Jackett angezogen und wollte mich durch den Nebeneingang nach Hause trollen, als mir ein Muskelmann seine Pranke auf die Schulter legte.

»Komm doch mal kurz mit rein!«

»Warum?«, wollte ich fragen, da hatte er schon die Tür geöffnet und mich hineingestoßen. Ich sah nur noch Jogginganzüge und Muskeln. Jeder Fitnessstudiobesitzer wäre stolz auf so viel Kundschaft gewesen.

Zwei Sekunden lang hörte man nichts außer das stoßweise Atmen von zwanzig starken Männern.

Dann sagte einer: »Du bist also Privatdetektiv?«

Ich ersparte mir die Antwort.

»Du schnüffelst hinter uns her«, sagte ein zweiter.

»Das gefällt uns gar nicht«, bemerkte ein dritter.

Leugnen schien mir zwecklos. Und Angriff mag zwar manchmal die beste Verteidigung sein, aber in anderen Fällen reiner Selbstmord.

»Jungs, ist doch alles halb so schlimm«, sagte ich mit etwas heiserer Stimme. »Ihr bringt die Sachen zurück und Carlo ist zufrieden.«

»Wir wollen die Sachen aber nicht zurückbringen«, lachte einer von ganz hinten.

»Und du hältst die Schnauze«, assistierte ein anderer.

»Okay. Auch darüber lässt sich reden.« Die Heiserkeit nahm zu.

Inzwischen hatten sie einen Kreis um mich gebildet und rückten Schritt für Schritt näher. Meine Schultern fühlten sich an wie Blei.

»Jungs, macht doch keinen Unsinn! Bis jetzt ist es simpler Diebstahl.«

Ich bekam einen Stoß in den Rücken und flog vor die Brust eines Muskelmannes, der mich sofort wieder in die andere Richtung beförderte. In meiner Jugendzeit hatte ich mal eine gruppendynamische Übung mitgemacht, deren Grundkonstellation so ähnlich gewesen war. Nur dass es damals verboten war, dem in der Mitte Stehenden Fausthiebe in den Magen zu versetzen.

Ich flog hin und her wie ein Gummiball, den sich spielende Kinder zuwerfen. Kurz darauf verlor ich die Besinnung.

Als ich wieder zu mir kam, lag ich als verschnürtes Paket auf dem Boden. Sie hatten mir die Hände auf dem Rücken zusammengebunden und die Beine konnte ich auch nicht bewegen.

»Das ist nur eine Warnung«, sagte einer der Muskelmänner, die mich beinahe liebevoll betrachteten. »Wenn du etwas ausplauderst, machen wir richtig ernst.«

Dann drückte er mir einen Knebel in den Mund und pappte einen breiten Streifen Klebeband darüber. Das Licht ging aus und ich war allein. Dabei hatte ich ihnen noch erzählen wollen, dass ich eine chronisch verstopfte Nase habe.

VII

Ich bemühte mich, möglichst gleichmäßig zu atmen, nicht in Panik zu verfallen und keinen Schnupfen zu bekommen. Nachdem mir das geraume Zeit gelungen war, wäre ich sogar beinahe eingeschlafen, wenn nicht meine engverschnürten Handgelenke so fürchterlich geschmerzt hätten. Außerdem juckte meine linke Kniekehle und ich hätte mich zu gern gekratzt.

Also blieb ich wach und wartete auf die Putzfrau, die irgendwann im Laufe des Vormittags vorbeischaute. Sie schaute natürlich nicht vorbei, sondern genau hin, warf ihren Schrubber weg und rannte laut schreiend davon.

Es dauerte noch einmal fünf Minuten, bis ein ziemlich verkaterter Hajo Gries auftauchte und mit zittrigen Fingern an meinen Fesseln herumfummelte.

»Mensch, Georg, was ist denn mit dir passiert?«, murmelte er. »Du siehst ja aus wie eine Weihnachtsgans.«

Ich brummte etwas in den Knebel, was sich wie Protest anhören sollte.

»Gleich haben wir's«, kommentierte Hajo.

Als er endlich meine Hände aufgeschnürt hatte, riss ich die Klebestreifen vom Mund und spuckte das Taschentuch aus, das man mir in den Mund gestopft hatte. »Verdammte Scheiße!«, brüllte ich. Das musste mal gesagt werden.

Währenddessen machte sich Hajo an den Fußfesseln zu schaffen. »Nun sag schon! Wer hat dich so verpackt?«

»Ich habe einen Entfesselungstrick ausprobiert. Ist mir leider misslungen.«

»Haha«, Hajo fand das gar nicht komisch. »Ich habe einen ganz schönen Schreck gekriegt, als ich dich gesehen habe. Das waren doch die Diebe, oder?«

»Hajo«, sagte ich und rieb mir die geschwollenen Handgelenke, »ich möchte nicht darüber reden.«

»Okay. Wir haben den Chef angerufen. Er ist schon unterwegs.«

Ich stellte ein Bein auf die Erde, dann das zweite. Etwas mehr Mühe bereitete mir das Aufstehen. Die ersten zwei Versuche endeten kläglich. Schließlich bot mir Hajo seine breite Schulter an, und auf ihn gestützt humpelte ich quer durchs *Bad*.

In Carlo Pontis Büro ließ ich mich in einen der Besuchersessel fallen, bekam von der getigerten Sekretärin einen Kaffee und rauchte dazu einen Zigarillo, der so herrlich schmeckte wie das erste Bier nach einer dreimonatigen Entziehungskur.

Als Carlo Ponti kam, war ich gerade eingeschlafen.

»He, Schorsch, was höre ich da, man hat dich fertiggemacht. Das tut mir leid, echt. Ich wusste nicht, dass die Sache so gefährlich ist.«

»Berufsrisiko«, lächelte ich. »Ist nicht deine Schuld.«

»Mann, trotzdem. Das geht mir schon mächtig an die Nieren.«

»Und mir erst«, sagte ich.

Er klatschte mir auf die Schulter. »Du hast es ja überlebt. Nun sag schon: Wer war's?«

»Carlo«, sagte ich und nahm den nächsten Zigarillo aus der Schachtel, »wir müssen die Sache anders angehen.« Ich setzte das ausgefranste Ende in Brand und blies graublaue Luft an die Decke. »Der Auftrag hat sich als schwieriger herausgestellt, als ich vermuten konnte. Ich muss ihn deshalb zurückgeben.«

Carlo baute sich vor mir auf. »Du willst doch wohl nicht klein beigeben?«

»So könnte man es ausdrücken«, bestätigte ich.

»Hör mal, wir sind am Ziel. Du zeigst mir die Burschen und ich übergebe sie der Polizei.«

»Ich kann mich nicht nach Südamerika absetzen. Ich lebe in Münster und möchte hier noch eine Weile weiterleben. Ich habe zwar keine Frau und Familie, aber ein florierendes Kaufhaus. Mit anderen Worten: Nach gründlicher Risikoabwägung entscheide ich mich dafür, die Schnauze zu halten.«

Carlo brachte eine Portion Güte in seine Stimme: »Ich versteh dich ja. Du bist fertig mit den Nerven. Schlaf dich erst mal aus, wir reden dann später!«

Ich schüttelte den Kopf. »Meine Entscheidung steht. Wer sein Leben für lausige 5.000 Mark aufs Spiel setzt, hat eine zu geringe Meinung von seinem Börsenkurs.«

Am liebsten wäre ich sofort ins Bett gegangen und hätte die Bettdecke über den Kopf gezogen, aber der einzige Fall, an dem ich noch zu arbeiten bereit war, hielt mich davon ab. Bis zu meiner Verabredung mit Gerd Bohnenfeld blieb mir eine Stunde, und in dieser kurzen Zeit die Kleidung ab- und wieder anzulegen, schien mir nicht die Anstrengung wert. Also fuhr ich zum Laden, in der Hoffnung, die Beine für eine Weile hochlegen und ein paar Kataloge für Büroeinrichtungen angucken zu können.

Ein Blick in den Autospiegel verriet mir, dass ich selten so schlecht ausgesehen hatte, und auch Willi beäugte mich misstrauisch, als ich die Chefetage betrat.

»Was ist denn mit dir los?«, fragte er und mit gutem Willen konnte man einen Hauch von Mitgefühl entdecken.

»Die Arbeit«, krächzte ich. »Die Arbeit macht mich fertig.«

»Na, dann zieh dich mal warm an! Da drin wartet Besuch auf dich.«

»Oh, nein«, sagte ich und drehte um.

»He, du kannst mich nicht einfach hier sitzen lassen. Ich mache …«

»Schon gut«, sagte ich und ließ die Türklinke los. »Schon gut. Ich spreche mit meinem Besuch, okay?«

Ich öffnete vorsichtig die Tür zu meinem Büro und sah einen breiten Rücken, der in ein graues Sakko gezwängt war, das unter den Armen zu platzen drohte. Der Freischwinger unter dem fetten Hintern ächzte in den letzten Zügen. Der Mann wandte sich zu mir um, das heißt, er verdrehte den Kopf und mit einiger Verzögerung folgte das Tripelkinn nach.

»Herr Molbk«, strahlte ich, »was führt Sie zu mir?«

Er hievte sich aus dem Freischwinger und machte einige tapsende Schritte auf mich zu. Fassungslos schüttelte ich seine ausgestreckte Hand.

»Ich wollte mich entschuldigen«, sagte er mit belegter Stimme. »Ich glaube, ich war neulich zu grob zu Ihnen.«

Mit letzter Kraft rettete ich mich auf meinen Sessel.

»Keine Ursache. Ist schon vergessen.«

Er befrachtete wieder den Freischwinger und hoppelte samt Stuhl zwanzig Zentimeter näher. »Wenn das so ist, könnten Sie doch vielleicht noch einmal nach Holland fahren und sehen, was sich machen lässt. Ich meine, Sie kennen die Orte, an denen sich Tanja aufhält. Es soll nicht zu Ihrem Schaden sein.«

»Ausgeschlossen«, protestierte ich. »Ich habe bereits einen neuen Auftrag angenommen, der mich voll in Anspruch nimmt. Tut mir wirklich leid.«

Seine grauen Augen wurden ein bisschen feucht. »Wissen Sie, es geht ja nicht nur um mich. Meine Frau liegt seit drei

Tagen mit Kopfschmerzen im Bett. Ich bitte Sie um ihretwillen.«

Wäre ich nicht unter allen Beteiligten derjenige gewesen, der mir am meisten leidtat, hätte ich mich vermutlich weichklopfen lassen. So aber zeigte ich ihm auf der Hollandkarte Zandvoort und komplimentierte ihn mit ein paar guten Tipps nach draußen. Anschließend ging ich zum Bücherschrank, goss ein Glas Schnaps ein und kippte es in einem Zug. Womit hatte ich das alles verdient?

Ein passabler Spaziergänger braucht fünf Minuten, um von meinem Laden zum *Café Cuschan* zu kommen. Ich brauchte zehn Minuten, weil ich auf der Windthorststraße mehrfach stehen blieb und so tat, als würde ich die Schaufensterauslagen betrachten. In Wahrheit schnappte ich nach Luft und wartete darauf, dass die Schmerzen in den Beinen nachließen.

Es war ein herrlicher Tag mit Sonnenschein und Mädchen, die keine BHs unter ihren knappen T-Shirts trugen. Ich betrachtete sie durch einen dichten Schleier aus Müdigkeit und Frustration und fand keine hübscher als Prinzessin Anne. Denn insgeheim beneidete ich sie um ihre Fahrräder, auf denen sie an mir vorbeiflitzten.

Das *Café Cuschan* liegt an Münsters Vorzeigemeile, dem Prinzipalmarkt. Links und rechts des Kopfsteinpflasters türmen sich auf alt getrimmte Fassaden zum Himmel. Hier bekommt man in gediegenen Geschäften für richtig viel Geld das Gefühl, zu denen zu gehören, die es sich leisten können. Die Elite der münsterschen Kaufmannschaft hat hier ihren Sitz und ihre Kassen. Und damit das so bleibt, hat sie über den Stadtrat dafür gesorgt, dass ringsum genügend Parkhäuser gebaut und Verbrauchermärkte erst gar nicht zugelassen werden.

Auch das *Café Cuschan* gehörte zur Tradition der Stadt und einer jener alteingesessenen Familien. Bis ein Konzern es aufkaufte und daraus eine Parfümerie machen wollte. Der heftige Protest der münsterschen Bürger bewegte die Manager dazu, die Verkaufsfläche zu halbieren und das Café als Nostalgiepflege weiterzubetreiben. Ein halbseidener Kompromiss, der sich auch darin ausdrückt, dass die silbernen Milchkännchen den Einheitsplastikmilchdöschen gewichen sind.

Ich zupfte also an dem Milchdöschen und sprühte mir wie selbstverständlich ein paar Tropfen aufs Hemd, als Gerd Bohnenfeld an meinen Tisch trat. Wir hatten als Erkennungszeichen das Mitführen einer *Frankfurter Rundschau* vereinbart, ein Blatt, mit dem man an diesem Ort auffallen musste.

Er setzte sich grußlos und ich verwischte mit der Serviette die Milchtropfen auf dem Hemd.

»Herr Wilsberg, nehme ich an.«

»Richtig«, sagte ich.

»Also! Ich habe nicht viel Zeit. Kommen Sie zur Sache!«

Sein Auftritt entsprach dem gängigen Klischee des Jungdynamikers: weißes Hemd, kariertes Jackett, nervöses Wippen mit den Beinen und fahrige Handbewegungen. Dagegen, dass er beim Sprechen Schaum in die Mundwinkel bekam, musste er allerdings noch etwas unternehmen.

»Wie haben Sie Ines Block kennengelernt?«

»Wen interessiert das?«

»Mich.«

»Einen Kaffee«, bellte er die Kellnerin an, die neben ihm stand.

»Herr Bohnenfeld«, setzte ich nach, »das Beste für Sie ist, mir alles zu erzählen, was Sie wissen. Dann kann ich nämlich unter Umständen davon absehen, Ihren Namen der Polizei zu nennen. Ein Ermittlungsverfahren wegen Mordverdacht dürfte sich nicht positiv auf die Geschäftsentwicklung Ihrer Werbeagentur auswirken.«

Er schluckte. »Haben Sie das meiner Frau erzählt?«

»Ich arbeite diskret. Solange es die Umstände erlauben.«

Das schien ihn ein wenig zu beruhigen.

»Ich habe Ines vor ein paar Wochen kennengelernt. In einer Discothek. Meine Frau war bei ihren Eltern und ich bin mit einem Freund ausgegangen. Im Laufe des Abends kam ich mit Ines ins Gespräch. Anschließend hat es sich so ergeben, dass wir zu mir gegangen sind.«

Ich schaute ihn ungläubig an.

»Nun ja, das ist nichts Besonderes für mich. Vor meiner Ehe war ich ein Spezialist auf dem Gebiet. Man sieht den Frauen doch an, was sie wollen.«

Ich verschluckte mich am Kaffee und hustete heftig. Als ich wieder zu Luft kam, sagte ich: »Und Ines … äh … wollte?«

»Na klar. Ich bin im Bett nicht der Schlechteste, wenn Sie verstehen, was ich meine.«

Ich gab mir Mühe, nicht darüber nachzudenken, sonst hätte ich mich auf der Stelle übergeben müssen.

»Was geschah weiter, ich meine, nach dieser Nacht?«

»Nichts.«

»Kein weiteres Treffen, kein Telefonanruf?«

»Na ja, am nächsten Tag rief ihr Typ an. Das war mir schon ziemlich unangenehm. Ich wollte ja keine Affäre oder so. Eine Nacht, das geht in Ordnung. Aber alles andere kann ich mir nicht leisten. Schon wegen meiner Frau. Das Geld ihres Vaters steckt zur Hälfte im Geschäft.«

»Das haben Sie ihm erzählt?«

»Genau. Ich weiß nicht, ob ihn das beruhigt hat, jedenfalls habe ich nichts mehr von ihm gehört.«

»Und mit Ines haben Sie nicht mehr gesprochen?«

»Nein. Wozu auch?«

Das fragte ich mich bereits seit einiger Zeit. Irgendwie musste sich die Ines, die ich einmal gekannt hatte, gewaltig verändert haben. Früher hatte sie einen besseren Geschmack bewiesen.

»Da fällt mir ein«, unterbrach Bohnenfeld meine düsteren Gedanken, »ich habe sie vor Kurzem gesehen. Auf der Straße. Mit einem Mann.«

»Wie sah er aus?«, fragte ich.

Die Beschreibung, die Bohnenfeld mir gab, hatte keine Ähnlichkeit mit Armin Hinz oder Klaus Breider.

VIII

Ich schlief achtzehn Stunden. Und hätte nicht das Telefon geklingelt, wäre ich vermutlich als längster Langschläfer der Welt ins Guinness-Buch der Rekorde gekommen.

Es war Armin. Er wollte wissen, ob ich etwas herausgefunden hatte. Ich grunzte in einem Ton, der in der Mitte zwischen Ja und Nein lag.

»Was meinst du?«

»Ich meine, wir sollten uns treffen. Ich habe noch ein paar Fragen.«

»Kein Problem, ich bin in der Nähe von Münster.«

Ich überlegte. »Besser, du kommst nicht zu mir. Ich möchte nicht, dass du hier gesehen wirst.«

Wir einigten uns auf den Botanischen Garten im Schlosspark, Abteilung tropische Pflanzen.

Auf dem Weg zum Schloss vergewisserte ich mich, dass mir niemand folgte.

Das münstersche Schloss, als fürstbischöflicher Sitz gebaut und heute von der Universitätsverwaltung in Beschlag genommen, liegt idyllisch hinter dem größten Parkplatz der Stadt, dem Hindenburgplatz, und an der Einfallschneise für Tausende von Pendlern, die hier ihre Autos abstellen.

Hinter dem Schloss wird es grün, ohne dass der münstersche Sinn für Ordnung verloren geht. Vor jedem Baum und Strauch prangt ein Schildchen, das den botanisch interessierten Besuchern verrät, über welche Artenvielfalt die Erde verfügen könnte, wenn man sie nur ließe.

Der Botanische Garten in der Mitte ist das Prunkstück

der Pflanzenausstellung und wird vom Biologischen Institut betreut. Gleich hinter dem Eingang stehen auf der linken Seite zwei Gewächshäuser, in denen zu tropischen Temperaturen entsprechendes Grünzeug wächst.

Armin stand zwischen den Bambusstauden. Er hatte eingefallene Wangen und einen flackernden Blick. Die rotunterlaufenen Augen verrieten, dass er in letzter Zeit viel nachdachte und wenig schlief.

Wir begrüßten uns mit einem Kopfnicken.

»Wo hast du die letzten Tage verbracht?«, fragte ich.

»Auf dem Land, bei Freunden.«

»Bist du da in Sicherheit?«

Er nickte.

»Das ist gut, denn ich habe bis jetzt noch nichts gefunden, das dich entlasten könnte.«

»Hast du die beiden Typen überprüft, die ich dir genannt habe? Breider und Bohnenfeld?«

»Überprüft ist zu viel gesagt. Ich habe sie in Augenschein genommen. Den einen halte ich für zu schlapp, den anderen für zu geschäftstüchtig, um ein Verbrechen aus Leidenschaft zu begehen. Natürlich kann ich mich irren. Aber mit neunzigprozentiger Wahrscheinlichkeit haben wir Nieten gezogen.«

Das Flackern in Armins Blick nahm zu. »Georg, bist du ganz sicher? Du willst doch wohl nicht aufgeben? Ich habe keine andere Chance.«

»Wer redet denn von aufgeben?«, sagte ich und zündete mir verbotenerweise einen Zigarillo an. »Es gibt noch einen dritten Mann.« Und ich erzählte ihm von Bohnenfelds Beobachtung.

Armin schüttelte den Kopf. »Nein, kenne ich nicht.«

»Keine Ahnung, wer das sein könnte?«

Er grübelte. »Ines muss ihn heimlich getroffen haben«,

sagte er nach einer Weile. »Ich meine, sie wusste, dass ich ziemlich eifersüchtig war und so.«

»Was heißt *und so?*«

»Na ja, ich habe sie beobachtet, ihren Terminkalender gelesen, alles, was man so macht, wenn die eigene Frau fremdgeht.«

»Ich weiß nicht, was man als eifersüchtiger Ehemann macht«, warf ich ein.

Er schaute mich kurz an. »Klar. Du verstehst das nicht. In einer solchen Situation ist man zu Dingen fähig, über die man sich hinterher selber wundert.«

»Und zu was warst du fähig?«, fragte ich.

Er lief rot an. »Du glaubst doch nicht etwa immer noch, dass ich …«

»Ich glaube gar nichts«, unterbrach ich ihn. »Ich brauche Fakten. Je mehr ich weiß, desto eher kann herausfinden, wer der Unbekannte ist.«

Das leuchtete ihm ein.

»Äußerlich war in den letzten Wochen alles normal. Wir stritten uns oft, aber ich hatte keinen Grund, jemanden konkret zu verdächtigen.«

»Hast du sie verfolgt, wenn sie ausging?«

»Hin und wieder. Meistens ging sie zu Claudia.«

»Woher kannte sie Claudia?«

»Von früher. Die beiden sind zusammen zur Schule gegangen.«

»Was ist mit ihren Arbeitskollegen? Wo hat sie überhaupt gearbeitet?«

»Sie hatte eine Stelle am Freiherr-von-Schaum-Gymnasium. Als ich nach Münster versetzt wurde, hat sie sich hierher beworben und prompt eine Stelle gekriegt. Für ihre männlichen Kollegen hatte Ines allerdings nicht viel übrig. Die reden nur über Fußball und Eigenheime, sagte sie.«

»Andererseits scheint Ines in der letzten Zeit nicht besonders wählerisch gewesen zu sein.«

Armin reagierte sauer. »Was willst du damit sagen?«

»Ich will damit sagen, dass ich mir alles vorstellen kann. Sogar, dass sie etwas mit einem Typen hatte, der über Fußball und Eigenheime redet.«

Wütend starrte er mich an. Dann mischte sich Resignation in den Blick. »Vermutlich hast du recht.«

Wir betrachteten uninteressiert die vom Aussterben bedrohte Vegetation. Wie nebensächlich fragte ich: »Wo kann ich dich erreichen?«

»Ich rufe dich an. Das ist besser so.«

»Wie du meinst«, sagte ich.

Das Haus auf der Sentruper Höhe war noch bewohnt.

»Ach, Sie sind das«, sagte Claudia Kummer, ein wenig freundlicher als beim letzten Mal. Das Kettenschloss hakte sie trotzdem nicht aus. »Ich habe leider keine Zeit.«

»Nur fünf Minuten«, widersprach ich. »Ich bin da auf was Neues gestoßen.«

Damit hatte ich sie an der Angel. Wir gingen ins Wohnzimmer, das noch genauso aussah wie vor drei Tagen. Ich räumte einen Sessel frei und lehnte mich zurück. Meine Gastgeberin blieb an der Anrichte stehen, ganz darauf bedacht, keine Atmosphäre der Gemütlichkeit entstehen zu lassen.

Ich betrachtete das Mobiliar, die Wandgestaltung und Claudia Kummer.

»Wollen Sie nicht endlich zur Sache kommen?«, maulte sie.

»Natürlich«, gab ich entspannt zurück. »Also: Meine Vermutung hat sich bewahrheitet. Ines hatte tatsächlich eine Affäre. Mindestens eine.«

»Woher wissen Sie das?«

»Das kann ich Ihnen leider nicht sagen. Berufsgeheimnis.«

»Ach so, verstehe. Jetzt soll ich wohl erschrocken den Namen ausrufen?«

»Nicht nötig«, sagte ich. »Ich kenne ihn bereits. Ich habe sogar mit dem Mann gesprochen, er kommt als Mörder nicht infrage.«

»Wie schade«, lächelte sie spitz.

»Sie sagen es. Aber er hat mir einen wichtigen Tipp gegeben. In der letzten Woche sah er Ines mit einem Unbekannten durch die Stadt spazieren.«

»Na und?«

Ich stand auf und ging zu ihr hinüber. Wir spielten das Spiel: Wer hält den Blick länger aus? Ich gewann, allerdings mit einem leichten Brennen in den Augen.

»Ines war Ihre Freundin. Sie ist zu Ihnen geflüchtet. Wollen Sie mir erzählen, dass Sie nicht über Männer gesprochen haben?«

»Selbstverständlich haben wir über Männer gesprochen, über Männer im Allgemeinen und Armin im Besonderen.«

»Armin interessiert mich nicht. Ich will etwas über den Mann wissen, mit dem Ines den Stadtbummel gemacht hat.«

»Ich kenne ihn nicht«, funkelte sie mich an.

»Sie lügen«, zischte ich.

»Das reicht«, giftete sie zurück. »Wenn Sie nicht sofort verschwinden, rufe ich die Polizei. Die interessiert sich sicher für Ihre Geschichte von den unbekannten Männern.«

Ich rührte mich keinen Zentimeter vom Fleck. »Beihilfe zum Mord ist kein Pappenstiel. Oder nehmen wir mal den für Sie günstigeren Fall an: Strafvereitelung.«

Sie quetschte sich an mir vorbei, ging zum Telefon und wählte eine dreistellige Nummer. Beim ersten Läuten leitete ich meinen Rückzug ein. An der Tür sah ich, dass sie wieder aufgelegt hatte.

Viele machen sich falsche Vorstellungen von der Arbeit eines Detektivs. Aufregende Augenblicke sind nicht die Regel, sondern die Ausnahme in diesem Beruf. Die meiste Arbeitszeit verbringt ein Detektiv mit Warten. Warten darauf, dass die Zielperson das Haus verlässt; warten darauf, dass sie aus der Kneipe kommt, in der sie stundenlang gesessen hat; warten darauf, dass sie das Licht ausschaltet und zu Bett geht, damit man endlich nach Hause fahren kann. Im Sommer verwandelt sich das Auto in einen Backofen und im Winter in einen Kühlschrank. Denn mit laufendem Motor oder Standheizung in einer Reihe zugeeister Fahrzeuge zu stehen, wäre gerade so unauffällig wie Miss Germany in einem Altersheim. Die wichtigsten Werkzeuge eines Detektivs sind folglich gute Nerven, ein eiserner Arsch und ein belastbares Rückgrat. Die unverzichtbaren Hilfsmittel eines Detektivs sind ein spannendes Buch und eine Thermoskanne mit Kaffee.

Einen Krimi hatte ich für alle Fälle im Handschuhfach, auf die Thermoskanne musste ich verzichten. Der Gedanke, vor dem Haus der Kummer zu warten und sie zu observieren, war mir nämlich spontan gekommen. Professionelle Intuition sozusagen, ein Spiel mit dem Risiko, viele zähe Stunden nutzlos in einem stickigen Auto zu verbringen.

Ich machte mich so klein wie möglich, klappte den Krimi auf und linste ab und zu über das Lenkrad zum kummerschen Anwesen hinüber. Nicht mal Radio durfte ich hören, wollte ich nicht die Nachbarn auf mich aufmerksam machen. Denn das Allerletzte, was ein observierender Detektiv gebrauchen kann, sind Streifenpolizisten, die glauben, einen Villenknacker vor sich zu haben.

Den Krimi hatte ich zur Hälfte geschafft und es war ziemlich dunkel geworden, als Claudia Kummer das Haus verließ.

Im Licht der Straßenlaterne sah ich, dass sie hautenge schwarze Hosen und oben etwas Glitzerndes trug. Ich machte mich auf einen bunten Abend gefasst.

IX

Als sie auf den niedrigen japanischen Flitzer zuging, schwante mir bereits Böses. Und dann trat sie aufs Gaspedal, als gelte es, eine Horde reitender Leichen abzuhängen. Ich quälte meinen Fiat, bis die Zylinderköpfe im Chor um Gnade baten. Trotzdem wurde der Abstand immer größer und ich verfluchte die moderne Technik, die diese überzüchteten Motoren geschaffen hatte.

Ich hätte sie mit Sicherheit verloren, wenn die Fahrt länger als fünf Minuten gedauert hätte. So lange brauchte Claudia Kummer, um über den Ring bis zur Steinfurter Straße zu kommen, wo sie Richtung Innenstadt fuhr und nach hundert Metern links abbog. Sie parkte auf dem riesigen Parkplatz des *Bad*. Meine Hände wurden feucht, der kalte Schweiß trat mir auf die Stirn. Wollte ich die Observation nicht vorzeitig abbrechen, musste ich an mehreren dieser muskelbepackten Anabolikaopfer am Eingang vorbei.

Die in allen Farben schillernde Zielperson war seit drei Minuten im *Bad* verschwunden, als ich mich lässigen Schrittes dem Eingang näherte. Drei Mark Eintrittsgeld hatte ich vorsorglich in die Hand genommen, damit ich nicht lange im Portemonnaie kramen musste.

Meine Hoffnung auf Andrang an der Kasse erwies sich als unbegründet. Ganz allein stand ich da, knallte die Geldstücke auf die Theke und guckte betont desinteressiert in eine andere Richtung. Aus den Augenwinkeln sah ich, wie der Muskelmann hinter der Kasse den Muskelmann neben ihm, der die Getränkekarten verteilte, anstieß.

»He, kennen wir den nicht?«

»Ich glaub, ich hab das Gesicht schon mal irgendwo gesehen.«

Die einfache Tour hatten sie mir vermasselt. Ich drehte mich um: »Jungs, macht keinen Aufstand. Ich bin nur zu meinem Vergnügen hier.«

Muskelmann Nummer zwei grinste wie ein Honigkuchenpferd. »Hast du gehört, er ist zu seinem Vergnügen da.«

»Es macht ihm auch noch Spaß«, sagte der erste. »Hätte gar nicht gedacht, dass er so ein Perverser ist.«

Zu meinem Glück schlenderte in diesem Moment Hajo Gries heran.

»Los jetzt: die Karte!«, zischte ich. »Sonst gibt's Theater.«

Wortlos und mit bösen Absichten im Blick drückte mir Muskelmann Nummer zwei die Karte in die Hand.

Nummer eins rief mir nach: »Wir sehen uns!«

»Lasst euch Zeit!« Ich war schon auf der Treppe nach oben.

Zu dieser frühen Nachtzeit taten sich auf der Tanzfläche noch etliche Lücken auf. Ich stieg weiter nach oben, zur Galerie, weil man von dort einen guten Überblick hatte. Doch nach einer Viertelstunde musste ich feststellen, dass mir der beste Überblick nichts nutzte. Claudia Kummer war weder auf der Tanzfläche noch an einer der Theken. Sie war einfach verschwunden.

Ich holte mir von unten ein Bier, wobei mir Sonja zur Kündigung gratulierte, und beobachtete weiter das Geschehen. Schaden konnte es ja nicht und den Spießrutenlauf am Ausgang sparte ich mir für später auf.

Eine halbe Stunde darauf klärte sich das geheimnisvolle Verschwinden der Kummer auf natürliche Weise. Etwa fünf Meter von mir entfernt öffnete sich eine Wandtür und sie trat heraus, dicht gefolgt von Carlo Ponti. Sekundenbruchteilelang überlegte ich, ob ich mich umdrehen oder unter einen Tisch abtauchen sollte, dann ließ ich es bleiben. Ich hätte mich sowieso nur lächerlich gemacht. Also setzte ich ein breites Grinsen auf und spielte den überraschten alten Bekannten.

Sie erwiderte das Lächeln, allerdings mit einem deutlichen Einschlag ins Höhnische. Zu mehr kam es nicht, denn Carlo Ponti hatte mich mittlerweile entdeckt und steuerte auf mich zu.

»Ciao, bis später«, rief er ihr nach, bevor er mir seine breite Pranke auf die Schulter hieb. »Schorsch, schön dich zu sehen! Ich wusste doch, dass du nicht klein beigibst. Spuck's aus!«

»Du irrst dich, Carlo«, sagte ich. »Ich bin rein zufällig hier.«

Er knipste das Strahlen in seinem Gesicht aus. »Schorsch, was ist nur aus dir geworden? Früher warst du ganz anders.«

»Ich kann mich nicht daran erinnern«, bemerkte ich.

»Na ja«, er zerrte mich zur Treppe, »früher waren wir alle Draufgänger. Ich weiß noch, auf unserer ersten Tournee, da sind wir nach jedem Auftritt mit einem anderen Häschen ins Bett gegangen. Heute habe ich Angst vor Aids, Tripper, Syphilis und was es sonst noch gibt. Wenn sich heute eine Verrückte bis zur Garderobe durchschlägt, wird sie von einem Roadie wieder rausgeschmissen. Da schütten wir uns nach einem Auftritt höchstens mal die Lampe voll.«

Ich erinnerte mich, etwas Ähnliches in einem Interview mit einem *Rolling Stone* gelesen zu haben, und bezweifelte stark, dass Carlo Ponti jemals von weiblichen Groupies überrannt worden war, beließ es aber bei einem zustimmenden Brummen.

Inzwischen waren wir bis zur Theke vorgedrungen und Carlo orderte zwei doppelte Scotch mit Eis. Sonja war die

Höflichkeit selbst, das heißt, sie machte keine hämischen Bemerkungen.

»So ganz scheinst du auf das Vergnügen ja nicht verzichtet zu haben«, startete ich einen Versuchsballon.

Er trank den Whisky aus. »Wie meinst du das?«

»Ich meine die Mieze, die gerade aus deinem Büro kam. Ihr habt doch keine Patiencen gelegt, oder?«

»Ach die, nee, mit der hab ich, äh, sozusagen geschäftlich zu tun.« Er richtete seine wasserblauen Augen auf mich: »Sag mal, täusch ich mich oder kennt ihr euch vielleicht?«

»Du täuschst dich.«

»Hmm.« Er zeigte Sonja das leere Glas und hielt zwei Finger in die Luft. »War nur so ein Gedanke. Nee, mit Frauen läuft nichts mehr. Als Geschäftsmann darfst du dich nicht verzetteln. Entweder du bist voll power bei der Sache oder die Konkurrenz schießt dich ab.«

Sonja stellte das zweite Whiskyglas neben mein halb volles erstes. Carlo kippte seins, ohne mit der Wimper zu zucken.

»Ja, Schorsch, war nett, mit dir zu plaudern. Ich mach mich jetzt da durch, hab noch was zu tun.«

»Ich komme mit«, sagte ich. »Ich wollte auch gerade gehen.«

Überrascht schaute er mich an. »Ich muss aber noch mal kurz ins Büro.«

»Macht nichts, mein Wagen steht sowieso hinten.« Gesundheitsschonender als zusammen mit Carlo Ponti konnte ich das *Bad* nicht verlassen.

Als er in seinem roten Porsche saß, hetzte ich zu meinem Wagen. Zum zweiten Mal an diesem Tag entschloss ich mich zu einer spontanen Verfolgung. Eine Bemerkung von Carlo Ponti hatte mich neugierig gemacht.

Bis ich in die Steinfurter Straße einscherte, war der rote Porsche längst verschwunden. Ich hatte ihn in Richtung Innenstadt fahren sehen und heizte hinterher. Zehn Minuten lang kam kein Porsche in mein Blickfeld, geschweige denn ein roter. Ich gab auf und fragte mich, was ich mit dem angebrochenen Abend anfangen sollte. Mehr aus Langeweile denn einer neuerlichen Eingebung gehorchend, fuhr ich zur Sentruper Höhe zurück. Volltreffer! Carlos Porsche stand hinter dem japanischen Flitzer von Claudia Kummer.

Nachdem ich meinen Wagen eine Querstraße weiter abgestellt hatte, stand ich unschlüssig vor dem Haus der Kummer. Mir widerstrebte der Gang durch den Garten, schon wegen der Erinnerung an den grausigen Fund, den ich beim letzten Mal gemacht hatte. Doch die triste Vorderfront bot keinerlei Einblickmöglichkeiten. Wenn überhaupt, dann spielte sich das Geschehen im Wohnschlafzimmer der Kummer ab. Und mit einem Ohr an der Terrassentür hatte ich sogar gute Chancen, einen Teil der Gespräche mitzubekommen.

Ich blickte mich vorsichtig um, kein Hund mit Herrchen an der Leine weit und breit. Also setzte ich über den Jägerzaun und stapfte durch die kniehohe Wiese. An der Hausecke riskierte ich einen Blick durch das Terrassenfenster. Carlo Ponti und Claudia Kummer standen sich auf der Bühne des hell erleuchteten Wohnzimmers gegenüber: Er hatte eine Flasche in der Hand, sie einen hochroten Kopf. Es musste sich um Zornesröte handeln, denn beide nahmen eine aggressive Haltung ein. Jetzt hob er die rechte Hand und fuchtelte damit vor ihrem Gesicht herum. Ich hörte so etwas wie »Idiot«. Ponti trat einen Schritt näher an sie heran und brüllte: »Sag das noch einmal!«

Sie wich einen halben Meter zurück, die Arme immer noch vor der Brust verschränkt. Offensichtlich hatte sie das Wort wiederholt, denn Ponti versetzte ihr plötzlich eine Ohrfeige. Von der Wucht des Schlages getroffen, fiel sie auf den neben ihr stehenden Sessel und blieb dort liegen. Ponti wechselte die Flasche von der linken in die rechte Hand und hob sie über den Kopf der Kummer.

Mit voller Wucht trat ich vor das Terrassenfenster und tatsächlich bekam es einen Riss vom Boden bis zur Decke. Dann warf ich mich mit meinem Körpergewicht gegen die Scheibe. Es krachte und splitterte, und ich segelte der Länge nach auf den Teppichboden. Irgendwie hatte ich eine Scherbe ins Gesicht gekriegt, denn unter meinem linken Auge brannte es fürchterlich. Trotzdem kam ich ziemlich schnell auf die Beine. Allerdings nicht schnell genug. Ich sah Carlo Pontis Hosen vor mir und hob den linken Arm, um den Schlag abzuwehren. Da knallte es knapp oberhalb meiner Augen. Ich spürte nichts, aber alles wurde rot, dann grün, dann endgültig schwarz.

X

Aus der Bewusstlosigkeit zu erwachen, ist ein Gefühl ganz eigener Art. Minutenlang ist man geneigt, die Welt als etwas völlig Neues zu betrachten, die eigene Lage, zusammengekrümmt auf einem Teppich und mit Blick auf eine Polstergarnitur, als naturgegeben hinzunehmen.

Das Schellen der Türklingel hatte mich geweckt, aber ich war unfähig, mich zu bewegen. Mein Kopf fühlte sich an, als hätte jemand einen rostigen Nagel hineingetrieben. Ich wollte eigentlich nur liegen bleiben und mich an den Zustand gewöhnen, zu den Lebewesen zu gehören.

Jetzt schnappte ein Schloss auf und eine Tür fiel krachend zu. Das war schon ungewöhnlich. Wenn mich jemand besuchen wollte, warum wartete er dann nicht ab, bis ich die Tür öffnete? Und wenn er einen Schlüssel besaß, warum klingelte er dann überhaupt? Andererseits befand ich mich offensichtlich nicht in meiner eigenen Wohnung, also war es gar nicht ausgemacht, dass dieser Jemand *mich* besuchen wollte.

»Carlo, bist du da?«, rief eine männliche Stimme.

Ich öffnete den Mund und schloss ihn wieder. Besser, ich hielt mich da raus. Ich glaubte, mich zu erinnern, dass ich mich in letzter Zeit zu viel eingemischt hatte.

Die Schritte auf der Treppe kamen näher. Ich zog die Beine an und kroch hinter einen Sessel. Nur mit Mühe konnte ich ein Stöhnen unterdrücken.

»Carlo?«, hörte ich noch einmal, jetzt mit ungläubigem Unterton. Dann ein verwundertes Pfeifen und ein halblautes »Junge, Junge!«

Ich linste in Bodennähe um die Sesselkante. Hajo Gries stand im Raum und blickte sich um. Vor Hajo hatte ich keine Angst, aber ich blieb trotzdem in Deckung. Denn langsam kehrte mein Gedächtnis zurück.

Nach etwa zehn Sekunden trat Hajo den Rückzug an. Inzwischen hatte ich einen meiner spontanen Entschlüsse gefasst. Als er die Haustür erreichte, hievte ich mich hoch. Sofort wurde mir speiübel und ich kotzte auf den Teppich. Anschließend ging es mir etwas besser.

Die ganze Aktion hatte kaum länger als fünfzehn Sekunden gedauert, aber wenn ich Hajo verfolgen wollte, musste ich mich sputen. Also torkelte ich, so schnell ich konnte, um das Haus herum und zerkaute unterwegs eine Aspirintablette. Für den Notfall habe ich eine kleine Apotheke in meinem Jackett.

Als ich vorne ankam, sah ich noch die Rücklichter von Hajos Auto. Mit pfeifendem Atem, ohrenbetäubendem Brummen im Kopf und viel zu spät erreichte ich mein eigenes. Meine einzige Hoffnung war eine lange Rotphase am Kardinal-von-Galen-Ring. Und tatsächlich – das professionelle Glück blieb mir heute treu. Er bog gerade auf den Ring ein und ich schoss, inzwischen wieder bei Rot, hinterher.

Gewöhnlich lässt man bei Verfolgungsjagden ein neutrales Auto dazwischenfahren, um nicht die Aufmerksamkeit des Verfolgten zu erregen, aber um zwei Uhr nachts ist das leichter gesagt als getan. Die Scharnhorststraße war autoleer, erst am Ludgeriplatz wurde es etwas belebter. Hajo fuhr weiter nach Osten und ich folgte ihm in gehörigem Abstand. Am Hansaring änderte er plötzlich die Richtung und steuerte auf das Hafengebiet zu. Jetzt wurde die Verfolgung kriminell. Nachts war der münstersche Hafen so tot wie eine Eisdiele auf Grönland.

Am Hafenweg schaltete ich das Licht aus und rollte unauffällig um die Ecke. Hajos Auto parkte etwa dreihundert Meter vor mir.

Auf dem Seitenarm des Dortmund-Ems-Kanals dümpelten ein paar nachtschlafene Lastkähne. Umspielt von einem dünnen Nebel reckten am gegenüberliegenden Ufer Kräne ihre Dinosaurierhälse in die Luft. Ich war um das Gebäude herumgegangen und entdeckte im ersten Stock hinter heruntergelassenen Jalousien einen matten Lichtschein. Hajo werkelte dort oben herum und ich hätte zu gern gewusst, was ihn um diese Zeit in diese Gegend trieb.

Die schwere Metalltür auf der dem Hafen zugewandten Seite war verriegelt. Ich probierte den Trick mit dem fälschungssicheren Personalausweis, vor dem Eduard Zimmermann immer seine Zuschauer warnt, und zu meiner eigenen Überraschung klappte er auf Anhieb. Ich schlüpfte hinein und ließ leise die Tür zugleiten. In dem Halbdunkel vor mir erkannte ich eine Art Warenlager, bestehend aus beschrifteten Kartons, die in Regalen gestapelt waren. Eine Metalltreppe führte nach oben.

Vorsichtig einen Schritt nach dem anderen ausbalancierend, schlich ich die Treppe hinauf. Eine weitere Tür gab mit leichtem Quietschen den Blick auf einen düsteren Gang frei. Ich wartete einige Sekunden, ob das Quietschen irgendwelche Reaktionen hervorrief. Als nichts geschah, traute ich mich in den Gang hinein. Hier gab es mehrere Türen, von denen eine nur angelehnt war. Aus ihr drangen Geräusche, die mir nicht unbekannt waren, die ich an diesem Ort allerdings nicht vermutet hätte. Ich presste ein Ohr an den geöffneten Türspalt und jetzt war das lustvolle Stöhnen und Keuchen unverkennbar. Hinter der Tür musste eine Orgie stattfinden, denn ich erkannte mindestens drei verschiedene Stimmen.

Da man im Inneren ziemlich beschäftigt war, konnte ich es wagen, den Türspalt zu verbreitern. Aber statt einer plüschigen Lustwiese sah ich kühles Hightech in Weiß und Chrom. Hajo Gries saß auf einem Drehsessel und manipulierte an einem Schaltpult herum. Die Orgie kam aus der Konserve, ich hatte ein Videostudio entdeckt. Mein Standpunkt erlaubte zwar keinen Ausblick auf den Bildschirm, aber nach der teuren Ausstattung und der Tonspur zu urteilen, handelte es sich um ein Studio zur Herstellung von Pornos. Vermutlich war ich auf einen Nebenerwerb von Carlo Ponti gestoßen, denn Hajo Gries traute ich weder genügend Startkapital noch Unternehmergeist zu.

Etwas enttäuscht zog ich mich zurück. Zwischenzeitlich hatte ich auf größere Sensationen gehofft. Seltsam war die Sache allerdings schon. Warum versteckten Ponti und Gries ihr Studio in dieser verlassenen Gegend? Die Herstellung von Pornos war schließlich nicht strafbar. Wahrscheinlich lief das Ganze an der Steuer vorbei.

Ein Rest unbefriedigter Neugierde trieb mich, die Kartons im Erdgeschoss in Augenschein zu nehmen. Sie enthielten, was ich vermutete: Videokassetten. Und die Aufschriften entpuppten sich als Datumsangaben. Aus einem Karton mit neuerem Datum fischte ich zwei Kassetten. Dann machte ich mich auf den Weg nach Hause.

Mithilfe einer zweiten Aspirintablette und eines heißen Ölbades schaffte ich es, ein paar Stunden Schlaf zu finden. Trotzdem war das Aufstehen am nächsten Mittag keine Freude. Unlustig mummelte ich an einem steinharten Biobrot und flößte mir einen halben Liter Kaffee ein. Erst nach der Lektüre der Sportseiten in der Tageszeitung fielen mir die Kassetten ein. Da ich sowieso nichts Besseres zu tun hatte, schob ich eine in den Videorekorder.

Es war noch unbearbeitetes Material. Ein etwas wackeliges Bild zeigte ein leeres Zimmer mit einem riesigen Bett in der

Mitte. Der Kameramann zoomte auf das Bett und wieder zurück. Als Nächstes stapfte ein nackter Mann mit dichter Brustbehaarung und Fettring in Bauchhöhe durchs Bild. Er machte sich an seinem Glied zu schaffen, bis es die vorgeschriebene Größe erreicht hatte. »Kann losgehen!«, sagte er in Richtung Kamera. Hinter dem Kameramann stand wohl der Regisseur des Streifens. »Hol mal die Kleine!«, sagte eine zweite Stimme.

Kurz darauf fiel mir die Kinnlade herunter. Nicht wegen Claudia Kummer, die in voller Lebensgröße vor der Kamera stand. Die Kummer war nämlich nicht die Hauptdarstellerin des Films, sondern das etwa vierzehnjährige Mädchen, das sie hinter sich herzog. »Stell dich nicht so an! Du hast das doch schon öfter gemacht«, sagte die Kummer zu dem Mädchen. Und es stellte sich nicht an. Der Gorilla machte sich über das Mädchen her, bis eine Stimme »Stopp!« brüllte. Dann wurden zwei weitere Mädchen ins Zimmer geführt und der Gorilla verrichtete weiter seine trostlose Arbeit. Das alles geschah ziemlich lautlos, das Stöhnen und Keuchen wurde wohl im Studio synchronisiert. Schließlich verlagerte sich das Geschehen aus dem Bett auf eine Wiese. Außer dem Ambiente änderte sich an der Handlung nichts. »Das Band ist gleich abgelaufen«, sagte der Kameramann, und die zweite Stimme rief wieder »Stopp!«. Bevor es dunkel wurde, machte die Kamera einen Schwenk. Zwischen Bäumen sah ich ein Haus.

Nachdem ich mehrere Minuten über das Gesehene nachgedacht hatte, griff ich zum Telefon. Ich sprach mit Herbert Emmerling, einem ambitionierten Jungfilmer, der es bislang noch nicht zu dem erhofften abendfüllenden Spielfilm gebracht hat, sondern sich mit Auftragsarbeiten für das regionale WDR-Studio über Wasser hält. Ich lernte ihn kennen, als er einen Beitrag über mein Kaufhaus drehte. Zusammen mit anderen ambitionierten Jungfilmern, die regelmäßig Drehbuchexposés einreichten, die anschließend von den Auswahlgremien des Landes abgelehnt wurden, hatte er eine Film- und Videowerkstatt eingerichtet, in der sie ihre selbstfinanzierten Kurzfilme schnitten. Ich überredete Herbert, sich mit mir im *Stellwerk* zu treffen.

Das *Stellwerk* ist ein munter herausgeputztes Fachwerkgebäude, das schon längst nicht mehr dem Zweck dient, der ihm einst den Namen gab. Nach etlichen Kämpfen mit einer örtlichen Bürgerinitiative, die daraus ein Bürgerzentrum machen wollte, hatte es die Stadt Münster zum Kulturzentrum erklärt und einigen Künstlergruppen überlassen, die dann in harter Eigenarbeit die Innengestaltung übernehmen durften. Der Filmverein, dem Herbert angehörte, bekam die oberste Etage.

Als ich auftauchte, fummelte Herbert gerade an einer Maschine herum.

»Na, was gibt's so Dringendes und Geheimnisvolles?«

»Du sollst ein Videobild für mich vergrößern.«

Er guckte enttäuscht. »Eine Unbekannte am Strand, oder was?«

»Es hat mit einem Job zu tun, den ich als Privatdetektiv mache. Das Bild liefert möglicherweise einen wichtigen Hinweis.«

»Dann zeig mal her!«

Ich gab ihm die Kassette, und er schob sie in eine Apparatur, die ähnlich monumental aussah wie die, an der heute Nacht Hajo Gries gearbeitet hatte.

»Es ist ganz am Ende«, sagte ich.

Herbert lief rot an. »Aber das ist doch …«

»Ein Kinderporno«, sagte ich. »Mit den Dingern lässt sich schweinisch viel Geld verdienen.«

»So was ist kriminell«, stammelte er.

»Eben deswegen«, bestätigte ich.

Herbert schaute mich seltsam an. »Sag mal, hast du das gedreht?«

»Nein, natürlich nicht. Die Kassette ist mir bei einer Observation in die Hände gefallen.«

»Du musst das anzeigen. Das ist Kindesmisshandlung.«

»Herbert, beruhige dich! Ich *werde* es anzeigen. Aber zunächst möchte ich wissen, wo die Sauerei gedreht wurde. Ich glaube, dass man das auf dem letzten Bild erkennen kann.«

Schweigend machte sich Herbert an die Arbeit. Er stoppte das Bild, auf dem das Haus zwischen Bäumen zu erkennen war, und drehte eine Zeit lang an Knöpfen. Entgeistert starrten wir auf die Vergrößerung.

»Das darf doch nicht wahr sein«, brabbelte Herbert.

»Ein ziemlich unverdächtiger Drehort für einen Kinderporno«, sagte ich. Noch interessanter als den Namen der katholischen Organisation, der auf dem Schild neben der Tür zu lesen war, fand ich die Unterzeile. *Heim Zweierwalde* stand da.

»Du behältst die Kassette«, sagte ich zu Herbert. »Ich fahre nach Zweierwalde. Wenn ich mich innerhalb der nächsten vierundzwanzig Stunden nicht melde, gehst du mit der Kassette zur Polizei. Wende dich an Hauptkommissar Stürzenbecher und erzähl ihm alles!«

Herbert wurde kreidebleich. »Sollen wir nicht lieber gleich zur Polizei? Ich meine, das ist doch gefährlich.«

»Es geht nicht nur um Kinderpornos, es geht auch um einen Mord. Ich hoffe, dass ich ihn in den nächsten vierundzwanzig Stunden aufklären kann.«

Herberts Gesichtsfarbe ging ins Grünliche über. »Mord? Sag mal, in was ziehst du mich da rein?«

»Halb so wild. Ich möchte nur nicht, dass mir die Polizei jetzt schon dazwischenfunkt. Mach einfach, was ich dir sage, dann kann dir nichts passieren.«

Zum Abschied gab ich ihm einen Klaps auf die Schulter. Ich war mir nicht sicher, ob das half.

XI

Ich wusste nur, dass Zweierwalde in der Nähe von Rheine liegt. Mithilfe einer Straßenkarte machte ich mich schlauer und vierzig Minuten später erreichte ich das aus zehn langweiligen Läden bestehende Zentrum von Zweierwalde. In münsterländischen Kleinstädten wie dieser müssen die Jugendlichen zwangsläufig zu Satanisten werden, weil das die einzig interessante Freizeitgestaltung ist.

Ich fragte eine Passantin nach dem Kinderheim und sie guckte mich misstrauisch an.

»Ich bin vom Sozialamt in Münster«, setzte ich vertrauenerheischend hinzu.

Das wirkte.

Der Weg war recht kompliziert, die Straßen wurden immer schmaler, aber schließlich stand ich vor einem spitzzackigen Tor. Auf das Knurren in der Sprechanlage wiederholte ich meinen Trick: »Wilsberg vom Sozialamt Münster.« Dabei lächelte ich höflich in die Videokamera, die oberhalb des Tores angebracht war.

Das Tor öffnete sich, und als ich hindurchgefahren war, sah ich im Rückspiegel, dass es sich wieder schloss.

Ich kam durch ein gepflegtes Wäldchen, dann folgten die Wiese, auf der jetzt einige Mädchen Fangen spielten, und das rote Backsteingebäude. Ich parkte vor dem Schild *Besucher.*

An der Pforte sah ich mich einer Frau mit kurz geschnittenem grauen Haar und scharfem Blick gegenüber.

»Ich möchte den Leiter oder die Leiterin des Heimes sprechen«, sagte ich so bestimmt wie möglich.

»In welcher Angelegenheit?«

»Das darf ich Ihnen nicht mitteilen. Würden Sie mich bitte anmelden!«

Sie machte keine Anstalten, zum Telefonhörer zu greifen. »Sie sagten, Sie seien vom Sozialamt in Münster. Könnte ich bitte Ihren Ausweis sehen?«

»Sagen Sie ihm oder ihr, es gehe um Claudia Kummer.«

Sie schoss ein ganzes Magazin Blicke auf mich ab, nahm dann aber den Hörer in die Hand, erzählte jemandem am anderen Ende der Leitung das Wesentliche, hörte eine Weile zu und nickte ein paarmal. Anschließend wies sie mich an: »Den Gang runter und nach rechts. Herr Hebbel erwartet Sie.«

Herr Hebbel stand bereits in der Tür. Er hatte sein graublondes Haar von ganz hinten geholt und quer über den Schädel gelegt, damit es so aussah, als hätte er keine Glatze.

Wir schüttelten uns murmelnd die Hände und er führte mich in ein unpersönliches Büro, das nach zu viel Putzmittel roch.

»Was ist mit dieser Claudia Kummer?«, fragte er, nachdem wir uns auf zwei Ledersesseln niedergelassen hatten.

»Ich will ganz offen zu Ihnen sein, Herr Hebbel«, sagte ich. »Ich bin Privatdetektiv und rein zufällig darauf gestoßen, dass in Ihrem Heim Kinderpornos gedreht werden.«

Er verschluckte sich an dem Rauch seiner Zigarette. »Was sagen Sie da? Kinderpornos?«

»Ganz recht. Ich weiß es, Sie wissen es, und ich weiß, dass Sie es wissen. Also, lassen wir das Drumrumgerede!«

Er kratzte sich am Kopf und in der kunstvollen Frisur entstand plötzlich ein Loch. »Was wollen Sie? Geld?«

»Erzählen Sie mir alles über Claudia Kummer und Carlo Ponti!«

»Das kann ich nicht.« Ängstlich guckte er mich an. »Die machen mich fertig.«

Ich beugte mich vor und fixierte ihn. »*Ich* mache Sie fertig, wenn Sie nicht sofort auspacken.«

Ein Rest von Geschäftssinn rebellierte in ihm. »Was bieten Sie mir?«

»Gegen Ponti und Kummer ermittle ich im Auftrag eines Klienten. Ich könnte ihn dazu bewegen, wegen der Kinderpornogeschichte keine Anzeige zu erstatten.«

»Das ist nicht viel.«

»Sind ein paar Jahre Gefängnis nicht viel? Ganz abgesehen von der Schande.«

Das genügte, um seinen Widerstand zu brechen.

»Herr Ponti und die Frau Kummer haben das mit zwei von meinen Angestellten organisiert. Schöne Pädagogen sind das. Na ja, ich habe erst später davon erfahren, und da war es praktisch schon zu spät. Die haben mich unter Druck gesetzt, ich würde als Leiter des Heimes mit dran sein und so weiter. Was sollte ich denn machen?«

»Haben Sie nicht die Hand aufgehalten?«

»Das bisschen Geld! Ehrlich, mir wäre lieber, das alles hätte nie stattgefunden.«

»Was genau haben Ponti und Kummer gemacht?«

»Herr Ponti war eigentlich nur für das Finanzielle zuständig. Der kam ganz selten vorbei. Aber die Frau Kummer, die hat hier alles vor Ort geregelt. Die ist knallhart, wissen Sie. Die hat Haare auf den Zähnen. Wenn wir etwas wollten, mussten wir uns immer an sie wenden. Mit dem Aufnahmeteam zum Beispiel durften wir gar nicht sprechen. Das hat die Frau Kummer alleine gemanagt.«

»Haben Sie von Kummer oder Ponti seit gestern Abend etwas gehört oder ist einer von beiden sogar hier vorbeigekommen?«

Bevor Hebbel antworten konnte, ging die Tür auf und zwei kantige Gestalten kamen herein.

»Was wollt ihr hier? Macht, dass ihr an eure Arbeit kommt!«, fuhr Hebbel sie mit schriller Stimme an.

»Ich glaube, du brauchst unsere Hilfe, Albert«, sagte der eine. Es klang überhaupt nicht hilfsbereit.

»Ich brauche euch nicht. Seht zu, dass ihr Land gewinnt!«

»Was hast du dem da erzählt?«, fragte der zweite und zeigte mit dem Finger auf mich.

»Das geht euch überhaupt nichts an.« Etwas besorgt registrierte ich, dass Hebbel kleinlauter wurde.

»Und ob uns das was angeht«, sagte der erste. »Glaub ja nicht, dass du deinen Kopf retten kannst. Entweder wir halten zusammen oder wir sind alle dran.«

»Er wusste schon alles. Und er sagt, dass er es nicht auf uns abgesehen hat.«

Ich stand auf. »Ja, Leute, ich geh dann mal.«

Dazu hätten die beiden Typen mich allerdings vorbeilassen müssen, aber sie rührten sich nicht vom Fleck.

»Du bleibst«, sagte der erste und ballte die Hände zu Fäusten.

»Macht euch nicht unglücklich«, konterte ich so ruhig wie möglich. »Im Übrigen habe ich bereits die Polizei verständigt. Sie wird bald da sein.«

»Das werden wir ja sehen«, bemerkte der zweite.

Und schon hatten sie mich an den Armen gepackt und zerrten mich durch den Flur. Sie wurden nicht gewalttätig, deshalb verzichtete ich meinerseits auf jeden Widerstandsversuch. Kurz darauf fand ich mich in einem Raum wieder, dessen einziges Fenster vergittert war. Auch die übrige Ausstattung entsprach dem gediegenen Standard einer Gefängniszelle.

Die nächsten Stunden verliefen ziemlich eintönig. Ich bereute zutiefst, mir von Herbert Emmerling vierundzwanzig

Stunden Vorsprung ausbedungen zu haben. Und ich hoffte, dass er ängstlich genug war, sich nicht daran zu halten.

Am Abend bekam ich überraschenden Besuch. Carlo Ponti stolzierte in meine bescheidene Unterkunft und lehnte sich lässig an die Wand. Sein Lächeln war nicht mehr so freundlich wie früher. Eigentlich bleckte er nur die Zähne, wie das Politiker tun, wenn sie nach einem verlorenen Wahlkampf vor die Kameras treten.

»Na, Schorsch, wie läuft's denn so?«

»Man schlägt sich so durch.«

»Oder man wird geschlagen, du beschissener kleiner Schnüffler. Warum steckst du deine Nase in Angelegenheiten, die dich nichts angehen? Hättest du dich um das gekümmert, wofür ich dich bezahlen wollte, würdest du jetzt nicht in der Scheiße stecken.«

Ich lehnte mich auf dem Bett zurück. Neben einem klapprigen Holzstuhl bildete es das gesamte Inventar des Raumes.

»Es sind deine Gorillas. Alle.«

»Was?«

»Dein Wachpersonal beklaut dich in Gemeinschaftsarbeit. Du musst dich nach einem neuen Fitnessstudio umsehen.«

»Warum sagst du das erst jetzt?«

»Weil es mir eine gewisse Genugtuung bereitet, dein dummes Gesicht zu sehen. Außerdem sind mir die Folgen im Moment egal.«

»Na schön.« Seine Stimme klang ärgerlich. »Das erklärt noch nicht, warum du mir nachschnüffelst.«

»Ich habe noch einen zweiten Klienten. Der möchte, dass ich ihn von einem Mordverdacht befreie. Dummerweise bist du mir bei den Ermittlungen in die Quere gekommen.«

»Ines Block«, sagte Carlo Ponti.

»Genau.« Ich richtete mich auf. »Tatsächlich war ich hinter der Kummer her. Ich hatte sie im Verdacht, mehr zu wissen, als sie mir gegenüber zugeben wollte. Und plötzlich erscheinst du auf der Bildfläche und willst ihr eine Flasche über den Schädel ziehen. So etwas geht mir gegen den Strich. Und noch weniger kann ich leiden, wenn man die Flasche dann auf meinem Kopf zertrümmert. Da werde ich richtig nachtragend.«

»Tut mir wirklich leid, Schorsch. Das war nicht persönlich gemeint.«

Ich ging nicht darauf ein. »Wo wir schon dabei sind: Was hast du mit der Kummer gemacht?«

Ponti grinste breit. »Schorsch, ich glaube nicht, dass du in der Position bist, mir Fragen zu stellen.«

»Dann möchtest du sicher auch nicht wissen, welchen Deal ich dir anbieten kann.«

»Vorschläge für Deals höre ich immer gerne, Schorsch.«

»Ein Gespräch mit der Kummer. Falls sie mir das erzählt, was ich hören will, bin ich bereit, die Kinderpornos zu vergessen.«

»Hmm, vielleicht lässt sich da was regeln. Aber zuerst musst du mir verraten, wie du nach Zweierwalde gekommen bist und wer sonst noch von der Geschichte weiß.«

Jetzt lächelte ich. »Das ist nicht fair, Carlo. Erst die Kummer, dann die Information.«

Er stieß sich von der Wand ab. »Ich will dir sagen, was fair ist, du kleiner Schnüffler. Spuck aus, was du weißt, oder wir nehmen dich so in die Mangel, dass deine Mutter dich nicht wiedererkennt.«

»Du hast zu viele schlechte Filme gesehen, Carlo. Das verdirbt die Sprache.«

»Okay, ich bin gleich zurück. Denk an meine Worte!«

Er verschwand und ich dachte an seine Worte.

Als sich die Tür ein paar Minuten später wieder öffnete, zuckte ich zusammen.

Aber es war kein Folterknecht, sondern der verschüchterte Herr Hebbel. Ich atmete auf.

»Kommen Sie«, flüsterte er und wedelte mit der Hand, »ich bring Sie raus.«

Das ließ ich mir nicht zweimal sagen.

Gemeinsam huschten wir durch dunkle Gänge, vorbei an Türen, hinter denen Kinderstimmen zu hören waren.

»Die wollen Sie umbringen«, keuchte Hebbel. »Da mach ich nicht mit. Sagen Sie der Polizei, dass ich Sie gerettet habe.«

Er schloss eine Tür auf und wir standen im Freien.

»Was ist mit meinem Auto?«, fragte ich.

Hebbel schüttelte den Kopf. »Zu gefährlich. Man kann das Tor nur von der Pforte aus öffnen.«

Bis zum Tor ging alles glatt. Dann wurde es eine ungemütliche Kletterpartie. Hebbel blieb an einem Zacken hängen und riss sich Bein und Hose auf. Er jammerte, aber ich trieb ihn zur Eile an. Es war schließlich nur eine Frage der Zeit, bis Carlo Ponti uns suchen würde.

Auf halber Strecke zwischen Kinderheim und Zweierwalde hörten wir hinter uns ein Auto. Ich zog Hebbel von der Fahrbahn und drückte ihn in den Graben. Das Auto fuhr vorbei.

In Zweierwalde hatte man längst die Bürgersteige hochgeklappt und den Bewohnern Tiefschlaf verordnet. Die hell erleuchtete Telefonzelle auf dem Marktplatz gab ein hervorragendes Ziel für Scharfschützen ab.

Ich befahl Hebbel, sich in einem Hauseingang zu verstecken und zu pfeifen, sobald er etwas Verdächtiges bemerke. Dann ging ich todesmutig zur Telefonzelle und bestellte ein Taxi.

Nach einer Viertelstunde kam das Taxi, und wir fuhren nach Münster. Vor dem Polizeipräsidium sagte ich zu Hebbel: »Verlangen Sie, dass man Hauptkommissar Stürzenbecher holt. Dem erzählen Sie dann alles.«

»Wie? Kommen Sie nicht mit?«, fragte Hebbel ängstlich.

»Ich habe noch etwas zu erledigen. Sagen Sie einfach, es habe mit dem Mord an Ines Block zu tun. Dann kommt Stürzenbecher bestimmt.«

»Ines Block? Wer ist Ines Block?«, rief Hebbel hinter mir her.

Aber da saß ich schon wieder im Taxi.

XII

Wir fuhren durch Roxel, einen der eingemeindeten und zur Schlafstadt umfunktionierten Vororte von Münster. Und weiter Richtung Nottuln, vorbei an nachtschlafenen Bauernhöfen und Getreidefeldern. In einiger Entfernung zeichneten sich dunkle Hügelchen ab, die Baumberge, die höchste Erhebung des Münsterlandes, an der Spitze einhundertachtzig Meter über dem Meeresspiegel. Ansonsten ist das Münsterland so platt wie eine Flunder.

Wir kamen an Stift Tilbeck vorbei.

»Wo ist es denn?«, fragte der Taxifahrer.

»Ungefähr einen Kilometer hinter Schapdetten«, sagte ich.

Schapdetten, noch vor fünfzehn Jahren ein kleines Dorf, wurde gerade zur Einfamilienhaussiedlung umgebaut. Hässliche moderne Häuser mit hässlichen ordentlichen Gärten lagen an hässlichen sauberen Straßen.

Ich sah auf der linken Seite den Fußballplatz. An der nächsten Kurve verwies ein braunes Schild auf die *Gaststätte Theobaldshöhe, bürgerliche Küche.*

»Hier können Sie halten«, sagte ich.

»Nette Gegend«, meinte der Taxifahrer. »War schon immer mein Traum, mal auf dem Land zu wohnen.«

»Alles hat seine Schattenseiten«, antwortete ich. »Allein die Fliegen, die jeden Morgen um die Marmelade kreisen.«

Er guckte mich mit dem mitleidvollen Blick des Naturromantikers an: »Was machen schon ein paar Fliegen?«

»Sie verderben einem den Appetit«, sagte ich und knallte die Wagentür zu.

Ich stiefelte die kleine steile Straße hinauf. Auf einer Wiese schnatterte eine Herde Gänse. Das letzte Haus auf der rechten Seite der Straße lag halb im Wald, umgeben von überhängenden Bäumen auf der linken und einem großen Garten mit Gatter auf der rechten Seite. Das Haus gehörte Carlo Ponti. Ich hatte ihn hier zweimal besucht und die Fliegen beobachtet. Seitdem wollte ich nur noch in der Stadt wohnen.

Im Haus brannte kein Licht. Ich stieg über das Gatter und drückte mich an der Hauswand entlang. Ich hatte keine Ahnung, was ich suchte. Genau genommen vermied ich jeden Gedanken an den Sinn meines Unternehmens. Klaus Stürzenbecher würde mich schon früh genug danach fragen. Dann würde ich vielleicht etwas von beruflichem Instinkt murmeln, obwohl ich an den Quatsch nicht glaube.

Die Rückseite des Hauses bestand hauptsächlich aus Glas. Im fahlen Mondlicht sah ich eine unbelebte, komfortable Inneneinrichtung. Ein Anbau, der eine Wohnküche enthielt, schien mir für meine Zwecke geeignet. Ich wickelte die Jacke um die rechte Hand und schlug kräftig gegen die Terrassentür. In einem Wohngebiet hätte das Geräusch keinerlei Aufsehen erregt. Hier jedoch machte das zersplitternde Glas einen Höllenlärm.

Ich wartete drei Minuten, und als nichts passierte, öffnete ich die Tür. Von der Wohnküche zweigten zwei Zimmerchen ab, die so unbewohnt aussahen, dass sie nur als Gästezimmer dienen konnten.

Ich betrat die Diele, den Übergang zum Hauptgebäude, einem früheren Kotten, wie mir der Hausbesitzer stolz erzählt hatte. Um die Nutzungsänderung vom landwirtschaftlichen Betrieb zum Wohnhaus zu umgehen, hatte sich Carlo Ponti im ersten Jahr des Besitzes der Rosenzucht hingegeben, mit dem Erfolg, dass sich der Inspektor der Gemeindever-

waltung fortan nicht mehr blicken ließ und Ponti die Rosenzucht wegen mangelnder Rentabilität einstellen konnte.

Pontis Wohn- und Arbeitsräume lagen auf der linken Seite, wie ich von meinen Besuchen wusste. Also wandte ich
mich nach links und drückte auf die Türklinke. Die Tür war
unverschlossen.

Genau in diesem Moment hörte ich ein Geräusch. Eigentlich war es nur die Andeutung eines Geräusches und sehr
wahrscheinlich hatte ich ein heiseres Käuzchen oder eine
unruhig schlafende Fledermaus gehört. Aber mein Alarm-
system schlug an und ich lauschte. Beim zweiten Mal klang
es wie menschliches Schnarchen. Sollte sich Carlo Ponti
etwa in aller Ruhe ins Bett gelegt haben?

Beim dritten Mal identifizierte ich eindeutig den Entste-
hungsort des Geräusches: Es kam aus dem vom Flur aus
rechts gelegenen Zimmer. Also Besuch?

Ich drehte mich um und probierte die Türklinke. Ebenfalls unverschlossen. Leise drückte ich die Tür auf. In dem
großen Bett lag jemand. Eine Frau mit schwarzen Haaren.
Ich trat näher und fand meine Ahnung bestätigt. Claudia
Kummer schlief einen tiefen, traumlosen Schlaf.

»Wachen Sie auf!«, sagte ich halblaut.

Nichts geschah. Ich beugte mich zu ihr hinunter und gab
ihr einen leichten Schlag auf die Wange.

Keine Reaktion. Jetzt zog ich ihren rechten Arm unter der
Bettdecke hervor und tastete nach dem Puls. Schwach, aber
regelmäßig. Vermutlich hatte sie ein paar Schlaftabletten
eingenommen.

Ich steigerte das Tätscheln zur Ohrfeige und tatsächlich
öffnete sie die Augen.

»Was 'n los?«, brummte sie und schlief sofort wieder ein.

»Aufwachen!«, brüllte ich und zog sie hoch.

»He, ich will schlafen«, maulte sie.

»Jetzt wird nicht mehr geschlafen«, verkündete ich und unterstrich meine Worte mit einer erneuten Ohrfeige.

»Schwein«, protestierte sie. Dabei drückte ich ihren Kopf zwischen die Füße, um sie am Zurückklappen zu hindern.

»Lass mich los, du Schwein«, sagte sie, schon etwas lauter.

»Ich bin Georg Wilsberg«, zischte ich ihr ins Ohr, »und Sie werden jetzt aufstehen.«

»Wilsberg?«, keuchte sie. »Der Schnüffler?«

»Genau der. Ich will Ihnen helfen.«

»Dann lassen Sie endlich meinen Kopf los!«

Ich nahm die Hand von ihrem Kopf und sie setzte sich einigermaßen senkrecht ins Bett.

»Ponti hat mich gezwungen, Schlaftabletten zu nehmen«, flüsterte sie. Dann fielen ihr die Augen zu.

»Wir werden einen kleinen Spaziergang machen«, sagte ich, riss die Bettdecke weg und stellte ihre Füße auf den Boden. Ihren rechten Arm über meine Schulter gezogen, taumelten wir über den Flur in Pontis Gemächer. Ich fand eine kleine Küche und setzte sie auf einen Küchenstuhl. Sofort sackte sie nach vorne und legte den Kopf auf beide Arme.

Ich zog sie wieder nach oben. »Während ich Kaffee koche, werden wir uns unterhalten«, bestimmte ich.

»Worüber?«

»Zum Beispiel darüber, wie Sie hierher gekommen sind.«

»Das war gestern Abend, glaube ich. Nach dem Streit mit Ponti in meiner Wohnung. Als Sie«, sie kicherte, »zu Boden gegangen sind. Nein, das ist nicht lustig. Eigentlich wollten Sie mir ja helfen, nicht? Leider hat das nicht viel genutzt. Ponti war jedenfalls ziemlich wütend, auf Sie – und auf mich. Er hat mich gezwungen mitzukommen, in dieses Haus hier. Zuerst hat er mich gefesselt, aber dann war ihm das wohl zu gefährlich und er gab mir fünf Schlaftabletten, die ich schlucken musste. Einmal bin ich aufgewacht, es muss Mittag gewesen sein, die Sonne stand hoch am Himmel. Als ich weglaufen wollte, ist Ponti hinter mir her. Ich hab geschrien, aber das hat wohl niemand gehört. Er wurde brutal. Und ich musste noch mehr Schlaftabletten schlucken.«

Bei den letzten Worten wurde sie immer leiser. Eine Sekunde später war sie eingeschlafen. Ich füllte ein Glas mit Wasser und kippte es ihr ins Gesicht.

»He, was soll das?«

»Eine kleine Erfrischung«, sagte ich. »Der Kaffee ist auch gleich fertig.«

Inzwischen summte das heiße Wasser im Kessel. Ich kippte ungefähr drei Esslöffel Pulverkaffee in eine Tasse. Um den Geschmack zu mildern, gab ich noch eine Ladung Zucker dazu. Das fertige Gebräu setzte ich an ihre Lippen.

»Iiih«, sagte sie nach dem ersten Schluck, »das schmeckt ja scheußlich.«

»Aber es weckt Tote«, gab ich ihr zu bedenken. »Schließlich waren Sie nicht allzu weit davon entfernt.«

Sie trank tapfer, und ihr blasses Gesicht bekam etwas Farbe.

»O Gott«, murmelte sie, »mir wird schlecht.«

»Kein Problem. Nur raus mit dem Zeug!«

»Ich muss kotzen«, stöhnte sie.

Bevor ich mich nach einer Toilette umsehen konnte, war es schon zu spät. Der erste Schwall ging auf den Fußboden, für den zweiten hielt ich eine Plastikschüssel bereit.

Als sie die Schüssel bis zum Rand gefüllt hatte, ging es ihr besser. Ich kippte die Brühe in den Ausguss und drapierte einen Aufnehmer über den Flecken auf dem Boden. Dann gab ich ihr eine zweite Tasse Kaffee, diesmal etwas dosierter, zu trinken.

»Wir müssen hier weg«, sagte ich, während sie schlürfte. »Ich möchte nicht unbedingt Ponti begegnen.«

Abrupt stellte sie die Kaffeetasse auf den Tisch. »Daran habe ich überhaupt nicht gedacht.«

»Ich probier mal, ob ich ein Taxi bekomme. Notfalls können wir ja die Polizei anrufen.«

»Hier liegen die Schlüssel von meinem Wagen«, rief sie mir nach.

Ich wandte mich um. »Ich habe keinen Wagen gesehen.«

»Es gibt eine Garage unter dem Anbau. Ich zieh nur rasch meine Schuhe an.«

Nach dem Tempo ihrer Bewegungen zu urteilen, war sie wieder im Vollbesitz ihrer Kräfte.

Tatsächlich stand Kummers schwarzer Flitzer in der Garage.

»Geben Sie mir die Schlüssel!«, sagte ich. »Ich glaube, es ist besser, wenn ich fahre.«

Wir schossen den Berg hinunter, sodass den Gänsen Hören und Sehen verging. Schapdetten sah jetzt viel gemütlicher aus.

»Wohin fahren wir?«, fragte sie nach einer Weile.

»Zum Polizeipräsidium«, sagte ich.

Sie gab ein Geräusch von sich, das Ergebenheit oder Protest bedeuten konnte.

»Ihr Kinderpornoladen ist aufgeflogen«, redete ich weiter. »Sie und Ponti sind sowieso dran. Wollen Sie mir nicht endlich sagen, was Sie über den Mord an Ines Block wissen?«

Sie seufzte. »Sie sind ein Arschloch, aber vielleicht haben Sie mir das Leben gerettet. Also schulde ich Ihnen etwas, oder?«

Ich guckte sie kurz an und bemerkte, dass sie den Versuch eines Lächelns startete. »Die Wahrheit würde mir schon genügen.«

»Die Pornogeschichte war Pontis Idee«, begann Claudia Kummer mit stockender Stimme. »Ich habe in diesem Kinderheim in Zweierwalde gearbeitet, bis ich keine Lust mehr hatte, mich um missratene Kinder zu kümmern. Eine Zeit lang genoss ich die Arbeitslosigkeit und das münstersche Nachtleben. Und eines Nachts im *Bad* lief mir Carlo Ponti über den Weg. Es war nicht die große Liebe, aber der Beginn eines bequemen Lebens. Er schmiss mit Geld nur so um sich, wir reisten viel und hatten viel Spaß miteinander. Irgendwann präsentierte er mir dafür die Rechnung. Man kann mit Kinderpornos unheimlich viel Geld verdienen. Aber das war, glaube ich, nicht der einzige Grund für ihn. Wahrscheinlich ist er ein bisschen pervers. Zuerst habe ich mich geweigert, aber als er damit drohte, mich auf die Straße zu setzen, willigte ich ein. Von der Stütze konnte und wollte ich nicht mehr leben. Also habe ich die Leute in Zweierwalde gekauft und die Dreharbeiten organisiert, obwohl ich das Ganze ekelhaft fand.«

»Immerhin waren Sie clever genug, um sich einen Anteil am Geschäft zu sichern«, warf ich ein.

Sie ließ ein rauchiges Lachen hören. »Ja. Ich handelte mit Ponti Prozente aus. Unsere Beziehung wurde eine rein geschäftliche, falls sie es nicht von Anfang an war. Von meinem Anteil konnte ich mir das Haus auf der Sentruper Höhe und einiges mehr leisten. Als Sozialarbeiterin hätte ich das nie geschafft.«

»So viel zur Moral«, sagte ich. »Und nun zu Ines.«

»Ines wusste nicht, womit ich mein Geld verdiente. Ich habe ihr etwas von einer Erbschaft erzählt.«

»Was passierte an dem Tag, als sie ermordet wurde?«, hakte ich nach.

»An dem Nachmittag kam sie zu mir. Armin hatte sie geschlagen und sie war wildentschlossen, nicht mehr zu ihm zurückzukehren. Wir begossen ihren Entschluss mit einer Flasche Sekt. Dann tauchte plötzlich Carlo Ponti auf. Ich hatte nicht mit ihm gerechnet, aber da er einmal da war, tranken wir zu dritt weiter. Ponti baggerte Ines an, und sie schien nicht abgeneigt. Als wir alle ziemlich blau waren, überredete er uns, mit ihm ins Bett zu gehen.«

Ich schluckte. »Sie meinen …«

»Ach, der Detektiv ist etwas spießig«, lachte sie. »Haben Sie noch nie einen flotten Dreier gemacht?«

»Das ist schon etwas her«, murmelte ich. »Ich war siebzehn oder achtzehn.«

»Dann wissen Sie ja, was ich meine. Ponti war in Höchstform und es wurde ein vergnüglicher Nachmittag. Bis zu dem Moment, als er anfing, von unseren Pornos zu reden. Ines war entsetzt. Sie hatte ja keine Ahnung. Für mich war die Situation fürchterlich peinlich. Unter dem Vorwand, dass ich eine Verabredung hätte, habe ich die beiden verlassen. Als ich mich geduscht und angezogen hatte, lagen Ponti und Ines noch im Bett. Mehr weiß ich nicht.«

Ich brauchte einen halben Kilometer, um die Geschichte zu verdauen. »Glauben Sie, dass Ponti Ines getötet hat?«

»Bei Ponti weiß man nie, woran man ist. Er kann von einer Sekunde auf die andere ausflippen.«

»Ja«, sagte ich und wurde plötzlich unheimlich müde.

»Sie mochten Ines, nicht wahr?«, sagte die Kummer sanft.

»Das ist lange her«, antwortete ich.

»Wie lange?«

»Wir haben beide an der Uni Münster studiert. Ich war im Allgemeinen Studentenausschuss und den ganzen Tag damit beschäftigt, Streiks, Aktionstage oder Demos zu organisieren. Sie gehörte einer anderen Hochschulgruppe an, die meine Organisation heftig bekämpfte. Trotzdem liebten wir uns auf den ersten Blick. Tagsüber stritten wir über Politik, nachts redeten wir von der großen Liebe. Wir wollten keine Karriere machen, sondern ein einfaches Leben führen, mit Kindern und sinnvoller Arbeit.«

»Wie romantisch.«

»Dann tauchte mein Freund Armin auf und Ines fing an, von offenen Zweierbeziehungen zu schwärmen. Da merkte ich, dass ich im Grunde meines Herzens konservativ bin.«

»Eine traurige Geschichte«, murmelte die Kummer. Dann schlief sie ein.

XIII

In Stürzenbechers Büro herrschte Hochbetrieb. Der Hauptkommissar saß hinter seinem Schreibtisch, der verängstigte Hebbel in der Ecke und zwei niedere Chargen wieselten mit Aktenordnern durch die Gegend.

»Dein Glück, dass du kommst«, sagte Stürzenbecher. »In fünf Minuten hätte ich die Fahndung nach dir ausgeschrieben.«

»Ich komme und ich bringe eine wichtige Zeugin mit«, antwortete ich mit einem gewinnenden Lächeln auf den Lippen.

»Wo hast du sie denn aufgetrieben?« Er würdigte die Kummer keines Blickes.

»In Pontis Haus.«

»Und Ponti?«

»War nicht zu Hause. Er hatte sie mit Schlaftabletten vollgepumpt, damit sie nicht weglaufen konnte.«

»Mit anderen Worten: Du hast Hausfriedensbruch begangen.«

»Um ein Menschenleben zu retten. In einem solchen Fall erlaubt die Güterabwägung den Bruch eines Gesetzes.«

»Woher wusstest du denn, dass ein Menschenleben darauf wartete, von dir gerettet zu werden?«

»Sagen wir: Ich ahnte es.«

Stürzenbecher rieb sich die grauen Augensäcke. »Ich denke, ich werde das dem Staatsanwalt verkaufen können. Aber beim nächsten Mal kommst du zu mir und handelst nicht auf eigene Faust, ist das klar?«

»Klar, Chef!«, grinste ich.

Stürzenbecher machte eine wegwerfende Handbewegung. Langsam wanderte sein Blick durch den Raum und blieb an Claudia Kummer haften. Der Blick ließ die beiden Untergebenen auf der Stelle einfrieren, obwohl sie gar nicht gemeint waren.

»Frau Kummer, treten Sie doch bitte näher!« Stürzenbecher zeigte auf einen Stuhl mit abgeschabter Sitzfläche, der vor seinem Schreibtisch stand. »Ich möchte Sie gleich darauf aufmerksam machen, dass ich Sie nicht als Zeugin, sondern als Verdächtige vernehme. Der Verdacht lautet: Sexueller Missbrauch von Kindern.«

»Ähm«, machte ich. »Vielleicht solltest du sie zuerst als Zeugin vernehmen. Sie kann nämlich ...«

»Schluss!«, brüllte Stürzenbecher. »Ich lasse mir von dir nicht vorschreiben, wie ich eine Untersuchung zu führen habe. Du und Hebbel, ihr beiden verschwindet nach draußen und wartet auf dem Flur! Kulmbacher, Sie passen auf die beiden auf!«

»Kann ich dich eine Sekunde unter vier Augen sprechen?«, sagte ich in die eisige Stille hinein. »Es ist wichtig, wirklich.«

Umständlich schob Stürzenbecher den Stuhl zurück und in der nach wie vor geräuscharmen Büroatmosphäre hörte man seine schweren Schritte.

Als wir vor der Tür standen, zischte er: »Willst du mich vor meinen Leuten lächerlich machen, oder was?«

»Ponti war an dem Nachmittag, als Ines Block starb, mit ihr zusammen.«

»Wer sagt das?«

»Herrgott, Claudia Kummer natürlich. Die war nämlich auch dabei. Alle drei haben sich, äh, nun ja, einen netten Nachmittag gemacht.«

Stürzenbecher starrte mich an. »Du meinst doch nicht etwa …?«

Ich nickte.

Claudia Kummer war eingeschlafen, als wir zurückkamen.

Stürzenbecher herrschte einen der beiden Jünglinge an:
»Kulmbacher, sehen Sie nicht, dass Frau Kummer einen
Becher Kaffee braucht?«

Durch den Lärm geweckt, blinzelte die Kummer in die
Runde.

»Und nun zu Ihnen, Frau Kummer«, sagte Stürzenbecher
und rieb sich die Hände. »Ich verhöre Sie als Zeugin im
Mordfall Ines Block.«

Eine Viertelstunde später schickte Stürzenbecher seinen
Assistenten Nummer zwei mit ein paar Uniformierten ins
Hafengebiet, um das Videolager auszunehmen, hetzte die
Kripo aus Rheine nach Zweierwalde, um die Belegschaft des
Kinderheims zu verhaften, ließ Pontis Haus zwischen
Schapdetten und Nottuln überwachen, gab eine generelle
Fahndung nach Ponti heraus und eine dringende Mitteilung
an die Flughäfen in Nordrhein-Westfalen. Mit Kulmbacher
und mir fuhr er in einem Zivilwagen zum *Bad*.

»Vermutlich ist er mit seinem Porsche längst über die
grüne Grenze nach Holland«, sagte ich.

»Woher soll er wissen, dass die Kummer ihn angeschwärzt
hat?«, gab Stürzenbecher zurück. »Bislang glaubt er, dass wir
ihn nur wegen der Kinderpornogeschichte packen können.
Und wenn er einen geschickten Anwalt hat, sitzt er dafür
nicht mal einen Tag im Knast.«

»Was ist mit tätlichem Angriff und Freiheitsberaubung,
begangen an einem Privatdetektiv?«

»Unglaubwürdige Zeugen«, grinste Stürzenbecher. »Kummer und Hebbel sind selber in die Sache verstrickt, wollen

die Schuld nur auf einen Dritten abwälzen, wird sein Anwalt sagen. Im Übrigen denkt Ponti sicher, er kann die Kummer in seinem Sinn beeinflussen, deshalb die Schlafkur.«

»Oder umbringen«, warf ich ein.

Stürzenbecher guckte mich von der Seite an. »Ich vergesse nicht, dass du Partei bist. Dein verschwundener Klient steht nach wie vor unter Mordverdacht. Armin Hinz hat nämlich ein besseres Motiv als Ponti. Alles, was gegen Ponti spricht, ist ein Schäferstündchen mit dem späteren Opfer.«

»Ines hat ihm Vorwürfe wegen der Filme gemacht.«

»Na und? Bringt man deswegen jemanden um?«

»Du vergisst seinen Hang zur Gewalttätigkeit.«

Die Tatsache, dass Kulmbacher auf dem großen Parkplatz des *Bad* eine Lücke fand, setzte unserer Diskussion ein Ende. Ich bedauerte, dass ich die verdutzten Gesichter der Muskelmänner nicht sehen konnte, aber Stürzenbecher bestand darauf, dass wir den Büroeingang nahmen.

Die Dame im Tigerfell hatte Feierabend, dafür saß Hajo Gries hinter einem Schreibtisch, ein Glas mit dunkelbrauner Flüssigkeit in der Hand. Als er mich sah, klappte sein Unterkiefer nach unten.

»Georg! Mensch, das ist aber eine Überraschung. Und das – sind das Freunde von dir?«

»Mehr oder weniger. Genauer gesagt, unser aller Freunde und Helfer.«

Kulmbacher zupfte ein Etui aus der Hosentasche und hielt es Hajo vor die Nase: »Kriminalpolizei.«

Hajo wurde noch grauer im Gesicht.

»Wo ist Ponti?«, fragte Stürzenbecher.

»Ponti, äh, ich habe ihn schon länger nicht mehr gesehen.«

»Wie lange?«

»Ein oder zwei Stunden, würde ich sagen.«

»Und wo haben Sie ihn gesehen?«

»Hier im *Bad.* Aber er war sozusagen auf dem Weg nach draußen.«

Stürzenbecher setzte sein Böses-Bullen-Gesicht auf. »Wissen Sie mit Bestimmtheit, dass er das Gebäude verlassen hat, oder erzählen Sie uns Märchen?«

»Nun ja, ganz genau weiß ich es nicht. Aber er wollte gehen, und so wie ich Carlo kenne …«

»Okay«, knurrte Stürzenbecher. »Wo geht's hier zur Disco?«

»Da!« Hajo zeigte auf eine Tür hinter sich. »Aber es ist ziemlich voll. Ein Uhr, Hochbetrieb.«

»Lassen Sie das mal unsere Sorge sein!«, maulte Stürzenbecher.

Es war tatsächlich voll. Und die Musik dröhnte, wie immer. Wer noch keinen Partner für die Nacht gefunden hatte, geriet langsam in Panik und verschärfte seine Anstrengungen auf der Tanzfläche. Die ewigen Verlierer standen am Rand und begossen ihre Depression mit Alkohol.

»Ach du Scheiße«, entfuhr es Stürzenbecher.

»Soll ich Verstärkung holen?«, schrie Kulmbacher.

»Blödsinn«, meinte Stürzenbecher. »Für eine Razzia brauchen wir die halbe Bereitschaftspolizei. Und todsicher beschwert sich morgen der Sohn des Oberbürgermeisters, dass er von einem Polizisten schikaniert worden sei.«

Ich war bereits ein paar Schritte vorausgegangen und hörte Stürzenbecher hinter mir sagen: »Passen Sie doch auf, was Sie mit Ihrem Bierglas machen!« – »Leck mich!«, antwortete eine tranige Männerstimme. Und dann kam eine Frauenstimme: »He, Manni, was will der Alte von dir?«

Ich drehte mich um. Stürzenbecher wischte wütend über den Ärmel seiner Anzugjacke. Dann schob er einen leicht schwankenden Lederjackentyp zur Seite und stapfte hinter mir her.

»Hast du Ponti gesehen?«, brüllte er mir ins Ohr.

Ich schüttelte den Kopf. Wir umrundeten die Tanzfläche und stießen bis zu der Theke vor, an der Sonja arbeitete. Carlo Ponti saß grinsend auf einem Barhocker.

»Hallo, Schorsch, wie geht's denn so?«

»Könnte besser sein«, schrie ich zurück.

»Hast dir wohl Verstärkung mitgebracht?« Ponti nickte in die Richtung von Stürzenbecher.

Kulmbacher zückte pflichtschuldig sein Etui.

»Alles klar«, sagte Ponti. »Ich habe schon meinen Anwalt angerufen. Er wird gleich hier sein.«

»Er wird uns zum Polizeipräsidium folgen müssen«, mischte sich Stürzenbecher ein. »Sie sind verhaftet.«

»Was denn? Was denn?« Ponti verlor sein überlegenes Lächeln. »Nun machen Sie mal halblang! In die Kinderpornogeschichte hat mich die Kummer reingezogen. Aber das ist doch kein Grund, sich aufzuregen. Das können wir doch auch schriftlich erledigen.«

»Kommen Sie!«, sagte Stürzenbecher. »Es geht nicht nur um Kinderpornos.«

Ponti schüttelte Stürzenbechers Hand ab. »Um was denn noch?«

»Körperverletzung.«

»Hören Sie, Herr Kommissar! Da kam plötzlich so ein Verrückter durchs Fenster gesegelt. Ich hab einen Mordsschreck gekriegt und ihm eins mit der Flasche übergebraten. Ich konnte ja nicht ahnen, dass das unser lieber Schorsch war.«

»Das wusstest du genau, du Arschloch.« Pontis affige Show ging mir gehörig auf den Geist.

»Freiheitsberaubung«, fuhr Stürzenbecher fort.

»Damit habe ich nichts zu tun, Herr Kommissar. Die Jungs da draußen in Zweierwalde sind durchgedreht, als sich Schorsch bei ihnen eingeschlichen hat. Ich hab versucht, sie zu beruhigen, sonst wäre ihm vermutlich noch was Schlimmeres passiert.«

»Okay, dann können wir ja jetzt gehen«, sagte Stürzenbecher.

Ponti blieb sitzen. Langsam bildete sich eine Menschentraube um uns herum.

»Mord«, zischte ich.

»Was sagt der da, Herr Kommissar? Ich habe *Mord* verstanden.«

»Das hat man davon, wenn man einen Privatdetektiv mitnimmt«, hörte ich Stürzenbecher sagen. Ich trat einen Schritt näher und funkelte Ponti an: »Was hast du denn an dem Nachmittag gemacht, als Ines Block ermordet wurde?«

Aus weit aufgerissenen Augen starrte mich Ponti an. »Ach, so ist das. Ihr wollt mir also einen Mord anhängen.« Er sprang auf.

»Kulmbacher, die Handschellen«, sagte Stürzenbecher schnell.

»Die Bullen hier wollen mich fertigmachen«, brüllte Ponti in die Menge und gegen das Schlagzeuggewitter an. »Die wollen das *Bad* zumachen.«

Die Menge grummelte bedrohlich. Während Kulmbacher an seinem Gürtel nestelte, wo die Handschellen hingen, trat einer der Muskelmänner zwischen ihn und Ponti. Dieser nutzte die Chance und tauchte seitlich weg.

»Kulmbacher, hinter ihm her!«, schrie Stürzenbecher.

Zwei, drei Punks kegelten gegen Stürzenbecher und er taumelte vorwärts, bis ihm jemand ein Bein stellte.

Kulmbacher versuchte, Ponti zu verfolgen, aber die Menge versperrte ihm den Weg.

Ich setzte mich auf den Barhocker, den Ponti freigemacht hatte.

XIV

»Ich wollte Verstärkung holen«, sagte Kulmbacher.

»Jaja, Sie Schlaumeier, jetzt weiß ich's auch besser.« Stürzenbecher strich über den blauen Fleck an seiner Schläfe. Sein ramponierter Anzug hatte keinerlei Ähnlichkeit mit dem Outfit von Sunny Crocket. »Warum haben Sie ihn denn nicht eingefangen, häh?«

»Diese Idioten haben mir den Weg verstellt.«

»Ein fähiger Polizist findet immer einen Weg.«

»Und warum haben Sie ihn nicht selber verhaftet, Chef?«

»Nun werden Sie mal nicht frech, Kulmbacher! Ich war einer Serie von tätlichen Angriffen ausgesetzt.«

Wir saßen in dem Büro, in dem wir Hajo Gries getroffen hatten. Nachdem Stürzenbecher die Punks abgeschüttelt hatte und Kulmbacher eingestehen musste, dass Ponti die Flucht gelungen war, hatten wir uns hierhin zurückgezogen. Hajo Gries beteuerte, dass Ponti nicht an ihm vorbeigekommen sei, und die Muskelmänner an den Ein- und Ausgängen behaupteten das Gleiche. Außerdem hatte Kulmbacher Pontis Wagen auf dem Parkplatz entdeckt.

»Ich glaube nicht, dass er noch drin ist«, sagte Kulmbacher.

»Es ist scheißegal, was Sie glauben«, knurrte Stürzenbecher. »Wir müssen sichergehen. Alles andere wäre Fahrlässigkeit.«

»Nachdem das Kind in den Brunnen gefallen ist.«

Stürzenbecher bekam rote Flecken auf den Backen, wurde aber von einem uniformierten Polizisten abgelenkt, der in diesem Moment den Raum betrat.

»Alle Ein- und Ausgänge sind abgeriegelt, Herr Hauptkommissar. Wie sollen wir weiter vorgehen?«

»Wir fordern die Leute auf, das Gebäude zu verlassen. Achten Sie nur auf den Verdächtigen! Keine Personenkontrollen!«

Der Uniformierte trat ab und Stürzenbecher gab Kulmbacher den Befehl, eine entsprechende Durchsage über die Hallenanlage zu machen.

»Und wir«, sagte er zu mir, »schauen uns das Schauspiel an.«

Kulmbacher erntete ein gellendes Pfeifkonzert, aber nachdem sich die ersten Ängstlichen zum Ausgang bewegt hatten, entstand ein wahrnehmbarer Sog. Zehn Polizisten nahmen an der Stirnseite des Saales Aufstellung. Sie sollten sich zurückhalten, um keine Schlägereien zu provozieren. Ihre bloße Anwesenheit bewirkte allerdings, dass sich der Saal nach zwanzig Minuten zur Hälfte geleert hatte.

Stürzenbecher und ich hielten halbherzig Ausschau nach Carlo Ponti. Kulmbacher schlenderte lustlos quer über die gekachelte Tanzfläche. Plötzlich fiel ein Schuss.

»Mein Bein«, schrie Kulmbacher. Dann sackte er theatralisch auf den Boden und betrachtete sein linkes Bein.

Stürzenbecher riss seine Pistole aus dem Gürtelhalfter. »Raus!«, brüllte er. »Alles raus!«

Nach einer Schrecksekunde stürzten Hunderte von Menschen zum Ausgang.

»Los! An der Wand entlang! Sorgen Sie dafür, dass an der Tür keine Panik entsteht!«, kommandierte Stürzenbecher. »Und rufen Sie per Funk einen Krankenwagen!«

Die zehn Polizisten bewegten sich im Krebsgang an der Wand entlang.

»Hast du was gesehen?«, fragte mich Stürzenbecher.

»Nein. Aber ich glaube, der Schuss kam von da oben.« Ich zeigte auf die Galerie.

Stürzenbecher nickte. »Das war auch mein Eindruck.«

»Ich verblute«, ließ sich Kulmbacher vernehmen.

Stürzenbecher suchte immer noch die Galerie ab, die Pistole mit beiden Händen haltend. »Können Sie zu uns robben?«

»Ich weiß nicht.«

»Dann versuchen Sie es, Mann!«

»Wollen Sie nicht lieber zu mir kommen?«

»Nicht, solange da oben ein Verrückter steht.«

Kulmbacher ächzte. Dann begann er, in unsere Richtung zu kriechen, wobei er das linke Bein nachzog und eine rote Schleifspur hinterließ. Dort, wo er gelegen hatte, bildete sich bereits eine rote Pfütze.

Bis auf das halblaute Gegrummel am Ausgang und Kulmbachers keuchenden Atem hörte man nichts.

Stürzenbecher behielt die Galerie im Auge. »Scheint sich verpisst zu haben.«

»Von da oben kommt er nicht weg«, sagte ich. Ich drückte mich an die Wand, notfalls bereit, mich hinter eine große Lautsprecherbox zu werfen.

»Hier bin ich, Chef«, krächzte Kulmbacher. »Gleich werde ich ohnmächtig.«

Stürzenbecher ging in die Knie und beguckte das Einschussloch. »Halb so schlimm. Sie haben nicht mal einen halben Liter Blut verloren. Geben Sie mir Ihren Gürtel!«

»Au!«, sagte Kulmbacher.

Stürzenbecher zog den Gürtel, den er um Kulmbachers Oberschenkel gebunden hatte, noch strammer. »Wollen Sie weiterleben oder langsam verbluten?«

»Es tut so weh«, jammerte Kulmbacher.

»Gleich kommt der Krankenwagen.« Stürzenbecher zog Kulmbacher hinter die Lautsprecherbox. Für den Fall, dass Ponti – wer konnte es sonst sein? – erneut auftauchte, würde ich mich auf Kulmbacher werfen müssen.

»Bleib hier!«, sagte Stürzenbecher zu mir. »Ich organisiere den Einsatz.«

Sie kamen in Zweierreihen und Rücken an Rücken. Fast alle blickten nach oben. Die von jeweils zwei Händen gehaltenen Pistolen zielten ins Leere, vorerst. Es sah nicht ganz so martialisch aus wie der Einzug der Gladiatoren in dem Film *Spartacus,* aber es mochte reichen, um einem wahnsinnigen Mörder den Angstschweiß auf die Stirn zu treiben.

Als rund fünfzig Polizisten auf der Tanzfläche eine lange Kette gebildet hatten, kam Klaus Stürzenbecher. Er schickte je zehn Polizisten zu den beiden Treppen, die zur Galerie hinaufführten. Die Polizisten bewegten sich schnell und zielsicher. Wenn sie daran dachten, dass sie ihr Leben für 1.800 Mark netto im Monat riskierten, dann merkte man es ihnen nicht an.

Die beiden Gruppen waren ungefähr auf halber Treppenhöhe, als die Lautsprecheranlage knackte. »Keinen Schritt weiter!«, sagte eine leicht blecherne Stimme, deren Besitzer zweifellos Carlo Ponti war. »Ich habe hier eine Geisel.«

Die Polizisten guckten sich ratsuchend nach Stürzenbecher um. Der machte mit beiden Händen eine Bewegung nach unten. Abwarten, hieß das. Nach oben brüllte Stürzenbecher: »Sie bluffen. Ich glaube Ihnen kein Wort.«

Die Lautsprecher gaben ein dumpfes Geräusch von sich, so, als ob jemand ein Mikrofon auf einen Tisch legen würde. Dann folgten zwei trockene, knallende Geräusche und ein leises Winseln. »Helfen Sie mir! Er will mich umbringen.« Eine gequetschte, hohe Mädchenstimme.

»Glaubst du es jetzt, Bulle?« Das war wieder Carlo Ponti.

Stürzenbecher wischte sich den Schweiß von der Stirn. »Geben Sie auf, Ponti! Sie kommen hier nicht raus.«

Ponti meckerte hämisch ins Mikrofon. »Sie haben ausgeschissen, Bulle. Ich stelle hier die Bedingungen.« Pause. »Wissen Sie, was ich gerade mache? Ich stecke dem Mädchen einen Ballermann in den Mund.«

Ein gurgelndes Geräusch.

»Verdammte Scheiße«, fluchte Stürzenbecher halblaut. Und nach oben: »Was wollen Sie, Ponti?«

»Freien Abzug plus eine Million Mark. Sie können das Geld später von meinem Konto abheben.«

Stürzenbecher überlegte drei Sekunden. »Okay. Wenn Sie das Mädchen freilassen, gehen wir auf Ihre Bedingungen ein.«

Wieder das hämische Meckern. »Wollen Sie mich verarschen? Ich nehme das Mädchen mit. Sie kann abhauen, sobald ich merke, dass ich nicht verfolgt werde.«

»Gottverdammte Scheiße«, sagte Stürzenbecher.

»Was ist los? Hat es Ihnen die Sprache verschlagen?«

»Ich brauche Bedenkzeit«, brüllte Stürzenbecher. »Geben Sie mir eine Stunde!«

»Zehn Minuten. Ansonsten …« Das Mädchen gab einen Ton von sich, der immer dann entsteht, wenn man eine Pistole zu tief in den Hals gedrückt bekommt.

»Chef, ich sterbe«, meldete sich eine dünne Stimme hinter der Lautsprecherbox.

Fünfzig Polizisten fuhren herum und richteten ihre Schusswaffen auf mich. Vorsichtshalber nahm ich beide Hände in die Höhe.

»Ach du Scheiße! Kulmbacher! Den habe ich ja ganz vergessen«, fluchte Stürzenbecher. »Los! Zwei Mann holen eine Trage!«

Die Entschlossenheit, den Abzug durchzudrücken, verschwand aus den Augen der Polizisten. Ich nahm die Hände herunter und schlenderte auf Stürzenbecher zu.

»Und nun?«

»Keine Ahnung«, sagte Stürzenbecher. In seinen Augen stand die nackte Panik.

Zwei Polizisten kamen mit der Trage. Ihnen folgte ein grau gekleideter älterer Mann mit tiefen Magenfalten im Gesicht.

»Jetzt wird mir die Entscheidung abgenommen«, murmelte Stürzenbecher. »Das ist Kriminaloberrat Wille.«

Wille musterte zuerst mich, mit deutlichem Misstrauen im Gesicht, dann ließ er einen missbilligenden Blick über Stürzenbechers demolierten Anzug schweifen. »Wer ist das?«

»Georg Wilsberg, ein Privatdetektiv, der in diesem Fall mit uns zusammenarbeitet.«

»Aha.« Wille gönnte mir einen zweiten Blick, nicht freundlicher als vorhin. »Geben Sie mir einen kurzen Lagebericht, Herr Stürzenbecher!«

Stürzenbecher erzählte das Nötigste und guckte anschließend auf seine Armbanduhr. »Wir haben noch fünf Minuten.«

»Ist das SEK verständigt?«

»Bislang nicht.«

»Ich übernehme das. Halten Sie Ponti hin! Sagen Sie ihm, wir kommen erst morgen früh an das Geld!«

»Heißt das, wir gehen auf seine Bedingungen ein?«

Willes wässrige Augen starrten ausdruckslos. »Lassen Sie ihn in dem Glauben!«

XV

Die Lagebesprechung in Pontis Büro dauerte bereits eine Viertelstunde. Der SEK-Oberbulle hatte sich dorthin mit Kriminaloberrat Wille und Hauptkommissar Stürzenbecher zurückgezogen. Da das Fluchtauto mit der Million auf dem Rücksitz schon vor dem Haupteingang parkte, gab es eigentlich keinen Grund für ein so langes Palaver, zumal die Gefahr bestand, dass Carlo Ponti früher oder später durchdrehen würde.

Die Tür öffnete sich und Klaus Stürzenbecher erschien auf der Bildfläche, bewaffnet mit einem Megafon. Er sah so aus, als hätte ihm seine Frau gerade verkündet, dass sie mitsamt den Kindern zu ihrem Freund ziehen wolle.

»Was ist los?«, erkundigte ich mich.

»Das geht dich nichts an«, blaffte Stürzenbecher zurück.

»Mach mal halblang! Schließlich habe ich bei der Geschichte Kopf und Kragen riskiert.«

»Davon habe ich vorhin nichts gemerkt, als mich die Punks verprügeln wollten.«

Ich schnalzte mit der Zunge. »Und was war im Haus der Kummer, im Kinderheim in Zweierwalde und auf Pontis Landsitz?«

Stürzenbecher guckte zerknirscht. »'tschuldigung. War nicht so gemeint. Es ist nur wegen der Scheiße, die gleich hier abläuft.«

»Welche Scheiße?«

»Aber halt die Schnauze, ja?«

Ich nickte.

»Ponti kommt hier nicht weg.«

»Was heißt, er kommt nicht weg? Warum steht denn das Auto vor der Tür?«

»Tarnung, um ihn zu beruhigen. Und für den Fall, dass was schiefgeht. Ich war dagegen, ihn auf der Stelle zu erledigen, aber seit dem Geiseldrama von Gladbeck ist man im Innenministerium nervös geworden. Das SEK hat die Anweisung, bei Geiselnahmen hart durchzugreifen.«

Ich atmete tief durch. »Wenn sie ihn treffen, werden wir nie erfahren, ob er Ines Block umgebracht hat.«

Stürzenbecher zuckte mit den Achseln und hielt das Megafon an die Lippen: »Hörst du mich, Ponti?«

Die Lautsprecher knackten. »Klar und deutlich.«

»Wir sind so weit. Das Auto mit dem Geld steht bereit.«

»Na endlich. Ich komme in zwei Minuten raus. Dann ist kein Bulle mehr im Saal – ist das klar?«

»Klar.«

»Und noch etwas.«

Eine lange Pause.

»Was?«

»Georg Wilsberg wird mich fahren.«

Mein Herz setzte für fünf Sekunden aus. Danach war ich nicht mehr der Alte. Stürzenbecher sah mich an. Ich schüttelte den Kopf.

»Der ist längst nach Hause gegangen«, sprach Stürzenbecher durchs Megafon. »Ich werde dich fahren.«

Ponti lachte meckernd. »Ich habe hier oben eine Videoanlage. Ich sehe den lieben Schorsch so scharf, als stünde er neben mir.«

Zwei Minuten später kam Ponti mit dem Mädchen raus. Es war etwa siebzehn Jahre alt, hatte lange, dunkelblonde Haare, eine Gesichtsfarbe, die weißer nicht sein konnte, und weit aufgerissene Augen, die darum baten, noch ein wenig leben zu dürfen.

Ich bemühte mich, meine eigene Angst zu verbergen, und nickte dem Mädchen aufmunternd zu. Keine Reaktion. Anscheinend sah ich so mutig aus wie ein Frosch in der Hand eines Feinschmeckers.

»Na, Schorsch, damit hast du nicht gerechnet, was?«, sagte Ponti.

»Lass das Mädchen laufen und nimm mich als Geisel!«, wollte ich sagen, aber heraus kam nur ein Krächzen. Erst der zweite Versuch gelang.

Ponti entblößte seine Zähne. »Schorsch, der Held! Ich nehme euch beide, was sagst du dazu? Wenn alles klappt, könnt ihr anschließend im Wald Mau-Mau spielen.«

Das Mädchen stöhnte. Ponti, der einen Arm um seinen Hals gelegt hatte, quetschte den Kopf gegen seine Brust. »Du willst nicht mit Schorsch Mau-Mau spielen? Du brauchst keine Angst zu haben. Schorsch ist nicht der Typ, der über kleine Mädchen herfällt.«

»Sie tun mir weh«, bettelte das Mädchen.

»Lass sie in Ruhe!«, sagte ich.

Ponti starrte mich wütend an. »Schluss jetzt mit dem Gequatsche! Zieh deine Jacke aus! Ich will sehen, ob du eine Knarre bei dir hast.«

Ich zog mein Jackett aus und drehte mich einmal um dreihundertsechzig Grad.

»Okay«, kommandierte Ponti, »und jetzt gehen wir! Du bleibst einen Schritt vor mir! Sobald du wegrennst, bist du ein toter Mann.« Er schob den Lauf der Pistole in meinen Hemdkragen.

Lautlos flehte ich, dass die SEK-Leute Vernunft annehmen und auf den finalen Rettungsschuss verzichten mochten. Wenn Ponti, lebend oder schon tot, den Zeigefinger krümmen würde, war ich das zweite Opfer. Und in diesem Moment wollte ich genauso wenig sterben wie das Mädchen, dessen Angstschweiß mir in die Nase stieg.

Langsam, Schritt für Schritt, bewegten wir uns auf den Ausgang zu. Mein Herz schlug im Rhythmus eines bronchitischen Trabbi-Motors. Ich wusste, der gefährlichste Moment stand uns noch bevor. Wenn überhaupt, dann würden sie schießen, während wir vom *Bad* zum Auto gingen.

»Warum steht das Auto nicht vor der Tür?«, fluchte Ponti. »Ich habe doch gesagt, sie sollen es direkt vor der Tür parken.«

»Keine Ahnung«, stammelte ich. »Ich habe damit nichts zu tun.« Und dann kam mir eine Idee: »Ich könnte es näher ranfahren.«

»Scheiße, Schorsch«, knurrte Ponti und drückte den Pistolenlauf gegen meinen Hinterkopf. »Du bleibst hier! Wir gehen jetzt ganz langsam zu dem Auto. Und keine Fisematenten, verstanden?«

Meine Knie waren weich wie Butter. Ich hatte Angst, ohnmächtig zu werden. Das Auto war zwanzig Meter entfernt. Fünfzehn. Zehn. Hinter mir gab es ein klatschendes Geräusch. Etwas Warmes, Weiches spritzte auf meinen Nacken. Meine Beine gehorchten mir nicht mehr. Im Fallen drehte ich mich um. Ponti taumelte zwei Schritte nach vorne, bevor er umkippte. Nach dem Loch in seinem Kopf zu schließen, war das, was in meinem Nacken klebte, ein Stück von seinem Gehirn. Das Mädchen schrie sich die Seele aus dem Leib. Ich kotzte im Liegen.

Stürzenbecher flößte mir heißen Tee ein. Ich saß auf einer Trage im Notarztwagen, zwei Weißkittel starrten mit ernsten Gesichtern auf mich herab. Hinter mir bearbeiteten sie das Mädchen, das offensichtlich einen schweren Schock erlitten hatte.

»Eine Beruhigungsspritze würde dir gut tun«, sagte Stürzenbecher mit der Stimme eines Telefonseelsorgers.

»Ich will keine Spritze«, sagte ich halsstarrig.

»Dann nimm wenigstens eine Beruhigungspille!«

Das schien mir ein gangbarer Kompromiss zu sein. Ich schluckte die Pille und einen Schluck Tee hinterher.

»Behalt den Rest für später!«, sagte Stürzenbecher und schob mir das Tablettenröllchen in die Jackentasche. Rührend, wie er um mich besorgt war. Obwohl mir eine schöne Frau an seiner Stelle lieber gewesen wäre.

»Können wir jetzt endlich zum Krankenhaus fahren?«, fragte einer der Weißkittel.

»Ich bleibe hier«, sagte ich und stemmte mich hoch. Meine Beine fühlten sich wackelig an, aber krankenhausreif war ich noch lange nicht.

»Seien Sie doch vernünftig!«, sagte der zweite Weißkittel.

»Quatsch.« Ich stützte mich auf Stürzenbecher. »Mein eigenes Bett ist die beste Therapie für mich.«

»Wie Sie wollen«, sagte der erste Weißkittel. Mit vereinten Kräften hoben sie mich aus dem Notarztwagen.

Auf dem Weg zu Stürzenbechers Wagen begegnete uns der SEK-Oberbulle.

»Wie ich sehe, geht es Ihnen schon wieder besser«, sagte er ohne Anflug von Freude in der Stimme.

»Ich werde Sie anzeigen«, entgegnete ich. »Was Sie gemacht haben, grenzt an fahrlässige Tötung.«

»Was wollen Sie? Sie leben, das Mädchen lebt. Mehr konnten wir nicht erreichen.«

»Es war Ihnen doch scheißegal, ob das Mädchen oder ich dabei draufgehen«, schrie ich.

Er tippte an seine Mütze. »Wenn Sie mich anzeigen wollen: bitte sehr! Ich möchte *den* Richter sehen, der mich wegen dieser Aktion verurteilt.«

Ich schrie ihm nach, dass er ein Arschloch sei, ein kaltblütiger Mörder und noch einiges mehr. Als mir die Luft wegblieb, schleppte mich Stürzenbecher zu seinem Auto.

»Das hat doch keinen Zweck«, sagte er immer wieder. Und dummerweise hatte er recht.

Zu Hause ließ ich Wasser in die Badewanne, kippte eine reichliche Ladung ölige Badelösung hinterher, legte eine Platte von Leonard Cohen auf und versuchte, mich zu entspannen. Solange ich die Augen nicht zumachte, klappte es ganz gut.

Nach einer halben Stunde nahm ich noch zwei Beruhigungspillen, schmierte mich mit Fett ein und tat so, als wollte ich schlafen. Ich hatte mich ungefähr zehn Minuten hin- und hergewälzt, als das Telefon klingelte.

Armins Stimme hatte einen etwas schrillen Klang. Ich fragte ihn, ob er betrunken sei.

»Was Besseres, Georg. Hier gibt's bessere Sachen.«

»Und wo bist du?«

»Soll ich dir das verraten, Georg?« Er kicherte.

»Der mutmaßliche Mörder von Ines ist vor einer Stunde erschossen worden.«

»Ach! Tatsächlich?«

»Es war Carlo Ponti, der Besitzer des *Bad*. Er hatte eine Affäre mit Ines und war zur fraglichen Zeit mit ihr zusammen.«

»Hat er gestanden?«

»Nein. Er hatte keine Gelegenheit mehr dazu.« Ich erzählte ihm einige Einzelheiten.

»Das Beste wäre, du würdest nach Münster kommen und die Sache im Polizeipräsidium klären.«

»In ein paar Tagen. Ich komme in ein paar Tagen, okay? Na ja, jetzt kann ich's dir ja sagen: Ich bin in Amsterdam und ich fühl mich sauwohl hier.«

Ich fragte ihn, ob ich ihn treffen könne. Wir einigten uns auf die Uhrzeit und ein Café in der Amsterdamer Innenstadt.

Nach zwei Stunden schlief ich ein. Ich träumte. Wovon, kann man sich vorstellen.

XVI

Die Schüler auf dem Flur des Freiherr-von-Schaum-Gymnasiums guckten mich an, als würden sie abschätzen, wie lange es dauern konnte, bis sie mich nervlich so fertig gemacht hatten, dass ich schreiend aus dem Klassenzimmer rennen würde. Ich verzichtete darauf, ihnen den nackten Mittelfinger zu zeigen, und klopfte an die Tür des Sekretariats.

Der Direktor war natürlich sehr beschäftigt, aber in meinem Fall würde er vielleicht eine Ausnahme machen und mir fünf Minuten seiner kostbaren Zeit zur Verfügung stellen. Meinte die Sekretärin, die dabei listig grinste. Sie trug im Übrigen kein hochgeschlossenes Kleid mit einer dünnen Perlenkette darüber und eine riesige Hornbrille, sondern sah ausgesprochen hübsch aus.

»Herzliches Beileid«, sagte der Direktor und reichte mir eine feuchte Hand. »Der Tod von Ines Block hat uns alle sehr getroffen.«

Ich hatte mich als Bruder der Verstorbenen vorgestellt und, um die Tarnung perfekt zu machen, eine schwarze Krawatte umgebunden, die zu meinem abgetragenen Jackett so gut passte wie ein Eigelb auf eine Damast-Tischdecke.

Der Direktor bot mir einen Stuhl an und ich setzte einen feierlichen Gesichtsausdruck auf. »Meine Bitte mag Ihnen ungewöhnlich vorkommen ...«

Er schielte zu einem Fach in seinem Schreibtisch. Wahrscheinlich war da seine Kummerflasche versteckt und er überlegte, ob er die Gelegenheit nutzen und uns beiden ein Glas einschütten sollte.

Ich räusperte mich. »Es ist nur so, dass ich meine Schwester in den letzten Jahren selten gesehen habe. Wir haben uns entfremdet, Sie verstehen, was ich meine. Und jetzt mache ich mir Vorwürfe, dass ich mich so wenig um sie gekümmert habe. Ich weiß eigentlich gar nicht, wie sie in letzter Zeit gelebt hat. Ich kenne keinen ihrer Freunde oder Freundinnen. Und da dachte ich, dass Sie mir vielleicht weiterhelfen könnten. Ich würde mich gerne mit jemandem aussprechen, dem meine Schwester nahestand. Es muss doch einen Kollegen gegeben haben, mit dem sie engeren Kontakt pflegte.«

Der Direktor runzelte die Stirn. »Einen Kollegen? Ja, warten Sie mal! Am ehesten käme da die Frau Trageser infrage. Die Trageser und die Block, Entschuldigung, Ihre Schwester saßen bei Konferenzen oft nebeneinander.«

»Frau Trageser. Ja.« Ich nickte dankbar. »Gibt es möglicherweise noch jemanden? Meine Eltern sagten, Ines hätte in letzter Zeit mal von einem Kollegen gesprochen, mit dem sie sich gut verstehen würde.«

Der Direktor fuhr sich mit der Fingerspitze über die Lippen und dachte heftig nach. Endlich kam ihm eine Idee: »Das muss Herr Kampen sein. Natürlich, Bernd Kampen. Die beiden sprachen manchmal miteinander.«

»Wo finde ich ihn?«, schnappte ich nach.

»Jetzt, in der Pause, ist er sicherlich im Lehrerzimmer.« Er beschrieb mir den Weg.

Das Lehrerzimmer hatte den muffigen Geruch von Zigaretten und Frustration. Ich erkundigte mich nach Bernd Kampen, und eine Lehrerin zeigte auf einen Mittdreißiger mit Prinz-Eisenherz-Frisur und Nickelbrille, der in der Ecke saß. Zweifellos der Mann, den mir Gerd Bohnenfeld beschrieben hatte.

Kampen überflog ein Lehrbuch und machte sich hastig Notizen.

»Herr Kampen?«, sagte ich.

Er guckte hoch. »Ja, bitte?«

Ich erzählte meine Geschichte zum dritten Mal, während er nervös blinzelte.

»Tut mir leid, aber ich habe im Moment keine Zeit. Ich muss meine nächste Stunde vorbereiten.«

»Und nach der Schule?«

»Ja, das ginge. Ich habe nach der Fünften Schluss. Sollen wir uns im *Café Majakowskij* treffen? Das ist hier gleich um die Ecke.«

Im *Majakowskij* hing die linke, die postlinke und die internationale Presse in Stangen am Geländer. Der große Kaffee wurde nicht in Kännchen, sondern in Schalen serviert, und auf der Untertasse lag ein Hütchen mit Eisschokolade. Das Publikum bestand hauptsächlich aus Studenten, die aus dem nahegelegenen Hörsaalgebäude herübergekommen waren, um die nächsten Prüfungen zu besprechen.

Ich bestellte eine Schale Milchkaffee und ein großes Frühstück, mein zweites an diesem Tag, das erste war etwas kläglich ausgefallen, und blätterte in dem grün-links angehauchten Stadtmagazin, das den Niedergang der politischen Bewegungen neuerdings mit bunten Fotos kaschiert.

Bernd Kampen kam, als ich einen Artikel über die neuen Ferkeleien des Oberstadtdirektors beendet hatte, und ließ eine braune Aktentasche auf den Boden fallen.

»Ich hoffe, Ihnen ist dieses Lokal recht!«

»Kein Problem«, sagte ich. »Ich habe auch mal studiert.«

Eine Kellnerin erkundigte sich nach unseren Wünschen, und ich bestellte noch einen Milchkaffee. Kampen nahm einen Cappuccino.

»Ihre Schwester war eine nette Frau«, sagte er und zündete sich eine starke französische Zigarette an.

Ich konterte mit einem Zigarillo. »Das war sie. Deshalb bedauere ich es heute um so mehr, dass ich in den letzten Jahren kaum mit ihr gesprochen habe. Und ich höre Geschichten über sie, die ich mir einfach nicht 'erklären kann.«

Kampen nebelte sich ein. »Zum Beispiel?«

»Sie soll in letzter Zeit einen starken Männerverschleiß gehabt haben.«

Kampen hustete. »Sind Sie deswegen zu mir gekommen?«

»Verstehen Sie mich nicht falsch: Es geht mir nicht um Moral. Ich frage mich nur, wie Ines plötzlich dazu kommt, Männer zu sammeln wie kleine Jungs Fußballbilder.«

»Ich gehörte nicht zu ihrer Sammlung«, sagte Kampen.

»Ach nein?«

»Nein. Wir hatten ein rein freundschaftliches Verhältnis. Sie sah in mir mehr so etwas wie einen väterlichen Freund.«

Ich schaute ihn misstrauisch an. »Sie machen auf mich keinen besonders väterlichen Eindruck.«

»Tut mir leid, wenn ich Ihnen nicht mit einer Bettgeschichte dienen kann.«

Ich rührte in meinem Milchkaffee. »Kein Grund, gleich beleidigt zu sein. Es geht mir, wie gesagt, nur um Informationen. Ich will niemanden anklagen oder verurteilen.«

»Dazu haben Sie bei mir auch keinen Anlass.« Er lächelte. »Leider.«

Wir schwiegen uns fünf Sekunden lang an und ich überlegte krampfhaft, wie ich die Frage möglichst unverfänglich stellen konnte. Es fiel mir nicht ein.

»Haben Sie eine Erklärung dafür, warum sie mit Trotteln und Yuppies ins Bett gegangen ist und einen so netten, sympathischen Kollegen verschmäht hat?«

Er stand nicht auf und ließ mich grußlos sitzen. Er sagte mir nicht einmal, dass ich ein Idiot sei. »Sie war an diesen Männern nicht interessiert. Sie mochte sie nicht mal.«

»Warum hat sie dann …?«

»Ich bin Lehrer für Deutsch und Biologie, ich bin kein Psychologe. Aber ich glaube, ihr Problem war die Beziehung zu ihrem langjährigen Freund.«

»Armin Hinz«, warf ich ein.

»In den letzten Monaten war sie fast immer schlecht gelaunt, beinahe depressiv. Sie wollte sich von Armin trennen, aber sie schaffte es nicht. Sie hat diese Männer nur benutzt, um Armin zu provozieren.«

»Damit *er* sich von ihr trennt?«

»Richtig.«

Kampen steckte sich die nächste Zigarette an. »Sie sind nicht Ines' Bruder.«

»Wie kommen Sie darauf?«

»Ines hat mir von ihrem Bruder erzählt. Er würde sich nicht so verhalten wie Sie.«

»Und trotzdem haben Sie mir das alles gesagt?«

»Ich bin neugierig. Ich wollte herausfinden, warum Sie sich für Ines interessieren.«

»Ich bin Privatdetektiv«, sagte ich. »Jemand hat mich damit beauftragt, den Mörder von Ines zu finden.«

»Tut das nicht schon die Polizei?«

»Die hat gestern Abend den mutmaßlichen Mörder von Ines erschossen.«

»Und Ihr Auftraggeber glaubt, dass der tatsächliche Mörder noch frei herumläuft?«

»Seit gestern Abend bin ich mein eigener Auftraggeber.«

Das sommerliche Wetter der letzten Tage hatte sich verzogen und ein leichter Nieselregen setzte ein, als ich durch das Kuhviertel zu meiner Wohnung zurückging. Münsters Vergnügungsviertel ist so bieder und anständig wie die Freizeitgestaltung des Bischofs. Statt Obenohne-Bars und Peepshows gibt es mit Kalbshirn gefüllte Pasteten, die sich Töttchen nennen, und Altbier, in dem Früchte schwimmen. In Lokalen, die so tun, als wären sie ein Freilichtmuseum für bäuerliche Kneipenkultur.

Zu dieser frühen Tageszeit waren die Kneipen noch geschlossen und die engen Gassen menschenleer. Erst auf der Promenade begegneten mir ein paar Radfahrer, die sich tief über die Lenker beugten, um den Regentropfen auszuweichen.

Ich schlug den Kragen meines Jacketts hoch und beneidete die Radfahrer um ihre Sorgen. Es hatte schon bessere Anlässe gegeben, um nach Amsterdam zu fahren.

XVII

Ich parkte wieder auf dem kleinen bewachten Parkplatz am Rokin. Hier waren die Parkgebühren zwar so hoch wie andernorts die Hotelpreise, aber dafür hatte man gute Chancen, anschließend alle vier Räder und das Autoradio wiederzufinden.

Ich schlenderte am Dam vorbei und in den Rotlichtbezirk hinein. Das Café, in dem ich mich mit Armin verabredet hatte, kannte ich noch von meinem letzten Besuch. Es hatte ein Hanfblatt über dem Eingang und nannte sich *Hard Rock Café*.

Armin hatte sich in den letzten Tagen nicht rasiert und sah ziemlich entspannt aus. Vielleicht lag das an der braunhäutigen Schönheit, die neben ihm saß und mit ihren schwarzen Augen kullerte.

»Georg, da bist du ja!«, sagte er und erhob sich. Er schwankte nur ganz leicht. »Das ist Chantal. Wir haben schon ein bisschen gefeiert.«

Chantal strahlte mich an. Ich schätzte sie auf neunzehn.

Armin legte einen Arm um sie. »Seit ich Chantal kenne, geht es mir wieder richtig gut.«

»Du hast dich schnell getröstet«, sagte ich und bestellte einen Kaffee.

»Warum trinkst du Kaffee? Wir wollen feiern. Die Rückkehr von Armin Hinz in die menschliche Gesellschaft.«

»Ich will noch heute Nacht zurückfahren.«

»Kommt gar nicht infrage. Ich habe ein Hausboot gemietet, hier ganz in der Nähe, in der Prinsengracht. Du schläfst selbstverständlich bei mir.«

»Wir werden sehen.«

»Was ist los? Freust du dich gar nicht?«

»Worüber?«

»Darüber, dass der Mörder von Ines gefasst ist, ich meine, erschossen.«

»Nein.«

Chantal guckte verständnislos von Armin zu mir. Offensichtlich verstand sie kein Deutsch.

»Mal abgesehen davon, dass ich es nicht gut fand, *wie* er erschossen wurde, hat er den Mord nicht gestanden.«

»Ist das für dich so wichtig?«

»Ja.«

»Du glaubst doch nicht etwa immer noch, dass ich ...«

Chantal hatte den drohenden Unterton in Armins Stimme bemerkt und flüsterte ihm etwas ins Ohr.

Armin lachte. »Sie spricht nur Holländisch und Englisch, weißt du. Sie glaubt, dass wir Streit haben.«

Nachdem er ihr in Englisch verkündet hatte, dass ich ein Freund sei, lächelten wir alle eine Runde. Ein Rastafari-Typ kam die Treppe herauf und stellte sich an das Geländer. Er starrte eine Zeit lang in unsere Richtung, bis Chantal aufstand und zu ihm hinüberging.

»He, was soll das?«, rief Armin und torkelte hinterher.

Der Rastafari funkelte ihn an und sagte etwas Unfreundliches. Armin redete, beide Hände zu Hilfe nehmend, auf Chantal ein, die sich neben dem braunen Lockenmenschen an das Geländer drückte. Dann bekam Armin einen Schlag vor die Brust, sodass er mehrere Meter zurücktaumelte. Ich fing ihn auf und hielt ihn an den Armen fest.

»Du Arschloch!«, brüllte Armin.

»Halt die Klappe und komm raus!«, flüsterte ich.

Armin versuchte, mich abzuschütteln, aber ich zerrte ihn die Treppe hinunter. Der Rastafari beobachtete uns mit ausdruckslosem Gesicht.

»Warum hast du das gemacht?«, herrschte mich Armin an, als wir auf der Straße standen.

»Du hättest verloren«, sagte ich.

Ich nahm seinen Arm und schleppte ihn weiter, vorbei an Sex-Shops, Kleinkunstbühnen, auf denen kopulierende Paare zu sehen waren, und vielen Fenstern mit offenen oder geschlossenen Vorhängen.

Die Prinsengracht befindet sich im Innenstadtbezirk Amsterdams und wird von herrschaftlichen Häusern umstanden, in denen früher die Kaufleute ihr Silber zählten. Vom Treiben und Siechtum des Rotlichtbezirks, der nur ein paar Straßen entfernt lag, war hier nichts mehr zu spüren.

Der kurze Spaziergang hatte Armin ernüchtert. Er zeigte auf eine kleine Nussschale, die im dreckigen Wasser dümpelte.

»Meine Fluchtburg. Klein, aber gemütlich.«

Wir gingen über einen Holzsteg und befanden uns in dem geräumigen Schiffsaufbau, der durch keine Wände geteilt war. Eine vergilbte Polstergarnitur mit Tisch, zwei Betten und ein paar Küchengeräte bildeten die Inneneinrichtung. Der kleine Holzofen sah so aus, als würden die Winter hier eisig werden.

»Was möchtest du trinken?«, fragte Armin.

»Kaffee«, sagte ich.

Armin machte sich an einem Gaskocher zu schaffen, und bald mischte sich Kaffeeduft unter den modrigen Kanalgeruch.

»Wie gefällt's dir?«, fragte Armin, als wir in den Kaffeetassen rührten.

»Nicht schlecht für den Sommer, aber im Winter würde ich in das Haus des *Christlichen Vereins Junger Männer* überwechseln.«

»Ich habe nicht vor, bis zum Winter zu bleiben.«

Ich nahm einen Schluck Kaffee. »Das Beste wäre, du würdest mit mir nach Münster kommen und deine Aussage machen.«

»Ja.« Armin lehnte sich zurück. »Ich komme. Aber erst in einigen Tagen. Ich fühle mich noch nicht stark genug.«

»Wofür?«

»Für die Wahrheit. Du hast mir doch die ganze Zeit misstraut. Und du hattest recht: Ich habe Ines umgebracht.«

Die Luft im Hausboot wurde schlagartig ein paar Grad kühler. »Ich hatte gehofft, dass ich mich irre«, sagte ich.

Armin stützte seinen Kopf in die Hände. »Du glaubst nicht, wie grausam sie sein konnte. Sie hat mit diesen Typen rumgemacht und ich sollte den Verständnisvollen spielen. Offene Zweierbeziehung und so. In Wahrheit ging es ihr darum, dass ich leide. Ich weiß nicht, wofür sie sich an mir gerächt hat. Ich habe ihr nichts getan, ehrlich. Klar, am Anfang habe ich versucht, ihr Spiel mitzuspielen, um sie eifersüchtig zu machen. Aber später war ich viel zu kaputt dazu. Und wenn ich wirklich am Ende war und Schluss machen wollte, dann war sie plötzlich nett zu mir. Es sollte alles anders und besser werden. Drei oder vier Wochen ging das gut. Dann kam der nächste Typ oder ein alter, den sie schon mal abgelegt hatte. Ein Tritt in die Eier ist nichts gegen die Qualen, die ich durchlebt habe. Sie hat mich rasend gemacht. Ich konnte nicht mehr arbeiten, ich konnte nicht mehr schlafen. Ich hatte nur noch einen Gedanken: Ines. Ich bin ihr nachgeschlichen, ich habe mir an Scheiben die Nase plattgedrückt. Ich habe mich gefragt, was diese Typen haben, das ich nicht habe. Und das Schlimmste war: Ich habe nichts entdeckt. Sie ist mit jedem hergelaufenen Arschloch ins Bett gegangen, mit schmuddeligen Pennern und blasierten Lackaffen. Und mir hat sie seit einem Jahr die kalte Schulter gezeigt. Ich war außer mir, ich war nicht mehr ich selbst.«

»Warum hast du dich nicht von ihr getrennt?«

Armin schaute mich empört an. »Das kann nur jemand fragen, der so etwas noch nie durchgemacht hat. Wenn du in diesem Zustand bist, spielt Vernunft keine Rolle. Wir waren aneinandergekettet auf Leben …«

»… und Tod«, sagte ich.

Bis auf die entfernten Geräusche der Großstadt herrschte Stille.

»Das alles rechtfertigt nicht, dass ich sie umgebracht habe«, sagte Armin langsam. »Ich weiß das und ich werde mich stellen.«

»Dann komm mit!«

»Nein. Nicht sofort. Ich brauche noch ein paar Tage.«

»Hast du einen Flug nach Südamerika gebucht?«

Er guckte mich überrascht an. »Und wenn schon?«, brachte er schließlich hervor. »Was verstehst du davon? Ich bin ihr an jenem Tag gefolgt. Ich habe durch das Terrassenfenster gesehen, wie sie diesen Pavian angemacht hat, wie sie sich von ihm ablecken ließ.«

»Aber du hattest die Beherrschung, zu warten, bis er gegangen war.«

»Ja«, sagte Armin träumerisch, »ich habe gewartet. Dann habe ich an die Scheibe geklopft und sie hat mir geöffnet. Wenn sie nicht dieses triumphierende Grinsen im Gesicht gehabt hätte …«

Als sein Rechtsanwalt hätte ich auf Totschlag plädiert. Allerdings würde der Staatsanwalt noch ein Argument für Mord im Ärmel haben.

»Du hast sie nicht sofort getötet, Armin. Ich habe ihre Leiche im Schlafzimmer gefunden.«

Er wandte sein Gesicht zur Seite. »Sie muss gemerkt haben, dass ich es ernst meine. Sie ist weggelaufen und ich bin hinter ihr her.«

»Okay«, sagte ich. »Ich bin nicht dein Richter. Mach, was du willst!«

Er kehrte in die Gegenwart zurück. »Du willst mich nicht der Polizei ausliefern?«

»Warum sollte ich? Du bist mein Auftraggeber. Ich arbeite nicht für die Polizei.«

Unglaube stand in seinen Augen: »Das ist nicht dein Ernst.«

»Doch. Ich sollte herausfinden, wer Ines umgebracht hat. Und das habe ich getan, nicht mehr und nicht weniger. Alles Weitere liegt bei dir.«

XVIII

In der Morgendämmerung stand ich auf und verließ das Hausboot, ohne Armin zu wecken. Über das Pflaster der Prinsengracht hoppelte ein Wagen der Amsterdamer Müllabfuhr. Ich überholte den Müllwagen und kam auf eine breitere Straße. Leute mit vor Müdigkeit grauen Gesichtern und hohlen Stimmen eilten zur Arbeit. Ich blickte mich um und fand eine Telefonzelle. Es dauerte drei Minuten, bis in Münster jemand den Hörer abnahm.

Nach dem Telefongespräch ging ich in einen jener Läden, die vierundzwanzig Stunden am Tag geöffnet haben, und trank zwei Becher Kaffee. Zu dieser Stunde mischten sich hier die Spätheimkehrer mit den Frühaufstehern. Beide Gruppen tranken und aßen fast wortlos, mit leerem Blick das nächste Ziel vor Augen: acht Stunden Arbeit überstehen oder Geld für einen Schuss Heroin auftreiben.

Ich trank langsam, denn ich hatte Zeit. Als ich den zweiten Becher geleert hatte, ließ ich mich zur Prinsengracht zurücktreiben. Etwa hundert Meter vom Hausboot entfernt, lehnte ich mich auf ein Brückengeländer und wartete.

Es dauerte nicht lange, da näherten sich zwei Streifenwagen der Rijkspolitie, mit Blaulicht, aber ohne Sirenen. Die Wagen stoppten vor dem Hausboot und vier Beamte gingen über den Holzsteg ins Innere. Nach fünf Minuten kamen sie mit Armin Hinz wieder heraus. Er trug Handschellen.

Ich steckte mir einen Zigarillo an und ging langsam zum Rokin. Armin Hinz hatte versucht, mir einen Mord anzuhängen. Er war, nachdem er mich am Abend der Tat angerufen hatte, noch einmal zu dem Haus auf der Sentruper Höhe gegangen, um meine Briefe in Ines' Gepäck zu verstecken. Außerdem konnte der anonyme Brief an die Polizei nur von ihm stammen. Und das nahm ich ihm übel. Mal abgesehen davon, dass er sich vor ewigen Zeiten zwischen Ines und mich gedrängt hatte.

Auf den Treppenstufen rund um den Obelisken vor dem *Hotel Krasnapolsky* campierte eine Horde jugendlicher Touristen.

»He, Bulle, was machst du denn hier?«

Ich drehte mich um. Aus einem blauen Schlafsack ragte ein zerzauster schwarzer Haarschopf.

»Fährst du etwa nach Münster?«

Ich ging näher heran. Dem Haarschopf folgten der Rest des Kopfes, dann zwei Arme.

»Hallo, Tanja!«, sagte ich. »Willst du mitfahren? Ich habe noch einen Platz frei.«

Gottesgemüse

Ich sitze nochmals auf den Uferblöcken und rauche nochmals eine Zigarre – ich filme nichts mehr. Wozu! Hanna hat recht: nachher muss man es sich als Film ansehen, wenn es nicht mehr da ist, und es vergeht ja doch alles – Abschied.

Max Frisch

I

Draußen tobte ein Schneesturm, der den historisierenden Giebeln des Prinzipalmarktes Pappnasen aufsetzte. Flüchtende Einkäufer rutschten über das Kopfsteinpflaster und die Busse der Stadtwerke zermalmten den Schnee zu gräulich breiiger Pampe. Ich stand am Fenster, genoss die Wärme meines gut temperierten Büros und dachte an die Tage, an denen mich mein negativer Kontostand gezwungen hatte, mir wegen eines läppischen Auftrags nasse Füße und eine chronische Bronchitis zu holen. Graue Vorzeit.

Die Gegensprechanlage auf dem Schreibtisch schnarrte. »Deine Exfreundin Elke ist am Telefon«, sagte Sigi, die Sekretärin.

Ich drückte auf den Knopf. »Ich bin nicht da.«

»Sie hat heute schon zweimal angerufen.«

»Egal. Sag ihr, ich wäre auf einer Dienstreise.«

Sigi äußerte grummelnden Protest, doch das Telefon blieb stumm.

Seit einem halben Jahr leistete ich mir den Luxus einer Sekretärin, den Luxus eines großzügigen und gut möblierten Büros direkt am Prinzipalmarkt, schräg gegenüber vom Rathaus, und den Luxus, nur die Aufträge anzunehmen, die mir passten. Mit Recherchen und Handlangerdiensten beauftragte ich freischaffende Privatdetektive, meist abgehalfterte und übel beleumdete Polizisten, die sich für zwanzig Mark pro Stunde bei Nacht und Nebel die Beine in den Bauch standen. Das Ergebnis ihrer mühseligen Kleinarbeit präsentierte ich dann in einem aufwendigen Abschlussbericht auf edlem Papier. Das richtige Ambiente brachte die richtigen Kunden, und allmählich bekam ich die Aufträge, die mich in der Sparkasse bis in die oberste Etage führten.

Der Glücks- war eigentlich ein Trauerfall. Willis Onkel, der sich vor dreißig Jahren in die schottischen Berge zurückgezogen hatte und von der Familie vergessen worden war, hatte sich eines Tages unbemerkt aus dem Leben verabschiedet. Erst im Nachhinein stellte sich heraus, dass der alte Herr über ein beträchtliches Vermögen verfügte. Und das hatte er, kinderlos wie er war, einem einzigen Erben vermacht, seinem Patenkind Willi.

Willi, Geschäftsführer und zehnprozentiger Anteilseigner unseres gemeinsamen Secondhandkaufhauses im Bahnhofsviertel, erfüllte sich mit dem Geld einen Lebenstraum, nämlich die restlichen neunzig Prozent zu kaufen, damit er endlich alleine schalten und walten konnte. Ich verkaufte sie ihm gerne, denn das Verhältnis zwischen Willi und mir war seit Langem nicht mehr das, was es früher einmal gewesen war. Außerdem hatte ich mich in dem Kaufhaus nie so wohl gefühlt wie in meinem alten Briefmarken- und Münzladen; und als Willi dann noch durchsetzte, dass die angeblich unrentablen Briefmarken und Münzen aus dem Erdgeschoss des Kaufhauses in die hintere Ecke der zweiten Etage verbannt wurden, beschränkte sich mein Spaß am Kaufhausbesitzen auf die Durchsicht der monatlichen Bilanzüberschüsse.

Also nahm ich Willis Geld, räumte das Büro in dem ungeliebten Kaufhaus und etablierte mich am Prinzipalmarkt als gut situierter und angesehener Privatdetektiv, dem man bald die Aufnahme in den örtlichen Golfklub nicht mehr verweigern konnte.

Die Gegensprechanlage schnarrte wieder. »Eine Frau Kunstmann ist hier und möchte Sie sprechen.« Wenn Klienten im Raum waren, verwendete Sigi das seriöse ›Sie‹.

»Lassen Sie sie bitte herein!«, antwortete ich. Normalerweise spielten wir das Herr-Wilsberg-ist-sehr-beschäftigt-Spiel, aber ich langweilte mich bereits seit zwei Stunden.

Sigi öffnete die Tür und schenkte mir ein komplizenhaftes Lächeln. Den Grund dafür sah ich eine Sekunde später. Frau Kunstmann war die Klientin, von der Privatdetektive träumen, wenn sie in vereisten Autos sitzen und kalt gewordenen Kaffee schlürfen.

So unbeeindruckt wie möglich stand ich auf und gab meiner Stimme jenen Klang, den Psychologen und Rechtsanwälte zu ihrem wichtigsten Kapital zählen: »Guten Tag. Georg Wilsberg.«

»Anja Kunstmann.«

Wir gaben uns die Hände, und ich erwischte einen Blick ihrer blaugrünen Augen.

»Darf ich Ihnen Ihren Mantel abnehmen?«, erkundigte ich mich, während ich aus den Augenwinkeln sah, dass Sigi sich köstlich amüsierte.

»Frau Bach, könnten Sie uns bitte zwei Tassen Kaffee bringen!«, sagte ich und drückte Sigi den Mantel in den Arm. Dann geleitete ich Anja Kunstmann zu der kleinen Gesprächsecke mit den zwei Lederfreischwingern und dem Rauchtisch.

Sie kramte in ihrer Handtasche herum und brachte ein silbernes Zigarettenetui zum Vorschein. Als sie die Zigarette schon im Mund hatte, erschrak sie fast wegen ihrer Unhöflichkeit.

»Darf ich rauchen?«

»Natürlich.« Ich nahm eine gestopfte Pfeife aus dem Regal. Bei schwierigen Fällen machte sich so etwas gut.

Das Anzünden, Stopfen und wieder Anzünden der Pfeife gab mir Gelegenheit, sie durch die Rauchschwaden zu mustern. Sie trug einen dunkelgrauen Pullover und darauf eine

Goldkette mit Anhänger. An ihrem länglichen Gesicht gab es nichts, was die Regeln der Symmetrie und Schönheit gebrochen hätte. Die Haare wurden von einem Ring zusammengehalten. Sie hatten die Farbe feuchten Sandes, weder blond noch braun, aber von allem etwas. An den Fingern, die nervös über die schwarze Jeanshose strichen, glitzerten Ringe.

»Was führt Sie zu mir, Frau Kunstmann?«, fragte ich.

»Ich habe Vertrauen zu Ihnen«, sagte sie.

Ich guckte sie erstaunt an: »Wieso?«

Sie lächelte, als hätte sie mich dabei erwischt, wie ich mir versehentlich Zahnpasta in die Haare schmiere. »Das steht in Ihrer Anzeige in den Gelben Seiten: *Haben Sie Vertrauen zu mir!*«

Nun musste auch ich grinsen.

»Oder darf man etwa kein Vertrauen zu Ihnen haben?«

»Sie dürfen unbegrenztes Vertrauen zu mir haben, Frau Kunstmann. Aber gibt es außerdem noch etwas, was ich für Sie tun kann?«

Sie sah mich intensiv an. »Mein Mann ist verschwunden. Er war zu einem Kurs in Großbritannien und ist nicht mehr zurückgekommen.«

»Und Sie haben nichts von ihm gehört?«

»Nein. Der Kurs sollte zwei Wochen dauern. Eigentlich hätte er vor zehn Tagen wieder zu Hause sein müssen.«

»Haben Sie sich in Großbritannien nach ihm erkundigt?«

»Ja. Man sagte mir, er habe den Kurs planmäßig beendet und sei abgereist.«

Sigi kam herein und stellte ein silbernes Tablett mit zwei Tassen Kaffee auf dem Rauchtisch ab.

Ich sagte: »Bitte in der nächsten halben Stunde keine Telefonanrufe, Frau Bach!«

»Selbstverständlich, Herr Wilsberg«, antwortete sie und trat mir dabei absichtlich auf den linken Fuß.

Ich verzog keine Miene.

»Waren Sie schon bei der Polizei?«, wandte ich mich wieder an meine potenzielle Klientin.

»Nein.«

»Warum nicht? Sie hätten eine Vermisstenanzeige aufgeben müssen.«

»Ich glaube, ich weiß, wo er ist.«

Mir schwante Böses. Den Ehemann von der hässlichen Geliebten loszueisen und ihn zu der schönen Ehefrau zurückzubringen, gehörte zu den undankbarsten Aufgaben eines Privatdetektivs.

»Und wo ist er?«

Sie nahm einen Schluck Kaffee, um Zeit zu gewinnen. »Das ist eine lange Geschichte, Herr Wilsberg.«

»Mein Stundenhonorar beträgt fünfzig Mark. Aber nur, wenn ich den Auftrag annehme.«

»Ja, natürlich. Ich dachte nicht, dass Sie umsonst zu haben sind.« Sie warf mir wieder einen blaugrünen Blick zu.

»Mein Mann ist Astrophysiker, genauer gesagt: Professor für Astrophysik an der Universität Münster. Ich habe bei ihm studiert. Nach meinem Diplom haben wir geheiratet. Zwei Kinder, ein Reihenhaus in Sprakel, für die Nachbarn sind wir eine glückliche Familie.«

»Sie brauchen nicht in Steno zu reden, Frau Kunstmann. So viel Zeit muss sein.«

»Das waren nur die Daten. Das Problem liegt woanders. Es heißt KAP, Kirche für angewandte Philosophie.«

Ich erinnerte mich dunkel an einen Fernsehbericht. »Diese Sekte?«

»Ja. Vor drei Jahren kam er mit der KAP in Berührung. Ein Kollege erzählte ihm, dass er durch die KAP den Sinn seines Lebens gefunden habe. Aus Neugierde besuchte mein Mann einen Trainingskurs, dann noch einen und noch einen.

Nach einiger Zeit war er ganz begeistert und versuchte mich davon zu überzeugen, dass ich auch Training machen solle. Ich wollte nicht. Ein paar Mal bin ich mit ihm zum Studienzentrum der Kirche gefahren, aber die Leute dort gefielen mir nicht. Die Trainings kosten eine Menge Geld, und Mitglieder werden gedrängt, immer höhere Summen zu spenden. Mir kam das so vor, als ginge es nur darum, den Leuten Geld aus der Tasche zu ziehen. Martin wollte davon nichts hören. ›Ich habe Erfolge‹, sagte er immer wieder. ›Ich bekomme mein Leben besser in den Griff.‹ Angeblich wird man frei von seelischen Leiden und schmerzhaften Erinnerungen, wenn man nur lange genug Training macht. Ich bekam Angst, weil er immer abhängiger von der Kirche wurde. Er begann, sich in allem nach den Vorschriften der Kirche zu richten. Seine Trainingsleiterin sagte ihm, was er zu tun und zu lassen habe. Fast seine ganze Freizeit verbrachte er im Studienzentrum. Ich glaube, er verkaufte sogar Bücher und sprach Leute auf der Straße an. Nach und nach entfremdete er sich von mir und den Kindern. Er machte seine Arbeit, weil er das Geld für die Trainings verdienen musste, aber er verlor jeglichen Ehrgeiz. Sein Ziel war, den Zustand der ›Freiheit‹ zu erreichen. Ich beschwor ihn, damit aufzuhören. Er lachte mich aus. ›Du weißt nichts‹, sagte er. ›Du bist nicht besser als das Gemüse im Garten.‹ Wir konnten nicht mehr miteinander reden. Ich nehme an, dass ihm die Kirche empfohlen hat, mich zu ignorieren. Die Kirche betrachtet Familienangehörige, die ihr skeptisch gegenüberstehen, als Feinde.«

Sie saugte heftig an der zweiten Zigarette. Ihre Augen waren etwas feucht geworden.

»Ich habe ihm angeboten, uns scheiden zu lassen. Er lehnte ab. Mir blieb nichts anderes übrig, als so weiterzumachen wie bisher. Womit hätte ich den Lebensunterhalt für die

Kinder und mich verdienen sollen? Ich habe meinen Beruf nie ausgeübt. Finanziell war ich immer abhängig von meinem Mann.«

Ich unterdrückte den Impuls, ihre Hand zu nehmen und sie eine Zeit lang festzuhalten. »Was soll ich tun?«

»Holen Sie ihn da raus! Ich bin sicher, dass er alles aufgegeben hat und nur noch für die Kirche leben will.«

»Haben Sie eine Ahnung, wo er sich im Moment aufhält?«

Sie zuckte mit den Schultern. »Vielleicht ist er noch in Großbritannien. Oder in einem Zentrum der KAP in Deutschland.«

Ich lehnte mich zurück und nuckelte an meiner Pfeife. »Ich brauche mehr Informationen über die Kirche für angewandte Philosophie und ein Bild Ihres Mannes.«

Der Glanz in ihren Augen hätte den härtesten Privatdetektiv weichgemacht. »Sie nehmen den Auftrag an?«

»Eigentlich bin ich ja auf Wirtschaftskriminalität spezialisiert. Aber in Ihrem Fall mache ich vielleicht eine Ausnahme.«

Sie beugte sich über ihre Handtasche und zog ein Scheckheft heraus. »Am Geld soll es nicht liegen. Noch habe ich genug davon.«

Abwehrend hob ich die Hände. »Nicht so schnell, Frau Kunstmann. Geben Sie mir ein paar Stunden Bedenkzeit! Sie sind nicht die einzige Auftraggeberin unserer Detektei. Ich muss das mit meinen Mitarbeitern abstimmen.«

Das stimmte nur zur Hälfte, aber sie sollte nicht den Eindruck gewinnen, dass ich auf sie gewartet hatte.

Enttäuschung machte sich auf ihrem Gesicht breit, und schnell setzte ich hinzu: »Geben Sie mir Ihre Telefonnummer! Sobald ich das Organisatorische geregelt habe, setze ich mich mit Ihnen in Verbindung.«

»Wann wird das sein?«

»Vielleicht schon heute Nachmittag.«

Wir standen auf und gingen zur Tür. Mitten im Raum blieb sie plötzlich stehen und sagte: »Ich freue mich darauf, von Ihnen zu hören.«

Eine Sekunde lang machte sie mich sprachlos.

»Was liegt diese Woche noch an?«, fragte ich Sigi, als Anja Kunstmann entschwunden war.

Sigi blitzte mich an. »Will der große Detektiv den Fall selbst übernehmen?«

»Koslowski oder Eger eignen sich jedenfalls nicht dafür.«

»Erzähl!«, forderte Sigi.

Ich gab ihr eine Kurzfassung des Gespräches. Sigi wiegte zweifelnd den Kopf.

»Die KAP ist ziemlich gefährlich. In der letzten Zeit stand einiges in den Zeitungen. Die betreiben mit ihren Mitgliedern so eine Art Gehirnwäsche. Da jemanden rauszuholen, dürfte so gut wie unmöglich sein.«

»Es kommt auf den Versuch an.«

»Du meinst, bei *der* Klientin?«

»Sigi, ich glaube, du siehst mich zu eindimensional.«

»Männer sind eindimensional.«

Ich räusperte mich. »Wolltest du mir nicht sagen, welche Termine ich diese Woche habe?«

»Freitagmorgen bist du mit Dr. Gross, dem Vorstandsmitglied der Sächsischen Versicherung, verabredet. Es geht um den Juwelier, der vermutlich sich selbst beklaut hat.«

»Hat sich Koslowski inzwischen gemeldet?«

»Nein. Aber ich kann dir jetzt schon sagen, was der Juwelier heute gemacht hat: Er ist von seinem Haus zu seinem Laden gefahren, um achtzehn Uhr dreißig fährt er dann ohne jeden Umweg zurück.«

»Und nachts schläft er«, ergänzte ich. Für den Nachtdienst war Eger zuständig. Tagsüber überwachte Koslowski die

Zielperson. »Na gut. Vielleicht tut sich ja bis Freitagmorgen etwas. Was gibt es sonst noch?«

»Der Steuerberater möchte bis Freitag die Dezemberbuchführung haben.«

»Kannst du das nicht erledigen?«

»Wenn du mir die Belege gibst, die in deinem braunen Aktenkoffer sind.«

»Genau, der braune Aktenkoffer. Den habe ich gestern schon gesucht. Ich werde heute Abend noch mal bei mir zu Hause nachgucken.«

»Abgesehen von diesen Kleinigkeiten«, sagte Sigi und dehnte dabei ihre Worte, »kannst du dich Frau Kunstmann widmen.«

Sechzig Minuten später griff ich zum Telefon.

II

An diesem Nachmittag brach in Münster das Chaos aus. Innerhalb von einer halben Stunde fiel so viel Schnee vom Himmel, dass die Räumfahrzeuge zusammen mit allen anderen Autos im Stau stecken blieben. Von der Innenstadt nach Sprakel – eine Strecke, für die man normalerweise zehn Minuten benötigt – brauchte ich anderthalb Stunden.

Endlich rutschte ich in die Straße, in der die Kunstmanns wohnten. Männer und Frauen waren emsig damit beschäftigt, die Bürgersteige freizuschieben. Niemand wollte die Schadenersatzklage eines zu Fall gekommenen Spaziergängers riskieren. Vor dem Haus der Kunstmanns türmten sich die Schneemassen. Frau Kunstmann hatte offensichtlich andere Sorgen.

Ich ließ meinen BMW in Richtung Bürgersteig gleiten und stieg aus. Drei Sekunden nach meinem Läuten öffnete Anja Kunstmann die Tür.

»Bei diesem Wetter habe ich nicht mehr mit Ihnen gerechnet.«

»Wenn sich ein Detektiv schon vom Wetter aufhalten lässt, sollte er lieber den Beruf wechseln.«

Sie lachte ein kurzes, dunkles Lachen. Es passte nicht ganz zu ihrem biederen Aussehen.

»Kaffee, Tee oder etwas Alkoholisches?«

»Tee«, sagte ich.

Ich folgte ihr in die Küche und lehnte mich gegen den Türrahmen, während sie einen Kessel mit Wasser aufsetzte und die Teekanne präparierte.

»Die Stille ist für mich ganz ungewohnt. Meistens tobt

eine Horde Kinder durch das Haus. Ich habe Lisa und Johannes zu meiner Mutter gebracht. Sie glauben, dass ihr Vater auf einer Dienstreise in Amerika ist. Ich möchte nicht, dass sie beunruhigt werden.«

Sie drehte sich zu mir um. »Gehen wir doch ins Wohnzimmer. Da ist es gemütlicher.«

Das Wohnzimmer war, abgesehen von einer hellen Polstergarnitur, sparsam möbliert. An einer Wand streckte Albert Einstein seine Zunge heraus, an der anderen stand ein schwarzer Regalschrank mit Fernseher, Video- und Hi-Fi-Anlage und ein paar Büchern. Eine Glasfront öffnete den Blick auf einen kleinen Garten, in dem man unter den Schneemassen die Umrisse eines Sandkastens und einer Schaukel erkennen konnte.

Wir setzten uns so, dass ein Glastisch zwischen uns stand. Ich tastete nach der Schachtel Zigarillos in meiner Jackentasche, verzichtete aber darauf, sie herauszuholen. Mit Zigarillorauch macht man sich schnell unbeliebt.

Sie öffnete ihr Zigarettenetui und hielt es mir entgegen: »Möchten Sie?«

Dankbar nahm ich an.

Ich dachte noch über eine sinnvolle Eröffnungsfrage nach, als der Wasserkessel zu pfeifen begann. Anja Kunstmann verschwand in der Küche und kehrte nach zwei Minuten mit der Teekanne, zwei Tassen und einem Topf Honig zurück.

»Ich weiß zu wenig über die Kirche für angewandte Philosophie«, sagte ich. »Erzählen Sie mir mehr davon!«

Sie seufzte. »Notgedrungen bin ich zu einer Expertin geworden. Ich habe sogar mit dem Sektenbeauftragten der katholischen Kirche gesprochen.« Der Ansatz eines Lächelns überflog ihr Gesicht. »Er hat mir geraten, fest zu meinem Mann zu stehen. Der Glaube würde ihn auf den rechten Weg zurückbringen.«

Sie entfernte imaginären Staub von der Glasplatte. »Die Kirche für angewandte Philosophie ist von einem Amerikaner namens Ross W. Stocker gegründet worden. Er war Science-Fiction-Schriftsteller, ein ziemlich erfolgreicher sogar. Angeblich ist er auch Mitglied eines satanistischen Ordens gewesen. Irgendwann, Anfang der Fünfzigerjahre, erfand er das ›Geistige Training‹. Er behauptete, dass er die Mechanismen entdeckt habe, nach denen der menschliche Geist funktioniere, und dass es eine einfache Methode gebe, mit der alle seelischen Probleme beseitigt werden könnten. Er trat öffentlich auf und demonstrierte das ›Geistige Training‹ an Versuchspersonen. Tatsächlich muss es eine gewisse Wirkung gezeigt haben, denn bald scharten sich zahlreiche Anhänger um Stocker.

Natürlich bekam Stocker auch Ärger. Vor allem Psychologen und Psychiater bezeichneten ihn als Scharlatan und verlangten, dass er das ›Geistige Training‹ einstellen solle. Als der Wirbel in den Vereinigten Staaten zu groß wurde, setzte sich Stocker nach England ab. Mit dem inzwischen verdienten Geld kaufte er südlich von London ein großes Schloss. Dort gründete er 1959 die Kirche für angewandte Philosophie.«

»Dann gab es das ›Geistige Training‹ also schon vor der Kirche?«

»Sicher. Zunächst hatte das Ganze überhaupt keinen religiösen Charakter. Stocker verstand sich als Therapeut. Er ›trainierte‹, wie er es nannte, Neurosen und psychosomatische Störungen. Allerdings gab es von Anfang an merkwürdige Elemente in seiner Lehre. So meinte er, dass er auch vorgeburtliche Störungen trainieren könne. Und kurz darauf verkündete er, dass er eine Störung aus einem früheren Leben eines Patienten trainiert habe.

Kritiker sagen, Stocker habe die KAP nur gegründet, um

Steuern zu sparen. Religiöse Vereinigungen genießen steuer-rechtliche Vorteile. Außerdem sind die staatlichen Kontrollen nicht so scharf.

Jedenfalls war die Gründung der KAP für Stocker ein voller Erfolg. Anhänger von ihm gründeten KAP-Zentren in Westeuropa und den Vereinigten Staaten. Mittlerweile gibt es weltweit mehrere Millionen Mitglieder.

Der Trick, mit dem man auf Mitgliederfang geht, ist simpel, aber wirkungsvoll. Wer sich für Stocker und das ›Geistige Training‹ interessiert, bekommt einen Fragebogen, den er ausfüllen soll. Als Ergebnis kommt heraus, dass er schwere geistige Störungen hat. Doch die Rettung wird gleich mit angeboten: Sie heißt ›Geistiges Training‹. Erst nach mehreren Trainingskursen fängt der Trainer an, Druck zu machen. Es reiche nicht aus, nur zu trainieren, man müsse auch für die Kirche aktiv werden.«

Sie sagte das alles ruhig und sachlich, so, als rede sie über die Vorbereitungen für die nächste Gartenparty.

»Woher haben Sie diese Informationen? Von Ihrem Mann?«

Sie lachte wieder das kurze und dunkle Lachen. »Mein Mann ist von der KAP begeistert. Als ich anfing, mir Sorgen zu machen, habe ich mir Bücher über die KAP besorgt. Kritische Bücher. Ich wollte, dass Martin sie liest, aber er hat mich nur ausgelacht. ›Alles Lüge‹, sagte er. ›Die Bücher sind von bösen Menschen geschrieben worden, die der KAP schaden wollen.‹«

Draußen hatte die Dämmerung eingesetzt, und der Raum lag bereits im Halbdunkel. Anja Kunstmann schien das nicht zu bemerken.

»Wie funktioniert das ›Geistige Training‹?«, fragte ich.

»Es ist ein Frage-und-Antwort-Spiel, das nach genau festgelegten Regeln erfolgt. Der Trainer führt den ›Unfreien‹, so heißt das in der KAP-Sprache, zu einer Erinnerung, die negativ besetzt ist. Dann durchläuft der Unfreie diese Erinnerung immer wieder, bis sie ihren unangenehmen Charakter verliert. Es gibt verschiedene Trainingskurse, die aufeinander aufbauen. Insgesamt sieben. Wer den siebten Trainingskurs besteht, hat den Zustand der ›Freiheit‹ erreicht. Er ist dann angeblich frei von schmerzhaften Erinnerungen und seelischen Leiden. Darüber gibt es die Klassen der Geistwesen.«

»Die was?«

»Geistwesen Klasse I bis Klasse XII. Als viele seiner Anhänger den Zustand der Freiheit erreicht hatten, musste sich Stocker etwas Neues einfallen lassen. Also erfand er die Geistwesen. Ein Geistwesen Klasse XII soll sich außerhalb seines Körpers bewegen und Telekinese betreiben können.«

»Hat das schon mal jemand gesehen?«

»Nur KAP-Mitglieder aus dem inneren Führungszirkel.«

»Auf welcher Stufe befindet sich Ihr Mann im Moment?«

»Er hat den Zustand der Freiheit erreicht und ist nach England gefahren, um zum Geistwesen Klasse I zu werden.«

»In dem Schloss südlich von London?«

Sie nickte. »Die Geistwesen-Kurse finden ausschließlich dort statt.«

»Lebt Stocker eigentlich noch?«

»Nein. Offiziell wurde er vor fünf Jahren für tot erklärt. Vermutlich ist er viel früher gestorben.«

Plötzlich sprang sie auf. »Entschuldigen Sie bitte! Ich lasse Sie hier im Dunkeln sitzen.«

»Darf ich Ihnen etwas zu essen anbieten?«, fragte sie von der Tür aus.

Ich blinzelte in das grelle Licht. »Nein, danke. Ich würde gerne mehr über Ihren Mann erfahren. Wo bewahrt er seine Unterlagen auf?«

»Sein Arbeitszimmer ist oben«, sagte sie und zeigte auf die Wendeltreppe.

Das Arbeitszimmer von Professor Kunstmann sah aus wie jedes x-beliebige Arbeitszimmer: überfrachtet mit Büchern und Aktenordnern, auf dem Schreibtisch stand ein Computer, und in den Ecken lagen Stapel vergilbter Papiere. Das einzig Auffällige war das Bild eines Mannes um die sechzig, mit vollem blondem Haar und rosigen Wangen, das an der Wand über dem Schreibtisch hing. Unter dem Bild befand sich ein Kreuz mit merkwürdigen Zacken.

Ich betrachtete den Mann genauer. Er war mir unsympathisch.

»Ist das Stocker?«, fragte ich Anja Kunstmann, die hinter mir stand.

»Ja. In der KAP heißt er nur ›Unser Ross‹. Er wird verehrt wie ein Gott.«

Ich drehte mich um. »Gibt es so etwas wie eine Lehre der KAP? Oder ist das ›Geistige Training‹ die einzige Botschaft?«

Sie stieß Luft durch die Nase. »Als Stocker und seine Jünger die KAP gründeten, haben sie sich auch ein paar Glaubensgrundsätze überlegt. Aber die sind ziemlich vage. Am Anfang bezeichnete sich die KAP als christliche Kirche, neuerdings heißt es in den Publikationen, man stünde dem Buddhismus nahe. Einen Gottglauben gibt es jedenfalls nicht. Der oberste Grundsatz lautet: ›Es gibt keinen Gott außer dem, der in dir selber wohnt.‹

Tatsächlich ist der da der Gott.« Sie nickte zu dem Bild hinüber. »Was Stocker gesagt hat, ist die absolute Wahrheit. Wenn ein Mitglied an den Worten Stockers zweifelt, fällt es in Ungnade.«

»Wie kann man einem solchen Typen vertrauen?«

Sie zuckte mit den Schultern. »Das dürfen Sie mich nicht fragen. Ich habe es nie getan.«

Sie ging zu einem Regal und zog nach kurzem Suchen ein Buch heraus. »Wenn Sie mehr wissen wollen, sollten Sie das hier lesen! Es ist Stockers grundlegendes Werk. In der KAP heißt es *Buch Eins.*«

Ich nahm das Buch in die Hand. Der Einband zeigte eine Flutwelle. Der Titel lautete: *Geistiges Training. Die Wissenschaft der angewandten Philosophie.* Es hatte fünfhundert eng bedruckte Seiten. Ich wusste schon, dass ich es nicht lesen würde.

Ich legte das Buch auf den Schreibtisch. »Darf ich mich hier ein wenig umsehen?«

»Selbstverständlich. Ich warte unten auf Sie.«

Als sie gegangen war, nahm ich mir den Schreibtisch vor. Er enthielt eine Menge Universitätskram. In der untersten Schublade entdeckte ich einen Brief der Kirche für angewandte Philosophie. Er war kurz und knapp: *Wir beglückwünschen Sie zu Ihrem Entschluss, den Geistwesen-Klasse-I-Kurs zu machen. Bitte überweisen Sie bis zum 15. Dezember 5.000,– DM auf das unten stehende Konto!* Was musste da erst Geistwesen Klasse XII kosten? Wahrscheinlich war es nur Millionären beschieden, sich außerhalb ihres Körpers zu bewegen.

Der Schreibtisch brachte keine neuen Erkenntnisse, und ich ging zu den Regalen über. Drei Fächer waren der KAP gewidmet. Neben Büchern von Stocker fanden sich Materialien für Trainingskurse und jede Menge Hochglanzbroschüren, in denen lachende Menschen berichteten, wie großartig das ›Geistige Training‹ sei. Auf der Rückseite der Broschüren stand immer dieselbe Adresse: »KAP-Zentrum Essen. Karlstraße 15.«

Mit dem Stocker-Buch und einer Broschüre stieg ich zum Wohnzimmer hinab. Anja Kunstmann saß im Sessel und rauchte. »Haben Sie etwas gefunden?«

»Nichts von Bedeutung. Mir ist aufgefallen, dass in allen Broschüren eine Adresse in Essen abgedruckt ist.«

»Das ist das nächste KAP-Zentrum. Mein Mann hat dort sein Training absolviert.«

»Könnte es sein, dass man in Essen etwas über ihn weiß?«

»Schon möglich. Aber die sagen mir nichts. Ich bin als Feind der Kirche eingestuft worden.«

»Gut. Dann werde ich morgen mal da anfangen. Sie hören von mir.«

Sie stand auf und blieb vor mir stehen. Die ganze Zeit über hatte sie vermieden, mich anzusehen. Jetzt tat sie es. Sie flüsterte fast: »Ich habe Angst.«

Vorsichtig legte ich eine Hand auf ihre Schulter. »Ich kann Ihnen nichts versprechen. Aber ich werde versuchen, Ihren Mann zu finden.«

Ohne Vorwarnung lehnte sie sich gegen meinen Oberkörper. Sie roch nach Parfüm und Frau.

»Ach, übrigens«, sagte sie an der Tür, »hier ist ein Foto meines Mannes. Das werden Sie doch sicher brauchen.«

Auf dem Weg zum Auto betrachtete ich das Foto. Martin Kunstmann sah aus wie John F. Kennedy mit Brille.

Die Rückfahrt schaffte ich in einer Stunde. Ich fuhr direkt nach Hause. Während ich krümeliges, drei Tage altes Vollkornbrot mit den Resten aus dem Kühlschrank belegte, hörte ich den Anrufbeantworter ab. Der erste Anrufer war Thomas, der mich zu einem Glas Bier einlud. Die zweite war Elke, die mich wüst beschimpfte.

III

Die Karlstraße lag im Essener Stadtteil Borbeck, mitten in der neu geschaffenen Fußgängerzone, die mit einer italienischen Piazza so viel Ähnlichkeit hatte wie ein Espresso mit einer Tasse Muckefuck. Sie begann in der Weite des Raumes zwischen einem Kaufhaus und der Post, unmittelbar hinter einem Betonblumenkübel, der aus verständlichen Gründen leer war.

Ich klappte den Stadtplan zusammen und stapfte über den aschebesprenkelten Schnee, dessen schwarzgelbe Farbe die Szenerie nicht munterer machte.

Das Haus Nummer fünfzehn sah aus wie ein stinknormales Bürohaus, jedenfalls nicht wie eine Kirche. Auf der grauen Fassade prangte in großen Lettern der Schriftzug *Zentrum für Geistiges Training*. Auf einem kleinen Schild neben der Eingangstür stand: *Kirche für angewandte Philosophie*.

Die Tür war unverschlossen. Ich kam in einen tristen grauen Flur mit einer Treppe auf der rechten Seite. Ein blauer Pfeil wies wortlos nach oben. Ich folgte dem Pfeil und sah mich am Ende der Treppe direkt einem Büchertisch gegenüber. Hinter dem Büchertisch saß ein junger Mann mit gelbem Pullover und franseligem Schnurrbart. Er ließ das Buch, in dem er gerade gelesen hatte, sinken und schaute mich fragend an.

»Guten Tag«, sagte ich, »mein Name ist Georg Wilsberg. Ich interessiere mich für ›Geistiges Training‹.«

»Oh ja«, antwortete er. »Waren Sie schon einmal bei uns?«

»Nein. Ich bin zum ersten Mal hier.«

Er legte das Buch auf den Tisch. Es war von Ross W. Stocker, genau wie alle anderen, die auf dem Büchertisch standen.

»Dann haben Sie sicher auch noch nicht den Fragebogen ausgefüllt?«

Ich verneinte erneut.

»Es dauert ungefähr eine halbe Stunde«, sagte er und drückte mir einen Zettel in die Hand. »Sie können sich dort drüben hinsetzen.«

Ein paar Meter weiter gab es ein Plastikensemble aus Tischen und Stühlen. Zwei Männer und eine Frau belagerten einen Tisch und aßen Hamburger, die sie offensichtlich aus der nebenan gelegenen Filiale einer weltweit operierenden Fast-Food-Kette geholt hatten. Die Esser nickten mir freundlich zu. Ich grinste zurück.

Der Fragebogen enthielt 198 Fragen. Man konnte sie kreuzchenweise mit »Ja«, »Nein« oder »Weiß nicht« beantworten. Manche waren praktischer Natur: »Zahlen Sie Ihre Schulden prompt zurück?« Andere gaben mir zu denken: »Würden Sie auf einen Fasanen schießen?« Und wieder andere gaben mir Rätsel auf: »Bemerken Sie gelegentlich ein Zucken in Ihrer rechten Hand?« Ich beantwortete die Fragen wahrheitsgemäß. Man soll nur lügen, wenn es notwendig ist.

Ich gab dem jungen Mann den Fragebogen zurück, und er sagte: »Oh schön. Herr Schuster wird ihn gleich auswerten. Warten Sie bitte fünf Minuten!«

Ich setzte mich wieder hin und blickte mich um. An den Wänden zählte ich fünf Porträts von Ross W. Stocker. Manchmal trug er einen Anzug, manchmal Freizeitkleidung. Ansonsten sah er gleich aus. Die Frau am Nebentisch sagte: »Ich erziehe meine Kinder nur nach dem Kindertrainings-Kurs. Es gibt nichts Besseres.«

Ich betrachtete meine Fingernägel. Sie waren dreckig. Als ich fast alle gesäubert hatte, kam ein Endzwanziger mit dynamischen Schritten auf mich zu. Er trug Bürstenhaarschnitt, Hemd und Krawatte.

»Hallo! Ich bin Armin Schuster. Sind Sie Herr Wilsberg?«

Ich gestand, und er führte mich einen Gang entlang. Der erste Raum auf der linken Seite hatte keine Tür. Stattdessen hing eine rote Kordel vor dem Eingang. Ein Schild besagte: »Büro Ross W. Stocker«.

Schuster wartete auf mich, während er eine Tür aufhielt.

»Hat er mal hier gearbeitet?«, fragte ich und zeigte auf das Büro von Stocker.

»Nein. Das ist symbolisch gemeint.«

Wir betraten ein kleines, unpersönlich eingerichtetes Büro. An der Wand hing eine Weltkarte mit verschiedenfarbigen Nadeln. Ich vermutete, dass sie die Niederlassungen der KAP anzeigten.

Schuster setzte sich hinter einen Schreibtisch und bot mir einen billigen Bürostuhl an. Er rülpste dezent.

»Darf ich Sie fragen, wie Sie zu dem Entschluss gekommen sind, hierherzukommen?«

»Ein Bekannter hat mir vom ›Geistigen Training‹ erzählt. Und da dachte ich: Vielleicht solltest du das auch mal ausprobieren!«

»Wie heißt Ihr Bekannter? Ich meine, möglicherweise ist er Mitglied bei uns?«

»Martin Kunstmann.«

In seinen Augen blitzte es kurz auf. »Sind Sie ein enger Freund von Martin Kunstmann?«

»Nein, ich kenne ihn nur flüchtig. Auf einer Party hat er von dem ›Geistigen Training‹ geschwärmt. Eigentlich wollte ich noch mal mit ihm sprechen, bevor ich herkam. Aber seine Frau sagte mir am Telefon, dass er in England sei.«

»Ja, er macht dort einen Fortgeschrittenenkurs. Aber nun zu Ihnen, Herr Wilsberg. Ich habe Ihren Fragebogen ausgewertet. Sehen Sie hier!« Auf einem Blatt Papier erkannte ich eine Kurve mit gefährlichen Zacken nach unten.

»Ihr Selbstbewusstsein und Ihre Tatkraft bewegen sich im Normalbereich. Die Probleme liegen woanders.« Er zeigte mit einem Kugelschreiber auf die unteren Zacken. »Sie sind depressiv, nervös und bis zur Kontaktunfähigkeit verschlossen.«

»So drastisch würde ich das nicht sehen«, protestierte ich verhalten.

»Die Selbstwahrnehmung ist immer verzerrt. Aber das ist ein objektiver Test. Wenn Sie die Fragen wahrheitsgemäß beantwortet haben, sind die Ergebnisse auch richtig.«

»Hm.« Ich schlug die Augen nieder.

»Gab es in der letzten Zeit ein Problem, das Sie besonders bedrückt hat?«

»Nun ja, ich hatte einen Streit mit meiner Freundin. Jetzt sind wir getrennt, mehr oder weniger.«

»Und wie würden Sie Ihr Lebensgefühl beschreiben?«

Ich grübelte. »Schwierig. Gedämpfter Pessimismus, würde ich sagen.«

»Das ist kein Gefühl, das ist eine Einstellung. Gehen Sie einmal zurück in Ihre Kindheit! Gab es da ein Gefühl, das Ihr Leben bestimmt hat?«

Ich grübelte heftiger. »Kann ich nicht sagen.«

Er drehte das Blatt um und malte auf die Rückseite ein Strichmännchen. Über dem Kopf des Männchens schwebte eine Wolke. »Jeder Mensch hat ein Lebensgefühl. Meistens drückt es einen nieder. Erst wenn man das Gefühl erkennt und beseitigt, wird man frei.«

»Und durch ›Geistiges Training‹ erkennt man dieses Gefühl?«, fragte ich so naiv wie möglich.

»Genau.« Er machte ein Kreuz durch die Wolke. »›Geistiges Training‹ führt zum Zustand der Freiheit.«

»Deshalb bin ja hier«, sagte ich. »Ich möchte ›Geistiges Training‹ machen.«

»Schön.« Er rülpste wieder. Irgendwas mit seiner Verdauung stimmte nicht. Oder er hatte einen von diesen Hamburgern gegessen. »Haben Sie ein wenig Zeit? Zufällig beginnt heute Nachmittag ein Schnupper-Trainingskurs für Anfänger. Wenn Sie wollen, können Sie gleich mitmachen.«

»Ja, das geht. Ich habe ein paar Tage Urlaub.«

»Hervorragend. Kommen Sie um kurz vor zei, dann erledigen wir die Formalitäten. Anschließend geht's direkt los.«

Auf dem Rückweg zum Foyer fragte er mich: »Haben Sie schon das grundlegende Buch von Ross Stocker: *Geistiges Training. Die Wissenschaft der angewandten Philosophie?*«

»Nein«, log ich.

»Das müssen Sie unbedingt haben. Bis zei können Sie ein bisschen darin schmökern.«

Der junge Mann am Eingang war überglücklich, dass er mir ein Buch von Stocker verkaufen konnte. Wahrscheinlich brachte ihm das drei Pluspunkte ein.

Die Zeit bis zwei Uhr nutzte ich zu einem kurzen Bummel durch Borbecks Innenstadt und einem ausgiebigen Besuch in einem griechischen Restaurant. In dem Buch von Stocker las ich die biografischen Angaben. Danach hatte Stocker fast alleine den Zweiten Weltkrieg für die Amerikaner gewonnen, anschließend in der Einsamkeit von Alaska gelebt und die besten Science-Fction-Bücher geschrieben, bevor er das ›Geistige Training‹ entdeckte. Mit der Kirche für angewandte Philosophie war er drauf und dran, die Welt vor dem Untergang zu retten.

Um fünf vor zwei stand ich wieder vor dem Büchertisch.

Statt Armin Schuster nahm mich eine magere Frau mit Bienenkorbfrisur in Empfang. Ich folgte ihr in ein anderes Büro.

»Die Spende für den Schnupper-Trainingskurs und der Jahresbeitrag für die KAP, das macht zusammen einhundert-fünfzig Mark. Bitte unterschreiben Sie den Aufnahmeantrag hier!«

»Kann ich nicht zuerst den Kurs machen, bevor ich mich entscheide, ob ich Mitglied werden will?«, fragte ich bescheiden.

»Das geht aus rechtlichen Gründen nicht. Wir sind ein eingetragener Verein und dürfen nur an Mitglieder Kurse liefern.«

Ich unterschrieb, dass ich weder geisteskrank sei noch jemals ein böses Wort über die KAP verloren hatte. Als die hundertfünfzig Mark in der Schublade verschwunden waren, lächelte sie mich an.

»Ihr Trainer ist Shiba. Sie wartet schon nebenan auf Sie.«

Shiba sah nicht aus wie eine Deutsche mit Indientick, sondern wie jemand, der diesen Namen schon länger trägt. Sie war ungefähr zehn Jahre jünger als ich, hatte pechschwarze Haare und einen niedlichen Akzent.

»Das ist Claudia«, sagte sie. »Claudia wird in dem Trainingskurs deine Partnerin sein. Mal bist du der Trainer und sie der UF, mal ist sie der Trainer und du der UF.«

»Was ist ein UF?«, fragte ich.

Shiba kicherte. »UF ist der Unfreie. Bis zum Zustand der Freiheit bist du ein UF.«

Claudia sah tatsächlich aus wie eine Deutsche mit Indientick. Sie trug ein wallendes, orangefarbenes Gewand mit Blümchenmuster. Sie war Ende dreißig und vermutlich hypochondrisch. Nach ihrem Gesichtsausdruck zu schließen, hätte sie einen Inder als Partner vorgezogen.

»Zunächst machen wir Theorie«, verkündete Shiba. »Dann üben wir das Training, und dann trainiert ihr euch gegenseitig.«

Sie verteilte an Claudia und mich jeweils eine Broschüre, die wir durchlesen sollten. Die Broschüre enthielt eine Menge Zeichnungen im Stil von Aufklärungsbüchern für Kinder und eine kurze Einführung in die stockersche Theorie. Es wurde erklärt, wie eine schmerzhafte Erinnerung entsteht und was sie mit dem Bewusstsein und dem Unterbewusstsein des Menschen macht. Das einzig Komplizierte daran war, dass Stocker für alles und jedes ein neues Wort erfunden hatte. Anschließend wurden die Grundregeln des ›Geistigen Trainings‹ erläutert.

Nach einer Stunde fragte Shiba, ob wir alles verstanden hätten, und als wir bejahten, holte sie zuerst Claudia und dann mich in einen Nebenraum.

Auf einem Stuhl saß ein Teddybär und glotzte mich an.

»Das ist der UE«, sagte Shiba. »Du bist der Trainer. Trainiere ihn!«

Ich gab mir alle Mühe, den Teddybär zu trainieren, aber er guckte gleichbleibend dumm aus seinem Pelz.

»So«, strahlte Shiba, als wir wieder zusammen waren, »jetzt dürft ihr euch gegenseitig trainieren.«

Dazu mussten wir ein paar Treppen hinaufsteigen und uns in einen Verschlag setzen, der durch Holzwände und Teppiche von ähnlichen Kabinen abgetrennt war, in denen, wie am gleichbleibenden Geräuschpegel zu erkennen war, bereits eifrig trainiert wurde.

»Am Anfang ist Georg der Trainer«, sagte Shiba. »Nach etwa einer Stunde wechselt ihr. Wenn ihr ein Problem habt, sagt es mir! Ich komme ab und zu vorbei.«

Zwischen Claudia und mir stand ein schmaler Tisch mit einer Buchstütze. Darauf legte ich die Broschüre, um die

Formeln abzulesen: »Schau an die Wand! Wenn ich von eins bis sechs zähle, wirst du die Augen zumachen. Du wirst dich später an alles, was du gesagt hast, erinnern. Wenn die Erinnerung zu unangenehm wird, kannst du das Training abbrechen. Ich zähle jetzt. Eins, zwei, drei, vier, fünf, sechs.«

Claudia schloss brav die Augen.

»Versuche jetzt, dich an ein Ereignis zu erinnern, das dir unangenehm ist!«

Claudia öffnete die Augen. »Es heißt nicht ›Versuche dich zu erinnern‹, sondern ›Erinnere dich‹.«

»Entschuldigung! Erinnere dich an ein Ereignis, das dir unangenehm ist! Indem du mehrmals durch das Ereignis hindurchgehst, wird es seinen unangenehmen Charakter verlieren.«

Claudia machte einen Schmollmund und überlegte. »Ich erinnere mich an ein Ereignis aus meiner Kindheit. Ich bin von der Schaukel gefallen und habe mir den Kopf verletzt.«

»Sehr gut. Jetzt gehe zum Anfang des Ereignisses zurück!«

»Ich war sieben Jahre alt. Zusammen mit anderen Kindern bin ich auf einen Spielplatz gegangen. Da stand eine Schaukel …«

Mit dieser und ähnlich niveauvollen Geschichten vertrieben wir uns die nächsten vier Stunden. Dabei musste der jeweilige Trainer die trainierten Ereignisse in ein Protokollformular eintragen. Ich nahm an, dass die KAP dadurch einen guten Überblick über die intimsten Erlebnisse ihrer Mitglieder bekam.

Als ich fast alle meine Kindheitsverletzungen ausgebeutet hatte, bedeutete Shiba uns, dass wir aufhören sollten. Auf dem Weg nach unten fragte ich Claudia, ob sie mit mir essen gehen wolle.

»Würde ich ja gerne, aber ich habe noch einen Gesprächstermin.«

»Heute Abend gibt es einen Vortrag über die angewandte Philosophie von Ross Stocker«, sagte Shiba. »Da solltet ihr unbedingt kommen. Es spricht eine Schwester vom Orden des Tempels.«

»Was ist das denn?«, fragte ich.

Shibas Gesicht zeigte Ehrfurcht. »Die Mitglieder des Ordens widmen ihr Leben ganz der Kirche für angewandte Philosophie.«

Ich beschloss, noch ein paar Stunden in Borbeck zu verbringen.

Diesmal wählte ich ein chinesisches Restaurant. Entgegen der Regel, die Alkohol während des ›Geistigen Trainings‹ verbietet, genehmigte ich mir zwei Bier und einen Reiswein. Das Training war schon hart genug, die Schwester vom Orden des Tempels würde wohl noch härter werden. Außerdem hatte ich noch nichts herausgefunden. Ich sagte mir, dass das Gründe genug seien, die beknackte Regel zu brechen.

Um halb neun mischte ich mich unter die Menschenmenge, die in den Vortragssaal strömte. Ich schätzte sie auf sechzig bis siebzig Personen, anscheinend waren KAPler aus dem gesamten Ruhrgebiet nach Borbeck gekommen. Claudia unterhielt sich angeregt mit einem älteren Mann, also setzte ich mich alleine in die dritte Reihe und betrachtete meine neuen Glaubensbrüder und -schwestern. Die meisten waren zwischen dreißig und fünfzig und sahen so aus, als würde man ihnen bedenkenlos einen Gebrauchtwagen abkaufen. Die Gespräche, soweit ich sie mitbekam, drehten sich um das, was einem im fünften, sechsten und siebten Trainingskurs passiert. Eine ältere Frau hinter mir erzählte stolz, dass sie jetzt immun gegen Atomstrahlen sei, weil sie den sechsten Trainingskurs absolviert habe.

Als die Schwester vom Orden des Tempels den Raum betrat, verstummten die Gespräche schlagartig. Ich hatte eine alte Jungfer mit Dutt erwartet, aber die Schwester war Mitte dreißig, hatte halblanges blondes Haar und ein hellwaches Gesicht. Sie trug ein schwarzes Kostüm mit einem goldenen, bumerangähnlichen Abzeichen am Revers und darunter eine dunkelgraue Bluse. Offensichtlich hatte der Modeschöpfer der KAP bei der Heilsarmee abgeguckt.

»Hallo! Ich bin Sonja Zimmermann. Mein Rang innerhalb der KAP ist Geistwesen Klasse II. Ich bin zuständig für die Öffentlichkeitsarbeit der Kirche in ganz Deutschland. Außerdem gehöre ich diesem Orden mit den langen Arbeitsverträgen an.«

Das Publikum lachte.

»Sie wissen ja, wir haben einen Vertrag über eine Million Jahre unterschrieben, abzuleisten auf der Erde oder anderswo.«

Das Publikum lachte wieder. Es musste einen speziellen KAP-Humor geben.

Da ich nicht gelacht hatte, schaute mich Sonja Zimmermann aufmerksam an. »Ich freue mich, dass wieder neue Mitglieder zu uns gestoßen sind. Für euch wird heute Abend manches unverständlich sein. Aber macht euch nichts draus. Das Wichtigste in eurer Situation ist: trainieren, trainieren und nochmals trainieren. Dann kommt alles andere von alleine.«

Sonja Zimmermann ließ ihren Blick über das Publikum schweifen. »Was besagt die Philosophie von Ross W. Stocker? Richtig: Jeder Mensch kann den Zustand der Freiheit erreichen. Die Methode dazu ist seit vierzig Jahren der Welt bekannt: ›Geistiges Training‹. Viele Menschen haben trainiert oder trainieren immer noch. Inzwischen sind es Millionen. Aber was macht die Mehrheit? Sie will vom ›Geistigen Training‹ nichts wissen. Sie begnügt sich damit, zur Arbeit zu fahren, eine stumpfsinnige Arbeit zu verrichten, wieder nach Hause zu fahren, sich vor den Fernseher zu setzen und dann zu schlafen. ›Guten Tag! Wie geht's? Danke gut, und Ihnen?‹ So läuft doch die Kommunikation. Ist das das Leben von geistigen Wesen? Nein, das ist das Leben von Gemüse, dazu ausersehen, heranzuwachsen und im Suppentopf zu enden.«

Sie machte eine tattrige alte Frau nach, und das Publikum schüttete sich aus vor Lachen. Die Zimmermann hob die Hand.

»Machen wir uns nicht lustig über unsere Mitmenschen! Waren wir nicht selbst Gemüse? Haben wir nicht selbst so gelebt, bevor wir die Kirche für angewandte Philosophie entdeckten? Und ist es nicht unsere Aufgabe, das Gemüse zu retten?«

Sie ging zur Seite, wo eine Schiefertafel an der Wand hing. Mit Kreide malte sie ein Hochhaus, ein Auto und ein paar Strichmännchen auf die Tafel. Darunter machte sie einen Strich.

»Das ist die Erde. Hier lebt das Gemüse. Es arbeitet, schläft, arbeitet.«

Ein paar Vorlaute kicherten.

»Ross W. Stocker hat die Entdeckung gemacht, dass wir alle, auch dieses Gemüse hier, einmal Geistwesen waren.«

Sie malte einige zackige Sterne mit Augen und Mund auf die Tafel.

»Irgendwann, in grauer Vorzeit, sind die Geistwesen auf die Erde gekommen. Ganz langsam, Stück um Stück, Jahrtausend um Jahrtausend, haben sie ihre Fähigkeiten verloren. Sie sind herabgesunken zu Gemüse. Manche sind sogar Kieselsteine geworden. Ross W. Stocker war der Erste, der das erkannt hat. Es hat ihn unglaubliche Mühe gekostet. Beinahe wäre er darüber verrückt geworden. Doch mit titanischer Kraft hat er sich gerettet. Er wusste, dass er diese Erkenntnis verbreiten musste. Dazu hat er die Kirche für angewandte Philosophie gegründet. Und er erfand eine Methode, mit der die Geistwesen wieder rehabilitiert werden können: das ›Geistige Training‹.

Zunächst trainierte er einzelne Menschen. Mit großem Erfolg, wie wir wissen. Er perfektionierte die Methode und bildete Trainer aus, die wiederum andere Menschen trainierten. Mittlerweile gibt es Tausende, ja Zehntausende von Geistwesen. Sie haben eine große Macht. Sie können sich außerhalb ihres Körpers bewegen, sie können Dinge tun, von denen ein normaler Mensch nur träumt. Aber reicht das?«

Sie machte eine Kunstpause. Niemand wagte zu husten.

»Nein, es reicht nicht. Denn das Gemüse ist nicht untätig. Es ruiniert die Erde. Es führt Kriege, zerstört die Umwelt, stopft sich mit Drogen voll, bringt sich gegenseitig um. Noch zehn Jahre, vielleicht zwanzig Jahre – und die Erde ist im Eimer. Deshalb genügt es nicht, einzelne Menschen zu trainieren.

Das hat auch Ross W. Stocker gesehen. Und er kam auf einen großartigen Gedanken: Die Erde muss trainiert werden.«

Sie fixierte mich mit einem durchdringenden Blick.

»Wer ist der Trainer? Genau! Wir, liebe Brüder und Schwestern, sind der Trainer, die Kirche für angewandte Philosophie. Wir, und nur wir, sind in der Lage, die Erde zu retten.

Aber dazu brauchen wir Macht, viel Macht. Und Geld, viel Geld, denn unsere Feinde sind reicher und mächtiger als wir. Es liegt an euch, ob wir die Macht erringen. Was ist euch lieber? Das zweite Auto? Das Häuschen im Grünen? Oder die Rettung der Erde? Entscheidet euch! Entscheidet euch bald, denn wir haben nicht mehr viel Zeit! Ich danke euch für eure Aufmerksamkeit!«

Beifall setzte ein, und Sonja Zimmermann lächelte.

»Danke, vielen Dank! Aber dankt nicht mir, dankt Ross W. Stocker! Wir machen jetzt eine kurze Pause. Anschließend informiere ich euch über die Geistwesen-Kurse in Schloss Blackhill in England.«

Ich wollte mich den anderen anschließen, die den Saal verließen, als Sonja Zimmermann neben mir auftauchte.

»Ach, Herr Wilsberg, dürfte ich kurz mit Ihnen sprechen?« Ich sagte nicht Nein.

»Sie sind heute erst eingetreten, nicht wahr?«

»Der Informationsfluss innerhalb der Kirche funktioniert ja hervorragend«, sagte ich.

»Nun ja«, sie lächelte knapp, »die Organsisationsleitung vor Ort hat die Pflicht, uns Ordensleute zu informieren. Aber ich wollte Sie etwas anderes fragen. Sie haben gesagt, dass Sie ein Freund von Martin Kunstmann sind.«

»Ein Bekannter«, korrigierte ich sie.

»Wie dem auch sei, wir haben ihn gefragt, aber er kennt Sie nicht.«

»Das ist gut möglich. Ich habe ihn auf einer Party kennengelernt. Da waren auch viele andere Leute. Ich weiß nicht mal, ob ich mich vorgestellt habe.«

»Hmm.« Sie guckte mich misstrauisch an. »Wissen Sie, die KAP hat eine Menge Feinde. Nicht nur die anderen Kirchen, die Psychologen und die Psychiater bekämpfen uns, weil sie unsere Konkurrenz fürchten, es gibt auch Journalisten, die sich bei uns einschleichen, um dreckige Geschichten zu schreiben.«

»Ich bin Jurist«, sagte ich. »Ich arbeite in der Rechtsabteilung eines Kaufhauskonzerns.«

»Ich wollte Sie nicht verdächtigen. Aber Sie verstehen, dass wir solche Angaben überprüfen?«

»Natürlich. Das würde ich an Ihrer Stelle auch machen. Wo ist Herr Kunstmann denn im Moment?«

Jetzt hatte ich allen Kredit bei ihr verloren. »Warum wollen Sie das wissen?«

»Aus keinem besonderen Grund. Falls er hier ist, würde ich mich gerne mal mit ihm unterhalten.«

Sie verschränkte die Arme. »Er ist nicht hier.«

»War ja nur eine Frage. Ich glaube, das mit den Geistwesen-Kursen schenke ich mir für heute. Ich muss erst noch ein bisschen trainieren.«

Ihr Blick bohrte sich in meinen Rücken, als ich ging.

IV

Am nächsten Morgen rief ich um neun Uhr im Büro an und fragte Sigi, ob sich in der Juweliersgeschichte etwas getan habe. Sigi verneinte, Koslowski und Eger würden den Juwelier 24 Stunden am Tag beobachten, aber er habe bislang keinen Handschlag unternommen, um die möglicherweise von ihm selbst geklauten Steine an den Hehler zu bringen. Ich sagte, sie solle die Stellung halten, der Fall Kunstmann würde mich noch ein paar Tage in Anspruch nehmen. Sie erzählte etwas von Sekretärinnen, die die Arbeit ihrer Chefs erledigten und wie polnische Putzfrauen bezahlt würden, und ich konterte, dass ich gerade dabei sei, unserer beider Brötchen zu verdienen. Dann zog ich ein weißes Hemd an, band eine Krawatte um und legte meinen dunkelblauen Leinen/Seiden-Anzug an, den ich für besondere Ereignisse im Schrank habe. Zusammen mit dem hellen Trenchcoat und dem breitkrempigen Hut gab ich den toughen und überaus erfolgreichen Privatdetektiv ab, der sich auf den Weg zur Sächsischen Versicherung machte.

Der Versicherungspalast stand auf der grünen Wiese, ungefähr in der Mitte zwischen Innenstadt und Coerde, umgeben von Baustellen und anderen Verwaltungsgebäuden. Ich parkte für Besucher, schritt durch die graumarmorne Eingangshalle und ließ mich vom Lift in die siebte Etage befördern.

Die Vorzimmerdame sagte mir, dass ich einen Moment warten solle, Herr Dr. Gross sei gerade in einer Besprechung.

Fünf Minuten später schoss Alfons Gross über den mit dicken Teppichen ausgelegten Gang.

»Herr Wilsberg, da sind Sie ja! Kommen Sie doch herein! Fräulein Menke, zwei Tassen Kaffee, bitte!«

Gross' Büro hatte die Größe eines halben Basketballfeldes, die Panoramafenster zeigten die komplette Silhouette von Münster. Hätte er die nötige Muße gehabt, hätte er jeden Morgen mindestens zwanzig Kirchtürme zählen können.

Ich arbeitete mit Gross seit einigen Jahren zusammen. Er war im Vorstand der Sächsischen Versicherung dafür zuständig, die Auszahlungsrate so niedrig wie möglich zu halten, mit allen legalen und manchmal auch mit unkonventionellen Methoden. Für das Unkonventionelle engagierte er mich.

Wir setzten uns in die Besprechungsecke, in der mein eigenes Büro locker Platz finden würde. Mit dem linken Auge fixierte Gross mich, mit dem rechten guckte er zur Tür.

»Was macht unser Juwelier, Herr Wilsberg? Gibt es etwas Neues?«

»Leider nein. In den letzten sieben Tagen ist er immer nur von seinem Haus zu seinem Laden gefahren und abends zurück. Keinen Umweg, keinen Schlenker, keine verdächtigen Gestalten in seinem Laden. Abends geht er nicht aus und er erhält auch keinen Besuch. Der perfekte Einsiedler.«

»Ts, ts, ts.« Gross schüttelte missbilligend den Kopf. »Sie wissen, dass die Zeit drängt. Nächsten Donnerstag müssen wir ihm einen Scheck über 500.000 geben, wenn wir bis dahin keinen Hinweis haben, dass an seiner Schadensmeldung etwas falsch ist. Das wäre bitter. Denn aufgrund meiner langjähriger Erfahrung sage ich Ihnen: Der Mann lügt. Ich rieche das. Er schickt seine Angestellte weg, um Briefmarken zu kaufen. Eine halbe Stunde später findet sie ihn mit einer Beule an der Stirn. Keine Zeugen, niemand, der diese beiden Gangster gesehen hat.«

»Außer Karl Hagedorn, unseren Juwelier.«

»Aber er kann sie nicht beschreiben. Es sei alles so schnell gegangen. Außerdem hätten sie heruntergeklappte Skimützen getragen.«

»Eine durchaus übliche Bekleidung für Gangster«, warf ich ein.

»Ach, hören Sie doch auf! Das stinkt zum Himmel.«

»Er hat keine Schulden«, rekapitulierte ich. »Er ist Witwer, seine Tochter bestens versorgt. Was soll er mit dem ganzen Geld?«

»Vielleicht ist er Spieler. Oder er will den Laden abstoßen und seinen Lebensabend in Saus und Braus in der Karibik verbringen. Was weiß ich.«

»Ich fürchte, dass wir bis Donnerstag zu keiner neuen Erkenntnis kommen«, gab ich zu bedenken.

Gross richtete sein anderes Auge auf mich. »Die einfache Beobachtung reicht eben nicht. Sie müssen sich was Besseres einfallen lassen.«

»Sie meinen, ich …«

»Die Details interessieren mich nicht«, unterbrach er mich. »Bringen Sie mir ein Resultat! Auf welchem Wege Sie es erzielen, ist Ihre Sache. Sie wollen doch weiterhin gute Aufträge von der Sächsischen bekommen, oder nicht?«

»Verstehe«, sagte ich.

»Ich wusste, dass wir uns verstehen würden«, strahlte Gross. Er hatte seinen Kaffee nicht angerührt. Meiner schmeckte ein wenig zu bitter.

Umgezogen und in lässiger Freizeitkleidung tauchte ich am frühen Nachmittag im *Zentrum für Geistiges Training* in Essen-Borbeck auf. Shiba zog tadelnd ihre schwarzen Augenbrauen zusammen.

»Wo warst du denn heute Morgen? Claudia hat auf dich gewartet.«

»Ach, habe ich das nicht gesagt? Ich hatte heute Morgen einen wichtigen Termin.«

Schon wieder lächelnd, hob Shiba den Zeigefinger. »Ross Stocker sagt: Nur wer Selbstdisziplin übt, kann den Zustand der Freiheit erlangen.«

»Ich werde mich bessern«, versprach ich.

Claudia, die den ganzen Morgen über Stockers Theorie gebüffelt hatte, wofür sie mir nachträglich leidtat, empfing mich mit muffigem Gesichtsausdruck. Zur Vervollständigung ihres Indienkostüms hatte sie heute ein Kopftuch angelegt. Und ich vermutete, dass ich ihr immer noch zu deutsch und zu wenig indisch war.

Shiba scheuchte uns nach oben in die Trainingszelle. Auf der Treppe erzählte mir Claudia, dass man ihr einen zweijährigen Arbeitsvertrag angeboten habe. Sie würde kostenlos Training erhalten, dafür müsste sie im Zentrum putzen.

»Wirst du das machen?«, fragte ich.

»Ich weiß nicht. Ich glaube, das Training ist sehr gut für mich. Und da ich im Moment arbeitslos bin, kann ich mir die teuren Trainingskurse nicht leisten.«

Ich sagte nichts. Andernfalls hätte ich meine Legende gleich in den Mülleimer schmeißen können.

Die nächsten Stunden trainierten wir eifrig. Claudia war etwas mutiger geworden und erzählte mir eine Horrorgeschichte nach der anderen und ich ging von den Kindheitsverletzungen zu den Autounfällen über. In einer Pause gönnte ich mir einen Kaffee im Foyer, während Claudia wieder mal einen Gesprächstermin hatte.

Außer mir befand sich nur eine junge Frau im Raum. Sie trug einen dieser grellbunten Ballonseidenanzüge und war kreidebleich.

Ich lächelte sie an.

Sie lächelte zurück. »Ganz schön anstrengend, was?«

»Kann man wohl sagen.« Ich transportierte den Kaffee zu ihrem Tisch. »Darf ich mich zu Ihnen setzen?«

»Natürlich.«

»Haben Sie auch gerade Pause?«, erkundigte ich mich, um das Gespräch in Gang zu halten.

»Nein. Ich warte auf meinen Reparaturtermin.«

»Ihren was?«

»Reparaturtermin. Bei mir ist im dritten Trainingskurs was falsch gelaufen. Ich konnte die Handlungsanforderungen nicht erfüllen. Ich wusste, was ich tun musste, aber ich habe etwas ganz anderes gemacht. Und plötzlich bin ich zusammengebrochen. Kreislaufkollaps, Krankenhaus und so.«

»Und das kann man reparieren?«

»Sicher. Dafür gibt es ja ausgebildete Trainer hier im Zentrum. Die kriegen das schon wieder hin.«

»Wie beruhigend«, sagte ich. »Jetzt erinnere ich mich, einem Bekannten von mir ist das, glaube ich, auch mal passiert. Aber in einem höheren Trainingskurs, im sechsten oder siebten. Kennen Sie ihn übrigens? Er heißt Martin Kunstmann.«

»Martin? Na klar kenne ich den. Der ist doch schon mehrere Jahre hier. Aber dass der mal einen Trainingsunfall gehabt haben soll, davon weiß ich nichts.«

»Kein schwerer Unfall, soviel ich gehört habe. Erst letzte Woche wollte ich ihn anrufen, aber seine Frau sagte mir, dass er verschwunden sei.«

Sie senkte die Stimme zu einem Flüstern: »Er hat in Blackhill sein Geistwesen I gemacht.«

Ich flüsterte ebenfalls: »Das sagte seine Frau auch. Aber er hätte schon längst zurück sein müssen.«

Sie blickte sich um und beugte sich dann zu mir herüber. »Man munkelt, dass er einen schweren Fehler begangen hat. Er ist dafür bestraft worden.«

344

»Tatsächlich?«

»Einen so schweren Fehler, dass er in ein Rehabilitationszentrum musste.« Sie riss die Augen weit auf.

»Wissen Sie, in welches?«

Sie schüttelte den Kopf. »Keine Ahnung.«

»Schade. Ich habe eine wichtige Nachricht für ihn. Ich würde sie ihm gerne zukommen lassen.«

»Wenn man in einem Rehabilitationszentrum ist, darf man sowieso keine Briefe von außerhalb erhalten. Es sei denn, sie werden vom Orden des Tempels weitergeleitet.«

»Die Nachricht betrifft das ›Geistige Training‹. Der Orden wird sie bestimmt weiterleiten.«

»Warum gehen Sie dann nicht den offiziellen Weg, über die Leitung des Borbecker Zentrums?«

»Das habe ich schon versucht. Aber die sagen mir ja nicht mal, dass er in einem Rehabilitationszentrum ist.«

Meine Argumentation war nicht gerade stimmig, aber ich hoffte, dass sie das nicht merken würde. »Könnten Sie für mich rausfinden, wo er ist? Ich meine, darüber wird doch sicher auch gemunkelt.«

Sie sah mich an. »Ich weiß nicht. Vielleicht ist das wieder ein Fehler. Und ich wollte doch keine Fehler mehr machen.«

»Es ist für die Kirche«, sagte ich, »im Sinne von Ross Stocker.«

Wir vereinbarten, dass ich sie am nächsten Tag anrufen würde, und sie gab mir ihren Namen und ihre Telefonnummer. Den Rest der Pause nutzte ich dazu, Anja Kunstmann anzurufen. Sie sagte, sie würde mich gerne treffen. Auch heute Abend.

V

Ich hatte mich von dem Training einigermaßen erholt, war frisch geduscht und rasiert und trug wieder Trenchcoat und Hut. Was für Dr. Gross gut war, konnte für eine Professorengattin nicht verkehrt sein.

In der kleinen Straße in Sprakel hatte man die Schneemassen zu ordentlichen Stapeln gehäuft und auf den Vorgärten abgelegt. Auch der Bürgersteig vor dem Haus der Kunstmanns zeigte sich schneefrei.

Ich klingelte und zwei Sekunden später stand sie in der Tür. Langsam gewöhnte ich mich daran, dass sie auf mich zu warten schien.

Sie wirkte ein bisschen unsicher, als sie mir die Hand gab.

»Was wohl meine Nachbarn denken? Dauernd besucht mich ein fremder Mann und der Hausherr ist verschwunden.«

»Das nächste Mal machen wir eine Vorstellungsrunde«, schlug ich vor. »Oder besser noch: Sie nehmen mich mit auf ein Nachbarschaftsfest.«

Sie lachte. »Möchten Sie den ganzen Abend über Verkehrsberuhigung, Kindergruppen und gestiegene Zinsen reden?«

»Habe ich Ihnen noch nicht gesagt, dass ich mich ausgezeichnet tarnen kann? Notfalls rede ich sogar über das Ozonloch.«

Sie nahm mich am Arm und führte mich ins Wohnzimmer. »Ich habe Sie nicht engagiert, um mit mir zu plaudern, nicht wahr?«

»Nein, das haben Sie nicht.«

Als wir saßen, ich mit einer Flasche Bier, sie mit einem Martini, sagte sie: »Sie haben eine schlechte Nachricht, stimmt's?«

Ich nahm eine von ihren Zigaretten. »Wissen Sie, was ein Rehabilitationszentrum ist?«

»Oh Gott! Martin ist in einem Reha-Zentrum?«

»Jemand hat das behauptet.«

»Wo?«

»Das habe ich noch nicht herausgefunden. Wenn ich Glück habe, erfahre ich es morgen.« Ich erzählte von der jungen Frau im Jogginganzug.

Anja Kunstmann saß zusammengesunken in ihrem Sessel. »Die Reha-Zentren sind das Schlimmste. Sekteneigene Gefängnisse mit strengsten Regeln. Es gibt nur Arbeit und Training, bis zu sechzehn Stunden am Tag. Vergnügungen und Luxus sind untersagt. Zu den Vergnügungen zählen so abscheuliche Dinge wie Musikhören und Fernsehen. Kommunikation mit Menschen außerhalb des Reha-Zentrums ist verboten, für jeden Brief und jedes Telefongespräch muss man den Trainer um Erlaubnis fragen. Ein Reha-Zentrum ist die Hölle.«

»Gibt es Menschen, die so etwas freiwillig mitmachen?«, fragte ich.

Sie nickte. »In die Reha-Zentren werden nur Mitglieder eingewiesen, die bereits den Zustand der Freiheit erreicht haben. Wer auf dieser Ebene einen Fehler macht, wer gegen die Disziplin verstößt oder den Lehren von Stocker widerspricht, wird vor die Wahl gestellt: Entweder er verlässt die KAP oder er geht in ein Reha-Zentrum.«

»Und wie kommt man dort wieder raus?«

»Da gibt es auch nur zwei Möglichkeiten: Entweder man beweist, dass man seinen Fehler bereut – oder man verlässt die KAP.«

»Und offensichtlich will Ihr Mann Mitglied bleiben. Mal angenommen, ich finde ihn: Glauben Sie tatsächlich, dass ich ihn überzeugen kann, nach Hause zu kommen?«

»Die betreiben Gehirnwäsche«, sagte sie leise. »Anders kann man das nicht erklären. Auf der anderen Seite ...«, sie guckte mir in die Augen, »... ist die Chance vielleicht jetzt am größten. Martin ist intelligent. Er muss doch merken, was die mit ihm machen. Warum hört er nicht auf damit?«

Sie suchte ein Taschentuch in ihrer Hose und schnäuzte sich ausgiebig.

Ich wartete.

»Sprechen Sie mit ihm!«, sagte sie mit tränenerstickter Stimme. »Bitte!«

Ich ging um den Tisch herum, hockte mich neben ihren Sessel und nahm sie in den Arm. »Ich werde es versuchen. Aber ich will Ihnen keine Hoffnung machen.«

»Was soll nur aus den Kindern und mir werden?«, jammerte sie. »Wenn Martin seine Professur an der Uni verliert, sind wir am Ende.«

»Vielleicht brauchen Sie keinen Privatdetektiv, sondern einen Anwalt. Vor ein paar Jahren hätte ich Ihnen auch in der Hinsicht weiterhelfen können, ich war nämlich mal Rechtsanwalt. Leider habe ich einen Fehler gemacht, der mit dem Entzug meiner Lizenz bestraft wurde.« Dass ich in dem offiziellen Reha-Zentrum unserer Gesellschaft, auch Strafvollzugsanstalt genannt, ein halbes Jahr verbracht hatte, erwähnte ich nicht.

Sie wischte sich die Tränen aus dem Gesicht und grinste ein bisschen. »Haben Sie eine Bank überfallen?«

Immerhin hatte ich sie auf andere Gedanken gebracht.

»Ich habe mir Geld geborgt ohne zu fragen. Der Richter nannte das Unterschlagung.«

»Sie sind ja verlegen«, sagte sie erstaunt.

Ich hörte auf, mich am Hinterkopf zu kratzen. »Nein, das ist, äh …«

»Eindeutig eine Verlegenheitsgeste.«

»Da ich einmal bei den Geständnissen bin: Ich habe Neurodermitis. Eine Begleiterscheinung dieser Krankheit ist ein unangenehmes Jucken.«

»Dann kommt das hier auch von der Neurodermitis?« Sie legte ihren Zeigefinger auf eine verkrustete Wunde an meinem Handgelenk.

»Genau. Bin ich Ihnen jetzt unsympathisch?«

»Du bist nett«, sagte sie.

Ich zog ihren Kopf zu mir heran und küsste sie. Sie schmeckte nach Martini und unerfüllter Sehnsucht.

Nach ungefähr zehn Minuten hörten wir auf.

»Mein Gott, ich wusste gar nicht mehr, dass das so schön ist.«

»Man könnte sich daran gewöhnen«, stimmte ich zu.

Sie gab mir einen Stoß, und ich ließ mich auf den Rücken fallen.

Mit geschlossenen Augen träumte ich von der Fortsetzung.

Nach einer Weile stand sie auf und kniete sich neben mich. »Was machen wir hier?«

»Die Nachbarn nervös. Aber nur die mit Ferngläsern.«

»Blödmann.«

Ihr Widerstand war gespielt. Bald lag sie auf mir, und wir küssten uns wieder. Langsam tastete ich mich unter ihrem Pullover zu den kleinen Brüsten vor.

»Du willst doch nicht etwa auf dem Teppich …?«

»Warum nicht?«

Wir liebten uns den ganzen Abend und die halbe Nacht, zuerst auf dem Teppich und dann im Bett. Zwischendurch tranken wir Bier, Rotwein und Martini, alles, was gerade herumstand. Auch ein Glas Gurken musste dran glauben, ebenso die gesammelten Käsereste aus dem Kühlschrank.

Als wir im Bett friedlich nebeneinanderlagen, sagte sie: »Du hast Glück, dass die Kinder nicht da sind. Sonst müsstest du jetzt verschwinden.«

»Wann kommen sie zurück?«, fragte ich.

»Morgen. Ich vermisse sie sehr. Es ist viel zu ruhig im Haus – wenn du nicht da bist.«

Ich schob meinen Arm unter ihren Kopf und versuchte, nicht an die Zukunft zu denken.

Ich erwachte von dem Helligkeitsschock, den Anja durch das Öffnen der Vorhänge verursachte. Sie drückte mir einen flüchtigen Kuss auf die Stirn und sagte: »Steh auf, du Langschläfer!«

Das Tageslicht wirkte auf uns beide ernüchternd. Wortlos zogen wir uns an und gingen nach unten.

Anja sah bedrückt aus, als wir in der Küche den Kaffee schlürften.

»Du fragst dich, ob das richtig war, was wir gemacht haben?«

Sie nickte.

»Es hat dir Spaß gemacht, also war es richtig. Und ich bin nicht der Typ, der Ärger macht oder sich aufdrängt. Dein Mann und deine Kinder werden nichts davon erfahren.«

Sie legte ihre Hand auf meine. »Ich hatte ein bisschen Angst, dass du jetzt Ansprüche stellst.«

Ich sagte nichts.

»Ich muss die Kinder abholen.«

»Und ich muss arbeiten. Darf ich mal eben dein Telefon benutzen?«

Ich rief die Nummer in Essen an, die mir die Frau aus dem Zentrum gegeben hatte.

Eine männliche Stimme meldete sich. Nein, seine Frau sei nicht zu Hause.

»Wann kann ich sie erreichen?«, fragte ich.

Er zögerte. »Sie liegt im Krankenhaus.«

»Was ist passiert?«

»Nun, ich glaube nicht ...«

»Ich habe gestern mit ihr im Zentrum gesprochen. Da ging es ihr noch gut.«

»Ach, Sie sind einer von uns. Dann kann ich es Ihnen ja sagen: Sie kommt einfach mit dem Moralstandard im 3. Trainingskurs nicht klar. Gestern, beim Reparaturtermin, ist sie zusammengebrochen. Sie musste sofort ins Krankenhaus gebracht werden.«

»In welchem Krankenhaus liegt sie?«

»Im Franziskus-Krankenhaus in Essen-Borbeck. Aber die Ärzte wollen nicht, dass sie Besuch empfängt.«

»Vielleicht besuche ich sie später mal«, sagte ich und legte auf.

»Etwas nicht in Ordnung?«, fragte Anja.

»Die Frau, von der ich dir erzählt habe, liegt im Krankenhaus. Möglicherweise haben sie sie gestern in die Mangel genommen.«

»Und jetzt?«

»Ich fahre nach Essen. Wann sehen wir uns wieder?«

Sie überlegte. »Heute Abend?«

»Schön. Ich kaufe ein paar Sachen für das Abendessen ein – wenn du Lust hast.«

Sie lachte. »Wenn *du* kochst.«

Nach dem Abschiedskuss sagte sie: »Du! Wenn die Kinder dabei sind ...«

»Ich weiß«, sagte ich.

VI

Die Station im Franziskus-Krankenhaus sah aus wie eine Mischung aus Raumschiff Enterprise und Atombunker: eine kreisrunde Theke, hinter der eine Krankenschwester thronte und zahlreiche Lämpchen im Auge behielt, viel Chrom, Weiß, Hellgrün und kein Tageslicht.

»In welchem Zimmer liegt Frau Kemper?«, fragte ich.

»Frau Kemper?« Die Krankenschwester guckte auf eine Liste. »Tut mir leid, Frau Kemper braucht absolute Ruhe. Sie dürfen sie nicht besuchen.«

Ich zeigte ihr kurz meinen Detektivausweis, wobei ich den Schriftzug »Privatdetektiv« mit dem Daumen verdeckte. »Es geht um den Verdacht der vorsätzlichen Körperverletzung. Ich möchte ihr nur ein paar Fragen stellen.«

»Das kann ich nicht entscheiden. Warten Sie einen Moment!«

Sie drückte auf einen Knopf, und eine Minute später erschien eine große Frau im Arztkittel.

»Der Herr hier ist von der Polizei. Er möchte zu Frau Kemper.«

Die Ärztin guckte mich streng durch ihre Hornbrille an. »Muss das sein? Frau Kemper darf nicht beunruhigt werden.«

»Ich will sie nicht beunruhigen, aber es geht um die Aufdeckung eines Verbrechens. Die Zeit spielt dabei eine wichtige Rolle.«

»Na gut. Aber nur drei Minuten.« Sie zeigte auf eine Zimmertür und wollte sich mir anschließen.

Ich blieb stehen. »Sie dürfen leider nicht dabei sein. Das ist Vorschrift.«

Noch ein missbilligender Blick. »Ich warte hier.«

Nicole Kemper lag allein im Zimmer. Ein Tropf hing über ihrem Arm, aber ansonsten gab es keine Schläuche oder Apparaturen. Langsam drehte sie den Kopf und guckte mich an. Ihr Gesicht unterschied sich in der Farbe nicht von der Bettwäsche.

»Hallo!«, sagte ich. »Erkennen Sie mich?«

Sie sagte weder Ja noch Nein.

Ich ließ mich auf dem Stuhl neben ihrem Bett nieder. »Wir haben gestern miteinander gesprochen, im Zentrum. Es ging um Martin Kunstmann.«

Sie stöhnte. »Die haben mir Vorwürfe gemacht. Ich würde spionieren. Ich wäre eine Feindin.«

»Hat man Ihnen verboten, mit mir zu sprechen?«

Sie nickte.

»Glauben Sie mir, Ihre Moral ist okay! Was Sie kaputt-macht, ist die Kirche für angewandte Philosophie.«

»Nein, nein«, stammelte sie.

»Doch! Ihr Körper weiß das besser als Sie. Die Kirche mit ihren brutalen Methoden ist verantwortlich für Ihren Gesundheitszustand. Die haben Sie doch bewusst fertiggemacht.«

Sie starrte an die Decke.

»Ich will ehrlich zu Ihnen sein: Ich bin Privatdetektiv. Frau Kunstmann hat mich beauftragt, ihren Mann zu suchen. Er hat sich schon seit vier Wochen nicht mehr bei ihr gemeldet. Vielleicht geht es ihm genauso schlecht wie Ihnen.«

Sie bewegte leicht die Lippen.

»Sagen Sie mir, wo er ist! Ich werde nicht verraten, von wem ich es erfahren haben.«

»Er ist auf Norderney, in der ehemaligen Hautklinik, ganz am Ende der Stadt.«

Die Tür ging auf, und die Ärztin schaute herein.

»Würden Sie jetzt bitte gehen!«

Ich drückte Nicole Kemper die Hand. »Vielen Dank!«

An der Tür wandte ich mich noch einmal um. Sie hatte sich im Bett aufgerichtet.

»Seien Sie vorsichtig! Das Haus wird vom Orden des Tempels bewacht.«

»Dürfte ich Ihren Ausweis sehen?« Die Ärztin baute sich vor mir auf.

Ich zückte meinen Detektivausweis.

»Sie sind überhaupt nicht von der Polizei!«

»Das habe ich nie behauptet.« Ich nahm ihr den Ausweis wieder ab.

»Das kommt Sie teuer zu stehen.«

»Drohen Sie mir ruhig! Aber bedenken Sie, dass das für alle Beteiligten eine Menge Papierkram bedeutet. Und am Ende kommt doch nichts dabei heraus.«

So schnell ich konnte, machte ich mich aus dem Staub, in der Hoffnung, dass mich in der Nähe des Franziskus-Krankenhauses nie ein Unfall ereilen mochte.

Dank des verkaufsoffenen Samstages hatte ich alles Nötige erstanden: Hühnerbrust, verschiedenes Gemüse, Chicorée für den Salat, Mango Chutney, eine Tüte Kroepoek und, in einem chinesischen Laden, Gado-Gado. Als Ergebnis sollte dabei die Miniaturausgabe einer indonesischen Reistafel herauskommen.

Mit Plastiktüten behangen und die Nachbarn ignorierend, drückte ich auf die Klingel des inzwischen vertrauten Hauses in Sprakel. Diesmal tat sich zwanzig Sekunden lang nichts. Die lieben Kinder, die die Mami in Anspruch nahmen.

Dann tauchte ein unbekannter Kopf in der Tür auf. Es war ein Frauenkopf mit schwarzen Haaren, Pagenfrisur und einem Gesichtsausdruck, der wesentlich unfreundlicher wirkte als der von Anja Kunstmann.

»Ist Frau Kunstmann da?«, fragte ich.

»Nein. Was wollen Sie von ihr?«

»Mein Name ist Georg Wilsberg. Ich bin mit ihr verabredet.«

»Der Privatdetektiv«, sagte sie mit verächtlichem Unterton.

»Der Privatdetektiv«, bestätigte ich.

»Ich weiß nicht, wann Anja zurückkommt. Rufen Sie doch morgen noch mal an!« Sie wollte die Tür schließen.

»Moment!«, sagte ich. »Hat ihre Abwesenheit etwas mit ihrem Mann zu tun?«

»Kann schon sein. Aber das geht Sie nichts an.«

»Und ob mich das etwas angeht. Ich fühle mich auch für ihre Sicherheit verantwortlich.«

Wir starrten uns an. Schließlich gab sie nach. »Gut. Kommen Sie herein! Viel schlimmer kann es ohnehin nicht werden.«

Die beiden Kinder standen im Flur und sahen verängstigt aus.

»Wissen Sie, wo Mama ist?«, fragte die Ältere.

»Keine Ahnung«, sagte ich. Die Plastiktüten kamen mir irgendwie unpassend vor.

Fragend schaute ich die Türöffnerin an. Sie gab mir mit den Augen ein Zeichen.

Ich ging bis zur Küche durch und stellte die Tüten ab. Die Frau versuchte, den Kindern ein Spiel aufzuschwatzen, und als es ihr endlich gelungen war, kam sie nach.

»Was ist los?«, flüsterte ich.

»Anja hat heute Nachmittag einen Anruf von ihrem Mann bekommen. Sie war ganz aufgeregt. Er will sie treffen.«

»Wo?«

»Das durfte sie nicht sagen. Er bestand darauf, dass sie alleine kommt und niemanden informiert.«

Ich grübelte. »Wie lange ist sie schon weg?«

»Sie hat mich um drei angerufen und gefragt, ob ich auf die Kinder aufpassen kann. Ich habe sie beschworen, nicht zu fahren. ›Warum kommt er nicht nach Hause?‹, habe ich sie gefragt, und sie antwortete: ›Er kann nicht.‹«

»Wann wollte sie zurück sein?«

»Sie meinte, dass es höchstens drei Stunden dauern würde.«

Also konnte sie nicht nach Norderney gefahren sein.

Wie sich herausstellte, war Kerstin Mierbaum die beste Freundin von Anja. Anja hatte ihr alles erzählt, einschließlich einiger Details über meine Person.

»Dann warten wir eben«, entschied ich.

Sie guckte an mir vorbei. »Sie sollten wissen, dass ich dagegen war, Sie zu engagieren.«

»Dann haben Sie ja jetzt Gelegenheit, Ihre Vorurteile gegenüber Privatdetektiven abzubauen.«

Die Kinder drückten die Küchentür auf.

»Kerstin, das Spiel ist langweilig.« Das war die Ältere. Sie mochte ungefähr zehn Jahre alt sein.

Ihr jüngerer Bruder fragte mit weinerlicher Stimme: »Wann kommt Mama endlich nach Hause?«

Kerstin Mierbaum lächelte krampfhaft. »Sie wird gleich da sein. Und das Spiel ist gar nicht langweilig. Wie wäre es, wenn wir es zusammen spielen würden?«

Ich hatte eine bessere Idee. »Ich kann ja inzwischen kochen.«

Kerstin Mierbaum sah mich an, als hätte ich meinen ersten Sympathiepunkt gewonnen.

Ich werkelte in der Küche herum, obwohl meine Kochlust unter null gesunken war. Die Kirche für angewandte Philosophie hatte schnell reagiert. Vermutlich sollte Martin Kunstmann seine Frau davon überzeugen, dass alles in Ordnung sei und sie mich schleunigst in die Wüste schicken müsse. Die Frage war, welchen Eindruck sie von dem Treffen bekam. Stand er unter Druck, oder war es freiwillig zustande gekommen? Den Gedanken, dass man sie entführt haben könnte, verdrängte ich aus meinem Hinterkopf.

Nach einer Stunde war das Essen fertig. Ich hatte die eine Hälfte nach Kochbuch zubereitet, die andere Hälfte, für die Kinder, fast gewürzlos. Die Kinder stocherten trotzdem lustlos auf ihren Tellern herum und quengelten fast die ganze Zeit. Genau genommen schmeckte niemandem das Essen, und ich war froh, als es endlich vorbei war. Anschließend versuchten wir die Kinder zu überreden, ins Bett zu gehen, und das gab erneut Gezeter, Heulen und Zähneknirschen. Mit dem Versprechen, sie sofort zu wecken, wenn ihre Mutter auftauchte, schafften wir es schließlich.

Um halb zehn hingen wir beide in den Sesseln.

»Okay, schließen wir Frieden!«, sagte Kerstin Mierbaum. »Sie sind in Ordnung.«

Ich hob mein Rotweinglas. »Auf den Beginn einer wunderbaren Zusammenarbeit!«

Der Rest war Warten. Wir tauschten unsere Kenntnisse über die Kirche für angewandte Philosophie aus, sie erzählte einiges über die Ehe der Kunstmanns, und ich kramte ein paar Anekdoten aus dem reichen Abenteuerschatz eines Privatdetektivlebens hervor. Keiner von uns war richtig bei der Sache. Immer wieder schielten wir auf unsere Armbanduhren und lauschten Motorengeräuschen nach, die von Autos vor dem Haus verursacht wurden.

Um Mitternacht sagte sie: »Sollten wir nicht die Polizei anrufen?«

Ich drückte die zwanzigste Zigarette im Aschenbecher aus. »Und was sagen wir der Polizei? Dass eine Frau, die eine Verabredung mit ihrem Ehemann hat, bis zwölf Uhr nicht nach Hause gekommen ist? Glauben Sie, dass irgendein Polizist deswegen den Finger krumm macht? Bevor die eine Suchmeldung herausgeben, muss schon mehr passieren. Und vor allen Dingen: Wir haben keine Ahnung, wo wir sie suchen sollen.«

Ich guckte sie an und nahm die nächste Zigarette. »Wenn sie bis morgen früh nicht da ist, gehen wir zur Polizei.«

Irgendwann hörten wir auf zu reden, und kurz darauf döste ich ein. Als sich der Schlüssel im Türschloss drehte, war ich sofort hellwach.

Kerstin Mierbaum schoss aus ihrem Sessel hoch und rief: »Anja?«

Müde lächelnd stand sie im Hausflur. »Habt ihr auf mich gewartet? Das ist aber nett von euch.«

»Erzähl!«, sagte ich. »Wie war es?«

»Anstrengend.« Sie ließ sich auf das Sofa fallen. »Ich weiß gar nichts mehr.«

Martin Kunstmann hatte sie zu der Raststätte Münsterland an der Autobahn A 1 bestellt, aber als sie dort ankam, entdeckte sie ihn nicht. Stattdessen wurde sie von zwei Männern in schwarzen Uniformen angesprochen, die ihr einen Brief ihres Mannes überreichten. Er schrieb, dass es ihm leider nicht möglich sei, nach Münster zu kommen, sie solle den beiden Männern vertrauen, die sie zu ihm bringen würden. Mit mulmigem Gefühl im Magen stieg sie in das Auto der Schwarzkittel ein. Es wurde eine lange Fahrt, während der kaum geredet wurde. Anja kämpfte gegen eine aufsteigende Panik an. Endlich, auf einem Parkplatz in der Nähe von Emden, waren sie am Ziel. Martin empfing sie in Begleitung von zwei weiteren Schwarzuniformierten. Er versicherte ihr, dass es ihm gut gehe und dass er in wenigen Wochen nach Hause zurückkehren würde. Die Nachforschungen, die sie von diesem Georg Wilsberg anstellen ließe, seien absolut lächerlich.

»Was für einen Eindruck machte er auf dich?«, unterbrach ich ihre Erzählung.

»Er wirkte bedrückt. Nicht so fröhlich und optimistisch, wie vor seiner Englandreise.«

Ich nickte.

»Das war's auch schon fast. Die ganze Unterhaltung dauerte nur eine Viertelstunde. Dabei wurden wir ständig von den vier Typen beobachtet. Mir kam es so vor, als würde Martin in ihrem Auftrag handeln. Und das bestätigte sich auch am Schluss.«

Sie griff in ihre Hosentasche und zog einen Fetzen Papier heraus. »Als wir uns verabschiedeten, drückte er mir unauffällig diesen Zettel in die Hand.«

Sie reichte mir den Kassiber. Ich las: »Sei vorsichtig! Es ist gefährlicher, als du denkst.«

VII

»Entschuldige, dass ich dich so früh wecke!«

Ich schaute auf den Radiowecker. Es war neun Uhr. Ich hatte vergessen, den Wecker einzustellen.

»In diesem Fall ist es wirklich dringend.«

Sigis Stimme hatte einen Tonfall, der mir einen kleinen Adrenalinstoß versetzte.

»Was ist los?«

»Hier sind zwei Herren, die dich sprechen möchten. Ich habe versucht sie abzuwimmeln, aber es ist mir nicht gelungen. Außerdem sehen sie etwas merkwürdig aus.«

»Schwarze Uniformen?«

»Woher weißt du das?«

»Der Orden des Tempels.«

»Ich versteh überhaupt nichts mehr«, sagte Sigi. »Kannst du deiner Sekretärin bitte erklären, welcher Film hier abläuft!«

»Der Orden des Tempels ist die Eliteorganisation der Kirche für angewandte Philosophie. So was wie die Sturmabteilung von Ross Stocker.«

Ich hörte Sigi schlucken. »Die beiden sitzen in deinem Büro. Soll ich die Polizei anrufen?«

»Nein. Ich komme sofort.«

Ich legte den Hörer auf und sprang aus dem Bett. Ich wusste bereits, dass ich die beiden Männer in meinem Büro hassen würde. Wer um neun Uhr morgens Ärger macht, muss zu den Unmenschen gehören.

Ohne einen Tropfen Kaffee gesehen zu haben, kam ich

eine Viertelstunde später im Büro an. Sigi wies mit dem Daumen auf mein Arbeitszimmer.

»Komm mit!«, sagte ich. »Ich brauche eine Zeugin.«

Immerhin hatte Sigi einen Frauenselbstverteidigungskurs besucht. Ich dagegen konnte weder Karate, Judo noch sonst etwas Asiatisches, auch besaß ich keine Hieb-, Stich- oder Feuerwaffen, mal abgesehen von einer Spielzeugpistole, die einer echten Beretta zum Verwechseln ähnlich sah.

Die beiden Männer saßen auf den Lederfreischwingern. Sie erhoben sich, als wir eintraten.

»Guten Morgen!«, sagte ich. »Was kann ich für Sie tun?«

»Sie sind Herr Wilsberg?«, fragte der eine, ein kleiner, rundlicher Typ. Auch der andere sah nicht gerade aus wie Sylvester Stallone, was mich ungemein beruhigte.

»Der bin ich«, bestätigte ich und setzte mich hinter den Schreibtisch, die Schublade mit der Spielzeugberetta im Blickfeld. Sigi nahm auf dem letzten noch freien Sessel Platz.

»Können wir uns mit Ihnen alleine unterhalten?«, fragte der Zweite.

»Ich habe keine Geheimnisse vor meiner Sekretärin«, konterte ich.

»Na schön. Wie Sie wollen.« Das war wieder der Erste. »Sie haben sich in unsere Vereinigung eingeschlichen und verschiedene Mitglieder nach einem gewissen Martin Kunstmann ausgefragt. In wessen Auftrag?«

Ich spielte mit einem Kugelschreiber. »Weiter!«

»Sie haben meine Frage nicht beantwortet.«

»Das werde ich auch nicht. Wenn Sie sonst noch etwas zu sagen haben, dann sagen Sie es jetzt!«

Der Zweite griff in seine Jackentasche und zog ein Blatt Papier heraus. »Hier haben wir eine eidesstattliche Erklärung von Martin Kunstmann. Er versichert darin, dass er sich körperlich und geistig wohlfühlt und sich vollkommen freiwillig in einem Zentrum der KAP aufhält. Außerdem verbittet er sich jede Form der Nachstellung Ihrerseits.«

»Sehr schön«, sagte ich.

»Sie haben in allen unseren Einrichtungen Hausverbot«, platzte der Erste heraus. »Wenn Sie sich noch einmal dort blicken lassen, werden wir Sie nicht mehr mit Samthandschuhen anfassen.«

»Darüber hege ich keinen Zweifel«, sagte ich. »Aber vielleicht haben Sie die Güte, Ihre Drohung etwas zu konkretisieren.«

»Sie können uns mal!«, sagte der Zweite und warf mir das Schreiben von Kunstmann auf den Schreibtisch. »Wenn es dazu kommen sollte, werden Sie es schon früh genug erfahren.«

Sie gingen grußlos. Sigi und ich blickten uns aufatmend an.

»Schöne Scheiße«, sagte Sigi. »Was machst du jetzt?«

»Ich brauche dringend einen Kaffee.«

Nach der ersten Tasse und einem halben Zigarillo als Brötchenersatz brachte ich Sigi auf den aktuellen Stand im Fall Martin Kunstmann. Am frühen Sonntagmorgen hatten Anja, Kerstin Mierbaum und ich noch lange darüber beratschlagt, was die Botschaft von Martin Kunstmann bedeuten könnte und wie nun weiter vorzugehen sei. Anja bestand darauf, dass ich weitermachte. Sie war der festen Überzeugung, dass ihr Mann inzwischen eine kritische Einstellung zur KAP und nur den richtigen Zeitpunkt für den Absprung verpasst habe. Schließlich willigte ich ein, nach Norderney zu fahren. Wie ich allerdings unbemerkt in das Reha-Zentrum gelangen sollte, blieb mir ein Rätsel. Denn darauf, dass der Professor einsame Strandspaziergänge machen würde, durfte ich nicht hoffen.

»Lass dich bloß nicht erwischen! Ich möchte mir nicht schon wieder einen neuen Job suchen«, sagte Sigi.

»Danke für das Mitgefühl.«

Ich nahm die zweite Tasse Kaffee. »Zu allem Überfluss habe ich noch ein anderes Problem am Hals. Doktor Gross von der Sächsischen macht Druck. Er möchte bis Donnerstag ein Resultat sehen. Andernfalls muss er nämlich dem Juwelier Hagedorn einen Scheck über 500.000 Mark überreichen.«

»Wir haben doch alles versucht. Koslowski und Eger überwachen jeden Schritt von Hagedorn.«

»Aber ohne Erfolg.«

»Na ja, Hagedorn wäre auch schön blöd, wenn er seine Klunker jetzt schon auf den Markt werfen würde.«

»Eben«, sagte ich. »Deshalb muss ich ganz tief in die Trickkiste greifen.«

Sigi guckte mich mit großen Augen an. »Was hast du vor?«

»Lass es mich so sagen: Unser Gewerbe ist ehrbar und anständig, wir halten uns an die Gesetze und erzielen unsere Ermittlungsergebnisse auf völlig legalem Weg. Aber manchmal, ganz selten, müssen wir von dem schmalen Grat zwischen Legalität und Illegalität ein wenig abweichen.«

»Ich glaube, ich muss mir doch einen neuen Job suchen«, sagte Sigi.

»Quatsch. Ich möchte sogar, dass du zuhörst, damit du notfalls bezeugen kannst, dass alles nur ein Trick war.«

Sigi sah mich immer noch seltsam an. Ich bat sie, die vordere Bürotür abzuschließen, damit niemand hereinplatzen konnte. Dann wählte ich die Nummer von Hagedorns Juweliergeschäft. Er war selber am Apparat.

»Herr Hagedorn, Sie werden sich sicher fragen, warum ich mich jetzt erst melde.«

»Wer sind Sie?«, fragte Hagedorn mit einer hohen Altmännerstimme.

»Das tut nichts zur Sache. An jenem bewussten Tag vor etwa einem Monat stand ich zufällig vor Ihrem Laden und betrachtete die Auslagen im Schaufenster. Ich sah, wie eine Frau den Laden verließ. Heute bin ich der Überzeugung, dass es Ihre Angestellte war. Ich wartete auf meine Freundin, mit der ich mich verabredet hatte. Dummerweise verspätete sich meine Freundin. Ich wartete und wartete. Nach etwa einer halben Stunde kam die Frau, von der ich glaube, dass sie Ihre Angestellte ist, wieder zurück. Und, sehen Sie, jetzt kommt das Interessante: Später las ich in der Zeitung, dass Sie genau in der Zeit, in der ich vor Ihrem Laden stand, überfallen worden sind, und zwar von zwei Gangstern, die durch die Vordertür gekommen sein sollen. Ich habe aber niemanden hineingehen und niemanden herauskommen sehen. Natürlich hätte ich zur Polizei gehen und eine Aussage machen müssen. Mehr als einmal habe ich es mir vorgenommen. Aber dann sagte ich mir wieder: Diese Versicherungen verdienen ein Schweinegeld. Warum soll der Juwelier Hagedorn sie nicht ein bisschen schröpfen? So überlegte ich hin und her. Und deshalb rufe ich jetzt erst an.«

»Was wollen Sie?«, fragte Hagedorn.

»Genau diese Frage habe ich erwartet. Ich möchte sie aber nicht am Telefon besprechen. Was halten Sie vom Domplatz, direkt vor dem Hauptportal, heute Abend um acht?«

Er fand die Idee zwar nicht großartig, aber er erklärte sich einverstanden.

»Das ist Erpressung«, sagte Sigi, als ich aufgelegt hatte.

»Ich habe nichts gefordert, oder?«, widersprach ich. »Sagen wir einmal: Es ist ein Experiment. Falls es klappt, spart die Sächsische Versicherung 500.000 Mark.«

»Und falls es nicht klappt?«

»Haben wir Pech gehabt.«

»Warum hast du ihm nicht gleich eine Forderung genannt?«

»Risikominimierung. Wenn er unschuldig ist, ruft er die Polizei an. Die überwacht dann heute Abend den Domplatz, und wir blasen die Geschichte ab.«

»Clever«, sagte Sigi anerkennend.

Ich schmunzelte. »Wenn Kosloswski anruft, sag ihm, dass ich ihn heute Abend brauche.«

Hjalmar Koslowskis Mutter hatte sich nur schwer mit der Gewöhnlichkeit ihres Nachnamens abgefunden und ihrem erstgeborenen Sohn zum Ausgleich einen ganz und gar ungewöhnlichen Vornamen gegeben. Doch Hjalmar schlug die Berufung des Vornamens aus, wurde weder Kunstprofessor noch Feuilletonredakteur, sondern ergriff, mehr dem Nachnamen entsprechend, die mittlere Beamtenlaufbahn des Polizeimeisters. Nach etlichen Übergriffen auf der Polizeiwache musste er seine Pensionsberechtigung aufgeben und wurde Kaufhausdetektiv, was er noch heute war, wenn ich mal längere Zeit keinen Auftrag für ihn hatte.

Hjalmar war eine Kante von Mann, nur wenige Zentimeter größer als ich, aber dreißig Kilo schwerer, ein blondes Monster, das mir besonders bei Härteeinsätzen hervorragende Dienste leistete. Allerdings muss ich ihn gelegentlich stoppen, wenn er richtig in Fahrt geriet.

»Hallo, Hjalmar!«, sagte ich, als wir uns um halb acht vor dem Rathaus trafen. »Wie geht's denn so?«

Er winkte ab. »Dein Juwelier ist so ziemlich der langweiligste Kerl, den ich seit Jahren gesehen habe. Inzwischen sehne ich mich nach der Spielzeugabteilung im Kaufhaus.«

»Nur noch ein paar Tage«, munterte ich ihn auf. »Bis Donnerstag ist alles gelaufen.« Dann weihte ich ihn in meinen Plan ein.

Er stieß einen anerkennenden Pfiff aus. »Ganz schön riskant.«

»Bist du dabei?«, fragte ich.

»Na klar. Was kann mir schon passieren?«

Wir verabredeten, den Domplatz zu umrunden, um nach herumstehenden Männern und in Fenstern aufgebauten Videokameras Ausschau zu halten.

Der Domplatz, ein kopfsteingepflastertes Areal in der Mitte Münsters, das zweimal in der Woche den Markt beherbergt, hat sieben Zugänge. Alle sieben abzulaufen, war fast gleichbedeutend mit einer Besichtigung der Altstadt Münsters. Hjalmar und ich teilten uns die Strecke.

Um acht trafen wir uns zwischen Post und Regierungspräsidium. Hjalmar schüttelte den Kopf. Mir war auch nichts Verdächtiges aufgefallen.

Ich linste zum Dom hinüber, einem gedrungen wirkenden Steinklotz, der einst von den Wiedertäufern als *Berg Zion* bezeichnet worden war und dessen Steine sie zum Ausbau der Stadtmauer benutzt hatten. Damals campierte der Bischof mit seinen Reitern außerhalb der Stadt, heute schlief er gleich nebenan.

Auf den Stufen vor dem Hauptportal des Domes stand ein einsames Männchen, das sich nach allen Richtungen umblickte.

»Ist er das?«, fragte ich.

»Ohne Zweifel. Ich erkenne ihn mittlerweile an seinen Bewegungen.«

»Lassen wir ihn noch ein bisschen warten! Wenn es eine Falle ist, nimmt er vielleicht Kontakt auf.«

Hagedorn wurde von Minute zu Minute nervöser, und um Viertel nach acht beschloss ich, ihn zu erlösen.

»Ich dachte, Sie kommen allein«, sagte er und warf einen ängstlichen Blick auf Koslowski.

»Kein Grund zur Besorgnis. Sie sind schließlich unser Kapital.«

»Wie viel wollen Sie?«

»Ich hatte so an 100.000 gedacht.«

Hagedorn schnappte nach Luft. »Sie sind ja wahnsinnig. So viel kriege ich nicht mal von der Versicherung.«

Ich warf Hjalmar einen vielsagenden Blick zu. »Der Kerl versucht uns zu verscheißern.«

Hjalmar nahm die Hände aus den Manteltaschen. »Kein netter Zug von ihm.«

Hagedorn zitterte nicht nur vor Kälte. »Aber, meine Herren, regen Sie sich doch nicht auf! Ich biete Ihnen 50.000.«

»100.000«, sagte ich.

»Eine solche Summe kann ich so schnell nicht auftreiben.« Hagedorn kaute auf seiner Unterlippe.

»Bis Mittwochabend müssen Sie es geschafft haben. Selber Ort, gleiche Uhrzeit.«

Ich schaute in das verkniffene Greisengesicht. Seine rote Nase leuchtete wie die Starttaste eines Spielautomaten. Und ich hatte den Jackpot gewonnen.

VIII

Auf der Autobahn nach Norden fuhr ich durch einen Schneeschauer, der mich an die Schüttelgläser meiner Kindheit erinnerte: große, schwere Schneeflocken, die wie Segelflugzeuge durch die Luft glitten und an der Windschutzscheibe zerschellten.

Zusammen mit fünf anderen Passagieren wartete ich in Norddeich auf die Fähre. Schweigsame Gestalten mit dem melancholischen Blick der Inselbewohner. Wer ständig so vom Wind zerzaust wird, kann nicht auch noch Interesse für einen Touristen aufbringen, der ausgerechnet Anfang Februar nach Norderney fährt.

Als wir das stürmische Meer durchpflügt hatten, kam ich in ein gigantisches Stillleben. Eingeschneite Pensionen und Häuser von Müttergenesungswerken, geschlossene Läden, verwaiste Kneipen und menschenleere Straßen. Ich brauchte einige Zeit, bis ich ein Hotel fand, das geöffnet hatte. Ein moderner, seelenloser Kasten, der den Hautkranken und chronischen Asthmatikern Asyl gewährte, die vor dem Wintersmog der Großstädte flüchteten und reich genug waren, um ihre Krankenkasse nicht zu belästigen.

Ich nahm ein Zimmer ohne Meeresblick, weil das zwanzig Mark billiger war, stellte meine Tasche ab und ging wieder nach unten in die Lobby, um mir einen Inselplan zu kaufen. Den breitete ich auf einem Tisch aus und suchte nach dem Reha-Zentrum. Drei Objekte kamen infrage, wenn ich der Ortsangabe von Nicole Kemper Glauben schenken wollte.

Ich packte den Plan und ein Fernglas in den BMW und

fuhr inseleinwärts. Am Rand der Stadt, als der Abstand zwischen den Häusern größer wurde und die Natur durchschimmerte, bog ich nach links ab, Richtung Dünen. Das erste Objekt war ein Kurheim der Landesversicherungsanstalt und entsprach noch seinem ursprünglichen Zweck. Das zweite Objekt war ein Kurheim der Bundesversicherungsanstalt und stand leer. Ein großes Schild verkündete, dass der schmucke, alte, stuckverzierte Bau demnächst abgerissen werde. An seiner Stelle sollte, wie ich der Zeichnung auf dem Schild entnahm, ein ungleich größeres und bedeutend hässlicheres Gebäude entstehen.

Das dritte Objekt, das ich insgeheim favorisiert hatte, lag an der Nahtstelle zwischen Zivilisation und Sand. Es sah aus wie ein Krankenhaus aus den Sechzigerjahren, langgestreckt und viergeschossig mit Fenstern in gelbem Beton. Auf dem Parkplatz vor dem Gebäude standen Autos. Ich hielt an der Kreuzung vor der Zufahrtsstraße und nahm mein Fernglas zu Hilfe. Ein großes Vordach versperrte den Blick auf den Eingang, der sich in der Mitte befand. Die Fensterfront rechts vom Eingang hatte Jalousien, die bis auf eine geschlossen waren. Ich entdeckte Tische und rote Plastikstühle. Offensichtlich der Esssaal. Ich guckte auf die Uhr: Viertel nach zwei, für das Mittagessen zu spät und für den Nachmittagskaffee zu früh.

Um nicht im Auto zu erfrieren, stieg ich aus, schlug den Mantelkragen hoch, zog die Hutkrempe tiefer ins Gesicht und mimte den wetterfesten Wanderer. Neben dem Gebäude führte ein Fußweg die Dünen hinauf, und hier hatte ich endlich auch einen kostenlosen Blick aufs Meer. Ich richtete das Fernglas auf etwas, das eine tote Robbe hätte sein können, und drehte mich langsam um, bis ich zufällig die obere Fensterreihe des Gebäudes ins Blickfeld bekam. Eine ältere Frau in Zivilkleidung war das Einzige, was ich erhaschte.

Nunmehr drehte ich eine größere Runde um das Gebäude und benutzte dabei den rot gepflasterten Dünenwanderweg. Observation kann manchmal recht gesund sein.

Als ich, schon etwas erschöpft, wieder am Auto ankam, hatte ich Glück. Im Esssaal gab es Kaffee und Hartgebäck. Und einer der Kaffeetrinker trug eine hochgeschlossene schwarze Jacke mit einem goldglitzernden Abzeichen am Revers. Ich war am Ziel. Eine viel spannendere Frage blieb jedoch vorläufig unbeantwortet: Wie sollte ich hineinkommen und mit Martin Kunstmann sprechen?

Ungefähr zu dem Zeitpunkt, als sich meine Füße in Eisklumpen verwandelten, kam ein Ordensmann, in schmuckes Schwarz gekleidet, zur Tür heraus. Er schritt auf ein Auto zu und setzte sich hinter das Steuer. Vermutlich wollte er in der Stadt eine Schachtel Zigaretten kaufen oder einen Sechserpack Bier.

Als er an mir vorbeifuhr, lag ich unter dem Armaturenbrett und zählte bis zwanzig. Dann nahm ich die Verfolgung auf.

Der Mann fuhr tatsächlich zur Einkaufsstraße von Norderney. Die Straße war so belebt wie ein Nacktbadestrand im Februar, und die Verfolgung bereitete mir einige Schwierigkeiten. Da die Blumenkübel eindeutig in der Mehrzahl waren, versuchte ich gar nicht erst, den lustwandelnden Touristen zu spielen, sondern hielt mich hinter zugigen Häuserecken und Bauzäunen auf. Ein Kribbeln in der Nase verriet mir, dass die nächste Erkältung nicht lange auf sich warten lassen würde.

Der Mann besuchte drei Geschäfte und verhandelte offenbar ausführlich mit den vereinsamten Verkäuferinnen. Zigaretten und Bier waren im Reha-Zentrum wohl doch verpönt.

Endlich hatte er, was er wollte, oder es zumindest aufgegeben, denn er strebte seinem abgestellten Auto entgegen. Ich schloss dichter auf, einen genialen Plan im Kopf und eiskalt bis in die Zehen.

Er bemerkte mich erst im letzten Augenblick und sah mich überrascht an. Ich zog die Spielzeugberetta aus der Tasche und stieß sie ihm in die Rippen.

»Beine auseinander und Hände auf das Dach!«, zischte ich gefährlich. So hatte ich das in vielen US-Filmen gesehen.

Er gehorchte automatisch, Hollywood verbindet. Ich tastete ihn ab. Keine Waffen.

»Öffnen Sie die hintere Wagentür!«, befahl ich ihm.

Wortlos folgte er meinen Wünschen, bis ich hinter ihm saß und die Pistole in seinen Nacken drückte.

»Starten!«, knurrte ich.

»Was wollen Sie von mir?«, fragte er endlich.

»Maul halten!«, sagte ich im besten Mafiosi-Stil. »Fahren Sie endlich los!«

Er sah ein, dass diskutieren sinnlos war. »Wohin?«

»Zurück zum Zentrum!«

Zufrieden stellte ich fest, dass niemand meinen Überfall bemerkt hatte. Die wenigen Norderneyer kümmerten sich lieber um das sachgerechte Aufbrühen von Ostfriesentee und Grog.

Auf dem Weg zum Reha-Zentrum gab es auf der rechten Seite ein kleines Wäldchen. Ich befahl meinem Fahrer abzubiegen. Ein holpriger Weg führte zwischen verschneiten Tannen hindurch. Ich hielt Ausschau nach einem Platz, der für meine Zwecke geeignet schien. Ein Stapel zersägter Bäume tauchte aus dem grünen Dickicht auf. Ich zeigte sie ihm.

»Was haben Sie vor?«, fragte er mit zittriger Stimme, als er das Auto so geparkt hatte, dass es vom Weg aus nicht zu sehen war. Überhaupt zitterte alles an ihm, obwohl die Autoheizung ihr Bestes gab.

»Ziehen Sie sich aus!«, sagte ich.

»Was?«

»Keine Angst, ich bin kein Perverser. Die Unterwäsche dürfen Sie anbehalten.«

Das beruhigte ihn nicht sonderlich, aber die Pistole an seinem Hinterkopf ließ ihm keine andere Wahl. Nach und nach reichte er mir die Teile seiner Uniform nach hinten.

»Und jetzt raus!«, herrschte ich ihn an. »Nehmen Sie den Wagenschlüssel mit!«

In blütenweißer Unterwäsche stand er vor mir, die Hände schützend vor seine Männlichkeit gelegt.

»Ich muss mal«, jammerte er.

Ich war kein Unmensch.

»Öffnen Sie den Kofferraum«, ordnete ich an, nachdem er sich entleert hatte.

Er starrte in das Metallgehäuse, als wäre es ein Tiefkühlfach im Leichenschauhaus. »Nein. Das können Sie nicht machen. Ich werde erfrieren.«

»Ich bin in ein paar Stunden zurück.« Fast tat er mir leid.

Ein letzter Blick aus weit aufgerissenen Augen, dann knallte ich den Kofferraum zu und schloss ab.

Nach einigen Sekunden Bedenkzeit schloss ich noch einmal auf und gab ihm seinen schwarzen Mantel. Er bedankte sich nicht mal.

Jetzt entledigte ich mich meiner Sachen und zog die schwarze Uniform an, die mir einigermaßen passte. Meine eigenen Klamotten rollte ich zusammen und klemmte sie unter den Arm. Aus dem Kofferraum kam kein Mucks.

Auf dem Rückweg zur Stadt setzte die Dämmerung ein. Ein trübes, diffuses Licht begleitete mich zu meinem Wagen. Es entsprach in etwa meiner Stimmung. Nicht, weil ich zu weit gegangen war. Vielmehr, weil das Schwierigste noch auf mich wartete.

Ich legte meine Kleidung, inklusive Mantel und Hut, in den Kofferraum und fuhr den BMW zum Reha-Zentrum. Liebend gerne hätte ich mir selbst einen heißen Grog genehmigt, aber eine Alkoholfahne konnte ich mir nicht leisten.

Nachdem ich das Auto auf dem Parkplatz vor dem Reha-Zentrum abgestellt hatte, ging ich zum Eingang. Der Pförtner, ebenfalls in Schwarz, sah meine Uniform und hob die Hand zum Gruß.

»Melzig«, sagte ich. »Von der Zentrale.«

Er blätterte in einem Buch, das vor ihm lag. »Sie sind nicht angemeldet.«

»Ich weiß. Es ist ein Geheimauftrag. Die Zentrale wollte so wenig Leute wie möglich informieren.«

Er drückte auf den Türknopf, und ich betrat die Eingangshalle. Abgesehen von dem großformatigen Stocker-Bild, hätte sie auch die Umkleidekabine eines Hallenbades sein können.

Nach weniger als einer Minute erschien ein goldbetresster Schwarzling, offensichtlich der Chef des Hauses. Ich sagte meinen Spruch auf.

Misstrauisch guckte er mich an. »Ich habe keine Anweisungen.«

»Die Sache ist eilig. Sie erhalten das Schriftliche später.«

»Und um was geht es?«

»Martin Kunstmann. Die Zentrale hält ihn für ein Problem.«

»Kunstmann ist vollkommen unter Kontrolle.«

»Das wissen wir. Die Zentrale will ein Arrangement mit ihm treffen. Ich habe die Aufgabe, ihm ein Angebot zu unterbreiten.«

Er neigte den Kopf, nicht überzeugt, aber vor dem Risiko zurückschreckend, sich bei der Zentrale unbeliebt zu machen.

»Führen Sie mich zu ihm!«, setzte ich nach, bevor er ins Grübeln kam.

Er schluckte und gab sich einen Ruck. »Bitte!«

Wir schritten durch einen langen gefliesten Gang, der mich an das Arbeitsamt von Münster erinnerte, wo ich mal ein kurzes Gastspiel gegeben hatte. Schließlich blieb mein schwarzer Führer vor einer Tür stehen, die er mit einem Schlüssel öffnete.

»Warten Sie hier! Kunstmann hat Arbeitsdienst. Ich werde ihn holen.«

»Danke!«

Statt einer Antwort sah er mich nur skeptisch an.

Der Raum enthielt einen Tisch, drei Stühle und das unvermeidliche Bild von Stocker. Immerhin war er gut geheizt. Ich stellte mich ans Fenster und schaute hinaus in den inzwischen fast dunklen Abend. Das gleichmäßige Blinken des Leuchtturms hatte etwas Harmonisches.

Als sich die Tür öffnete, riss ich mich von dem Schauspiel los. Kunstmann wurde von dem Ordensmann in den Raum geschoben. Er sah nicht so gut aus wie auf dem Foto, das mir seine Frau gegeben hatte. Unter den Augen zeigten sich Schatten, und das typische Kennedy-Lächeln war im Rehabilitationszentrum verloren gegangen. Er trug einen dreckverschmierten blauen Arbeitsanzug.

Ich zeigte auf einen Stuhl. »Nehmen Sie bitte Platz!«

Er setzte sich und starrte auf seine Hände. Gehorsam war erste Kirchenpflicht.

Der Ordensmann mit dem Goldlametta am Revers blieb mitten im Raum stehen.

»Würden Sie uns bitte allein lassen!«, wandte ich mich an ihn.

Er rührte sich nicht. »Das ist gegen die Vorschrift.«

Ich schaute ihn intensiv an.

Diesmal versuchte er gar nicht erst, seinen Ärger zu unterdrücken. Mit deutlicher Missbilligung im Gesicht zog er sich zur Tür zurück. »Wenn Sie fertig sind oder Hilfe brauchen, drücken Sie auf den roten Knopf da!«

Ich folgte mit den Augen seinem ausgestreckten Arm und erblickte an der Wand neben dem Tisch einen Knopf. »Ich danke Ihnen«, sagte ich mit einem maliziösen Lächeln.

Die Tür schloss sich geräuschvoll.

Martin Kunstmann schaute mich zum ersten Mal an. In seine erloschenen Augen kam etwas Leben, fast sogar Überraschung.

»Wer sind Sie?«, fragte er. »Ein neuer Verhörspezialist der Zentrale?«

Ich setzte mich ihm gegenüber. »Mein Name ist Georg Wilsberg. Ich bin Privatdetektiv. Sie werden sicher schon von mir gehört haben.«

Er riss die Augen auf. »Sie … Wie sind Sie hier hereingekommen?«

»Mithilfe der Uniform.«

Sein Gesicht verzog sich zu einem breiten Grinsen. »Alle Achtung.«

Ich atmete auf. »Dann sind Sie also nicht mehr Anhänger der KAP?«

Er lachte freudlos. »Nein. Weiß Gott nicht. Ich werde hier gefangen gehalten.«

»Sie meinen, Sie dürfen das Zentrum nicht verlassen?«

»Genau das meine ich. Ich bin eine Gefahr für die Kirche.«

»Wieso?«

Ein tiefes Ausatmen. »Das ist eine lange Geschichte.«

»Ich habe ein bisschen Zeit. Meine Verabredung kann warten.«

»Nun gut. Sie wissen vielleicht, dass ich nach England gefahren bin, um den Geistwesen-Klasse-I-Kurs zu machen?«

Ich nickte.

»Während dieses Kurses erfährt man seltsame Dinge. Zum Beispiel, dass die Geistwesen von einem fremden Planeten stammen. Auf diesem Planeten herrschte eine ziemliche Überbevölkerung, und eines Tages beschloss der tyrannische Herrscher des Planeten, ein paar Milliarden seiner Untertanen zu verbannen. Als Geistwesen komprimiert, wurden sie in ein einziges Raumschiff gepfercht und in den Weltraum geschossen. Irgendwann landete das Raumschiff auf der Erde, und die Geistwesen suchten sich neue Wirtskörper – die Menschen. Das ist nun auch schon einige Hunderttausend Jahre her, und im Laufe der Zeit verkümmerten die Geistwesen in den Menschen. Ross Stocker behauptet nun, dass er die Herkunft der Geistwesen entdeckt habe. Und dass seine Methoden dazu führen würden, dass die Geistwesen wieder ihre frühere Intelligenz und Fähigkeiten entwickeln könnten. Übernatürliche Fähigkeiten und eine Intelligenz, die weit über der der Menschen liegt.«

»Das klingt nach Science-Fiction«, warf ich ein.

»Das *ist* pure Science-Fiction. Dummerweise bin ich Wissenschaftler, Astrophysiker sogar. Das Universum ist mein Forschungsgebiet. Ich habe mich jahrelang mit Schwarzer Materie beschäftigt.«

Das war für mich genauso Science-Fiction.

Er lachte über meine Bemerkung. »Das, was Sie am Himmel sehen, die Sterne und Galaxien, die helle Materie, wenn Sie so wollen, ist nur ein Bruchteil der gesamten Masse des Universums. Ungefähr 90 Prozent der Materie ist schwarz, genauer gesagt: unsichtbar. Die Schwarze Materie geht keinerlei Reaktion mit der sichtbaren Materie ein, mal abgesehen von der schwachen Gravitationskraft. Vermutlich fliegt auch unsere Erde gerade durch Schwarze Materie, und wir merken nichts davon. Schwarze Materie vom Gewicht einer

Tonne könnte durch Ihre Hand fallen, und Sie würden nicht mal ein Kribbeln spüren.«

Ich schaute auf meine Hand.

»Aber ich will Sie nicht mit meinem Fachgebiet langweilen. Tatsächlich glaube ich mich im Weltraum einigermaßen auszukennen und die Geschichte von den Geistwesen widerspricht allem, was ich als Wissenschaftler weiß. Ich meldete also Zweifel an und nach kurzer Zeit wurde ich vom Kursleiter als Störenfried eingestuft. Das bedeutete den Entzug aller Privilegien, verschärfte Trainingsbedingungen.«

»Warum haben Sie nicht einfach aufgehört?«

»Ich geriet in eine seelische Krise, bekam schwere Depressionen. Die KAP hatte mir sehr viel gegeben. Ich wollte weiterhin dazugehören, ich wollte an sie glauben, aber ich konnte nicht. Ich kaufte Zusatztraining, Reparaturtraining – nichts half. Ich verzweifelte und war nahe daran, auszusteigen, da passierte etwas, das mir zwar einerseits zur Klarheit verhalf, mich aber andererseits in den Klauen der KAP festhielt. Eigentlich war es nur ein dummer Zufall.«

Er machte eine Pause.

»Sie können mir vertrauen«, sagte ich.

»Das ist nicht das Problem. Die Sache ist mir peinlich. Niemand versteht, wie man sich freiwillig so erniedrigen kann. Jedenfalls – ich gehörte damals der Reinigungskolonne an. Aufgrund meiner Widerspenstigkeit im Geistwesen-Klasse-I-Kurs war ich zum Reinigungsdienst abgeordnet worden. Wir mussten Papierkörbe leeren, Staub saugen und so weiter. Eines Tages, wir reinigten gerade die Chefbüros, fand ich in einem Papierkorb eine geheime Order der KAP-Leitung. Sie enthielt Angaben über Geschäfte der KAP, schmutzige Geschäfte. Plötzlich war für mich alles klar. Noch am selben Nachmittag reichte ich mein Austrittsgesuch ein. Und das war ein schwerer Fehler. Denn dem KAP-Mann, dem das

Büro gehörte, fiel am nächsten Morgen ein, dass er das Papier nicht, wie vorgeschrieben, im Reißwolf vernichtet hatte. Man forschte nach, wer in dem Büro gewesen war, und in diesem Zusammenhang wirkte mein Austrittsgesuch wie eine Selbstanzeige. Ich leugnete zwar, dass ich das Papier gelesen hatte, aber das half mir nicht mehr. Nach tagelangen Verhören in England brachte man mich hierher, wo ich wie ein Gefangener bewacht werde.«

»Die können Sie doch nicht gegen Ihren Willen festhalten.«

»Wer fragt nach meinem Willen?«

»Okay. Wenn Sie einverstanden sind, gehe ich gleich anschließend zur Polizei und hole Sie raus.«

Hinter meinem Rücken spürte ich einen leichten Luftzug. Ich war gerade dabei, mich umzudrehen, als sich ein kräftiger Arm um meinen Hals legte. Eine zweite Hand drückte ein stinkendes Tuch auf meine Nase und meinen Mund. Dreißig Sekunden später musste ich zwangsläufig einatmen. Kurz darauf wurde ich bewusstlos.

IX

Ich wachte auf und musste niesen. Dabei merkte ich, dass mein Kopf auf etwas Nassem, Kaltem lag. Ich machte die Augen auf und sah gelb. Sand. Ich wälzte mich herum. Überall Sand. Mutterseelenallein lag ich am Strand, frühmorgens im Winter. Das beste Klima, um sich eine beidseitige Lungenentzündung zu holen. Die Nase war bereits verstopft, und erste Schluckversuche endeten schmerzhaft. Ich setzte mich auf. Das Meer leckte an meinem linken Schuh, ansonsten schien ich einigermaßen trocken und unverletzt zu sein, jedenfalls ließen sich noch alle Glieder bewegen. Ich überlegte, wo meine Erinnerung stehen geblieben war. Ach ja, das Gespräch mit Martin Kunstmann. Und dann hatte mich jemand mit einer stinkenden Flüssigkeit betäubt. Netter Zug von dieser Kirche für angewandte Philosophie, mich nicht gleich umzubringen, sondern langsam erfrieren zu lassen. Ich stemmte mich hoch und torkelte die Dünen hinauf. Erst jetzt merkte ich, dass ich meine eigenen Klamotten anhatte. Sie hatten also den Kofferraum meines BMW geknackt. Hoffentlich stand er noch an seinem Platz! Alles, wonach mich jetzt gelüstete, war ein heißes Bad im Hotel. Ob sie wohl den Kerl im Kofferraum gefunden hatten? Wenn nicht, ging es ihm wahrscheinlich nicht besser als mir. Vielleicht sogar schlechter. Aber daran wollte ich nicht denken.

In der Ferne sah ich die oberste Etage des Reha-Zentrums. Meine Leiche sollte wohl nicht in seiner Nähe gefunden werden. Mir blieb nichts anderes übrig, als den Dünenwanderweg zu nehmen. Immerhin, die Bewegung tat mir gut, die

Arme und Beine wärmten sich langsam auf, und hätte ich nicht dauernd niesen müssen, wäre daraus fast so etwas wie ein Morgenspaziergang geworden.

Vor dem Reha-Zentrum bog ich ab und nahm den Umweg über die Hauptstraße, um nicht in Sichtweite der Tempelritter zu kommen. Von der Straße aus näherte ich mich vorsichtig dem Parkplatz. Kein BMW. Ich suchte in meinen Taschen. Kein Autoschlüssel. Der ganze Weg umsonst. Ich hätte heulen können.

Auf dem Rückweg in den Ort machte ich einen Schlenker ins Wäldchen. Der Wagen des Ordensmannes stand nicht mehr hinter dem Holzstapel. Eigentlich war ich ganz froh darüber, dass er die Nacht im Warmen verbringen durfte.

So sehr mich auch die Badewanne reizte, sah ich doch ein, dass das Dringendste zuerst getan werden musste. Verfroren, hundemüde, verdreckt und mit triefender Nase betrat ich die Polizeiwache am Ortseingang. Der einzige Polizeibeamte starrte mich entgeistert an. Penner, die im Winter am Strand schliefen, hatte es bis dahin auf Norderney noch nicht gegeben.

Ich räusperte mich. »Mein Name ...«, meine Stimme war eine Oktave tiefer als üblich, »... ist Georg Wilsberg. Ich bin Privatdetektiv. Ich möchte einen Fall von Freiheitsberaubung anzeigen.«

Er kriegte den Mund nicht zu.

»Es handelt sich um das Haus der Kirche für angewandte Philosophie, draußen am Strand. Dort wird ein Mann gegen seinen Willen festgehalten.«

Er schluckte mit einem lauten Glucksen. »Wer sind Sie?«

»Das habe ich doch schon gesagt: Georg Wilsberg.«

»Ihren Ausweis!«

Ich tastete meine hintere Hosentasche ab. Natürlich, das Portemonnaie war auch verschwunden.

»Tut mir leid, ich habe keinen dabei.«

»Irgendetwas anderes, womit Sie sich ausweisen können, Führerschein oder so?«

»Mein Portemonnaie mit allen Papieren ist mir gestohlen worden.«

»Aha.« Er schien nicht überzeugt. »Wo wohnen Sie?«

Ich nannte mein Hotel.

Er betrachtete mich von oben bis unten, insbesondere die Flecken auf meiner Kleidung.

»Man hat mich betäubt und am Strand abgelegt.«

»Soso. Wer soll das getan haben?«

»Die Leute von der Kirche für angewandte Philosophie.«

»Soso. Haben Sie dafür Zeugen?«

»Nein. Es geht auch nicht um mich, obwohl ich durchaus daran denke, später eine Anzeige wegen Körperverletzung zu stellen. Zunächst aber möchte ich einen Professor für Astrophysik namens Martin Kunstmann, der in dem bereits erwähnten Zentrum der Kirche für angewandte Philosophie festgehalten wird, freibekommen. Dazu müssten Sie mit mir in Ihren Streifenwagen steigen und auf dem schnellsten Weg dorthin fahren.«

»Moment! So schnell geht das nun auch wieder nicht. Erst einmal muss ich Ihre Angaben überprüfen.«

»Gut. Dann rufen Sie im Polizeipräsidium von Münster an und lassen sich mit Hauptkommissar Stürzenbecher verbinden! Der wird notfalls für mich bürgen.«

Er sah mich an, als wäre ich eine Gefahr für den sauberen PVC-Boden. »Bleiben Sie da stehen und rühren Sie nichts an!« Dann ging er in den Nebenraum, ließ aber die Tür einen Spaltbreit offen, um mich ab und zu durch den Spalt zu begutachten.

Nach ein paar Minuten kehrte er zurück. »Soweit alles klar. Nun zu diesem … wie hieß er noch?«

»Martin Kunstmann.« Und ich erzählte in knappen Sätzen und mit großen Auslassungen die Geschichte von Martin Kunstmann.

Anschließend griff er wieder zum Telefon, diesmal in meiner Gegenwart. »Horst, kannst du mal eben rüberkommen! Wir haben da einen Einsatz ... Ja, es ist dringend, sonst würde ich ja nicht ...« Er lächelte mich entschuldigend an. »Wir sind nur zu zweit, wissen Sie. Im Winter ist ja nichts los.«

Horst kam zehn Minuten später und war äußerst ungehalten. Seine Laune besserte sich nicht, als er mich sah. Gemeinsam fuhren wir zum Reha-Zentrum, während ich ihnen das Auto vollnieste.

Der Mann am Eingang zeigte keine Reaktion. »Martin Kunstmann? Nein, der ist nicht hier.«

Auch der goldbehaftete Ordenshäuptling hatte sich gut vorbereitet. Er tat so, als würde er mich nicht kennen, und bestritt, den Namen Martin Kunstmann jemals gehört zu haben, geschweige denn, dass sich ein solcher in den heiligen Räumen der Kirche für angewandte Philosophie aufhielte.

»Wollen Sie leugnen, dass wir gestern miteinander geplaudert haben?«, fuhr ich ihn an, als es mir zu bunt wurde.

Er schaute mich indigniert an. »Ich habe Sie noch nie gesehen.«

Ich bewunderte seine Beherrschung.

Nun mischte sich der Polizist ein, mit dem ich zuerst gesprochen hatte und der sich im Gespräch mit Horst als Peter entpuppte: »Herr Wilsberg behauptet, dass er gestern in diesem Haus war und mit Herrn Kunstmann gesprochen hat.«

Der Ordensmann guckte leicht belustigt. »Demnach steht Behauptung gegen Behauptung. Ich kann aber gerne einige meiner Mitarbeiter rufen lassen. Alle werden Ihnen bestätigen, dass es hier keinen Kunstmann gibt.«

»Dann haben Sie bestimmt nichts dagegen, wenn wir uns ein bisschen umsehen?«, grummelte Horst, ganz der bärbeißige Bulle.

»Haben Sie einen Durchsuchungsbefehl?«, fragte der Schwarzling und zog die Augenbrauen hoch.

»Nein«, gab Horst zu.

»Dann muss ich Ihnen leider den Eintritt verwehren. Das hier ist eine therapeutische Einrichtung. Polizisten, die Fragen stellen, könnten unsere Patienten unnötig aufregen.«

»Das ist ein Gefängnis und keine Klinik«, brüllte ich.

Peter zog mich am Ärmel.

Auf der Rückfahrt hingen wir unseren Gedanken nach.

»Schon seltsam, diese Sektenfritzen«, sagte Horst nach einer Weile.

»Und Sie bleiben dabei, dass Sie mit Kunstmann geredet haben?«, fragte Peter.

»Selbstverständlich. Fragen Sie Kunstmanns Frau! Die wird Ihnen bestätigen, dass er von der Sekte festgehalten wird.«

»Ich ruf den Staatsanwalt an«, entschied Peter. »Mal sehen, vielleicht kriegen wir ja eine Hausdurchsuchung.«

»Tun Sie das! Und behalten Sie die Fähre im Auge! Kann gut sein, dass sie Kunstmann wegschaffen wollen.«

Die Frau am Empfang gab mir den Zimmerschlüssel mit spitzen Fingern, sagte aber nichts. Im Zimmer schälte ich mich aus dem Clochardkostüm und ging ins Bad. Obwohl mir genug Dinge einfielen, die erledigt werden mussten, gönnte ich mir zuerst das versprochene heiße Bad. Zehn Minuten lang war die Welt wieder in Ordnung.

Nachdem ich meine ausgetrocknete Haut einer Behandlung unterzogen hatte, griff ich zum Telefon. Sigi nahm nach dem ersten Läuten ab.

»Georg! Ich dachte schon, die KAP hätte dich verschleppt.«

»Nein. Ich habe mir nur eine tödliche Grippe eingefangen, bin betäubt und den Möwen zum Fraß vorgeworfen worden.«

Sigi lachte. Humor besteht zu hundert Prozent aus Schadenfreude.

Ich klärte Sigi auf und bat sie, mich mit ihrem Wagen abzuholen. Schließlich hatte ich keinen Pfennig Geld in der Tasche und musste am Abend auf dem Domplatz sein, um dem Juwelier Hagedorn 100.000 Mark abzunehmen. Dann rief ich bei Anja Kunstmann an. Sie war nicht zu Hause.

Während der Fahrt nach Münster verbrauchte ich zwei Päckchen Papiertaschentücher. Wir hielten an zwei Raststätten, und ich versuchte zweimal, Anja Kunstmann anzurufen. Erfolglos. Sigi erzählte von dem Ärger mit dem Steuerberater, da ich natürlich vergessen hatte, nach dem braunen Aktenkoffer zu suchen, in dem sich ein paar wichtige Belege befanden. Ich fragte nach Hagedorn. Koslowski und Eger hatten die Observierung fortgesetzt, obwohl wir ja inzwischen wussten, dass er sich selbst beklaut hatte. Aber für den Fall der Fälle, Selbstmord oder Flucht ins Ausland, sollten die beiden in der Nähe sein, um notfalls eingreifen zu können. Ich rechnete allerdings nicht damit, und Sigi bestätigte, dass der gute Hagedorn seine tägliche Arbeit verrichtete, als gäbe es keine Erpresser auf der Welt.

Kurz vor Greven kamen wir in einen Stau, und beim schrittweisen Vorrücken sahen wir, dass mehrere Autofahrer ihre Bremssysteme überschätzt hatten.

Langsam rückte der Stundenzeiger auf die acht zu, und ich wurde etwas nervös. »Hast du Hjalmar instruiert?«, erkundigte ich mich.

Sigi nickte. »Seit sieben Uhr beobachtet er den Domplatz. Um fünf vor acht ist er vor dem Büro.«

Punkt fünf vor acht sprang ich aus Sigis Auto. Hjalmar Koslowski stand auf dem Prinzipalmarkt wie ein Zoowärter im Löwengehege, unerschütterlich.

»Hallo, Hjalmar!«, rief ich.

»Gut, dass du kommst. Ich dachte schon, ich müsste den Kies alleine holen.« Er zog den Arm aus seiner braunen Lederjacke und reichte mir eine riesige Pfote.

»Dann wollen wir mal«, sagte ich. »Ist Hagedorn schon da?«

»Seit zehn Minuten. Mit einem Päckchen unter dem Arm.«

»Bestens. Ich glaube, der Abend ist gerettet.«

Wir warfen noch einmal einen Blick in die Runde. Keine unscheinbar gekleideten Männer, die sich die Geschäftsbedingungen der Parkplatzverwaltung durchlasen oder vor der öffentlichen Herrentoilette herumlungerten. Hagedorn stand da, wo er vor zwei Tagen gestanden hatte. Wir gingen gemessenen Schrittes auf ihn zu. Seine Nase war in der Zwischenzeit nicht bleicher geworden.

»Guten Abend, Herr Hagedorn«, sagte ich. »Sind Sie bei Ihrer Bank fündig geworden?«

»Hier!« Er drückte mir umstandslos das Päckchen in die Hand. »Und belästigen Sie mich nicht noch einmal! Beim nächsten Mal gehe ich zur Polizei.«

»Kein Problem«, sagte ich. »Mein Kumpel und ich fahren morgen für längere Zeit nach Teneriffa. Wir werden jeden Tag ein Glas auf Sie trinken.«

Einen Moment lang überlegte er, ob er mir die Augen auskratzen sollte, dann entschied er sich für den zivileren Weg.

»Schönen Abend noch!«, rief ich ihm nach.

»Unfreundlicher Kerl«, bemerkte Hjalmar.

»Das ist er. Woran liegt es nur, dass viele Menschen im Alter so verbittert werden?«

Wir warteten fünf Minuten und kehrten dann zu meinem Büro zurück, das gleich um die Ecke lag. Ich legte das Päckchen auf den Schreibtisch und wickelte es behutsam aus. Glänzend neue Hundertmarkschein. Ich zählte bis zehntausend und machte aus dem Rest Häufchen. »Scheint zu stimmen.«

Dann öffnete ich den Wandsafe und packte alles hinein. »Wenn morgen früh jemand den Safe geknackt hat, weiß ich, dass du es warst«, drohte ich Hjalmar lachend.

Er lachte zurück.

Mir fiel ein, dass ich völlig blank war. Also schloss ich den Safe noch einmal auf und nahm tausend Mark heraus. »Das ist für die Spesen. Lass uns einen trinken! Der Erfolg muss gefeiert werden.«

Wir gingen zu einer nahe gelegenen Kneipe, die so klein war, dass der Wirt Platzkarten hätte ausgeben können. Schließlich fanden wir ein Eckchen mit Tisch und zwei Hockern und bestellten eine große Paella und Bier. Anschließend trank Hjalmar noch mehr Bier und Cognac, und ich trank katalanischen Punsch. Hjalmar erzählte von seiner Exfrau, die im Laufe des Abends immer netter wurde, und ich steuerte Geschichten von meiner Ex bei, die sie in nicht so günstigem Licht stehen ließen.

Plötzlich, der hochprozentige Punsch hatte meinen Körper mit wohliger Wärme ausgefüllt und das Kneipengebrüll mit Watte zugedeckt, sagte eine Stimme neben mir: »Hier bist du also. Ich versuche seit Tagen, dich zu erreichen. Hörst du deinen Anrufbeantworter nicht ab?«

Ich fiel fast vom Hocker. »Elke! Du bist das!«

»Wer denn sonst? Warum meldest du dich nicht bei mir? Ich möchte mit dir reden.«

»Was gibt es da noch zu reden?«, sagte ich und ließ einen Zigarillo in den Punsch fallen. Sollte ich von dem marokkanischen Taxifahrer anfangen oder von ihren ewigen, unbegründeten Vorwürfen?

»Du kannst dich nicht einfach so verpissen. Wann hast du Zeit?«

Ich versuchte mich zu konzentrieren. »Heute geht es nicht. Ich bin viel zu betrunken. Morgen auch nicht. Vielleicht übermorgen.«

»Oder vielleicht gar nicht?«

Ich nahm den Zigarillo aus dem Glas und brach ihn in der Mitte durch, um das trockene Ende zu rauchen. »Weißt du …«

Ein klatschendes Geräusch neben meinem Ohr und ein heißes Kribbeln auf der Wange sagten mir, dass ich eine Ohrfeige bekommen hatte. Und wahrscheinlich wäre ich auch auf das hinter mir stehende Klavier gefallen, wenn Hjalmar mich nicht festgehalten hätte.

Darauf mussten wir erst mal einen trinken. Und irgendwann schleppte Hjalmar mich zu dem Taxi, das er gerufen hatte.

X

Das Klingeln des Telefons riss mich aus einem schlimmen Albtraum mit Elke in der Hauptrolle.

»Hallo, Chef!«

Ich brummte.

»Ich wollte dich nur daran erinnern, dass du um elf den Termin bei Doktor Gross hast.«

»Wie spät ist es?«

»Zehn.«

»Und da weckst du mich jetzt schon?«

»Ich habe einkalkuliert, dass du schlecht aus dem Bett kommst.«

»Danke.«

Ich sank auf das Kissen zurück. Wie hatte ich nur früher meine Arbeit ohne Sekretärin schaffen können? Ich atmete ein paar Mal mit geschlossenen Augen und überprüfte meinen Gesundheitszustand. Die Erkältung schien etwas zurückgegangen zu sein, dafür folterten die katalanischen Punsche meine Gehirnwindungen.

Nach zehn Minuten wälzte ich mich aus dem Bett und schlich ins Badezimmer, um mir etwas Wasser in die Augen zu spritzen. Dann zog ich mich an, warf zwei Aspirin in ein Glas Wasser und munitionierte die Espressomaschine. Zuerst trank ich die Aspirin, dann den Espresso. Das war das Frühstück. Ich behielt es bei mir.

»Doktor Gross wartet bereits auf Sie«, sagte die Sekretärin, als ich in der siebten Etage der Sächsischen Versicherung ankam.

»Wilsberg, na endlich!«, begrüßte mich Gross, als ich sein Spielfeld von Büro betrat. »Ihre Sekretärin vertröstet mich seit Tagen. Ich dachte schon, Sie wären untergetaucht.«

»Wegen eines anderen Falles musste ich nach Norderney.«

»Ihr Privatdetektive habt's doch gut: frische Luft, schöne Frauen, aufregende Geschichten.«

Ich lachte gequält.

»Und?« Er zeigte auf meine Aktentasche. »Haben Sie da was für mich? Ihre Sekretärin machte so eine Andeutung.«

Ich öffnete die Aktentasche und ließ ihn einen Blick hineinwerfen. Als er die vielen Scheine sah, stieß er einen Pfiff aus.

»Lassen Sie mich raten! Das Geld stammt von Hagedorn.«

»Richtig.«

Sofort hob er den Zeigefinger und legte ihn vor seinen breiten Mund, wobei seine Augen in alle möglichen Richtungen guckten.

»Kein Wort mehr, Herr Wilsberg! Passen Sie auf, wir machen das so: ...« Es folgten einige Regieanweisungen, die seine langjährige Routine verrieten. Andererseits hätte er mit ruhigem Gewissen einen Eid schwören können, dass in seiner Gegenwart nie von illegalen Methoden die Rede gewesen sei.

Um halb zwölf meldete die Sekretärin das Eintreffen des Juweliers Hagedorn.

»Herein mit ihm!«, donnerte Gross fröhlich in die Sprechanlage und rieb sich die Hände. Dann sprang er auf und eilte zur Tür.

»Herr Hagedorn! Schön, Sie zu sehen!«

Der Greis blinzelte erstaunt, als er das schielende Vorstandsmitglied der Sächsischen Versicherung sah. So viel Freude über die Ausgabe eines 500.000 Mark-Schecks hatte er nicht erwartet.

»Ich dachte, dass ich ...«, stammelte er.

»Kommen Sie doch herein!«, sagte Gross jovial und nahm den alten Mann am Arm.

Auf dem Weg zur Besucherecke entdeckte Hagedorn mich. Wie Frau Lot erstarrte er zur Salzsäule.

»Das ist Herr Wilsberg«, plauderte Gross weiter. »Sie kennen sich vielleicht?«

Hagedorn hatte Mühe mit den letzten Schritten. Wie ein nasser Sack plumpste er auf das Sofa.

»Oh, meine Herren«, jammerte Gross gekünstelt. »Ich habe meine Unterlagen vergessen. Ich glaube, ich muss Sie ein paar Minuten allein lassen. Möchten Sie Kaffee, Cognac?«

Ich sagte »Nein, danke!«, Hagedorn sagte gar nichts.

Als Gross draußen war, nahm ich die Aktentasche und warf sie auf den Tisch. »Ihre Hunderttausend, Herr Hagedorn.«

Er sah aus wie jemand, der sechs Richtige im Lotto hat und dann erfährt, dass die Lottoannahmestelle abgebrannt ist.

»Ich mache Ihnen einen Vorschlag: Sie nehmen die Hunderttausend und ziehen Ihre Schadensmeldung zurück. Dann vergessen wir die ganze Geschichte.«

Gross kam zurück und hüpfte herum wie ein Heinzelmännchen. »Na, meine Herren, haben Sie sich gut unterhalten?«

»Ich ziehe die Schadensmeldung zurück«, flüsterte Hagedorn.

»Ach! Tatsächlich? Na ja, das kann jedem mal passieren. Man glaubt, dass man bestohlen worden ist, und dann finden sich die Sachen in der untersten Schublade wieder. Schwamm drüber, Herr Hagedorn!«

»Was … was sagen Sie der Polizei?«

»Wir? Der Polizei? Was haben wir mit der Polizei zu schaffen? Sie sind ein guter Kunde, Herr Hagedorn. Sie müssen selber wissen, ob Sie die Anzeige zurücknehmen wollen oder nicht. Wir halten uns da raus.«

»Danke.«

»Nichts zu danken, Herr Hagedorn!« Gross zog Hagedorn hoch und leitete ihn zur Tür. »War jedenfalls schön, dass Sie mal vorbeigeschaut haben. Und einen guten Tag!«

Als er Hagedorn abgeliefert hatte, ging Gross zu seinem Schreibtisch. »Mein Gott, ich dachte schon, wir müssten den Notarztwagen rufen. Wenn man nicht den Nerv dazu hat, soll man auch keine krummen Dinger drehen.«

Er nahm einen Scheck von der Schreibtischunterlage. »Und nun zu Ihnen, Herr Wilsberg! Der verdiente Lohn für gute Arbeit.«

Ich las fünfzigtausend, in Buchstaben und Zahlen. Der Tag ließ sich gut an.

Als ich zum Büro kam, stand vor dem Haus ein Polizeiwagen mit rotierendem Blaulicht, daneben ein grauer Pkw, der verdächtig nach Kripo aussah. Mein Magen meldete sich, und meine hochfliegende Stimmung flog noch höher, bis sie völlig entschwunden war. Sollte Hagedorn, dieser hundsföttische Alte, tatsächlich zur Polizei gegangen sein?

Vor der Eingangstür zu den Büroräumen stand ein breitbeiniges, in Grün gekleidetes Milchgesicht, das die wenigen Schnurrbarthaare hegte und pflegte, ohne dass daraus ein Bart geworden war.

»Hier können Sie nicht rein«, maulte es mich an.

»Zufällig bin ich der Inhaber der Detektei. Vielleicht kann ich Ihren Kollegen bei den Ermittlungen behilflich sein.«

»Sind Sie Georg Wilsberg?«

»Alles spricht dafür.«

»Warum sagen Sie das nicht gleich?«

Ich schüttelte den Kopf und drängte mich an ihm vorbei. Ein Bürger in Uniform ist eben doch kein richtiger Bürger.

Sigi stand mit hochrotem Kopf im Empfangsraum, aus

meinem Arbeitszimmer hörte ich ein halblautes Stimmengewirr.

»Was ist los?«, fragte ich. »Was suchen die?«

»Keine Ahnung«, sagte Sigi. »Ich wollte sie nicht reinlassen, aber sie hatten einen Durchsuchungsbefehl.«

Ich öffnete die Tür zu meinem Arbeitszimmer und sah drei Männer, die den Schreibtisch und die Schränke durchwühlten. Den einen, der am Aktenschrank stand, kannte ich gut.

Klaus Stürzenbecher drehte sich zu mir herum. Er war älter und grauer geworden, seit ich ihn das letzte Mal gesehen hatte. Seine fahle Gesichtsfarbe verriet, dass sich das Arbeitsklima im Polizeipräsidium nicht gebessert hatte. Stürzenbecher war Hauptkommissar und Leiter der Mordkommission.

»Seit wann bist du für Versicherungsbetrug zuständig?«, fragte ich.

»Versicherungsbetrug?« Stürzenbecher runzelte die Stirn.

Verdammt noch mal, was quatschte ich da rum? »Einer der Fälle, an denen ich gerade arbeite«, sagte ich und versuchte, möglichst gleichmütig zu klingen.

»An welchen Fällen arbeitest du sonst noch?«

»Muss ich das sagen?«

»Es wäre besser für dich.«

Wir starrten uns an.

»Sag mir zuerst, was du da suchst!«

»Ich suche die Akte Anja Kunstmann.«

Mir wurde schwindelig. Ich fühlte mich überhaupt nicht gut. Langsam setzte ich mich auf einen der Freischwinger.

»Anja? Wieso Anja?«

»Weil sie auf mysteriöse Weise zu Tode gekommen ist. Weil wir in ihrer Wohnung deine Telefonnummer gefunden haben. Und noch aus einem schwerwiegenderen Grund.«

Automatisch fragte ich: »Der wäre?«

»Sie saß in deinem Auto.«

Ich war nicht bewusstlos, aber auch nicht aufnahmefähig. Stürzenbecher stellte mir Fragen, die ich nicht verstand. In meinem Gehirn war nur Nebel. Nebel, durch den finstere Gestalten stapften, die sich ab und zu herabbeugten und mich aus nächster Nähe betrachteten. Schock nennt man das wohl.

Als ich wieder so weit war, bat ich Sigi, mir eine Tasse Kaffee zu bringen. Dann sagte ich zu Stürzenbecher: »Schick deine Leute raus! Ich erzähl dir die Geschichte.«

Er gab den beiden anderen ein Zeichen und setzte sich auf den zweiten Freischwinger. Und ich erzählte, von Anfang an.

XI

»Es gibt keinen Grund, warum sie die Absperrung durch-
brochen hat und in vollem Tempo in das Hafenbecken ge-
saust ist. Die Straße war leer, nicht vereist und nicht glit-
schig. Es war helllichter Tag. Mindestens zwei Zeugen haben
ausgesagt, dass sich niemand in der Nähe des Autos befand,
als es passierte. Nach dem vorläufigen Befund lassen sich
keine Verletzungen feststellen, die nicht von dem Aufprall
herrühren. Natürlich ist es möglich, dass sie unter Medika-
menten- oder Drogeneinfluss stand, aber das werden wir
erst nach der Obduktion erfahren. Also war es ein Unfall –
oder Selbstmord.«

»Vielleicht hat jemand an den Bremsen oder der Lenkung
herumgefummelt«, sagte ich.

Stürzenbecher wiegte den Kopf. »Auch möglich. Aber es
wird schwierig sein, das zu beweisen. Von dem Auto ist
nicht viel übrig geblieben.«

Von ihr wahrscheinlich auch nicht, dachte ich und kämpfte gegen die Übelkeit an. »Wieso ist sie eigentlich nach Norderney gefahren?«, fragte ich, um mich abzulenken.

»Tja, genau wissen wir das nicht. Ihre Freundin, eine gewisse Kerstin Mierbaum, hat uns erzählt, dass die Kunstmann einen Anruf von ihrem Mann bekommen hat. Den
Inhalt des Telefongesprächs wollte sie nicht preisgeben. Die
Mierbaum hat sie gedrängt, doch endlich zur Polizei zu
gehen, aber davon wollte Frau Kunstmann nichts hören. Wir
nehmen an, dass ihr Mann sie gebeten hat, nach Norderney
zu kommen.«

Ich lächelte grimmig. Und genau zu dem Zeitpunkt war ich bewusstlos. Haben Sie Vertrauen zu Georg Wilsberg! In entscheidenden Momenten fällt er in Tiefschlaf.

»Die Sache war eine Nummer zu groß für dich«, hieb Stürzenbecher in dieselbe Kerbe. »Ein Mann allein gegen eine ganze Sekte. Das ist nicht mutig, sondern schwachsinnig.«

Ich fühlte mich schuldig, obwohl ich nicht genau sagen konnte, was ich falsch gemacht hatte. Irgendwie, da hatte Stürzenbecher schon recht, war mir der Fall über den Kopf gewachsen. Einen Moment lang dachte ich daran, wieder Briefmarken- und Münzhändler zu werden. Was für eine anregende, beruhigende und zugleich faire Tätigkeit war es doch, Menschen seltene Münzen und Briefmarken zu verkaufen! Ob ich Willi die Sammlungen abkaufen sollte, die er im Keller des Kaufhauses verstaut hatte?

Ich schaute nach draußen. Fadenregen klatschte gegen die Scheiben von Stürzenbechers Auto. Wir waren irgendwo zwischen Papenburg und Emden, auf dem Weg nach Norden, zu Peter und Horst, den sympathischen Polizisten von Norderney, und zum Reha-Zentrum der KAP, das ich diesmal, mithilfe von Stürzenbecher, auf den Kopf zu stellen gedachte.

Als wir auf Norderney ankamen, war es bereits dunkel. Peter und Horst saßen beide in der kleinen Polizeiwache. Sie sahen aus wie zwei Schüler, die man zum Nachsitzen verdonnert hatte, und begrüßten uns nicht gerade überschwänglich. Horst machte immer noch den Eindruck, als hätte er sich für die letzten Tage etwas Besseres vorgenommen.

»Wo ist sie?«, fragte Stürzenbecher.

»Im Krankenhaus«, sagte Peter. »Ein Kommissar aus Emden war da. Er hat gesagt, wir sollen mit der Überführung warten, bis Sie sie angeschaut haben. Wegen der Identifizierung.«

»Ausgezeichnet«, meinte Stürzenbecher. Ich konnte mich da nicht anschließen.

»Hat sich etwas Neues bezüglich Martin Kunstmann ergeben?«, erkundigte ich mich.

»Nee«, sagte Horst. »Wir waren noch mal da, als wir seine Frau gefunden haben. Ich meine, auf dem Personalausweis stand Kunstmann. Und da dachten wir, das könnte seine Frau sein. Aber die Sektenfritzen behaupten steif und fest, dass sie weder mit ihm noch mit ihr was zu tun haben.«

»Die haben mein Auto geklaut. Und sie *saß* in meinem Auto. Also besteht ein Zusammenhang.«

»Woher sollten wir wissen, dass Ihr Auto gestohlen wurde? Als Sie bei uns waren, haben Sie darüber kein Wort verloren.«

Ich ballte die Faust. »Ich musste sofort zurück nach Münster. Wegen eines anderen Falles.«

Stürzenbecher guckte mich von der Seite an. »Der Versicherungsbetrug?«

»Ja, der Versicherungsbetrug.«

Peter sagte: »Das Beste wäre gewesen, Sie hätten uns alles erzählt.«

»Ich weiß. Aber jetzt ist es zu spät.«

»Viel zu spät«, meinte Horst.

Ich hätte im Boden versinken mögen.

Peter brach das Schweigen: »Ich habe den Staatsanwalt angerufen. Der wollte sich um die Durchsuchung kümmern, nachdem er mit Frau Kunstmann gesprochen habe. Dazu ist es ja leider nicht mehr gekommen.«

Es wurde immer schlimmer. Endlich machte Stürzenbecher der Peinlichkeit ein Ende: »Dann fahren wir erst mal zum Krankenhaus. Anschließend werde ich ein paar Dinge mit Emden klären. Diese KAP-Leute sollen uns nicht ungeschoren davonkommen. Sie haben die Fähre kontrolliert?«

»Einer von uns beiden war da, wenn eine Fähre abgelegt hat«, sagte Peter. »Es ist keiner draufgegangen, den wir nicht kannten.«

Obwohl Norderney ein einziges großes Krankenhaus war, vollgestellt mit Kur-, Erholungs-, Kinder- und Müttergenesungsheimen, mit Spezialkliniken für Bronchien, Asthma, Neurodermitis und Schuppenflechte, gab es auch noch ein kleines allgemeines Krankenhaus. Dorthin hatte man Anja Kunstmann gebracht, genauer gesagt, das, was von ihr übrig geblieben war.

Ein junger nervöser Arzt, der unangenehm nach Teer- und Moorpackungen roch und rote Flecken im Gesicht hatte, begrüßte uns, nachdem er von der Nachtschwester geholt worden war.

Er redete unentwegt, während wir eine Treppe hinabstiegen. »Wir haben ja keine Kühlfächer, weil die Toten nie lange bei uns bleiben. Wenn eine Obduktion durchgeführt werden soll, braucht man eigentlich ein Kühlfach. Aber bei diesen Temperaturen, im Keller ist es unter zehn Grad, dürfte das kein Problem sein. Hier entlang, meine Herren! Erschrecken Sie nicht, wenn Sie sie sehen! Der Brustkorb ist völlig eingedrückt. Das Gesicht wurde von Splittern zerfetzt. Im Grunde keine schweren Verletzungen, aber es sieht halt nicht so schön aus. Der Unterleib dagegen ist vollkommen unversehrt.«

»Muss das sein?«, fragte ich Stürzenbecher.

»Wir haben im Moment keinen anderen, der sie identifizieren kann.«

Seine Stimme klang etwas dumpfer als sonst. In manchen Dingen kriegen auch Bullen keine Routine.

Sie lag auf einem fahrbaren Gestell, zwischen Kisten und ausrangierten Waschbecken. Bedeckt mit einem weißen

Laken. Fehlte nur, dass ein Fuß herausragte und am großen Zeh ein Zettel hing mit der Aufschrift: Anja Kunstmann.

Der Arzt schlug das Laken zurück. »Sehen Sie, was ich meine!«

Ich sah es.

Stürzenbecher legte mir den Arm auf die Schulter und schob mich näher ran. »Guck sie dir genau an! Ist das Anja Kunstmann?«

Ich nickte.

»Okay«, sagte Stürzenbecher. »Sie können sie wieder zudecken.«

»Wollen Sie nicht mehr sehen?«, fragte der Arzt enttäuscht.

»Nein, danke! Lassen Sie sie morgen früh nach Emden in die Rechtsmedizin bringen! Mich interessiert alles. Was sie zuletzt gegessen hat, ob irgendwelche Medikamente oder andere Substanzen nachzuweisen sind, ob sie vor ihrem Tod Geschlechtsverkehr hatte.«

»Natürlich«, sagte der Arzt kühl. »Ich habe hier leider nicht die nötigen Instrumente, sonst würde ich es gerne selber machen.«

Ich übergab mich nicht, aber ich sog die eisige Luft vor dem Krankenhaus bis in die untersten Lungenspitzen.

»Ich fahr noch mal zur Polizeiwache«, sagte Stürzenbecher. »Morgen früh räuchern wir dieses KAP-Nest aus. Du kannst ja inzwischen zum Hotel gehen.«

Ich nickte, und Stürzenbecher verschwand. Dann setzte ich mich auf die Treppe des Krankenhauseinganges. Am Himmel zeigte sich die Milchstraße. Und viel Schwarze Materie.

Eine Viertelstunde später war ich im Hotel. Diesmal nahm ich ein Zimmer mit Meerblick. Vor unserer Abreise hatte ich Sigi den 50.000 Mark-Scheck in die Hand gedrückt und sie gebeten, ihn zur Bank zu bringen.

Vom Meer war allerdings nicht viel zu sehen. Ein bisschen weiße Gischt, das war alles. Genauso öde wie das Hotelzimmer. Ich nahm ein Bad und ging hinunter in die Hotelbar. Sie war leer, bis auf zwei Damen um die fünfzig, die sich Geschichten über ihre Krankheiten erzählten.

Nach dem dritten Martini kam Stürzenbecher und setzte sich neben mich.

»Sie war eine schöne Frau.«

Ich sagte nichts.

»Hattest du was mit ihr?«

»Ich möchte nicht darüber reden.«

Stürzenbecher bestellte ein Bier und schwieg.

»Was machen die Kinder?«, fragte ich.

»Sie werden größer. Mark ist sitzen geblieben, weil er lieber Karten spielt und sich mit seinen Kumpanen besäuft, als etwas zu lernen. Letzte Woche mussten wir ihn mit Anzeichen einer Alkoholvergiftung ins Krankenhaus bringen.«

Andere Leute, andere Probleme.

Stürzenbecher weckte mich um vier Uhr morgens. Um diese Uhrzeit war mein Blutdruck so niedrig, dass man damit nicht mal einen Fahrradschlauch aufpumpen konnte. Trotzdem schaffte ich es innerhalb einer Viertelstunde, meine Körperteile in Textilien zu verstauen.

Es klopfte an der Tür. Stürzenbecher trug einen Schimanski-Parka und eine Pudelmütze, kein besonders autoritätserheischender Anblick.

»Zieh dich warm an! Es ist kalt draußen.«

»Glaubst du, dass man schon einen Kaffee kriegen kann?«

»Nein. Außerdem müssen wir los.«

Wir fuhren zu der kleinen Polizeiwache. Stürzenbecher hatte zwanzig Mann Verstärkung auf die Insel beordert, und die saßen mit dumpf-trägen Gesichtern in einem Kleinbus.

Peter und Horst waren auch schon auf den Beinen. Bei einem solchen Einsatz mussten sie natürlich dabei sein. Peter hatte sogar eine Thermoskanne mit Ostfriesentee dabei, wofür ich ihm sehr dankbar war. Horst stieg in den Kleinbus, Peter in Stürzenbechers Auto, dann gab Stürzenbecher das Startkommando.

Das Reha-Zentrum war genauso dunkel wie alle anderen Häuser auf der Insel. Wir fuhren direkt auf den Parkplatz, und Stürzenbecher schickte fünf Polizisten zur Rückseite. Dann verteilte er fünf weitere auf die Vorderseite, mit dem Rest gingen wir zum Portal.

Stürzenbecher behielt den Finger auf der Klingel. Das Schellen weckte nicht einmal schlafende Hunde. Er gab einem der beiden Axtträger ein Zeichen, und der haute die große Glasscheibe zu Scherben. Zwanzig Lederstiefel trampelten über Splitter.

»Ausschwärmen und die Zimmer durchsuchen! Fragen Sie jeden, den Sie finden, nach seinem Namen! Sollte ein Martin Kunstmann dabei sein, bringen Sie ihn sofort hierher! Alle anderen müssen in zehn Minuten in der Eingangshalle sein.«

Zehn Polizisten schwärmten aus. Wir hörten, wie sie Türen öffneten und wieder schlossen. Ansonsten war es ruhig, sehr ruhig, zu ruhig.

Zehn Minuten später waren die Polizisten wieder da.

»Das Gebäude ist leer«, sagte einer.

Die anderen nickten.

Stürzenbecher riss sich wütend die Pudelmütze vom Kopf und warf sie auf den Boden. »Die Bande ist ausgeflogen. Aber wohin?«

Peter und Horst guckten sich an. Beide hatten den selben Gedanken.

»Es gibt da eine Möglichkeit«, setzte Peter an. »Wir haben nämlich einen Flughafen.«

Stürzenbecher kochte. »Und Sie haben keine Anweisung gegeben, alle Flugbewegungen sofort zu melden?«

»Nein. Normalerweise landen hier sehr selten Flugzeuge. Besonders im Winter.«

Wie sich herausstellte, war am Tag zuvor ein aus London kommendes Flugzeug auf dem Norderneyer Flughafen gelandet. Dreißig Passagiere, alle in ziviler Kleidung, hatten das Flugzeug bestiegen, worauf es umgehend wieder startete.

XII

Der Himmel befand sich in einem Zustand, den man im Sommer als Dämmerung bezeichnen würde, und der an diesem Tag das Äußerste war, was er an Helligkeit zu bieten hatte. Meine Schreibtischlampe brannte. Ich las einen Bericht über den Niedergang des FC Bayern München und sog dabei gelegentlich an der Pfeife.

Ich war nicht gewillt, mich zu bewegen oder über etwas Anstrengendes nachzudenken. Das Gespräch mit dem Steuerberater hatte mir gereicht. Er hatte mir zu verstehen gegeben, dass er nicht länger bereit sei, meine Schlampereien in der Buchführung gegenüber dem Finanzamt durch seinen guten Namen zu vertuschen. Außerdem hätte er neulich mit dem Oberbürgermeister gesprochen, und der wiederum habe ihm erzählt, dass seine Frau neulich von einer Freundin etwas Schlechtes über mich gehört habe. Ich hatte nach Ausflüchten gesucht, aber keine gefunden. Die Mitgliedschaft im örtlichen Golfklub rückte in weite Ferne. Die Herren in der Chefetage der Sparkasse würden wieder Abstand von mir nehmen. Aber das alles war mir im Moment egal. Dem FC Bayern ging's noch schlechter.

Sigi kam herein und legte die Post auf den Schreibtisch. Sie trug Schwarz, passend zur Stimmung. Ich senkte die Zeitung und warf einen Blick auf die Briefe. Die Autoversicherung wollte Einzelheiten über den Diebstahl meines BMW wissen, insbesondere stellte sie Fangfragen, um mich der Mitschuld zu überführen. Der Hausbesitzer drohte die Erhöhung der Kaltmiete um drei Mark pro Quadratmeter an, da die Vergleichsmieten raketenartig nach oben geschossen seien. Der dritte Brief war handschriftlich adressiert und trug den Vermerk *persönlich*. Sigi hatte ihn nicht geöffnet.

Auf der Vorderseite klebten englische Briefmarken. Ich drehte ihn um. Kein Absender. Ich befühlte den Inhalt und fragte mich, ob man wohl inzwischen Briefbomben von der Dicke eines normalen Briefes herstellen kann.

Dann riss ich ihn auf. Es war ein gewöhnlicher Brief.

Ich las:

Sehr geehrter Herr Wilsberg,

ich wende mich an Sie, weil Sie nach dem unglücklichen Tod meiner Frau der einzige Mensch in Deutschland sind, den ich kenne und der gleichzeitig genügend Interesse und Engagement aufbringt, um die Kirche für angewandte Philosophie in der Öffentlichkeit entscheidend zu desavouieren. An mich selber und mein Schicksal denke ich dabei nicht. Es ist mir aufgrund der vorausgegangenen Ereignisse gleichgültig geworden.

Als Glück im Unglück sehe ich die Tatsache an, dass ich im »Schloss« einen Menschen getroffen habe, der genauso denkt wie ich, der dies allerdings bislang verschleiert hat und daher noch das Vertrauen der Kirche besitzt. Mit seiner Hilfe ist es mir gelungen, in den Besitz von Papieren zu kommen, die die schmutzigen Geschäfte der Kirche belegen. (Er hat übrigens auch diesen Brief zur Post gebracht, da ich mich nicht außerhalb des »Schlosses« bewegen darf.)

Diese Person wird am 15. Februar um 11 Uhr vor dem Hauptpostamt von Portsmouth stehen, um Ihnen die Papiere zu übergeben. (Sie erkennen sie an einer unter den linken Arm geklemmten Times.*) Bitte entschuldigen*

Sie, dass ich Ihnen dies ultimativ mitteilen muss, aber die Zeit drängt, und es gibt keine Möglichkeit der Kommunikation.

Mit freundlichem Gruß,
Martin Kunstmann

PS Selbstverständlich komme ich für Ihre Kosten auf, sobald ich dazu in der Lage bin.

Ich drückte auf die Taste der Sprechanlage und bat Sigi, herüberzukommen.

»Was hältst du davon?«, fragte ich, nachdem sie den Brief gelesen hatte.

»Hmm, könnte eine Falle sein.«

»Oder eine einmalige Chance.«

»Du willst also hinfahren?«

»Ja.«

»Wieder so ein Alleingang?«

»Ich hab noch was gutzumachen.«

»Es war nicht deine Schuld.«

»Aber ich war nicht da, als sie mich brauchte.«

»Du hast getan, was du konntest.«

»Und das war zu wenig.« Ich machte eine vage Handbewegung. »Egal. Der fünfzehnte ist übermorgen. Sei so gut und buche für mich einen Flug von Düsseldorf nach London! Wenn's geht, lass einen Leihwagen reservieren, den ich am Flughafen abholen kann!«

Sigi machte ein mürrisches Gesicht und verschwand.

Ich wandte mich wieder dem Sportteil der Zeitung zu und las einen Artikel über die neuesten Techniken zur Umgehung von Dopingkontrollen. Ich wollte, wie gesagt, nicht nachdenken.

Nach einer halben Stunde meldete sich Sigi: »Alles erledigt, Chef.«

Ich ging zu ihr hinüber. »Wann startet der Flieger?«

»Morgen früh um elf Uhr dreißig. Ich habe übrigens zwei Plätze gebucht.«

»Was?«

»Für dich und mich. Ich habe mir gedacht, dass du vielleicht Unterstützung brauchst.«

»Bestell den zweiten Flug wieder ab! Oder, besser noch, frag Hjalmar, ob er die nächsten Tage Zeit hat!«

»Du gibst also zu, dass es sinnvoll wäre, wenn dich jemand begleiten würde, den die KAP noch nicht kennt?«

»Na ja, falls dieser Mittelsmann nicht auftaucht, könnte man das Schloss der KAP mal in Augenschein nehmen. Und es würde mich nicht wundern, wenn sich diese Clique aus Norderney dort aufhielte.«

»Hjalmar ist in Urlaub gefahren«, sagte Sigi triumphierend. »Er haut seine Prämie auf den Kopf.«

»Und wer bezahlt den zweiten Flug?«, fragte ich vorwurfsvoll.

»Du. Du kannst ihn ja Kunstmann in Rechnung stellen.«

»Falls er jemals wieder die Gelegenheit bekommt, sein Professorengehalt einzustreichen.«

»Du hast gerade 50.000 Mark verdient.«

»Und meinen BMW verloren.«

»Den zahlt die Versicherung.«

»Also gut. Du kannst mitfliegen.«

Sigi grinste.

Ich setzte mich wieder an den Schreibtisch und füllte den Fragebogen der Versicherung aus. Dann diktierte ich einen Brief an den Hausbesitzer, in dem ich ihm vorwarf, die Wohnungsnot und den Mangel an Geschäftsräumen skrupellos auszunutzen. Ferner stellte ich ihm in Aussicht, seinen Vergleichsmietspiegel und die prozentuale Steigerung der Miete notfalls gerichtlich überprüfen zu lassen. Eine solche öffentliche Auseinandersetzung könne ihm als eine der Säulen des Karnevalsvereins der Paohlbürger eigentlich nicht gelegen kommen, beendete ich das Schreiben hochachtungsvoll. Anschließend fühlte ich mich erschöpft genug für eine längere Mittagspause.

»Ich gehe mal eben was essen«, sagte ich zu Sigi. »Bin um drei wieder zurück.«

»Und ich gehe einkaufen«, antwortete sie. »Schließlich brauche ich für England was zum Anziehen.«

Ich trat aus dem Haus und blieb unter den Arkaden des Prinzipalmarktes stehen. Noch während ich darüber nachdachte, ob ich vollwertköstlich oder italienisch essen wollte, hörte ich hinter mir eine heisere Stimme: »Sie schulden mir was.«

Die Stimme kam mir bekannt vor. Ich drehte mich um und guckte in das zerfurchte Gesicht von Karl Hagedorn.

»Ich schulde Ihnen gar nichts.«

Er geiferte: »Doch. Tausend Mark. In der Tasche waren nur 99.000. Ich habe Ihnen aber 100.000 gegeben.«

»Sie werden sich verzählt haben.«

»Das habe ich nicht. Wollen Sie, dass ich es Gross erzähle?«

Ich stöhnte. »Wie kann man in Ihrem Alter nur so geldgierig sein?«

Dann zog ich mein Portemonnaie aus der Tasche und entnahm ihm einen Scheck.

»Haben Sie eine Unterlage?«

»Nein.«

Ich ging zwei Schritte nach vorne und drückte das Papier gegen eine Säule.

»Hier! Und falls Sie mal einen Privatdetektiv brauchen ...«

Er krallte sich den Scheck und enteilte.

Ich entschied mich für Vollwertkost. Als ich den Prinzipalmarkt überquerte, knallte mir der saure Regen ins Gesicht.

XIII

Ich hatte Sigi zum ersten Mal in Montaione gesehen, einem kleinen Ort in der Toskana. Ich saß mit einem *caffè corretto* vor der Bar in der Ortsmitte und atmete den vermissten Benzinduft ein, als sie auf einer Vespa vorfuhr. Sie nahm den Helm ab und schüttelte ihre langen braunen Haare. Dann setzte sie sich an einen Tisch, ein paar Meter von mir entfernt, und musterte mich mit einem Blick, für den jeder Mann als Macho gegeißelt worden wäre. Kurz darauf knatterte eine zweite Vespa heran. Ein schwabbeliger Typ mit dichter Brustbehaarung saugte sich an ihrem Hals fest. Dabei grinste sie mich über seinen Rücken hinweg an.

Ein Jahr später traf ich sie zufällig am Salatbuffet einer münsterschen Geburtstagsparty. Obwohl sie keinen Helm trug und etwas blasser war, erkannte ich sie sofort. Da sie gerade keiner Beschäftigung nachging, engagierte ich sie auf der Stelle.

Jetzt saß sie neben mir und starrte aus dem Fenster. »Da unten muss irgendwo der Kanal sein«, sagte sie.

Ich guckte kurz zum Fenster, sah aber nur dichte Wolken. Seit ein paar Jahren verspürte ich eine gewisse Flugangst und ließ anderen gerne den Vortritt, wenn es um die Fensterplätze ging. Sigi dagegen war begeistert wie ein junges Mädchen, das zur ersten Reitstunde darf.

Wir sackten in ein Luftloch, und ich konzentrierte mich darauf, gleichmäßig zu atmen.

»Schade, dass man so wenig sieht«, sagte Sigi.

Ich grummelte und tat so, als würde ich weiter in meinem

Buch lesen. Tatsächlich hatte ich vom Abflug in Düsseldorf bis jetzt erst drei Seiten geschafft. Der Autor war ein Sektenpfarrer, der die Kirche für angewandte Philosophie aus tiefstem Herzen zu hassen schien.

Eine Stewardess kam vorbei und warf stanniolverpackte Mittagessen aus dem Hause *Mikrowilly* auf unsere ausgeklappten Tischchen. Das Minikotelett mit den Kunststoffmöhren und -erbsen bot eine willkommene Ablenkung. Anschließend gab es drei Finger hoch Kaffee in die kleine Plastiktasse. Gerne hätte ich den Kaffee mit etwas Hochprozentigem verdünnt, aber da ich später am Tag noch den Kampf mit dem englischen Linksverkehr aufnehmen musste, verzichtete ich darauf.

»Guck mal da!«, rief Sigi.

Vermutlich die Kreidefelsen von Dover. Ich hätte sie mir lieber aus der Froschperspektive angesehen.

Zwanzig Minuten später verkündete Sigi: »Wir sinken.«

Als ob mein Magen und meine Ohren mir das nicht schon längst gemeldet hätten.

Mit einigen überflüssigen Schwenkmanövern bereitete sich der Pilot auf den Landeanflug vor. Als er dann endlich hart aufsetzte, atmete ich erleichtert auf.

»Wir sind da«, strahlte Sigi.

Ich lächelte gequält.

Heathrow galt anerkanntermaßen als einer der hässlichsten Flughäfen der Welt, was wohl mit seiner Größe und der Unmöglichkeit zusammenhing, einen kompetenten Menschen zu treffen, der einem sagen konnte, wo sich die Niederlassung einer x-beliebigen Autovermietungsfirma befand.

Sigi und ich suchten eine halbe Stunde, zuerst gemeinsam und dann getrennt, bevor ich in einem versteckten Winkel im Erdgeschoss die besagte Firma entdeckte. Ich unterschrieb ein paar Formulare und erhielt dann den Autoschlüssel, verbunden mit einer komplizierten Erklärung, wo der Wagen geparkt sei.

Eine Stunde später erreichten wir die Fernstraße, die uns durch Sussex führen würde. Der Linksverkehr machte mir erstaunlich wenig aus, aber ich fürchtete bereits den Moment, in dem ich wieder in Deutschland ein Auto steuern sollte. Zwei Umstellungen innerhalb weniger Tage waren wahrscheinlich zu viel für mich.

»Am besten fahren wir gleich nach Portsmouth«, sagte ich. »Dann können wir morgen früh in aller Ruhe das Postamt in Augenschein nehmen.«

Sigi war mit allem einverstanden, solange darin eine Hafenbesichtigung enthalten war.

Das Benzin im Auto reichte für rund hundert Kilometer, die in England unsinnigerweise in Meilen umgerechnet werden. Also steuerte ich eine Tankstelle an, als das Reservelämpchen der Benzinanzeige schon eine Weile leuchtete. Erst vor der Zapfsäule fiel mir ein, dass ich vergessen hatte, Geld umzutauschen.

Ich ging zurück und beugte mich ins Wageninnere: »Hast du englisches Geld?«

»Nur ein paar Pfund.«

Scheiße. Ich blätterte mein Portemonnaie auf. Wo war denn meine Kreditkarte? Ich kramte in den Seitenfächern. Kein Scheck mehr. Verdammt. Siedend heiß machte sich in meinem Kopf der Gedanke breit, dass ich Hagedorn den letzten Scheck gegeben hatte. Bei der Gelegenheit musste auch die Kreditkarte herausgefallen sein. Scheiße, Scheiße, Scheiße.

Der Fahrer im Auto hinter uns fing an zu hupen.

Ich zählte meine Schätze: dreißig deutsche Mark.

»Wie viel D-Mark hast du?«, fragte ich Sigi.

»Och, nicht viel. Ich dachte, du würdest Geld mitnehmen.«

Entschlossen klappte ich die Wagentür zu, ging ins Innere der Tankstelle und fragte mit einem gewinnenden Lächeln den Mann hinter der Kasse: »Nehmen Sie auch deutsches Geld?«

»Nein.«

»Ich habe aber nur deutsches Geld.«

»Tut mir leid, Sir.«

Sigi hatte drei Pfund dabei, und deren Äquivalent in Benzin füllte ich in den Tank. Voller Verachtung warf ich die Scheine auf die Theke und entfernte mich grußlos.

»Was machen wir jetzt?«, fragte Sigi, als wir wieder auf der Straße waren.

»Wir probieren es bei der nächsten Tankstelle.«

»Und wie willst du das Hotel bezahlen?«

»Wir sind ein seriöses Ehepaar, das die Rechnung erst bei der Abreise bezahlt. Bis dahin ist mir vielleicht etwas eingefallen.«

Sigi lachte. »Wir können ja heimlich abhauen.«

»Und per Anhalter nach Heathrow fahren«, ergänzte ich.

Die nächste Tankstelle nahm auch kein deutsches Geld, und damit war unser Plan schon geplatzt.

Ich verfluchte mich und den englischen Nationalismus, wusste auf einmal, warum sich die Engländer so vehement gegen eine gemeinsame europäische Währung wehrten, aber tatsächlich waren wir genauso am Ende wie das Benzin.

Mithilfe der Straßenkarte, die die fürsorgliche Autovermietung ins Handschuhfach gelegt hatte, lokalisierte ich unsere Position in der unendlichen Weite der englischen Landschaft.

»Wir fahren in die nächste Stadt und suchen uns eine kleine Pension«, entschied ich. »Wenn mich nicht alles täuscht, müssen wir in der Nähe von Haslemere sein.«

»Und dann?«, fragte Sigi.

»Dann sehen wir weiter.«

Haslemere ist ein trostloses Kaff mit ein bisschen Industrie und My-home-is-my-castle-Reihenhäusern. Wir fanden ein kleines Hotel, das seine guten Tage irgendwann in den Zwanzigern gesehen hatte, und wurden von einer Frau in Empfang genommen, die zu ebenjener Zeit das Licht der Welt erblickt hatte. Sie beäugte uns misstrauisch, als ich beteuerte, dass wir verheiratet seien, händigte uns dann aber umstandslos den Zimmerschlüssel aus.

Das Zimmer roch nach feuchter Wäsche, was wohl daran lag, dass hier seit Wochen nicht mehr geheizt worden war. Ich untersuchte die Gasheizung unter dem Fenster und entdeckte, dass es sich um einen Geldautomaten handelte. Zehn Minuten Wärme gegen eine Münze.

»Lass uns gehen!«, sagte ich zu Sigi. »Ich habe einen Plan.«

»Wird aber auch Zeit«, sagte sie mit der Stimme einer Frau, die sich ihr Leben anders vorgestellt hatte.

Unten schwatzte ich der alten Frau zehn Pfund gegen dreißig Mark ab, verbunden mit dem Versprechen, sie am nächsten Morgen sofort wieder zurückzutauschen, sobald ich bei der Bank gewesen sei. Sie nahm die deutschen Scheine und warf sie mit einem angeekelten Gesichtsausdruck in eine Schublade.

»Und nun zur Post!«, sagte ich.

Sigi trottete verdrossen neben mir her. Ich schlug den Kragen meines Trenchcoats hoch und zog den Hut tiefer ins Gesicht. Ein leichter Nieselregen hatte eingesetzt, und so sahen wir kaum etwas von den sicher vorhandenen Sehenswürdigkeiten Haslemeres.

Die Post hatte, ganz gegen meine Befürchtung, noch geöffnet, und ich meldete ein R-Gespräch nach Münster an.

Als es nach fünf Minuten zustande kam, sagte ich: »Hallo, Thomas! Du musst mir einen Gefallen tun!« Ich schilderte

412

ihm kurz unsere missliche Lage und bat ihn, mir telegrafisch Geld anzuweisen, so viel und so schnell wie möglich.

Ein Freund zeigt sich daran, dass er in entscheidenden Momenten nicht Nein sagt. Thomas sagte Ja. Ich dankte ihm und hängte ein. Dann atmete ich auf.

Mit wiedererwachter Lebensfreude lud ich Sigi in eine Fish-and-Chips-Bude ein. Für ein vornehmeres Abendessen reichte die schmale Barkasse nicht.

Der Fisch schmeckte so ölig wie auf dem münsterschen Wochenmarkt, und die Chips ähnelten weich gekochten Dichtungsringen.

»So habe ich mir das nicht gedacht«, maulte Sigi.

»Viele machen sich völlig falsche Vorstellungen vom Leben eines Privatdetektivs«, sagte ich, während ich ein Rülpsen unterdrückte. »Er ist bei seinen Recherchen mancherlei Entbehrungen ausgesetzt. Außerdem lohnt es sich, in fremden Ländern die Essgewohnheiten der einfachen Leute kennenzulernen.«

Sigi sah mich an, als wolle sie mir zwei Chips in die Nasenlöcher stecken und den Mund zuhalten.

Anschließend gingen wir in eine Kneipe, die von Seemannsnetzen über schmuddelige Tischdecken bis zum Dartspiel an der Wand alles enthielt, was einen englischen Pub ausmacht. Wir tranken jeder zwei fade englische Biere, da ich noch ein paar Münzen für den Gasautomaten sparen wollte, und hörten der männlichen Stadtjugend bei ihren Gesprächen zu, die überwiegend aus den beiden Vokabeln »bloody« und »fucking« bestanden.

Als wir uns stark genug für das Hotelzimmer fühlten, machten wir uns auf den Heimweg.

Ich fütterte die Gasheizung, und mit einem bedrohlichen Brummen nahm sie ihre Arbeit auf. Dann duschten wir beide so heiß wie möglich und kuschelten uns im Bett unter allen vorhandenen Decken zusammen. Inzwischen glich das Zimmer nicht mehr einem Eiskeller, aber es hatte auch nicht mehr Komfort als die Büßerzelle in einem Benediktinerkloster. Ich wusste nicht, was sich Sigi von der ersten Nacht in einem gemeinsamen Bett versprochen hatte, aber die Umstände waren nicht so, dass sich eine Nachfrage lohnte.

XIV

Das Frühstück lag drei Klassen über der übrigen Ausstattung des Hotels. Eine Frau mit Flügelbrille und weißgestärkter Schürze fuhr jede Menge Schüsselchen und Schälchen auf, deren Inhalt zwar nicht gleichermaßen genießbar war, aber selbst bei Umgehung einiger sonderbarer Substanzen für eine gute Arbeitsgrundlage an diesem Tag sorgte. Dazu gab es sogar richtigen Kaffee und eine Zeitung.

Wir zogen das Frühstück, das wir um neun Uhr begonnen hatten, in die Länge, weil wir in der Nähe des Eingangs saßen und einen freien Blick auf eintreffende Geldbriefträger hatten. Oben, in unserem Zimmer, standen die gepackten Taschen für eine überstürzte Abreise bereit. Denn noch gab es eine winzige Chance, rechtzeitig in Portsmouth zu sein.

Um zehn Uhr klappte ich die Zeitung zusammen und sagte: »Vorbei.«

»Vielleicht sollten wir mal zur Post gehen und nachfragen«, meinte Sigi.

Die ältliche Wirtin schaute herein und erkundigte sich nach unserem Befinden. Wir beruhigten sie und nahmen dankend noch eine Tasse Kaffee an. Ob wir eine weitere Nacht zu bleiben beabsichtigten? Nein, eigentlich nicht. Ja, dann müssten wir das Zimmer bis elf Uhr räumen. Kein Problem, versicherten wir.

Ich zog die Zigarilloschachtel aus der Tasche und spielte auf Zeit. Langsam wurde es schwierig, noch einen interessanten Artikel in der Zeitung zu finden.

Um halb elf kam eine Postbotin und fragte nach einem

Mr. Wilsbörg. Ich präsentierte ihr meinen Ausweis, und sie häufte tausend Pfund auf den Frühstückstisch. Es war, als ob man eine Eintrittskarte für das Endspiel in Wimbledon geschenkt bekommt, nachdem Boris Becker den zweiten Satz verloren hat.

Wir bezahlten das Hotelzimmer, hetzten nach oben und stürzten mit unserem Gepäck zum Mietwagen. Vielleicht war der Überbringer der mysteriösen Papiere ja ein besonders geduldiger Mensch, der eine einstündige Verspätung locker einkalkulierte.

Um Punkt zwölf erreichten wir den Platz vor dem Hauptpostamt von Portsmouth. Sämtliche Sicherheitsregeln missachtend, forschten wir offen nach einem linksarmigen Zeitungsträger. Aber der einzige Mensch, der eine Zeitung dabeihatte, hielt diese mit den Fingern der rechten Hand. Außerdem blieb er nicht stehen, sondern verschwand um die Ecke eines Gebäudes.

Im Inneren des Postamtes bot sich das gleiche Bild. Weder erblickten wir eine *Times,* noch sprach uns jemand an, der wissen wollte, ob wir aus Münster in Germany kämen. Wir waren, schlicht und ergreifend, zu spät.

»Und nun?«, fragte Sigi. Sie wiederholte sich.

Ich schlug vor, zum Schloss der KAP zu fahren. Nur so, ohne feste Absicht und weil es gar nicht weit von hier lag.

Wir fuhren eine halbe Stunde durch die parkähnliche Landschaft und fragten schließlich einen Schäfer, nachdem wir seine Schafe durchgelassen hatten. Er war ein zorniger älterer Herr, der wissen wollte, ob wir zu diesen Teufelsanbetern gehörten. Erst als wir versicherten, dass wir lediglich einen Verwandten aus den Klauen derselben zu befreien versuchten, wies er uns den Weg.

Plötzlich rief Sigi: »Da! Das muss es sein!«

Ich stoppte den Wagen. Ein Sandsteingebilde, mit Burg-mauern und -türmchen, aber von einer Höhe, die allenfalls Zwerge an der Erstürmung hindern würde, zeichnete sich am Horizont ab. Ich holte das Fernglas aus der Tasche und stellte mich an den Straßenrand. Auch durch das Glas sah das Schloss nicht so groß und imposant aus, wie ich es mir vorgestellt hatte. Verglichen mit der Queen of England, war die Kirche für angewandte Philosophie ein armer Schlucker.

In angemessener Entfernung vom Schloss zog ein gut be-festigter Maschendrahtzaun seinen Kreis und an der Zu-fahrtsstraße lümmelten ein paar schwarz gekleidete Gestal-ten herum. Es war nicht Fort Knox, aber auch nicht die Suppenküche der Heilsarmee.

Ich reichte Sigi das Glas.

Sie guckte eine Weile hindurch, während ich einen Zigaril-lo rauchte und angestrengt nachdachte.

»Ich habe eine Idee«, sagte sie.

»Ich auch nicht«, sagte ich.

»*Ich* habe eine Idee«, beharrte Sigi.

»Du?« Ich guckte sie erstaunt an.

»Ja.« Sie war ganz aufgeregt. »Du erinnerst dich doch an die Postbotin heute Morgen?«

»Natürlich. Das war die mit dem Haufen Geldscheine in der Tasche.«

»Woran hast du sie erkannt?«

»Sei nicht albern! Sie trug eine Uniform.«

»Eben. Ein Mensch in einer Postuniform ist ein Postbote. Niemand würde darunter einen Spitzel vermuten.«

Mir dämmerte etwas. »Du meinst ...«

»Genau. Ich leihe mir eine Postuniform und gehe rein. Dann sage ich, dass ich eine Anweisung für Martin Kunst-mann habe. Entweder sie leugnen, dass er da ist, oder sie lassen mich einfach zu ihm.«

»Moment mal! Wenn jemand reingeht, dann bin ich es.«

»Red keinen Quatsch! Du hast selbst gesagt, dass dort wahrscheinlich einige Leute sind, die dich kennen. Außerdem erregt eine Frau weniger Misstrauen.«

»Und woher willst du eine Postuniform bekommen?«

Sigi rollte mit den Augen. »Wir könnten's bei der Postbotin von heute Morgen probieren. Sie müsste ungefähr meine Größe haben. Wenn wir sie anständig bezahlen ...«

»Okay.« Ich ging vor dem Wagen auf und ab. »Mal angenommen, du hast Glück und wirst tatsächlich zu Martin Kunstmann gelassen. Was willst du ihm sagen? Er ist völlig überrascht und hat die Papiere sicher nicht in seiner Wäschekommode. Und am nächsten Tag noch einmal aufzutauchen, ist zu gefährlich. Da würde ja der Schafköpfigste Verrat wittern.«

»Georg!«, sagte Sigi vorwurfsvoll. »Es ist arschkalt hier. Können wir im Auto weiterdiskutieren?«

Wir fuhren zurück nach Haslemere, prophylaktisch. Immerhin war Sigis Idee nicht schlecht, wie ich zugeben musste. Es fehlte eben nur noch das i-Tüpfelchen.

Und auf einmal hatte ich es. »Wir schlagen ihm eine Wiederholung der Übergabe-Prozedur vor. Am nächsten Tag vor dem Postamt von Portsmouth.«

»Siehst du!«, strahlte Sigi. »Ich wusste doch, dass dir auch noch was einfällt.«

Manchmal kann sie ganz schön arrogant sein.

Die alte Wirtin im Haslemerer Hotel war etwas überrascht, uns so schnell wiederzusehen. Wir sagten ihr, dass wir uns die Sache überlegt hätten und noch eine Nacht in Haslemere verbringen wollten. Möglichst in demselben Zimmer, das ja inzwischen so gut wie geheizt war. Sie überreichte mir würdevoll den Zimmerschlüssel, und bei der Gelegenheit fragte ich sie nach der Postbotin, die mir heute Morgen das Geld gebracht hatte. Nicht, dass es da eine Unstimmigkeit gebe, aber ich hätte noch eine Nachfrage. Rein privat.

»Oh! Das war Patty Smith. Sie wohnt hier in der Nähe. Die dritte Straße rechts.«

Ich notierte die Straße, bei der Hausnummer war sich die Alte nicht sicher. Aber es sei ein modernes Haus, nicht zu verfehlen, weil es die anderen um zwei Stockwerke überrage.

Wir brachten die Taschen nach oben, warfen ein paar Münzen in den Gasautomaten und beeilten uns, Patty Smith zu finden.

Sie war zu Hause und bat uns ins Wohnzimmer, wo eine gewisse Unruhe herrschte. Der Fernseher lief, das Radio auch, zwei Kinder schrien sich an und bewarfen sich gegenseitig mit Porridge. Davon unberührt lag ein Mann auf dem Sofa und schlief.

Patty Smith schaltete das Radio ab, drehte am Fernseher den Ton weg, gab beiden Kindern einen Klaps und stemmte fragend die Fäuste in die Hüften. Von der plötzlichen Ruhe geweckt, hustete der Mann lange und ausgiebig.

Sigi brachte unsere Bitte vor.

»Das geht nicht«, sagte Frau Smith. »Ich darf meine Uniform nicht verleihen. Wenn das jemand erfährt, verliere ich meinen Job.«

Der Mann richtete sich halb auf und stützte dabei den Kopf auf die Hand. »Wie viel?«

Wir einigten uns auf fünfzig Pfund.

Es war früher Nachmittag, und die Sonne brach erstmalig durch die dicke Wolkendecke. Sigi fing langsam an, nervös zu werden.

»Du musst da nicht rein«, sagte ich. »Wir können die Sache noch abblasen.«

»Blödsinn! Ich habe gesagt, dass ich's tue, und dabei bleibt es.«

»Du siehst nicht gerade englisch aus. Außerdem sprichst du nicht akzentfrei.«

»Na und? Es gibt auch in England jede Menge Ausländer. Warum nicht bei der Post? Und mein Englisch ist gut genug, ich habe schließlich ein halbes Jahr in den USA gelebt.«

Ich gab mich geschlagen.

Sigi lächelte gezwungen. »Ich bin nur ein bisschen aufgeregt. Das ist alles.«

Einen halben Kilometer vor dem Schloss fuhr ich an den Straßenrand.

»Ich warte hier. Wenn du in einer Stunde nicht wieder da bist, gehe ich zur Polizei. Ich hol dich da raus. Hab keine Angst!«

Sie legte mir den Arm um den Hals und drückte mich kurz an sich. Dann stieg ich aus und sah dem davonfahrenden Auto nach. Hoffentlich dachte Sigi an den Linksverkehr!

Die Sonne hatte sich wieder hinter den Wolken verkrümelt. Es war kalt und grau. So kalt und grau wie meine Gedanken. Ich ging auf und ab, auf und ab. In der rechten Manteltasche steckte eine neue Spielzeugberetta, die ich fest umklammert hielt. Sie hatte im Koffer gelegen, war aber bei der Sicherheitskontrolle im Düsseldorfer Flughafen offensichtlich niemandem aufgefallen. So konnte ich mir die Geschichte vom Geburtstagsgeschenk für meinen Neffen in England sparen. Ich stellte mir vor, was für ein Gesicht der KAP-Boss machen würde, wenn ich ihm den Lauf an die Schläfe drücken würde. Das war ein schöner Gedanke. Weitaus besser als der aktuelle Gebrauchswert, der sich darauf beschränkte, eine Schar Zugvögel zu erschrecken.

Es kam niemand vorbei. Nicht mal ein Schäfer, mit dem ich über Schafe und Wölfe plaudern konnte. Alle zwei Minuten guckte ich auf die Uhr. Es war schlimmer als beim Zahnarzt.

Nach vierzehn Minuten sah ich den weißen Mietwagen. Ich machte innerlich einen Freudensprung.

Sigi bremste mit quietschenden Reifen. Sie strahlte.

»Es hat geklappt«, rief sie, als ich einstieg. Dann fiel sie mir um den Hals und küsste mich auf den Mund.

»Fahr weiter!«, sagte ich, sobald ich wieder Luft bekam. »Könnte ja sein, dass ein KAPler vorbeikommt.«

Sie trat aufs Gaspedal. »Es war ganz einfach. Zuerst haben sie sich blöde angeguckt, als ich sagte: eine Geldanweisung für Mister Kunstmann. Dann hat einer telefoniert. Anscheinend wussten sie nicht so recht, was sie machen sollten. Der, der angerufen hat, hat mich vertröstet: Wir müssen Mister Kunstmann erst suchen.«

»Ziemlich dumm von ihm. Damit hat er zugegeben, dass Kunstmann im Schloss ist.«

»Er wurde auch ganz kleinlaut, als nach ein paar Minuten der Rückruf kam. Dann hat mich ein anderer über den Innenhof geführt.«

»Hast du etwas entdeckt, was sich für unsere Zwecke eignet?«

»Habe ich. Über mehrere Treppen kamen wir zu einer großen Holztür, hinter der sich eine Art Foyer befindet. Da hat er mich einem anderen übergeben, mit dem ich durch einen langen Flur gegangen bin. Weißt du«, sie kicherte, »manche von denen sehen aus, als wären sie gerade aus dem Raumschiff Orion gekommen. Die tragen goldgestreifte weiße Kostüme. Echter Weltraumlook. Wenn ich nicht so aufgeregt gewesen wäre, hätte ich mir vor Lachen in die Hose gemacht.«

»Und dann?«, fragte ich ungeduldig.

»Nachdem wir etwa einen Kilometer gegangen waren,

mündete der Flur in einen großen runden Raum. Einer der Ecktürme, nehme ich an. Es sah aus wie ein Aufenthaltsraum, mit Sesseln, Tischen und einer kleinen Teeküche. Kunstmann saß auf einem der Sessel.«

»Welchen Eindruck machte er auf dich?«

»Er sah mies aus, so wie jemand, der drei Tage nicht geschlafen hat. Ich sagte meinen Spruch auf: Ich habe hundert Pfund für Sie. Wenn Sie bitte hier unterschreiben würden und so weiter.«

»Wie hat er reagiert?«

»Er hat mich erstaunt angeguckt. Ich musste ihm den Zettel praktisch vor die Nase halten, bis er merkte, was los war. Dann hat er sich sehr cool verhalten, alles genau durchgelesen und unterschrieben.«

»Wo war der Typ, der dich begleitet hat?«

»Der stand zwei Meter hinter mir. Aber ich glaube nicht, dass er Verdacht geschöpft hat.«

»Ausgezeichnet.« Ich drückte ihre Schulter. »Das hast du sehr gut gemacht.«

»Ich weiß«, sagte sie und kniff mich ins Bein.

In Haslemere hielt Sigi vor einem Geschäft mit Gartenwerkzeugen, und ich kaufte eine große Zange. Patty Smith war glücklich, ihre Uniform so schnell zurückzubekommen. Dann fuhren wir zum Hotel, wo wir den Rest des Nachmittags im Bett verbrachten.

Am Abend standen wir auf und fahndeten nach einem Slow-Food-Restaurant. Wir fanden eins mit Kerzenständern auf den Tischen und sauberen Tischdecken. Unglücklicherweise hatte der Koch mein Lammsteak mit Pfefferminzsoße übergossen. Ich bekam fast nie Zahnschmerzen, ausgenommen den seltenen Fall, dass meine Plomben mit Pfefferminzsoße in Berührung kamen. Also vergaß ich das Lammsteak und widmete mich den Brechbohnen. Kulinarisch gesehen war England keine Offenbarung für mich.

Zurück im Hotel, zog ich mich für die Nachtarbeit um. Ich hatte unseren Plan erweitert und eine kleine Rolle für mich eingebaut. Nicht nur aus Gründen des Selbstwertgefühls, sondern auch, um Martin Kunstmann zumindest die Möglichkeit einzuräumen, aus dem Schloss zu fliehen. Auf dem Weg durch den Innenhof hatte sich Sigi eine markante Stelle gemerkt, an der ich die Pistole verstecken konnte. Dies hatte sie, zusammen mit der Information, dass wir morgen früh um zehn Uhr vor dem Schlosseingang warten würden, aufgeschrieben und Kunstmann zu lesen gegeben. Ich baute darauf, dass Kunstmanns Helfer, der sich auf dem Schlossgelände frei bewegen durfte, Kunstmann die Pistole zustecken könnte. Falls der Fluchtplan scheiterte oder Kunstmann überhaupt nicht fliehen wollte, würden wir um elf vor dem Hauptpostamt von Portsmouth sein.

So weit der Plan, zu dessen Ausführung ich den schwarzen Trainingsanzug anlegte, die Drahtzange und eine schwarze Gesichtscreme in eine Plastiktüte packte und diese unter dem Trenchcoat versteckte, als wir das Hotel verließen.

Ich parkte an der inzwischen sattsam bekannten Stelle, ungefähr einen halben Kilometer vor dem Schloss, und malte mich schwarz an, bis nur noch das Weiße meiner Augen zu sehen war. Dann streifte ich die schwarzen Handschuhe über, verabschiedete mich mit den üblichen Verhaltensregeln von Sigi und verschwand im Dunkel der Nacht.

Kein Mond und auch keine andere Himmelserscheinung erleuchtete das Firmament, und hätten nicht die KAPler ein paar mächtige Scheinwerfer auf ihr Schloss gerichtet, es wäre tatsächlich völlig finster gewesen.

Ich zwickte auf Kaninchenhöhe ein Loch in den Zaun und kroch hindurch. Den Gedanken, das Loch zu tarnen, verwarf ich wieder, da man, abgesehen von niedrigen Grashalmen, jede Pflanze aus dem Grenzgebiet verbannt hatte. Dann ging ich, gebückt und bereit, mich jederzeit auf den Boden zu werfen, auf die eigentliche Schlossanlage zu. Im Scheinwerferlicht sah sie ganz gemütlich aus. Jenseits der siebzig würde ich sie jederzeit einem Altenpflegeheim vorziehen.

Ein Stimmenpaar durchkreuzte meine Zukunftspläne und warf mich auf den Boden der Tatsachen, der in Gestalt eines Grashalms meine Nase kitzelte. Zwei Männer, vermutlich Schwarzuniformierte vom Orden des Tempels, redeten auf Französisch über den Speiseplan. Sie äußerten sich abfällig, und ich konnte es ihnen nicht verdenken, falls der Koch ein Engländer war.

Als sie sich entfernt hatten, kroch ich vorsichtig weiter. Sigi hatte einen Blumenkübel ausgewählt, der die Grenze zwischen Innenhof und Parkanlage markierte. Ich setzte mich in seinen Schatten und grub mit der nach oben gestreckten Hand ein Loch in die Erde. Dort versenkte ich die Spielzeugberetta und schloss das Loch wieder. Als Hinweis pikste ich in die Mitte einen Daumenabdruck.

Ich linste um den Rand des Betonkübels. Die beiden Männer standen weit entfernt auf einem Treppenabsatz und sprachen wahrscheinlich über die Freuden der französischen Küche.

In aller Ruhe machte ich mich auf den Rückweg und wäre beinahe einer Patrouille in die Hände gefallen, die am Zaum entlangschritt. Auch diese beiden unterhielten sich – worüber, konnte ich nicht verstehen – und übersahen mich und das Loch.

Das wird morgen eine gehörige Standpauke geben, außerdem eine Woche lang Kartoffeln mit Pfefferminzsoße, dachte ich.

Dann kroch ich durch das Loch und rannte zum Wagen zurück. Manchmal funktionierten meine Pläne, und ich wurde weder zusammengeschlagen noch entführt.

XV

Um kurz vor zehn setzten wir uns den kritischen Blicken der schwarzen Gestalten vom Orden des Tempels aus.

An eine Deckung war nicht zu denken, also parkten wir einfach zwanzig Meter vom Wachposten der Ordensritter entfernt, falteten eine Straßenkarte auseinander und taten so, als würden wir heftig darüber diskutieren, wer denn nun eigentlich wem den falschen Weg gewiesen habe. Den Schwarzlingen passte das gar nicht. Aber wir standen auf einer öffentlichen Straße.

Bis zwei Minuten nach zehn passierte nichts.

»Er kommt nicht«, flüsterte Sigi.

Einer der Schwarzlinge machte Anstalten, zu uns herüberzukommen, um uns den Weg zu weisen.

Da hörten wir Schreie und Gebrüll aus dem Schloss.

Ich stieg aus, um einen besseren Überblick zu haben. Auch die drei Torwächter hatten sich umgedreht und starrten in Richtung Schloss.

»Was ist?«, fragte Sigi.

»Nichts zu sehen«, antwortete ich.

Ein dumpfer Knall. Am Ton erkannte ich meine Spielzeugpistole.

»Das ist Kunstmann«, sagte ich.

Sigi war ebenfalls ausgestiegen. »Was macht er jetzt?«

Ich hätte mit einer Reihe von Befürchtungen antworten können, beließ es aber bei einem Achselzucken. Zwei der Schwarzuniformierten rannten los, der dritte bedachte uns mit einem wütenden Blick. Er dachte wohl an die schlechte PR.

Jetzt tat sich etwas auf dem Innenhof. Einige Schwarzlinge sprinteten die Treppe hinunter und versteckten sich hinter der vordersten Schlossmauer. Einer warf sich hinter den Blumenkübel, ein weiterer kroch hinter die Seitenbefestigung der Treppe. Dann kam Kunstmann.

Er ging nicht allein. Vor sich her schob er einen Weißkostümierten, dem er die Pistole an die Schläfe drückte.

»Gut«, sagte ich. »Sehr gut.«

Kunstmann machte es genau richtig. Er ging nicht zu schnell und nicht zu langsam. Immer wieder guckte er sich um und hielt dabei den Weißen an der Schulter. Meter für Meter näherte er sich dem Tor. In gehöriger Entfernung hinter ihm schlossen die Schwarzuniformierten auf.

»Weg da!«, brüllte Kunstmann den Mann am Tor an. Der verdrückte sich zur Seite.

Ich ließ den Motor an und fuhr dicht ans Tor. Sigi öffnete die hintere Tür.

Kunstmann drehte den Weißen um und gab ihm einen Stoß. Dann kletterte er auf den Rücksitz. Ich gab Gas.

»Guten Morgen«, sagte Martin Kunstmann. »Schön, Sie zu sehen.«

»Hat ja wunderbar geklappt«, antwortete ich.

»Ja. Es war einfacher, als ich dachte. Mein Freund hat mir sehr geholfen. Sie haben ihn übrigens gerade gesehen. Es ist der in dem weißen Gewand. Er ist Priester der KAP.« Kunstmann lachte. »Und wer sind Sie?«

Sigi reichte die Hand über die Rückenlehne und sagte einfach: »Sigi.«

Ich schoss mit siebzig Meilen über die Landstraße.

Zwei Autos fuhren in gleichbleibendem Abstand hinter uns her.

»Wir werden verfolgt«, sagte ich.

Kunstmann drehte sich um und sagte: »Oh.«

»Solange die Straße so schmal ist, können sie uns nicht überholen. Aber dann wird's kritisch.«

»Ich hoffe, Sie beherrschen die Technik der Verfolgungsjagd. Sie sind doch Privatdetektiv.«

»Meistens verfolge ich andere. Aber wir werden das schon hinkriegen.«

»Ich vertraue Ihnen.«

Das beruhigte mich nicht sonderlich. »Haben Sie die Papiere bei sich, oder müssen wir sie irgendwo abholen?«

»Die Papiere sind im Postamt von Portsmouth. Waren sie die ganze Zeit. Postlagernd.«

Wir rasten mit kaum verminderter Geschwindigkeit durch ein kleines Dorf. Gottseidank schoben die Mütter gerade keine Kinderwagen über die Straße.

Bald darauf erreichten wir die Fernstraße nach Portsmouth. Unsere Verfolger hielten bis jetzt gut mit, obwohl ich das Äußerste aus dem Wagen herausholte. Ich wollte es nicht zugeben, aber noch fehlte mir die Idee, wie ich sie abhängen sollte.

Die Straße war vierspurig, und einer der Verfolger näherte sich auf der rechten Überholspur.

»Sie kommen näher«, sagte Sigi.

»Das sehe ich selbst«, antwortete ich gereizt.

»Hier können sie nichts unternehmen«, kommentierte Kunstmann das Geschehen. Der Mann war die Ruhe in Person.

Dann kamen wir in einen Stau.

Vor uns blinkten Warnlichter. Die Autos fuhren langsamer und langsamer. Es entstand das, was man eine brenzlige Situation nennt. Auf der linken Seite rangierten Lastwagen auf einer Baustelle.

Ich riss das Steuer herum, überfuhr den Grünstreifen, rammte ein hölzernes Absperrgitter, umkurvte die Lastwagen und hoppelte mit quietschenden Stoßdämpfern auf die

Parallelstraße. Unsere Verfolger hingen auf der rechten Spur fest. Wir hatten sie abgehängt.

»Ausgezeichnet«, lobte mich Kunstmann.

Sigi legte mir eine Hand aufs Bein.

Ich atmete tief durch.

Vor dem Postamt von Portsmouth teilten wir uns die Aufgaben. Sigi sollte in Heathrow anrufen und für den selben Abend drei Flüge nach Düsseldorf oder irgendeine andere Stadt in Deutschland buchen, ich begleitete Martin Kunstmann zum Postschalter.

Er erhielt einen braunen Umschlag, nachdem er seinen Ausweis vorgezeigt hatte.

»Was ist da drin?«, fragte ich, als wir wieder hinausgingen.

»Können Sie sich vorstellen, was die Kirche für angewandte Philosophie jährlich einnimmt?«

»Nun, soweit ich weiß, gibt es weltweit mehrere Millionen Mitglieder, die alle brav ihre Mitgliedsbeiträge und Trainingsgebühren zahlen.«

»Richtig. Das macht, grob geschätzt, ein paar Milliarden Dollar. Und die kleinen Angestellten der Kirche werden mit Gehältern abgespeist, die jedem Kapitalisten die Schamesröte ins Gesicht treiben würden. Als Stocker noch lebte, hat er das Geld mit beiden Händen ausgegeben. Mehr als hundert Bedienstete standen zu seiner persönlichen Verfügung. Überall auf der Welt warteten Flugzeuge, Villen und Jachten auf ihn. Seine Nachfolger sind bescheidener geworden – und geschäftstüchtiger.«

»Und was passiert mit dem Geld?«

»Die Kirche kauft alles, was sie kriegen kann: Häuser, Grundstücke, Industriebetriebe. In den USA gehört ihr inzwischen eine ganze Kleinstadt. Das geht nicht ohne Unterstützung.«

»Sie meinen: Schmiergelder.«

»Auf der Gehaltsliste der KAP stehen Politiker, hohe Beamte, die CIA und die Mafia. Manche dieser Gruppen lassen sich ihre Dienste mit Gegenleistungen bezahlen. Die KAP tätigt für sie Geschäfte, mit denen sie offiziell nichts zu tun haben wollen.«

»Und das können Sie mit dem beweisen, was da im Umschlag ist?«

»Einen Teil davon. Mein Freund, der Priester, gehört zur Führungsgruppe der englischen Organisation. Er hat praktisch uneingeschränkten Zugang zu allen wichtigen Papieren.«

»Warum steigt er nicht aus, wenn er diese Geschäfte ablehnt?«

»Er war ein fanatischer Anhänger der Kirche, jetzt ist er ein genauso fanatischer Gegner. Er glaubt, dass er der Kirche mehr schaden kann, wenn er sie von innen heraus zerstört. Es war ein glücklicher Zufall, dass er mich trainiert hat.«

Sigi kam aus dem Postamt und streckte einen Daumen in die Höhe. »Unsere Maschine fliegt um achtzehn Uhr.«

»Wir sollten nicht zu früh in Heathrow sein«, sagte ich, als wir schon wieder nach Norden fuhren. »Könnte gut sein, dass der Orden des Tempels den Flughafen überwacht.«

»Ich hätte nichts gegen ein Mittagessen einzuwenden«, schlug Martin Kunstmann vor.

»Wir kennen da eine kleine Stadt«, sagte ich.

»Namens Haslemere«, ergänzte Sigi.

»Haslemere? Nie gehört.«

Ich dozierte: »Haslemere ist ein Kleinod der Grafschaft Sussex. Nicht schön, nicht reich, nicht groß, aber wenn man einmal da ist, möchte man gleich wieder weg.«

Kunstmann wunderte sich.

Auf dem Weg zum Pfefferminzsoßenrestaurant erzählten

wir ihm von unserem plötzlichen Benzin- und Geldmangel, von ungeheizten Hotelzimmern, von hilfsbereiten Postbotinnen und der unvergleichlichen Esskultur in Haslemere.

Diesmal nahm ich ein halb rohes Steak, eine absolut ungeeignete Grundlage für Pfefferminzsoße.

Während des Essens berichtete Kunstmann von der Flucht der Norderneyer Reha-Zentrums-Belegschaft.

»Wissen Sie, dass Sie Ihr Leben einer Laune des Wetters verdanken?«, wandte er sich an mich.

»Nein. Ich fand nicht, dass das Wetter sehr gnädig zu mir war. Immerhin hat es mir eine schwere Grippe eingebracht.«

»In der Nacht, als man Sie auf den Strand gelegt hat, kam es zu einem Wärmeeinbruch und der Wind drehte um hundertachtzig Grad. Dadurch fiel der Tidenhub viel niedriger aus als in den Tagen zuvor. Bei einer normalen Flut wären Sie vom Meer fortgespült worden und ertrunken.«

Mir blieb das Steak im Hals stecken.

»Warum haben Sie eigentlich nicht Ihren BMW benutzt?«

Ich machte große Augen. »Meinen BMW?«

»Ja. Er stand auf der Dünenstraße, oberhalb der Stelle, wo man Sie abgelegt hat. Für den Fall, dass Sie vorzeitig aus der Betäubung erwachen sollten, hatte man nämlich die Bremsen gelockert.«

»Ich habe ihn nicht gesehen«, stammelte ich. »Ich dachte, er sei noch auf dem Parkplatz vor dem Reha-Zentrum.«

»Ich weiß nicht, was man meiner Frau erzählt hat. Jedenfalls hat sie Ihren BMW entdeckt, in dem der Zündschlüssel steckte, und ist damit losgefahren.«

»Dann wollte man Ihre Frau also gar nicht umbringen?«

»Nein. Die wollten *Sie* umbringen.«

XVI

Ich gab den Wagenschlüssel bei der Autovermietung ab, während Sigi und Kunstmann in einer schlecht einsehbaren Ecke des Untergeschosses warteten. Gemeinsam gingen wir dann hinauf, um uns in die Schlange vor dem Abfertigungsschalter zu stellen. In knapp einer Stunde sollte unsere Maschine abfliegen.

Schritt für Schritt näherten wir uns dem Schalter und behielten dabei die Umgebung im Auge. Aber kein schwarz gekleideter Ordensritter machte Anstalten, Kunstmann zu kidnappen, und als wir die freundliche Dame von der Lufthansa erreichten, flog auch der Abfertigungsschalter nicht in die Luft.

Nach der Passkontrolle verschwand ich kurz im Duty-free-Shop, um mich mit Pfeifentabak und Zigarillos einzudecken. Als ich zurückkam, war Kunstmann in ein Gespräch mit zwei Männern verwickelt, die graue Trenchcoats trugen und einen wütenden Eindruck machten. Ich straffte die Schultern und beschleunigte meinen Schritt.

»Lassen Sie mich in Ruhe!«, sagte Kunstmann und schüttelte eine Hand ab, die seinen Oberarm gepackt hatte.

»Sie kommen sofort mit!«, sagte der zweite Mann in scharfem Ton.

»Was ist hier los?«, erkundigte ich mich.

Kunstmann zischte abschätzig. »Die beiden Herren möchten mich ins Schloss zurückbringen.«

»Verschwinden Sie!«, sagte ich.

»Sie halten sich da raus!«, meldete sich der Erste.

»Ich halte mich nicht raus. Und wenn Sie nicht sofort das Weite suchen, mache ich einen Mordslärm, bis die Polizei erscheint.«

»Die Sache geht Sie überhaupt nichts an«, mischte sich der zweite ein.

»Wie Sie wollen«, sagte ich mit erhobener Stimme, sodass einige Leute stehen blieben und uns beobachteten.

Die beiden sahen sich an. Der Erste knurrte: »Geben Sie uns die Papiere, und Sie werden nie wieder etwas von der KAP hören!«

Ich bemühte mich, nicht auf die Aktentasche zu gucken, die Kunstmann in der Hand hielt. »Welche Papiere?«

»Forster hat geredet. Wir wissen alles. Wenn Sie uns die Papiere nicht aushändigen, werden wir Sie bis ans Ende der Welt verfolgen.«

»Hauen Sie ab!«, brüllte ich.

»Das werden Sie bereuen«, sagte der Zweite. Und im Gehen: »Wir finden Sie. Verlassen Sie sich darauf!«

»Scheiße«, sagte ich, als wir allein waren. »Das hätte nicht passieren dürfen.«

Kunstmann war kreidebleich. »Sie müssen Forster unter Druck gesetzt haben. Freiwillig hat er das bestimmt nicht erzählt.«

»Kommen Sie!«, sagte ich. »Je schneller wir in Deutschland sind und die Papiere der Polizei übergeben haben, desto besser. Ist die Bombe erst einmal geplatzt, sind wir für die KAP uninteressant.« Und ich schob Kunstmann zu dem Schlauch, der uns dem zitternden Flugzeug übergab.

Der Start war wie immer eine Folter, und ich entspannte mich erst, als die *Fasten-Your-Seat-Belt*-Lämpchen ausgingen. Kunstmann saß zwischen Sigi und mir und betrachtete den klaren Sternenhimmel.

»Eine herrliche Fernsicht. Überhaupt kein Lichtmüll.«

»Lichtmüll?«

»Ja. Sehen Sie, die Spiegelteleskope auf der Erde werden natürlich von dem ganzen Licht gestört, das die Menschen selber erzeugen. Hinzu kommt noch die Atmosphäre. Deshalb erzielen wir weitaus bessere Ergebnisse mit den Teleskopen, die in Raumstationen installiert sind.«

»Gibt es denn da draußen noch etwas Neues zu entdecken?«

»Oh ja. Wir erforschen die am weitesten entfernten Galaxien, weil sie sich in einem früheren Zustand des Universums befinden. Wenn das Licht zehn Milliarden Jahre braucht, um zu uns zu gelangen, dann sehen wir die Galaxie in einer Phase, die zehn Milliarden Jahre vor unserer eigenen Zeitrechnung liegt.«

Ich brauchte ein paar Sekunden, um das Gesagte zu begreifen. »Ich habe schon von dem Urknall gehört, mit dem das Universum begonnen hat. Wissen die Astronomen eigentlich, wie das alles enden wird?«

Kunstmann lächelte. »Ich bin Astrophysiker, nicht Astronom. Ich erforsche das Weltall nicht, ich werte nur die Daten aus, die die Astronomen mit den Teleskopen erzielen. Aber, um auf Ihre Frage zurückzukommen, das Ende des Universums hängt eng mit meinem Spezialgebiet zusammen, der Schwarzen Materie. Könnten wir die Masse der Schwarzen Materie genau bestimmen, wüssten wir, wie das Universum enden wird. Liegt die Masse unterhalb der kritischen Grenze, dehnt sich das Universum unendlich lange und unendlich weit aus. Liegt die Masse genau auf der kritischen Marke, erreicht das Universum irgendwann einen Zustand, in dem es sich nicht mehr verändert. Hat das Universum eine größere Masse, wird es sich in ferner Zukunft wieder zusammenziehen, bis es eine ungeheuer große Dichte und

Energie erreicht hat. Das wäre dann der Beginn eines neuen Urknalls. In der Zwischenzeit aber, und da gleichen sich alle drei Modelle, werden die Sterne und Galaxien verlöschen, wird sich die sichtbare Materie auflösen, bis nur noch Atome und Elementarteilchen durchs Weltall schwirren. Dann ist es da draußen dunkel, kalt und seelenlos.«

»Keine schöne Aussicht«, sagte ich.

»Was wollen Sie? Die Menschheit wird viel früher aussterben. Unsere Sonne, die nur ein Stern mittlerer Größe in einem Spiralarm der Milchstraße ist, verglüht bereits in einigen Milliarden Jahren.«

»Vielleicht können wir uns bis dahin mit Raumschiffen zu einem anderen Sonnensystem bewegen.«

»Jenseits der Lichtgeschwindigkeit? Wohl kaum.«

Mir kam es so vor, als würde ich von oben einen Blick auf die Erde werfen. »Fühlt man sich nicht sehr winzig, wenn man sich mit solchen Dingen beschäftigt?«

»Ja. Jeder Astrophysiker hat gelegentlich das Gefühl, dass er nur ein Staubkorn in der unendlichen Weite des Weltraums ist. Manche von uns sind darüber verrückt geworden. ›Was tat Gott, ehe er die materielle Welt erschuf? Er schuf die Hölle für Leute, die solche Probleme ergründen wollen.‹ Wissen Sie, wer das geschrieben hat?«

»Nein.«

»Der heilige Augustinus in seinen ›Bekenntnissen‹. Augustinus lebte im fünften Jahrhundert. Und die heutigen Kosmologen haben die Hölle noch nicht überwunden.«

Wir schwiegen eine Weile, während sich das Flugzeug durch die Atmosphäre des dritten Planeten unseres Sonnensystems bewegte. Dann sagte Kunstmann: »Wenn die eigene Arbeit darin besteht, Gott überflüssig zu machen, dann sehnt man sich nach einem Halt im Leben. Hat meine Frau eigentlich mit Ihnen geschlafen?«

»Ich ... äh ...«

»Na ja, Sie waren nicht der Erste. Unsere Ehe war nur noch das Papier wert, auf dem der Standesbeamte sie quittiert hatte. Bei der Kirche für angewandte Philosophie fand ich den Halt, den ich in meinem Privatleben und in meiner Arbeit verloren hatte. Da gab es klare Ziele und freundliche Menschen, die sich um einen kümmerten. Zu kümmern schienen, muss ich heute sagen, denn im Laufe der Zeit lernte ich die Vorschriften kennen, die genau festlegen, wie Interessierte und Neumitglieder zu behandeln sind. Aber da war ich schon zu sehr verstrickt, um die Kirche noch objektiv beurteilen zu können.

Die KAP hat den Trick raus, wie man Menschen abhängig macht. Nicht durch Drogen, nicht einmal durch einen übermächtigen, gottähnlichen Führer. Stocker blieb, obwohl ihm übernatürliche Fähigkeiten zugeschrieben wurden, ein Mensch. Nein, die Droge ist die Therapie, das Training. Am Ende eines Kurses lechzt man nach dem nächsten, um seine Ergebnisse weiter zu verbessern. In dieser Hinsicht war Stocker, der sich das ganze System ausgedacht hat, wahrhaft genial.«

»Und was halten Sie von seinen übernatürlichen Fähigkeiten?«, fragte ich.

»Nun, innerhalb der Kirche kursierten die wildesten Gerüchte. Heute halte ich das alles für Mumpitz. Stocker war ein paranoider, überdurchschnittlich intelligenter Schriftsteller, der seine Science-Fiction-Geschichten in die Wirklichkeit umgesetzt hat. Die KAP ist, wenn Sie so wollen, ein Disneyland für Psycho-Freaks.«

»Mit weitaus schwereren Folgen für die Gesundheit.«

»Oh ja. Wenn man einmal auf der Achterbahn mitfährt, hat man nicht mehr die Kraft, auszusteigen. Jede Handbreit Entfernung von der wahren Lehre Stockers bestraft die Gemeinschaft mit Liebesentzug. Ich habe das ja am eigenen Leib erfahren. Man bekommt Angst, in ein schwarzes Loch zu fallen.« Er kicherte. »Die gibt's da oben auch.« Er zeigte auf das Fenster.

»Wo?«

»Im Weltall. Schwarze Löcher.«

Ich verstand nur noch Bahnhof.

Wir landeten gegen zwanzig Uhr auf dem Düsseldorfer Flughafen, und ich war froh, wieder festen Boden unter den Füßen zu haben. Der schwierigste Teil des Jobs lag hinter uns, im Vergleich dazu war der Rest ein Kinderspiel. Trotzdem blickte ich mich argwöhnisch nach verdächtigen Männergestalten um. Inzwischen konnte man sich nicht einmal darauf verlassen, dass die Typen Schwarz trugen. Und den Zielort unseres Fluges herauszubekommen, durfte selbst für detektivisch minderbemittelte Ordensleute kein Problem sein.

Sigi erriet meine Gedanken: »Glaubst du, dass sie uns hier auflauern?«

»Es kann nicht schaden, wenn wir vorsichtig sind.«

»Mein Auto kennen sie bestimmt nicht.«

Da hatte sie recht. Ich schlug ihr vor, den Wagen vor die Halle zu fahren, während Kunstmann und ich die Zeit neben dem rollenden Gepäckband vertrödeln würden.

Kunstmann sah Sigi nach und mich dann fragend an. Ich erklärte ihm den Plan.

Als nur noch ein herrenloser Koffer, der vermutlich in Timbuktu erwartet wurde, seine Runden drehte, schlossen wir uns den anderen Passagieren an. Hinter den Glasscheiben der Zollabfertigung spielten sich bereits rührende Wiedersehensszenen ab.

Kunstmann und ich durcheilten die Ansammlung der freudig vereinten Paare und Familien und warfen das Gepäck in Sigis Auto, das mit laufendem Motor im Halteverbot stand. Sigi rutschte auf den Beifahrersitz. Ich legte den ersten Gang ein und gab Gas. Links von uns startete ein anderer Wagen, was nicht allzu viel besagte. Etliche unserer Mitreisenden hatten wahrscheinlich ihre Autos am Flughafen geparkt.

Sicherheitshalber behielt ich die beiden Scheinwerfer im Auge, während ich den Hinweisschildern zur A 52 folgte. Die Scheinwerfer blieben hinter uns, was auch noch nicht viel bedeutete, denn die A 52 ist die direkte Verbindung zwischen Flughafen und Ruhrgebiet.

»Werden wir verfolgt?«, fragte Kunstmann.

»Ich weiß es nicht. Kann auch Zufall sein.«

Bei Ratingen bogen die Scheinwerfer ab.

»Wir haben es geschafft«, verkündete ich. »In zwei Stunden sind wir im Polizeipräsidium von Münster. Und dann hat der Spuk ein Ende.«

Ich durchstöberte Sigis Kassettensammlung und wählte eine mit Tributen an Leonard Cohen. An die zwanzig Musiker und Gruppen hatten sich mit unterschiedlichem Erfolg an den Songs von Cohen versucht. Und zu *Hey, that's no way to say goodbye* bogen wir auf die A 43.

Bei Haltern und *A singer must die* hängte sich ein Wagen an unsere Stoßstange. Ein wenig später sagte Kunstmann: »Ich habe nicht den Eindruck, dass sie es schon aufgegeben haben.«

Ich fuhr langsamer, der andere auch. Ein schlechtes Zeichen.

Kurz vor der Ausfahrt Dülmen beschleunigte ich. Unser Verfolger blieb dran. Als wir die Ausfahrt beinahe passiert hatten, riss ich das Steuer herum und nahm die Abfahrt. Der Fahrer des anderen Wagens trat nach einer Schrecksekunde auf die Bremse und versuchte, uns zu folgen. Aber da hing er schon mit der Schnauze vor der Leitplanke.

»Nicht schlecht«, sagte Sigi. »Wo hast du das gelernt?«

»Das Detektiv-Fernstudium enthält auch einen Schleuderkurs«, sagte ich.

Wir kamen auf die Bundesstraße 51, Richtung Buldern. John Cale sang: *The minor fall, the major lift / The baffled king composing Hallelujah.* Ich suchte den Rückspiegel nach Autoscheinwerfern ab.

»Pass auf!«, schrie Sigi.

Ich guckte nach vorn. Ein Cadillac rollte langsam aus einer Nebenstraße. Ich stieg auf die Bremse. Es war zu spät.

XVII

Das *Hallelujah* von John Cale klang mir noch in den Ohren, aber es hatte einen unguten Unterton, der sich nach Engeln, Tod und Jenseits anhörte.

Den Krankenwagenfahrern, die mich festschnallten, erzählte ich nichts davon. Ich glaubte nicht, dass sie dafür großes Interesse aufbringen würden. Vermutlich kreisen die Gespräche mit Schwerverletzten sowieso immer um dieselben Themen. Deshalb beließ ich es bei einem unartikulierten Stöhnen.

Während der Fahrt betrachtete mich eine junge weiß bekittelte Frau mit sorgenvoller Miene. Sie füllte das Blut nach, das irgendwo aus mir herausfloss, und überprüfte ab und zu meinen Puls. Der Fahrer heizte wie ein Berserker, und ich fragte mich, ob nicht viele Menschen aus purer Angst vor einem neuen Unfall auf dem Weg zum Krankenhaus sterben.

Ich startete einen Versuch, mich nach Sigi und Kunstmann zu erkundigen, brachte aber nur ein Gurgeln heraus.

»Sie dürfen nicht reden«, sagte die Frau streng. »Bleiben Sie ganz ruhig liegen!«

Mehr hatten wir uns nicht zu sagen, und so dämmerte ich den Rest der Strecke vor mich hin, gelegentlich aufgerüttelt durch die rallyemäßige Kurventechnik des Krankenwagenfahrers.

Auf der Rollbahn zwischen Wagen und Klinik machte mich die kalte Luft noch einmal wach, aber als ich dann auf dem OP-Tisch lag, war es mit der Konzentration endgültig vorbei. Ich sackte weg, in ein süßes, leicht nach Krankenhauschemikalien riechendes Nichts.

Als ich wach wurde, hatte ich einen guten Überblick über Münster. Ich lag in einem der Türme der Universitätsklinik, etwa 20. Stockwerk. Ein paar Apparate summten, tickerten und brummten. Ich war verdrahtet und verkabelt und kam mir vor wie eine Relaisstation. Langsam drehte ich den Kopf zur anderen Seite. Durch eine Glasscheibe sah ich Klaus Stürzenbecher, der sich mit einem Arzt unterhielt. Ich hob den Arm zum Zeichen, dass ich gesprächsbereit sei. Stürzenbecher und der Arzt diskutierten angeregt. Ich winkte. Endlich sah Stürzenbecher zu mir herüber. Er drückte dem Arzt hastig die Hand und kam herein.

»Na, alter Junge! Diesmal hat's dich aber schwer erwischt.«

Ich grunzte.

»Vielleicht interessiert dich, wie es den anderen geht: Sieglinde Bach hat nur leichte Verletzungen, Martin Kunstmann ist schwerer verletzt, wird aber durchkommen.«

»Was ist mit mir?«, fragte ich.

Stürzenbecher hatte nicht verstanden. Er beugte sich zu mir herab, und ich wiederholte die Frage.

»Die Ärzte wissen noch nichts Genaues. Sie wollen die nächsten Untersuchungen abwarten.«

Ich schloss die Augen.

»Aber es besteht durchaus Grund zur Hoffnung.«

Ich winkte mit der Hand sein Ohr vor meinen Mund. »Der Koffer«, flüsterte ich.

»Koffer? Welcher Koffer?«

»Aktenkoffer. Papiere der KAP.«

»Man hat keinen Aktenkoffer mit Papieren gefunden. Aber ich kann die Unfallstelle noch einmal absuchen lassen.

Vielleicht ist er ja herausgeschleudert worden. Sind die Papiere wichtig?«

»Sehr wichtig. KAP kaputt.«

Stürzenbecher grübelte. »Ich fürchte, du musst die Papiere abschreiben. Ein Bauer, der den Unfall beobachtet hat, hat nämlich etwas sehr Merkwürdiges zu Protokoll gegeben. Er sagte, dass kurz nach dem Unfall ein Auto angehalten habe. Zwei Männer seien ausgestiegen und zu eurem Wagen gegangen. Sie hätten die Wagentüren geöffnet und hineingeschaut. Zuerst glaubte er, dass die beiden euch helfen wollten, aber dann seien sie zu ihrem Fahrzeug zurückgerannt und schnell davongefahren. Wenn mich nicht alles täuscht, hat sich die KAP die Papiere zurückgeholt.«

Als Nächste kam Sigi. Sie trug ein schwarzes Kleid und einen weißen Kopfverband. Sie stand lange am Fenster und guckte hinaus. Als sie sich umdrehte, waren ihre Augen ein bisschen glasig. Ich wackelte mit dem Kopf, und sie setzte sich aufs Bett.

»Es wird schon wieder, Georg.«

Ich flüsterte angestrengt.

»Was hast du gesagt?«

»Nächste Woche im Büro.«

»Vielleicht auch übernächste Woche.«

Dann legte sie sich auf meinen gesunden Arm und heulte.

XVIII

Sigi besucht mich jeden Tag. Sie trägt jetzt immer helle Sachen. Wahrscheinlich möchte sie nicht so düster wirken. Ihren traurigen Gesichtsausdruck kann sie trotzdem nicht wegschminken. Sie erzählt mir Geschichten aus der Firma, das Detektivbüro führt sie nämlich in eigener Regie weiter. Ihren Berichten zufolge ist sie ganz erfolgreich, mit Unterstützung von Koslowski und Eger natürlich.

Die Ärzte halten sich bedeckt, was meine Heilungschancen angeht.

Einige innere Organe seien in Mitleidenschaft gezogen, sagen sie. Sie müssten die Bauchdecke aufschneiden, um sich die Sache mal näher anzugucken.

Gleich soll die Operation stattfinden. Man hat mir bereits eine Beruhigungsspritze gegeben.

Sie kommen.

Wilsbergs aktueller Fall

Jürgen Kehrer

Wilsberg –
Ein bisschen Mord muss sein

ISBN 978-3-89425-463-6
Auch als E-Book erhältlich

Der 19. Fall für den münsterschen Privatdetektiv

Mit Erstaunen hat Georg Wilsberg den Werdegang seines Studienkumpels Wolfram Schniederbecke verfolgt: Aus dem früheren Punkmusiker ist ein gefeierter Schlagerstar geworden, mit ›Goldstück‹ hat Wolf Schatz, wie sich Schniederbecke nun nennt, einen Riesenhit gelandet. Und mit Erstaunen nimmt der Privatdetektiv zur Kenntnis, um was ihn Schatz bittet – der Sänger hat Spielschulden und möchte, dass Wilsberg einen Geldkoffer überbringt.

Nicht zuletzt, weil ein bezahlter Auftrag mal wieder zur rechten Zeit kommt, willigt Wilsberg ein. Doch bei der Übergabe des Koffers stellt sich alles anders dar, als es Schatz beschrieben hat – und am Ende ist der beliebte Schlagersänger tot …

grafit

Alle Wilsberg-Krimis ...

Und die Toten läßt man ruhen
Der erste Wilsberg-Krimi
Vom ZDF verfilmt
ISBN 978-3-89425-006-5, E-Book: ISBN 978-3-89425-879-5

In alter Freundschaft
Der zweite Wilsberg-Krimi
Vom ZDF verfilmt
ISBN 978-3-89425-020-1, E-Book: ISBN 978-3-89425-880-1

Gottesgemüse
Der dritte Wilsberg-Krimi
E-Book: ISBN 978-3-89425-881-8

Kein Fall für Wilsberg
Der vierte Wilsberg-Krimi
ISBN 978-3-89425-039-3, E-Book: ISBN 978-3-89425-888-7

Wilsberg und die Wiedertäufer
Der fünfte Wilsberg-Krimi
Vom ZDF verfilmt
ISBN 978-3-89425-047-8, E-Book: ISBN 978-3-89425-889-4

Schuß und Gegenschuß
Der sechste Wilsberg-Krimi
E-Book: ISBN 978-3-89425-890-0

Bären und Bullen
Der siebte Wilsberg-Krimi
E-Book: ISBN 978-3-89425-891-7

Das Kappenstein-Projekt
Der achte Wilsberg-Krimi
Vom ZDF verfilmt
E-Book: ISBN 978-3-89425-892-4

Das Schapdetten-Virus
Der neunte Wilsberg-Krimi
E-Book: ISBN 978-3-89425-893-1

Irgendwo da draußen
Der zehnte Wilsberg-Krimi
E-Book: ISBN 978-3-89425-894-8

grafit

... auf einen Blick

Der Minister und das Mädchen
Der elfte Wilsberg-Krimi
Vom ZDF verfilmt
ISBN 978-3-89425-216-8, E-Book: ISBN 978-3-89425-895-5

Wilsberg und die Schloss-Vandalen
Der zwölfte Wilsberg-Krimi
E-Book: ISBN 978-3-89425-896-2

Wilsberg isst vietnamesisch
Der dreizehnte Wilsberg-Krimi
Vom ZDF verfilmt
ISBN 978-3-89425-262-5, E-Book: ISBN 978-3-89425-897-9

Wilsberg und der tote Professor
Der vierzehnte Wilsberg-Krimi
Vom ZDF verfilmt
ISBN 978-3-89425-272-4, E-Book: ISBN 978-3-89425-898-6

Wilsberg und die Malerin
Der fünfzehnte Wilsberg-Krimi
ISBN 978-3-89425-280-9, E-Book: ISBN 978-3-89425-969-3

Petra Würth und Jürgen Kehrer
Blutmond – Wilsberg trifft Pia Petry
Der sechzehnte Wilsberg-Krimi
ISBN 978-3-89425-311-0, E-Book: ISBN 978-3-89425-970-9

Wilsberg und die dritte Generation
Der siebzehnte Wilsberg-Krimi
ISBN 978-3-89425-327-1, E-Book: ISBN 978-3-89425-838-2

Petra Würth und Jürgen Kehrer
Todeszauber - Wilsberg trifft Pia Petry
Der achtzehnte Wilsberg-Krimi
ISBN 978-3-89425-344-8, E-Book: ISBN 978-3-89425-839-9

Wilsberg – Ein bisschen Mord muss sein
Der neunzehnte Wilsberg-Krimi
ISBN 978-3-89425-463-6, E-Book: ISBN 978-3-89425-192-5

grafit

Hat Ihnen dieses Buch gefallen und
möchten Sie wissen, wie es weitergeht?

Dann abonnieren Sie unseren Newsletter,
wir halten Sie auf dem Laufenden!

www.grafit.de